国家“十二五”规划重点出版项目

吕振羽全集

第一卷

《吕振羽全集》编委会名单

《吕振羽全集》学术与技术支持名单

学术支持：

熊铁基　何清平　王启慧　唐增烈　陈抗生

萧致治　谢保成　郭必强　李孝迁　孙　颖

技术支持：

谷　林　张佳宁　刘　佳　吕晓婧　段俊峰

张广智　伍天宝　李学忠　蒋学平　黎良毛

董　毅

吕振羽像

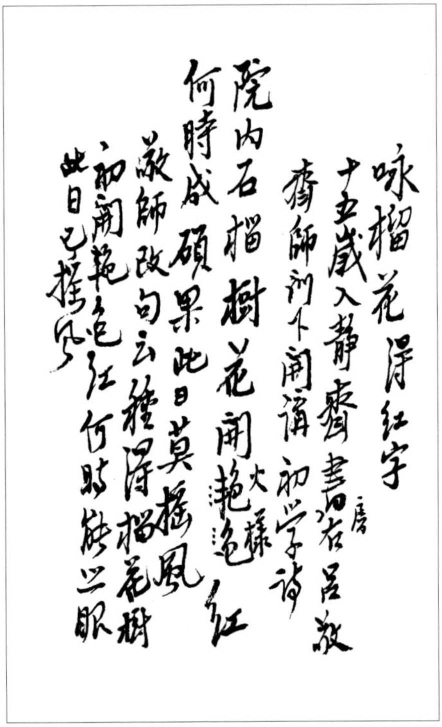

吕振羽经馆学习时诗文手迹

1926 年 4 月，吕振羽（左五）湖南大学毕业合影

《中国外交问题》书影

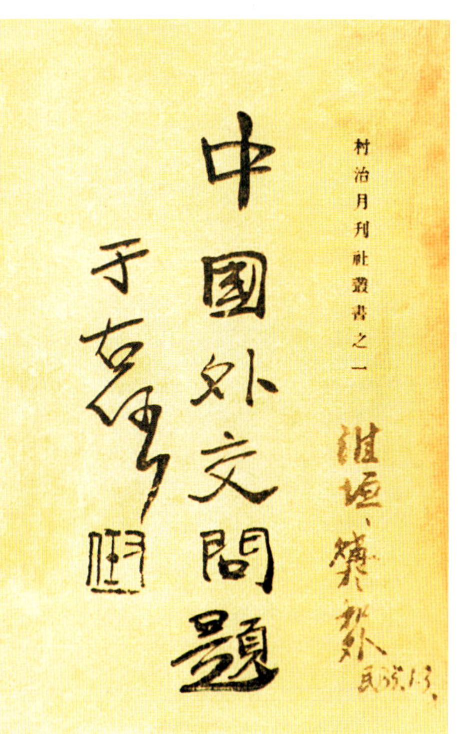

《中日问题批判》书影

《最近之世界资本主义经济》书影

毛泽东 1942 年致刘少奇及华中局电报手迹（调吕振羽等去延安从事学术研究工作）

前　言

（一）

吕振羽，原名吕典爱，字行仁，学名振羽。1900 年 1 月 28 日出生于湖南武岗（今属邵阳）金称市溪田湾里村。这时正是中国人民灾难深重的年代，半殖民地半封建社会的毒害遍于国中。这一湘西南边隅之地，不仅西方的洋教堂干涉地方行政，列强商品输入也打破传统生产方式，农业、手工业破产情景比比皆是。农家、小工匠土纺、绩麻、家织等陆续衰落，很多甚至丧生、绝户。

武岗位于湖南省西南部、资水上游，多苗、瑶等少数民族。明清以来，人民反抗封建王朝的斗争就绵延不绝，忧国爱民志士接连涌现。著名思想家魏源、杰出护国将领蔡锷，都诞生于这块土地。吕振羽的家世也是当时中国苦难和奋争的缩影，曾祖父吕先纪参加过太平军。吕振羽曾追述云："吾父个性尤类先祖，力疾豪强，同情愚弱，常为羽兄弟道农村黑暗，至明白而易晓。于羽兄弟之生活意识，殊有至大影响。此殆由其困厄生活中所得之体念欤!"（《吕振羽全集①·九卷·吕氏留念亭碑序》）

吕振羽天资聪慧，自幼在家做过放牛、割草等农活。9 岁在父亲蒙馆就读，后转入邻村的玉公山坊读书。1917 年夏，入武岗县立中学读书。临毕业

① 以下简称《全集》。

时，吕振羽在维新思想老师、国学家萧承舆“策问”（副题为“曷各言尔志”）中写道：“如国家民族危亡，当拜谢祖宗，舍身以赴，告黄帝轩辕于地下；如国家昌盛，只求茅屋两、三间，卧读唐诗，以至南窗……”。萧承舆对其抱负给予“生有此志，吾甚嘉欣，但作来颇不易……生欲行其志，务求蹈实，凡事从一己始。”的评语，使他终生难忘。

1919 年“五·四”运动浪潮席卷武岗时，吕振羽和青年们一道走上大街，示威演讲，焚毁日货，声援北平的学生运动，被推为武岗学生联合会会长。1921 年，在家乡吕氏祠堂资助下，吕振羽怀揣“工业救国”思想，考入长沙的湖南公立工业专门学校（后改为湖南大学工科）机电系。入大学后，对来自西方的各种社会思潮进行学习和研讨，自此开阔眼界，寻求报国之路。在驱除学阀、校长宾步程的学潮中，被推为湖大“驱宾大会”副主席，同时结识了当时的省学联会长夏明翰，接受其建议去湖南法政专门学校旁听了李达先生“新社会学”课程，从此与李达结下师生之谊。1926 年 7 月大学毕业后，他到老关报名投考北伐军，录取后担任政工人员，辗转湘赣等地。1927 年 9 月，在同乡前辈资助下，由上海东渡日本入明治学院学习经济。1928 年因经费支绌，返回上海。后在同乡前辈介绍下赴北平，先协助《国风日报》复刊并任编辑。又经人介绍参加了《村治月刊》筹办，任主编。

“村治运动”是大革命失败后国内一度出现的社会思潮，希望通过农村的自治，完善乡村建设。吕振羽出于信奉和理解孙中山三民主义思想的愿望，一度十分关注，曾去山西、河北考察，在《村治月刊》发表过数篇研究文章。但后来发现这种所谓的下层政治建设根本解决不了农民生活的基本问题，“问题便等于虚悬”。在《村治月刊》工作期间，他撰写了《中国外交问题》（《全集·一卷》）一书，书中表达了坚决反帝和铲除军阀官僚、地方豪棍的政治思想。但阎锡山（《村治月刊》出资方）曾对刊发此文表示不满，认为外交问题与村治无关。

1930 年起，吕振羽离开《村治月刊》开始创办和编辑北平《新东方》杂志，此份杂志虽不是马克思主义者直接掌握的刊物，但有中国共产党的地下党员参与。主要成员郑侃、刘思慕、谭丕模、杨刚等，都是一批热血青年，他们还共同筹备建立了“东方问题研究会”，试图探索东方弱小民族解放的道路，谋求民族独立自强。《新东方》的语言也很炽烈，呼吁东方民族振奋精神：

“勇往直前来共同奋斗，杀出一条血路来!”“我们应该觉悟，忍受目前的一切痛苦来创造一个新东方。”（《新东方》创刊号，第一卷第一期）《新东方》的民族独立情怀和反帝反殖观点遭到国民党中央宣传部不满，刊物因“宣传共产嫌疑”被查扣。

同年11月16日，吕振羽撰写了论文《中国国民经济趋势之推测》（《全集·八卷·史论》），运用马克思主义理论和观点，对当时的中国社会性质及其趋向展开研究。他依据马克思《资本论》从资本、土地所有权、工银劳动、国家、对外贸易、世界市场等六个方面考察资本主义的方法，对中国社会能不能走资本主义道路的问题进行了分析。他认为，从前三个要素看，即从产业资本的集积、原料的生产储积、劳动市场的供给和劳动技术三方面看，是有发展可能的。但从国家主权和政治、商品贸易、市场三要素看，情况不尽然。因为，“中国国家主权陷于不完整的状态”，这种不完整的政权又“依附于封建的统治之下去求生存”；至于市场，无论国外抑或国内，都处境维艰，“中国资本主义的前途无望，是客观事实所决定了的。”他强调中国资本主义之不能发展，主要是先进资本主义替它加上了羁绊。这个矛盾，只能归到资本主义是一个世界的有机的体系上去解释。他还提出在社会主义完全建成以前，中国必须经历一个“民主造产”和“民主集产”的过渡时期。中国现在离实行社会主义的“经济条件，还是很远”，“不能忽略经济的条件”，批评了空想社会主义者不经过渡时期“便想直接跑入共产主义社会”的言论。

同年下半年至1932年的一段时间，是吕振羽一生中学术研究十分繁忙的时期。他先后撰写了《最近之世界资本主义经济（上）》、《中日问题批判》（《全集·一卷》）等学术著作，根据马克思《资本论》中资本主义市场再分割理论对当时的中国经济、中日战争、世界经济危机等重大现实问题进行了深入分析研究，明确指出中日战争不可避免，资本主义固有矛盾必将引发第二次世界大战的论断。这些论著也为他日后走上马克思主义治史道路奠下了坚实的理论基础。在此期间，他还曾积极参与筹组热河抗日义勇军，赴张家口向青年作抗日演讲。

（二）

1933 年以后，经李达推荐，吕振羽到中国大学经济系执教，开始任讲师，不久升为教授。主要讲授中国经济史、农业经济学、计划经济学、殖民地问题、社会科学概论等课程，其中的社会科学概论课包括《唯物论和辩证法》、《社会发展史》两门课程。他还兼任民国大学、朝阳大学教授。他的学术演讲深深吸引了一批爱国青年。他与李达、黄松龄、张友渔等一道，被称为中国大学的“红色教授”。该校的不少学生如董毓华、黄诚、段君毅、杨易辰、任仲夷、史立德等后来都成为北平“一二·九”学生运动骨干。

这时的吕振羽，在思想上已是一位较为成熟的马克思主义研究者。1933 年 6 月撰成的《中国上古及中世纪经济史讲义》（《全集·二卷》），是他运用马克思主义观点来研究中国经济史和社会史的早期著作，后来《殷周时代的中国社会》一书系在此基础上修补完成。讲义共八编，依次为：一、导言；二、中国社会经济发展的阶段；三、殷代的奴隶制度经济；四、西周：初期封建制度；五、初期封建制度的发展和封建领主的没落过程：春秋战国；六、“变种”的封建时代（一）：大地主经济优势时代；七、“变种”的封建制度（二）；八、“变种”的封建制度（三）：小地主经济时代。“导言”称：

> 如果人类社会发展法则的一般性不得到确立，便可使我们对古代中国社会经济甚而各种史的研究不能前进一步。
>
> 人类社会经济发展的法则，是一元的：均有其一般性的……。
>
> 那班抱历史发展法则之多元的观念论者们，只要他们肯转向事实方面去思维一下，或许也有对问题明白的一天。

这些都是针对当时社会上发生的中国社会性质论战和中国社会史论战中的焦点问题所提出的理论见解。李达对他的这一学术研究转向起了关键作用。李达指出，应该从社会史的角度阐明现代中国的社会性质，而要研究好中国社会史，必须把握好马克思主义的方法论，也要注意史料的正确性问题。

二十世纪三十年代初，出于认识现实中国的需要，学者们将自己对现实社会考察的目光转到对于历史的考察，试图从历史演变趋势的分析上，论证现实中国社会的性质和走向。由于中国社会发展的趋势问题涉及到中国所有阶级的切身利益，于是导致了一场影响史学界的关于中国社会史问题的论战。当时中国共产党的理论观点是明确的，认为人类社会的发展是有规律的，大体上经历了由原始社会、奴隶社会、封建社会到资本主义社会的发展道路，最终要走向共产主义。中国共产党第六次代表大会认为，大革命失败以后的中国，仍然是半殖民地半封建社会，中国革命的主要任务，还是反帝反封建。当时郭沫若根据他所把握的马克思主义唯物史观理论，对中国社会史作出自己的阐述。他在1929年辑成的《中国古代社会研究》中写道，“大抵在西周以前就是所谓‘亚细亚的’原始共产社会，西周是与希腊罗马的奴隶社会相当。东周以后，特别是秦以后，才真正入了封建时代”；“只要是一个人体，他的发展无论是红黄黑白，大抵相同”。郭沫若的研究及其观点影响了当时一些学者用马克思主义观点对于中国历史的探讨。吕振羽是紧随其后的一位重要的探索者。

吕振羽撰写的第一部史学专著是《史前期中国社会研究》（《全集·三卷》)，1934年6月出版。他认为马扎尔关于亚细亚生产方式的理论观点有谬误，错误的实质是“拿上层建筑的东西去解释下层基础”；他明确提出奴隶制是“社会历史发展过程中一个必经的阶段”，“若没有这一特定阶段的存在，则后来的‘文明时代’便不可思议”。他还认为所谓商业资本这东西，“并不能独自的代表何种生产力”，就是在商业资本最发展的封建社会末期，“也并不能对于封建社会的生产关系有何重大的改变”。同时他也对托派、新生命派的错误观点进行了批判。吕振羽的这些观点得到李达的充分肯定，并为该书作序。李达认为作者采取谨严的态度，“一方面指出波格达诺夫主义的‘商业资本社会论’的错误”，“一方面指出马扎尔派‘亚细亚生产方法论’的错误”，“又从世界史的观点，指出非奴隶制度社会论的错误，坚决地确认奴隶制度为社会发展过程中必经的阶段”。

当时，有关中国史前社会的考古发掘成果相当少，疑古思潮的崛起，又使对史前社会的研究举步维艰。《史前期中国社会研究》的首创性在于，吕振羽从仰韶文化中石锄、谷粒等发现的事实，认为中国新石器时代已经懂得种植，而根据摩尔根、恩格斯的阐述，东半球的种植业出现要比西半球晚得多。他认为古史辨派学者反对封建古史观的壮举值得肯定，但否定一些古史、古书，乃至将古籍所载神话传说中有真实历史背影的成分也一并否认的做法并不可取。那些散见于各种记载中的神话传说的来源，虽不敢完全确定，但“能代表历史上一个时代的真际意义，是我们敢于确定的”，“古籍神话中保留着的神话传说式的记载，不仅能正确的暗示着一个时代的历史意义，并且还相当丰富”。吕振羽主张以考古文物与古籍所载神话传说研究相结合的方法，突破史前社会研究所面临的史料不足的困难。他认为凡已发掘出来的确凿的考古资料，务必引用，作为对某个历史阶段或社会生产力和经济结构的论证，并注意神话传说和考古材料两种内容间联系的分析。由此，他对中国史前社会历程的大体意见是：传说中之“尧舜禹”的时代，为中国女性中心的氏族时代；传说中之“启”的时代，为中国史由女系本位转入男系本位的时代。吕振羽对中国原始社会史的阐述，是他运用唯物史观对于中国史前社会研究作出的创新性认识。翦伯赞评论吕振羽在中国先阶级社会史的研究上，“尽了一个开辟的任务”。(《历史哲学教程》，新知书店 1939 年版)

接着，他又撰写了《殷周时代的中国社会》(《全集·三卷》)，1936 年 11 月出版。在该书中，他确认殷商已经是一个很实在的奴隶制社会。根据甲骨金文、出土文物、易卦爻辞、古籍文献等，认为当时的社会已明显形成若干阶级和阶层，如天子、帝、王、公、侯等为贵族，武人、邑人、行人为自由民和平民，刑人、臣、小臣、奴等为被支配阶级的奴隶。而且史料表明，当时殷代社会已有农业、畜牧业、手工业、商业等明显的分工，所谓纣为象箸、牙床、琼楼、酒池、肉林的说法虽有夸张，但说明阶级分化严重，已有国家机器。首领拥有对人们生命、财产、自由的任意处理权。他认为殷代的奴隶制是具有东方“亚细亚”特色的奴隶制，即土地的国有、农村公社带有氏族组织性质，王权、族权、神权的统一等。当时，郭沫若在《中国古代社会研究》中明确提出，中国文明社会的开端大体要到殷商以后，因为殷商是金石并用时代。吕振羽则认为，殷商是青铜时代。他说殷商冶炼业发达，从 12. 7 公斤纯铜的炼锅“将军盔”以及重 21. 8 公斤的炼渣的发现，说明殷商已达到青铜时代水平。他认为在中国这样的环境和国度，以青铜器为标志的生产力是可以步入文明社会的。

该书的又一新的学术见解是认为西周是中国初期封建制的开始。他说西周的分封土地，实际上是在创造等级不同的封建领主和庄园，构成整个封建社会的等级结构及其基础；所谓“受民受疆土”，意思是土地的授予是和人连在一起的。《诗经》所谓“锡之山川，土田附庸”，就是关于土地连同人民册锡的说法。他认为周代的“庶人”、“庶民”、“小人”等，实际上都是农奴，是周代农业生产的直接承担者。“井田制”透露了西周封建领主制社会的剥削方式，与《诗经》的“雨我公田，遂及我私”内容结合起来看，“无论在土地的分配上，生产的组织上，便完全符合于初期封建时代的庄园制的内容”。吕振羽认为当时的农民，“除去一小部分的劳动时间在自己的份有地即所谓‘私田’上的劳动之外，则以一部分的劳动时间支付在领主的土地即所谓‘公田’上去劳动”。他认为西周农奴所承担的杂赋相当多，这种既不同于奴隶劳动，又不同于封建地主制剥削方式的情况，十足体现了封建领主制的产品分配形式。该书序言还驳斥了陈伯达在《太白》周刊上对自己的无端攻击。吕振羽创立的商代奴隶社会论、西周封建社会论学说，对当时的史学界产生了影响，“其理论贡献是不可抹煞的”（林甘泉：《吕振羽与中国社会经济形态研究》，《吕振羽研究文丛》中共中央党校出版社，2002 年）。

稍后吕振羽还有另一部著作《中国政治思想史》（《全集·四卷》）问世。初为 1935 年在中国大学时授课讲义，1936 年 8 月脱稿于南京，1937 年 6 月于上海出版。与前两部史学著作一样，也是出于特殊的思想政治背景。邓拓说当时谈唯物辩证法的人太多了，任何人不管是否真正懂得唯物辩证法的应用，总喜欢充一下时髦，“好像这祥一来，立刻就成了时代的理论家似的。”（《形式逻辑还是辩证法?》，1933 年）陶希圣的《中国政治思想史》将中国的历史划为三段：商为神权时代、西周至春秋为贵族统治时代、战国至清为王权时代，一再辩称自己是研究辩证法的。吕振羽的《中国政治思想史》正是以陶希圣为代表的新生命派为论争批判的主要对象。他将中国政治思想史划为两个大的阶段，一段是关于奴隶社会时期的政治思想，一段是关于封建社会时期的政治思想。封建社会时期的政治思想史的研究，又划出领主制封建制的政治思想史时期和地主制封建制的政治思想史时期。他认为第一重要的，“须要把某一时代的经济结构从而其政治形态放在念头”，“正确的明了其时代的生产方法……人类的思想便建立在这种基础之上，顺应着发展着。”他还提出应该从辩证唯物论的角度阐述历代思想的流变，认为整个中国思想史的进程中，不仅代表官方统治阶级的思想在变，统治阶级内部各流派的思想也在变，还有统治阶级和被统治阶级意识形态的斗争，汉族政权和少数民族政权意识形态的矛盾和斗争等等。这一进程是由低级到高级、旧质到新质的进程。《中国政治思想史》被学术界认为是首部运用唯物史观对中国思想史进行研究的专著。

在中国大学授课时，吕振羽还担任中共北平市委领导下的北平市自由职业者大同盟书记。1935年至1936年，根据党中央和毛泽东的统一部署，他受中共北方局和刘少奇委派，驻南京与国民党当局进行停止内战、国共合作的谈判。这是推动国共第二次合作的重要活动。吕振羽和周小舟一道，为国共合作谈判作出了重要贡献。他是这次谈判的重要联系人与参与者，并于1936年3月加入中国共产党。谁也没想到，三十年后在“文化大革命”中，当时谈判的参与者或相关人如吕振羽、王世英、谌小岑、翦伯赞等竟深受迫害，或身陷囹圄，或被害身亡。国家主席刘少奇则被扣上“出卖红军、出卖红色政权”罪名（三项罪名之一）而被永远开除出党。

（三）

“七·七”事变后，吕振羽奉党指示南下，在长沙组织湖南文化界抗敌后援会。此后不久，担任中共驻湘代表的徐特立也来到长沙。吕振羽、翦伯赞和徐特立一道，筹办湖南省文化界抗敌后援会、中苏文化协会湖南分会并开展活动。吕振羽担任文抗会常务理事兼研究部长，负责该会全面工作。是时，党内还指定吕振羽、翦伯赞、谭丕模等负责出版《中苏》半月刊。吕振羽围绕抗战主题，撰写了大量时事政论（《全集·九卷》）。这些文章注意从国际形势发展的大局来看中国的抗日战争，从国内民众动员、统一战线发展、军事形势变动展望抗战前景，表达对日寇践踏中华大地的无限愤慨和赤诚爱国之心。1938年6月，经中共湖南省委决定，他与翦伯赞联名致信湖南省主席张治中，提出保卫大湖南的主张。同月，他又向省委建议在家乡邵阳筹办塘田战时讲学院，培养区、乡级地方工作干部和连、排级军事指挥员，为地方抗日游击战作准备。他的建议得到徐老赞同并报中共中央，湖南省委同意吕振羽前往邵阳创办塘田战时讲学院，聘请国民政府司法院副院长覃振为院长，吕振羽任副院长兼中共地下党代表。吕振羽尽全力于塘田战时讲学院的建设，亲自讲授中国近代史、中国民族解放运动史等课程，编印《中国民族解放运动史教程》（《全集·二卷》）等教材。徐老在给毛泽东、洛甫《在湘工作报告》中，称“我们的同志吕振羽在宝庆办了一个学校名战时讲学院”请求延安派干部到邵阳。

1939年秋，接周恩来调令，吕振羽到重庆从事理论研究、统战工作。与当时在重庆从事文化工作的进步史学家、经济学家、作家如郭沫若、李达、翦伯赞、侯外庐、华岗、邓初民、胡绳、胡风、沈志远、吴泽等多有来往。吕振羽担任国民政府军事委员会政治部文化工作委员会委员（郭沫若任主任），并任复旦大学历史系教授。侯外庐说：“振羽的到来，政治上，我们多了一位知己，学术上，就像添了一支兵马。”（《韧的追求》，三联书店1985年）

是时正值抗战相持阶段，他和许多史家一样，潜心做了一段时间的学术研究，撰写了《中国社会史上的奴隶制度问题》、《伟大的历史时代与史学创作》、《亚细亚生产方式和所谓中国社会的“停滞性”问题》、《论抗战以来三民主义文化诸问题》、《五四运动的历史意义与教训》等十余篇史学论文。他在论文中强调史学对于认识时代发展的重要意义，认为历史上各个时代人们活动的主流，从来都是为现实生活和理想未来的，不曾为古人的生活而活动，“人类就是这样去适应于历史的客观规律和创造历史”。历史科学应该是人类生活斗争的指南针，“尽着正确的指导的作用”。抗战时期的史学研究，要着眼于“加强抗战建国的指导原则和实践动力”。他还尖锐批判了日本反动文人秋泽修二的侵略史观，认为秋泽所提出的中国永远都是社会停滞的观点极其荒谬，为日本侵略中国张目。关于中国封建社会发展缓慢的问题，他认为所谓中国封建社会“停滞”的说法是错误的，“从史的唯物论的观点看来，是完全不妥当的”。他写道，中国封建社会所经历的时间应该说是长的，而中国的封建文化“也较其他任何国家的封建文化有着较高度的发展”。至于“迟滞”的原因，除了中国人口的增加和特有的地理因素外，还有其他若干值得考虑的因素：如历史上民族迁徙太多，对生产力发展有所阻滞；农民和手工业者的苛重负担，封建经济只是为了满足统治者的奢侈生活。他认为鸦片战争后国际帝国主义的侵入，是阻滞中国社会发展的主力。但所有这些，并没有改变中国历史发展的规律。在对待传统文化的问题上，他认为复古主义、国粹主义、反传统的乌托邦主义都是要不得的。对旧文化的批判，绝不是“抹煞一民族固有文化”，“而是‘扬弃’旧文化”。新文化的创造也不是空中楼阁，“而是从旧文化的母胎中产生出来”，“是中国民族文化发展过程中一种继起的历史形态——与社会经济发展过程相适应”。在对待海外文化的问题上，他认为文化贩运主义、文化闭关主义的态度都是要批判的。他还提出学术研究“中国化”，所谓“中国化”，就是要使先进的文化活用于中国，“通过中国的具体环境和民族革命的现实要求来活用”。他强调新文化建设一定要走民族化、科学化、大众化的道路，包括中国马克思主义史学的建设和发展。其中一些论文后来收入在1942年出版的《中国社会史诸问题》（《全集·六卷》）一书。

在重庆期间，他遵照周恩来对国统区青年进行爱国主义教育，写一本简明历史读本的指示，开始了对《简明中国通史》上册的撰写。1941年2月完稿，5月由香港生活书店出版。同以往的通史著作相比，著者强调了运用唯物史观对于中国历史的研究。他说自己的写法，“与从来的中国通史著作颇多不同”，最重要的，“是把中国史作为一个过程在把握”，“根据正确的方法论”，“和世界史作一比较的研究”。“我们的研究，应力避抽象的原理式的记述，而要尽可能去分析活的历史的具体面貌”。这部书的重要特点在于，全书阐述并倾注了爱国主义思想和情怀，他写道：“祖宗遗给全民族共有的遗产，我们不只要共同来承担，更须一体坚持我们不侵犯他人一寸土地一分权利的原则来保障他。”从便于接受的角度出发，他很注意各个民族历史的平等的叙述。在文字、编撰形式的处理上，也力求简明，通俗易懂。出版后在社会上引起很大反响，发行量相当大。

《简明中国通史》（《全集·五卷》）成为中国马克思主义史学发展史上最早的马克思主义通史、社会史著作之一，与范文澜的《中国通史简编》、翦伯赞的《中国史纲》（一、二）、邓初民的《中国生活史教程》、吴泽的《中国社会简史》等著作一道，翻了历代通史研究的案，把对人民群众的叙述放在历史研究的主线上。

（四）

1941年1月皖南事变后，奉周恩来指示，吕振羽由重庆转移，经桂林、香港、上海等地来到苏北抗日根据地，同行抵达还有孙冶方、徐雪寒。吕振羽化名柳岗，任中共华中局编审委员，后在华中局党校任教（刘少奇来校亲自授课）。吕振羽担任“中国哲学史”、“中国社会史”、“中国革命史”等课程讲授，兼任学员（多为师旅团干部）课外指导。他的授课深入浅出，很受学员欢迎。刘少奇称赞他为党校“作了不少工作，学员也有反映”。他还曾应黄克诚多次邀请，为新四军三师及苏北区党政军干部作理论学习报告。

1942 年 3 月，应党中央和毛泽东电召，刘少奇赴延安参加七大筹备工作。毛泽东在给华中局的电报中特别提到，吕振羽、贺绿汀等高级文化人到延安从事学术研究，成就会更大。吕振羽随刘少奇北上，途中被华中局任命为刘少奇政治秘书。他们从苏北阜宁单家港出发，跨苏、鲁、冀、晋、陕五省，历时七个月到达延安。此次行军长达万里，历经一百零三道敌寇封锁线。他和刘少奇分头负责携带了华中局、山东分局机要文书档案六包，后转交中央办公厅（现保存在中央档案馆）。此间，除协助刘少奇代表党中央沿途检查工作并处理问题外，也解答一些关于历史、哲学方面的理论咨询。在返回延安的万里征程中，他学到了很多可贵的工作、学习经验，也受到战争环境下的党性锻炼。他认为自己研读经典著作或文件，结合时代、历史以及周围情况体会其精神实质，就是跟刘少奇学的。1942 年底抵达延安，次日受到毛泽东的接见，谈了《中国政治思想史》撰写过程和完成《简明中国通史》下册计划。之后，中央任命他为刘少奇的学习秘书。他经历了延安整风运动，入中央党校一部学习，后在中央马列主义研究院任特别研究员。

在延安期间，他修订了《中国政治思想史》，并由新华书店出版。该书的出版得到了毛泽东的关注（1942 年 7 月 25 日中央政治局会议讨论了出版工作，毛泽东提出要“印少而精的东西……可印《鲁迅全集》、《海上述林》，吕振羽《中国政治思想史》。”逄先知主编《毛泽东年谱》，中央文献出版社 2005 年版）。他先后在《解放日报》发表《中华民族人种的由来》、《在原始公社前期我们祖先是怎样生活的?》、《原始公社后期我们祖先是怎样生活的?》（《全集・八卷》）等文章。他希望这些通俗作品能对延安干部战士学习中国历史起到普及作用。

1945 年 10 月，吕振羽主动要求到东北基层工作，经刘少奇批准，偕夫人江明同由延安出发。途经热河时为中共冀热辽分局挽留，先后被任命为热西地委副书记、分局巡视工作团团长、冀热辽救济分会常务副主任。期间，他曾多次赴北平军事调停处执行部反映灾情。在解放区救济总会会长伍云甫支持下，与联合国救济总署、国民党行政院救济总署代表谈判，据理力争，为解放区广大灾民及部队争取到大批救济物资。他利用在热河巡视工作间隙，到汉、满、蒙、回等民族杂居区调查访问，了解当地生产技术及风俗民情，为日后民族史撰写积累了资料。1946 年 12 月，因国民党部队大举进攻，他随冀热辽分局经林东、通辽、洮南、白城子等地转移。1947 年 1 月抵哈尔滨，乘空开始动笔撰写《中国民族简史》(《全集·六卷》)。

同年 4 月，该书由大连大众书店出版，成为中国首部马克思主义民族史著作。吕振羽认为就是中华民族在其发展进程中，也有一个同印欧、中亚、南亚诸民族血液交融的过程。由中国人种起源于蒙古人种和马来人种的分析，以及其他附属成分可以看出："中国各民族都不断杂入世界其他民族血液"，"中国各民族相互间的血统混合与同化，更有着一个长期的立体交流的过程。"他认为把汉族说成是一个纯粹的民族是荒谬的。汉族前身华夏族的形成，就是由商族和夏族为骨干而形成的。而华夏族的经济、政治、军事、外交、人口等几方面力量总和又超过中原周围各民族，所以秦始皇统一中国时，很多民族"也都成了华族的构成部分"。他驳斥了日本学者所谓回族"不是民族"，只是"宗教团体"的观点。他说就这个民族居住的地区言，虽相当部分与汉族同胞杂居，但毕竟有一定聚居地区如甘肃、宁夏、云南、青海等，"甘肃、宁夏六百四十万人口中，回族约占四分之一至三分之一"。他还批判了所谓"满族人在满洲已绝迹"等谬说。他说，人类应该是平等的，少数民族也是优秀人类的一部分。该书以唯物史观对各民族历史作了梳理阐述，其民族平等观点及其对国民党推行的大汉族主义的批判，对人民解放战争时期全民族的动员有着重要作用。

《中国民族简史》也引起国内外学术界的关注。苏联学者认为，吕振羽"以马克思主义来阐明中国各民族历史问题的经验是值得注意的"，表明中华人民共和国的历史学家对中国各民族的古代历史，"正力求给予马克思主义的阐释"。(弗·阿·鲁宾《评〈中国民族简史〉》，《古代史学报》1952 年第 2 期）蔡美彪认为，"吕老以马克思主义的民族平等观念确立的民族史研究的对象和范围，具有重要的学术意义。这部题为《中国民族简史》的著作，考察了汉民族的形成和发展，也考察了满、蒙、藏、回、维、彝、苗、黎等十几个民族的发展史……把汉族和各少数民族并列考察，却是一个创举。”（《重读〈中国民族简史〉》，《吕振羽和中国历史学——学术研讨纪念文集》，吉林大学出版社，1996 年）

之后，吕振羽撰写了另一部著作，就是《简明中国通史》下册，1948 年 2 月在大连出版。下册很注意对历代爱国主义思想的掘发、阐述。他认为中华民族的优良传统，主要是在下层群众以至中层群众之中，“蕴蓄了民族斗争之无限伟力”。该书对历朝统治者对于人民的暴戾、残忍予以无情揭露。书中叙述从陈胜、吴广到李自成的每一次重要农民起义，认为农民斗争中的“不动摇不受收买”、“斗争到底的精神”，“是中国人民优良传统的表现”，同时也对历代农民起义失败原因作了分析。该书还有一个重要内容，就是十分重视对于海外华侨历史的记载。他颇为细致地记述华侨矿商罗劳伯在印度尼西亚的开矿活动，赞扬其在异国他乡的建设开发。他批评清朝政府将华侨拒之于国门之外的做法，称清朝政府想防范外国商人与沿海人民往来，却使中国失去了对外贸易的主动权。吕振羽在中国通史著作中对华侨事迹的记载，有开风气之先的意义。

1948 年 9 月，吕振羽被任命为中共安东省委常委，分管安东、抚顺、本溪、通化等地城市工作，还率省委工作队深入农村进行土改、建政、建党等工作（《全集 · 九卷 · 政务》）。12 月 5 日，他代表省委迎接由香港途经安东参加新政协筹备工作的郭沫若、马叙伦、侯外庐、许广平等社会知名人士。侯外庐在吕振羽笔记本上留言，称其“锲而不舍”的精神已经“锲入深处”。郭沫若留言，谓吕振羽经过战火洗礼，“是一面大旗”了。马叙伦感叹道：“吕先生的为人民服务精神”是该学习的。

（五）

1949 年 4 月，吕振羽被任命为旅大区党委委员兼大学工作委员会书记、大连大学校长兼党委书记。1950 年 11 月，调离大连任东北人民政府文化教育委员会副主任委员。1951 年 8 月，兼任东北人民大学校长、党委书记。1954 年春，因脑疾频繁发作（后出国访问诊断为脑瘤）赴外地疗养。1955 年 7 月，因病正式调离东北人民大学。

在主持大连大学工作期间，他强调应该确立正确的办学方向，把培养为人民服务的专门人才作为头等大事来抓，着力提高教育水平和推行学校的正规化，以此形成适合我国国情的新型大学的一整套办学方针。他亲自领导修订《大连大学暂行校章》和建立与此配套的规章制度，倡导学校建立日志、周志与月报。他认为“提高教育质量的中心环节在于提高师资水平”，派人到北京、上海、天津等地招聘高水平教授任教；他提倡民主作风和民主办学，吸收教授、学生代表担任学校的校务委员会成员。在东北文教委员会工作期间，他率领检查团先后视察了东北商业专科学校、东北师范大学、哈尔滨工业大学、东北工学院等高校，与师生员工座谈，在对学校领导班子建设和团结、建立和健全学校各项制度、加强教学和提高教师质量、减轻学生负担和保障学生健康等方面，提出建议和改进措施。此外，他还受东北人民政府委派，视察了旅大图书馆、博物馆、资源馆，对该馆存在文物遗失、古籍图书管理疏漏等问题提出整顿和处理措施。在主持东北人民大学（后改名吉林大学）工作期间，他强调理论与实际相结合是教育的基本方针，高等学校人才培养要适应国家经济建设的需要，推进正规化办学，主持制订并实施了《东北人民大学校章》（草案）。他重视人才培养和师资队伍建设，提出“知、德、健、美齐备”全面发展的人才观，从北京、上海、大连等地陆续招聘高水平教授任教；他强调学术研究在综合性大学中的地位，教学与科研要密切联系；他提倡“民主基础上的大家办学”，吸收教师学生参与学校管理。在他主持下，东北人民大学由原来培养财经政法干部的学校迅速转变为在东北地区有影响的文理科兼备的综合性大学。

1954 年 9 月，吕振羽当选为第一届全国人民代表大会代表；1955 年 6 月，当选为中国科学院哲学社会科学部学部委员；1959 年 3 月，任第三届政治协商全国委员会委员、民族宗教组副组长。前后担任的行政、社会工作还有：中国科学院专门委员、中国史学会理事、《历史研究》编委、全国人大常委会民族委员会委员、中央民族事务委员会驻会委员、中国历史问题研究委员会委员、中国科学院院章起草委员会委员、中共中央高级党校历史教研室顾问、全国政协文史资料研究委员会委员、中国历史博物馆学术委员会委员、中央民族历史研究工作指导委员会委员等。

1955年9月，他受中国科学院委派，率中国东方学代表团到德意志民主共和国出席莱比锡东方学讨论会。在开幕会上作了题为《六年来新中国的历史科学》讲演，介绍新中国史学发展，受到各国学者欢迎和好评。之后又代表中国科学院出席德科学院希腊罗马学研究所成立大会，访问了洪堡大学、席勒大学、柏林图书馆等学术机构（《全集·九卷·日记》）。在苏联治病期间，应邀到苏联科学院东方研究所访问，并与苏联学者座谈。会上苏方提出要翻译吕著《中国政治思想史》。

作为全国人大代表和民族事务委员会委员，他积极参加人大代表视察活动，递交代表提案（《全集·九卷·政务》），多次出席全国民族工作会议和学术活动。1961年7月23日至8月10日，应内蒙古自治区主席乌兰夫邀请，与范文澜、翦伯赞、翁独健、王冶秋、韩儒林等学者组成的中央民族历史研究指导委员会代表团，赴内蒙古自治区访问（《全集·九卷·日记》）。先后访问呼和浩特、包头、大同等地，在区党委宣传部召开的会上作了理论学习报告。1961年10月，应邀赴武汉出席纪念辛亥革命50周年学术讨论会，并到中南民族学院作了学术演讲。他还与吴玉章、范文澜等史学家一同去河南郑州、洛阳、三门峡访问。1962年11月4日，应邀赴济南出席孔子逝世2440周年学术讨论会，在闭幕会上作了发言。同月17日，应邀赴长沙参加王船山逝世270周年学术讨论会，在会议开幕式、闭幕会上都作了发言；后由湖南省委安排赴家乡邵阳等地访问，应邀为当地干部、学校师生作了理论与形势的学习报告。

从1958年6月起，应中央党校党委聘请，吕振羽兼任该校中国历史教授（1956年到北京治病后，杨献珍、艾思奇几次提过此事）。从1959年秋至1962年冬，他为党校学员与师资培养作了大量工作，“成为中央党校最受欢迎的历史学教师之一”（郑必坚：《中共中央党校名师》序，2002年中共中央党校出版社出版）。为了教学需要，他平时住在党校，相继为中央党校理论班、新疆班学员讲授中国古代史，并进行多次专题讲座；同时为历史教研室教师进行中国史理论辅导，指导教研室编写《中国历史学界几个重要学术问题争论》等教材，还受党校委托为历史教研室培养了数位研究生。在此期间，他应邀到北京大学、北京师范大学、全国政协等处作了学术演讲，内容涉及民族史、政治史、军事史、妇女运动史、史学理论等方面。他还热情在家接待北京师范大学、北京师范学院、北京大学历史系师生的来访。

建国初的十多年里，他在繁忙公务之余，坚持历史研究，先后出版了《史学研究论文集》、《史论集》（《全集·六卷》），数次修订《简明中国通史》。

《史学研究论文集》是吕振羽在东北期间有关史学理论文章的专辑，收入《关于治史方法方面的零片意见》、《关于“怎样学习中国历史”等问题的解答》、《我们伟大祖国的伟大文化遗产》等多篇论文。这些论文从建国后历史学研究的实际情况出发，提出要加强唯物史观理论的学习和研究，指出“要从生产力与生产关系出发”，“处处以辩证观念观察历史，具体问题具体分析”，“对历史事件发生的内部矛盾及其作为一切条件的各种矛盾进行综合的科学考察”。他强调马克思主义经典作家阐明和发展了辩证唯物主义和历史唯物主义的基本原理，历史学研究“就是要把研究工作放在科学的轨道上，把历史的本来面目复现出来”。论文集还着重阐述了从人民立场出发治史的观念，认为人民的史学家就是要“站稳人民的立场”，“把自己作为人民的一分子”来参加研究。他说人类历史无限丰富、无限多样复杂，不可能也不必要对它的各方面都亲自从实践中去体会，但须“尽可能多地去熟悉各种各样的斗争形式和组织形式”，“至少要有一些亲自经历的较完整的体会”。他认为在祖国建设的伟大实践中，有很多参加实践的机会，都是“创造历史的活动”，是“活的历史”，有了这些完整体会，对正确治史是大有益处的。他还提出没有正确的群众观点和一定程度的群众实践活动的经验“就无法了解历史运动的具体性和群众实践的深刻性”的观点。论文集阐述了新时期爱国主义是与无产阶级国际主义相统一的爱国主义理论，认为新中国历史科学的重要任务，就在于“阐扬和宣传爱国主义”，“培养和发扬我们的爱国主义和国际主义精神。”

《史论集》收入了吕振羽到北京后至1960年期间发表的论文，内容涉及毛泽东思想与历史科学、哲学史、两周社会研究、叶适思想研究、胡适思想批判、民族关系史研究等内容。他在《论两周社会形势发展的过渡性和不平衡性——关于中国社会完成从奴隶制到封建制的过渡问题的探讨》一文中，主要对自己1930年代以来所持的西周封建说作了自我批评和修订，认为以前的想法基本局限在西周区域内，也过多注意了封建性方面的问题，忽视了其他诸种社会形态的问题，思想方法上有片面性。他进一步阐析说，“武王革命”后，周朝的疆域内，实际上呈现出一种封建制、奴隶制、原始公社制等各种生产方式并存的局面，是一种错综复杂的过渡性的社会形态，即使时间上也是一个不平衡的态势：大体上说，在周朝国家的中央区域，到所谓的“宣王中兴”时，封建制得以确立和巩固；在齐国等原先殷朝的邦畿地区，到春秋时才渐次完成过渡；而南方的越，则到春秋末期，奴隶制和封建制还并存着。

吕振羽关于两周社会形势发展的过渡性和不平衡性的观点，也是他对《简明中国通史》再次修订的主要原因。当时国内开展的一些少数民族社会发展形态和经济状况的调查，对他的史学研究帮助很大。他认为民族学研究成果有益于对上古社会发展情况的新思考。

1961 年，他发表题为《论我国历史上民族关系的基本特点》的论文。他对历史上的民族关系，尤其在阶级社会时代的民族关系及复杂矛盾作了重要阐述，其基本特点归纳为：（一）在原始公社制时代，本质上是劳动人民间的关系。（二）我国历史上的四个革命都是各民族人民共同进行的，斗争中形成了血肉相连，不可分割的密切联系。（三）我国各民族住区的交插和人口杂居、或大杂居小聚居的情况，有一个长远的历史过程。（四）各民族长期生活在一个国家内，逐渐形成经济上相互交往、联系、依赖、推动和渗透的不可分割的纽带，表现为带有一些地区分工性质的供求关系。（五）在上述基础上，形成了我国自秦汉以来的统一的多民族的国家这个重大特点。因此，他认为适应我国历史发展、民族关系的历史特点，决定了国家制度和地方组织形式应该是单一的国家制度和民族的区域自治，两者间互为因果、互相适应。1963 年初，他又发表《中国历史上民族关系的几个问题》论文，回答了“历史上的中国”这一问题。他认为中国“自秦汉以来就是一个统一的多民族国家”，社会历史发展的过程或总的趋势“是统一而不是分裂”；那些在一定时期并存在中国境内的“国”或政权，“彼此都没有相对固定的国界…彼此都想统一全国”；发生在我国历史上的民族战争，都是国内战争，“都是压迫和反压迫的民族战争，因此它们不存在侵略反侵略战争的前提”，但是有“正义和非正义之分”。

1961 年，他还对旧著《史前期中国社会研究》进行修订，把上年发表的《地下出土的远古遗存和我国原始公社制时代的历史过程》、《我国若干少数民族的原始公社制或其残余》两篇长文作为《补编》辑入。两文是根据解放后对少数民族社会历史大量调查资料和各处地下发掘的丰富考古资料基础上撰写的。束世澂阅读该文后来信，认为“此文体大思精，论断确实，可为研究古史和考古家的指导文件。”（《全集·十卷·书信》）

吕振羽在中央党校的中国通史讲课记录稿，后来被整理成《中国历史讲稿》（《全集·七卷》），是他在中央党校任教时的主要学术成果。该书适应党校学员的特点，简明扼要，理论性强，对一些重大历史理论、人物、事件予以评论分析，用社会经济的发展变化说明社会变革和历史演进。此外，他还在党校相继作了《中国历史上的几次波澜和曲折》、《关于中国历史上的百家争鸣问题》、《新疆和祖国的历史关系》（《全集·八卷》）等演讲。他认为从总体上看，中国封建社会发展过程中，波澜和曲折是突出的。具体而言，西周、两汉、唐、两宋、明等是大波澜时期；十六国和南北朝、五代和辽金、元朝初期、明末和清初，是逆转时期。跳跃和曲折是中国历史发展过程中带有普遍性的问题，波澜突出则是其特殊性。他关于“百家争鸣”的演讲，强调了这种争鸣对于学术发展的意义。他的关于新疆历史问题的演讲，在党校新疆班学员中有很大反响，包尔汉、赛福鼎都听了讲座。这些学员在后来反对地方民族主义和分裂主义的斗争中也发挥了重要作用。他还主动提议，邀请全国著名史学家如范文澜、侯外庐、尹达、翦伯赞、杨向奎、邓广铭、翁独健、郑天挺、裴文中、白寿彝、唐长孺、韩儒林、吴晗、张政烺、夏鼐、谭其骧、胡厚宣、尚钺、金灿然、刘大年等到中央党校讲学，成为影响史学界的“神仙会”。

1958 年，他还应人民出版社之约撰写《简明中国近现代史》，并签署了出版合同，后因突然变故爽约，抱憾终生。

（六）

吕振羽的一生并不平坦。他怎么也没想到，为新中国奋斗了几十年，最后会遭受种种莫须有的迫害。1963 年初，在参加完湖南纪念王夫之学术讨论会后，突然遭到“隔离反省”，从此被幽禁在京城一所四合院内。其具体原因连夫人江明也不知道。“文化大革命”开始，又被列入“刘少奇专案”，投入秦城监狱。他受到多次刑讯逼供，要求揭发刘少奇所谓叛变革命的“证据”。吕坚记述了赴秦城狱中探视父亲的情况：

> 父亲……讲述了这些年来在狱中的情况和看法。入狱的头两年，光审讯就达800多次，其中700多次是关于1935—1936年去南京同国民党当局谈判共同抗日时与刘少奇同志所谓“勾结”的问题。这次谈判明明是根据当时党在长征路上发表的“八一宣言”，为建立全民族的统一战线进行抗战，并且自始至终都是在党的领导下进行的，这对党和人民是有功的，怎么倒成了与刘少奇勾结蒋介石阴谋消灭红军了呢？父亲说到此时非常气愤：“在这之前我根本就没有见过刘少奇同志，简直是无稽之谈！”父亲为了“坚持自己历史的真实性，也坚持他人历史的真实性，在轮番突击的审讯中，身体遭到严重摧残。他的眼睛由于连续受到强烈灯光的照射而视力大损，几至失明。（《倔强犹欲看锥花》，《吕振羽和中国历史学》，吉林大学出版社，1996年）

处于逆境之中的吕振羽，始终坚持了共产党人坚贞不屈的凛然大义，坚持了历史学家应有的人格和品质，不为势倾，不为利诱。1968年12月，在狱中惊闻刘少奇蒙冤被永远开除出党后，默成感怀诗三首，缅怀刘少奇的丰功伟绩，以“二十世纪‘风波寒’，三顶帽子绝代冤；忠奸功罪全颠倒，吁天辩诬董狐篇”的诗句，为我党历史上最大的冤案鸣冤辨诬。侯外庐撰文说，吕振羽在冤狱中拒挡一切构陷刘少奇的阴谋，对邪恶势力旋风般的仇恨，多么壮烈啊！他称赞吕振羽是“中国史学优良传统的真正继承者”，“马克思主义历史科学党性和科学性相统一原则的忠实坚持者”。（《怀念吕振羽同志》，《中国史研究》1980年第4期）

1975年2月2日，江明上书，经邓小平批准，吕振羽获释出狱。经过八年的监狱生活，那原本精力充沛健壮的身体，已经瘦弱得不成样子，虽然因长期遭受摧残而身患重病，但他对党、对祖国、对人民“始终充满无限信心”，相信“党一定会株锄奸恶，昭雪忠良”。1978年12月，中共十一届三中全会之后不久，胡耀邦指派中央组织部派员看望。吕振羽表示身体恢复后，继续为党做力所能及的工作。1979年10月，在胡耀邦亲切关心下，吕振羽应邀出席在人民大会堂举行的国庆三十周年招待会。不久，中央任命他为中国社会科学院顾问。1980年春，出席了中国史学会在北京召开的全国代表会议。

从1963年到1965年，在失去自由的情况下，吕振羽继续坚持了史学研究，完成了《史学评论》（副题“读报随笔”）的撰写。从1964年2月起，在一无书籍、二无参考资料的条件下，仅据身边的《人民日报》、《光明日报》刊载学术文章，进行研究，陆续撰写文稿累计20余万字。《史学评论》共有四辑，依次为“关于中国哲学史研究方法的一些问题”、“关于我国近代及中世各别思想家思想研究的一些问题”、“关于历史研究方法的一些问题”、“杂论”。这当中既有宏观评论，也有微观考察，有专论，也有短评；长者数万字，短者三四千；有对不同意见的争鸣，也有自我批评。总之都是有感而发，有自己鲜明的理论观点和深入思考。所评论的相关文章的作者有二十余位。其中，除少数知名学者外，大多是崭露头角的中青年学者。

如他看了白寿彝在《人民日报》发表的题为《中国史学史研究任务的商榷》一文后，表达了自己看法。他认为应该从历史观点、史家论旨考察史学史。他强调对于史书价值的评价，“必须考察它，对于走向历史成为科学的进程中，作了些什么创造性的贡献，比前人多解决了些什么问题，新增添了些什么科学的东西或因素。”他认为能代表先进思潮的史学思想及其著作，自然会对历史起好的、积极的作用。历史观点、史学思想可谓史书灵魂，对全书潜在价值起有十分关键的作用，是对史著学术价值、社会价值评价的重要因素。《史学评论》还表现出他对青年学者的关注。如在读了张传玺《从土地契约形式的演变看我国封建土地所有制》一文后，他认为这篇文章对研究这一时期土地问题是有一定的重要意义的，搜集了不少相关史料，对一些问题也有有益论析，并有正确论断，建议老一辈学者“应考虑传玺等青年同志的批评意见。”吕振羽说，撰写《史学评论》的目的，“只在于就能接触到的文章进行学习，以加深印象和消化”。尤其在失去自由的情况下，他仍然勤奋学习，坚持学术研究，其体现的史学价值和治史精神弥足珍贵。

当时吕振羽的另一著作是《学吟集初草》。始笔于1963年1月9日，1967年1月11日停笔。他在突蒙不白之冤后，几乎每天写诗，回忆旧作，创写新诗，辑成十卷，近三千首。

《学吟集初草》（《全集·十卷》）以诗歌的形式，记述了自己成长的历程和感怀。如长达二百七十余行的新诗《马克思赞》，热情讴歌了马克思学说的产生与发展。长诗《祖国颂》，记述了中华五千年的悠久历史。《自述》（口韵)、《南京谈判中和周小舟同志》、《祝湖南文化界抗敌后援会成立》、《听少奇同志为华中局党校讲课》等诗篇，记录了自己身世和亲历重要史事。还有不少咏史诗，也是著者历史观的一种再现。对中国史上的历史事变如商鞅变法、秦始皇统一六国、淝水之战、王安石变法、辛亥革命等，都撰有诗文；对古今历史人物如成汤、伊尹、周公、管仲以至洪秀全、孙中山、夏明翰等，都吟诗评论。此外，还对史学家及著作吟咏评论，涉及《左传》、《史记》、《汉书》、《资治通鉴》、《文史通义》等很多著名典籍。在题为《司马迁修〈史记〉》一诗中写道："敢把日游入正史，欲从今古究长河"，称司马迁已朴素地触到了人民群众在历史中的作用，记述了经济活动对社会历史的影响。他对王夫之史论的评价很高，称"史学船山掀巨波，欲明'理势'穷长河"。但他对司马光《资治通鉴》并不看好，认为其历史观点"保守"，称"皇家年谱瑕多瑜，'修史楷型'保守台。"所以研究吕振羽史学思想，也应重视他在《学吟集初草》中大量咏史诗中的评论。

（七）

天不假年，1980 年 7 月 17 日凌晨，这位终身勤奋探索而又饱经沧桑的中国马克思主义史学创始人，因心脏病突发而不幸去世。享年 80 岁。

追悼大会在北京八宝山隆重举行。邓小平、陈云、胡耀邦、王震、乌兰夫、谭震林、方毅、粟裕、张爱萍等赠送了花圈。胡耀邦、黄克诚、薄一波、杨静仁、江华、胡乔木、邓力群等出席追悼会。悼词称，"吕振羽同志是我国早期马克思主义历史科学的开拓者之一"，"吕振羽的一生，是革命的一生，战斗的一生。在五十年的革命实践中，他忠于党，忠于人民，勤勤恳恳，艰苦奋斗，为党的无产阶级革命事业做出了应有的贡献。作为马克思主义的历史学家，他始终不渝地努力运用马克思主义立场、观点、方法，来研究中国的历史，在我国的经济史、社会史、思想史、民族史等多方面都作了许多有益的探索，为五四以来我国马克思主义新史学的建立和发展做出了重要的贡献"。

1985 年，根据吕振羽生前遗嘱，江明将所居住的四合院住房和所有的珍贵藏书捐赠给吕老生前的工作单位吉林大学，不受任何形式的奖金和报酬。夫妇藏书中，有线装书近两万册，包括经、史、子、集四部的古籍。版本有元明清代的刻本、钞本、稿本和金石拓片，大都为珍善本，其中明版本就有一千几百册，康熙乾隆时期刻本一千三百多册。这些赠书学术和文物价值都很高，尤以文澜阁本《四库全书》中印有“古稀天子之宝”、“乾隆御览之印”章的《甫里集》为少见珍本。1999 年，江明又将夫妇珍藏的宋旭、张瑞图、吴昌硕等明清著名画家、书法家十二件珍品无偿捐赠故宫博物院。吕振羽夫妇每月工资津贴收入计 600 余元，但自奉节俭，日常开支控制在 100 元以内，其余工资及稿费都用来购买古籍图书资料：

> 许多线装书是他们夫妇五十年代初在北京的地摊上买的。当时，我们的共和国刚刚诞生，百废待兴，这些散落在社会上的古书，被摆在地摊上风吹日晒……目睹这种情景，这位老共产党员、历史学家感叹道：‘这是我国文化珍贵的遗产，多可惜……，从那时起，他们夫妇更加节衣缩食来买书。衣裤鞋袜穿破了，缝缝补补接着穿；一条毛毯磨得洞连洞还在用；沙发罩破了，垫草都露了出来，也舍不得买新的。即使这样，他们还往往因钱不够而赊帐。明代毛晋汲古阁校刻的《十三经》、《十七史》等，就是在这样的情况下，于琉璃厂、隆福寺等处买到的。（《共产党人的遗产》，《吉林大学报》1986 年 10 月 4 日）

1956 年，吕振羽因患脑瘤需要长住北京治疗，也为了从事研究和著述，高教部曾考虑让他住北京大学司徒雷登曾住过的房子。吕振羽感到不能住那样的住宅。领导又表示，如果有合适地方，可以买套房子。吕振羽夫妇考虑国家教育经费紧缺，不能再让国家花钱买住宅，于是就用自己的工资和稿费，买下一套旧四合院，全部维修费也自己出。吕振羽夫妇自己节俭，对国家需要和发展一直十分慷慨。还是在 1951 年的时候，就捐献出历年所积稿费人民币近四千万元，支援抗美援朝购买飞机大炮。1993 年，江明在吕振羽纪念室揭幕时表示：“这些藏书和房子是用我夫妇的工资和稿费买的（工资和稿费是祖国和人民给的），把它交给国家交给人民是很自然的。我个人不过是实现振羽遗愿。固然，这是我们共同的夙愿，但在党的事业中只不过是沧海之一粟！”（《江明同志讲话》，《吕振羽和中国历史学》，吉林大学出版社 1996 年版）

1986 年 10 月，吉林大学决定在吉林大学设立吕振羽藏书纪念室；同年 10

月 6—8 日，吉林大学和中国社会科学院在长春举行纪念吕振羽学术研讨会，匡亚明、史立德、关山复、廖盖隆、丁伟志、吴泽、魏晨旭、马鸿模、邓晏如、刘起钎、蔡美彪等生前友好、著名学者参加，这是首届纪念吕老的学术盛会。为了永久纪念吕振羽的功绩，1993 年 8 月，吉林大学决定在其生前北京住地设立吕振羽纪念室，并于 8 月 30 日召开了吕振羽纪念室揭幕暨学术研讨会。吕老生前友好、著名学者张爱萍、胡绳、段君毅、赵毅敏、张致祥、王国权、史立德、李锐、王子野、王忍之、黄葳、李又兰、刘大年、吴泽、廖盖隆、李普、丁仰炎、蔡美彪、林甘泉、李学勤、张忠培、陈高华等近百人出席。江明说："建立这个纪念室是为了弘扬传统，启迪后人，就是要弘扬爱国主义、社会主义、集体主义，这是振羽走过的路，不论如何崎岖艰险，他毕生坚持，九死未悔。这个纪念室不仅纪念振羽，还要纪念郭老、范老、翦老、侯外老等史学前辈。在风雨如晦的岁月，他们和振羽是并肩征腐恶的战友。凡是为祖国为人民献身者是值得人民纪念的！"

1996 年 10 月，又一次全国吕振羽学术研讨会在湖南邵阳市隆重举行，由中国社会科学院、中共中央党校、吉林大学、湖南省社会科学联合会、湖南省历史学会等 16 家单位发起。2000 年 5 月 24 日，中国社会科学院、中共中央党校在京联合举行了纪念吕振羽百年诞辰座谈会，史立德、李又兰、廖盖隆、金冲及、刘海藩、江蓝生、刘中树、林安西、魏晨旭、蔡美彪、林甘泉、张传玺、张海鹏、陈祖武、卢钟锋等近百人出席。吕老夫人江明出席会议。国家民委发来贺电。江明在发言中表示："先驱者们为革命和建设作出了不可磨灭的贡献，真正的马克思主义者永垂不朽"。同年 5 月 26 日，吉林大学也在长春举行隆重纪念吕振羽百年诞辰大会，吕振羽奖学金颁奖仪式、吕振羽塑像揭幕仪式、《吕振羽诗选》首发式、吕振羽学术报告会等纪念活动同时展开。

将近 20 年来，关于吕振羽的学术著作相继得到整理，《吕振羽史论选集》（上海人民出版社，1981 年）、《吕振羽集》（中国社会科学出版社，2001 年）、《吕振羽诗选》（吉林大学出版社，2000 年）等先后问世。关于吕振羽研究的学术论文集已出版多部，有《吕振羽和中国历史学——学术研讨纪念文集》（吉林大学出版社，1996 年）、《吕振羽研究文集》（中国社会科学出版社，1999 年）、《吕振羽研究文丛》（中共中央党校出版社，2000 年）等。对吕振羽专题研究的著作，先后出版的有《吕振羽评传》（社会科学文献出版社，

1990年)、《吕振羽和他的历史学研究》(湖南教育出版社，1992年)、《吕振羽早期思想与实践研究》(湖南师范大学出版社，1999年)、《吕振羽传》(湖南师范大学出版社，1999年)、《吕振羽学术思想评传》(北京图书馆出版社，2000年)、《吕振羽画传》(紫禁城出版社，2008年)等。学者们的研究充分表明，历史会铭记吕振羽和其他老一辈马克思主义史学家作出的开创性贡献。胡绳说：

> 现在看来，包括郭老、吕老以及其他史学家前辈翦老等，他们的古代史研究都为马克思主义中国化作出了自己的贡献。大革命失败时，马克思主义确定在中国已经生长起来了，但是要继续发展，那就必须中国化。教条式地理解不行。当时用马克思主义研究中国历史，是符合马克思主义中国化的要求的。郭老、吕老从事中国古代史的研究是与解决中国大革命失败之后如何前进的问题密切联系的。
>
> 中国马克思主义史学的创始人郭老、吕老以及稍晚一点的前辈翦老、侯老、范老，他们建立了中国马克思主义历史学，运用马克思主义进行历史研究，他们是开辟道路的前辈。他们几位史学前辈在中国古代史研究的过程中，对许多问题的具体解释不尽一样。但他们在科学研究中彼此尊重，互相探讨。他们的成就都丰富了中国马克思主义史学体系和内容。(《中国马克思主义史学前辈吕振羽》，《吕振羽和中国历史学——学术研讨纪念文集》)

学者们强调，自从人们自觉地把马克思主义运用于研究中国历史之后，确实引起了中国史学史上的划时代的变化。如果说进化论和种种资产阶级史学理论的传入，对中国历史学的发展也起过某些突破和革新作用的话，那么可以说，马克思主义历史科学的兴起，则是中国历史学发展的重大突破、重大革新。郭沫若、范文澜、吕振羽、翦伯赞、侯外庐诸大师的贡献，重要的不仅是他们在学术问题上的创见，而在于他们为中国历史学的发展开启了一代新风。

学者们的研究认为，吕振羽具有坚定的马克思主义信念、高尚的史德、广博的学识、崇高的道德品质、对人民无限热爱而对邪恶势力横眉冷对的凛然气节、朴素节俭的生活作风。他的多方面贡献中，尤为重要的是他将马克思主义的历史价值研究和科学研究方式相结合相统一的研究取向和治史途径。他坚定确立起既崇高而又切实可行的价值追求目标，将个人的价值目标与追求国家独立、民族平等、人民解放的新民主主义革命事业相结合，从而在中国马克思主义史学发展史上提出和探讨了一系列重大的创新课题。他的社会进步的价值追求与科学研究相统一的治史取向和途径是值得后人景仰和学习的。

学者们注意到，中国马克思主义史学是世界马克思主义史学的组成部分，也是国际学术界一直关注的问题。早在1930年代，吕振羽的《史前期中国社会研究》就被日本学者翻译成日文本，《中国政治思想史》也有两种日文译本，《中国民族简史》一度得到前苏联学者仔细研究。与其他马克思主义史学家的著作一样，吕振羽的学术著作，还受到美国中国学家的关注。吕振羽1930年代参与中国社会史大论战的研究论著和观点，也得到过德国学者的仔细研读和分析。一直到1960年代，他始终与前苏联的汉学家保持有密切的学术交往与联系。

中国老一辈马克思主义史学家的思想和著作，是马克思主义中国化的实践结果，启迪和影响着一代代后人，也一直是中国当代史学史关注和研究的重点。回顾先辈，筚路蓝缕，功不可没。我们编辑整理出版《吕振羽全集》，就是希望其留下的这份宝贵精神财富能够继承和发扬光大。先驱者们运用马克思主义探讨了传统历史学从未研究的新领域，填补了中国史学研究的许多空白，解答了许多长期悬而未决的历史之谜。这正是我们今天要学习和努力的，要用他们的创新精神和科学态度对待一切学术问题，为繁荣中国特色的社会主义文化建设事业作出应有贡献。时代不同了，历史在发展，马克思主义史学也会受到来自社会和学术界的不同形式的挑战，正确总结历史上的经验和教训，对于我们也是至关重要的。

《吕振羽全集》共十卷，依次为：第一卷：《中国外交问题》、《中日问题批判》、《世界资本主义经济（上）》；第二卷：《中国社会史》、《中国经济史》、《中国民族解放运动史教程》；第三卷：《史前期中国社会研究》、《殷周时代的中国社会》；第四卷：《中国政治思想史》；第五卷：《简明中国通史》；第六卷：《中国民族简史》、《中国社会史诸问题》、《史学研究论文集》、《史论集》；第七卷：《中国历史讲稿》、《史学评论》；第八卷：《史论》；第九卷：《政论》、《教育》、《政务》、《札记》；第十卷：《回忆录》、《学吟集诗选》、《日记》、《书信》、《吕振羽生平著述活动年表》。

全集不少内容为首次出版或再版。如第一卷中的《中国外交问题》出版后被日伪新民会列为禁书；《中日问题批判》、《世界资本主义经济》两书，出版不久即遭国民党当局查禁。第二卷《中国社会史》、《经济史》讲义等，第九卷《教育》、《政务》、《札记》，第十卷《回忆录》（部分）、《日记》、《书信》等，皆为初次整理出版。第八卷《史论》、第九卷《政论》，大都为早年发表过的论文，有些距今七八十年，且散见于民国时期报刊，很难查阅到。其他诸卷虽为已版论著，但此次编入全集前，编者对古籍引文重新作了核校。因此，《吕振羽全集》的编辑与出版，将全面、客观地反映吕振羽一生治史经历和学术发展，无论对其学术思想研究还是对中国马克思主义史学形成与发展的研究，都具有较高的史料价值与文献价值。

吉林大学、中国社会科学院、中共中央党校、人民出版社等单位共同为全集的出版，做了多方努力和周到安排。各位前辈学者、学术同行，以尊重原著、保持历史原貌的原则，分工合作，细心校勘，作出很多贡献。吕振羽夫人江明生前为全集编辑做了大量准备工作，精心保存并搜集了大量珍贵文献。全集十卷编辑工作历时四年多终于完成和正式出版，既是对吕老一生治史等方面文献的全面整理，也为今人乃至后人继续史学研究留下了一份宝贵的文化遗产。

谨向所有关心和支持全集编辑工作的友好单位和友人，表示衷心谢忱和敬意！

愿吕振羽革命品格、治史态度和创新精神进一步弘扬光大！

《吕振羽全集》编委会

2013 年 2 月

目　次

中国外交问题

编印说明

《中国外交问题》，是著者1928年12月至翌年1月所撰，随即在《村治月刊》第一卷第一、二、三期发表，后经修改重编，于1929年6月作为村治月刊丛书之一发行，由京城印书局印刷。后被日伪新民会列为禁书。书中表达了著者强烈的爱国情怀与反帝思想，并从近代中国历史以及世界各国关系的广阔视野下，对中国的外交做了深入的分析和批判，进而提出了中国外交应有的觉悟和准备，而对于殖民地半殖民地人民解放之路，则还在摸索之中。

全集编辑，以京城印书局1929年版为底本，整理排校，只更正了出版时个别讹误，内容和观点均保持原貌。

阮芳纪　孙纯良

目　录

自 序

我这篇中国外交问题，原初并没有打算把他印成小册子，所以在全篇内容的组织，并没有用过精密的计划，材料方面，也只就个人平日一点随便的集积，并没有设法去搜取，自然是非常偏枯，这是我应当向读者道歉的地方。

我写这篇东西的动机，是去年十二月我在上海和一些同志讨论中国的外交问题才发生的，今年一月我从上海乘船北归，在船中共五日夜，把这个问题在脑海里，又想了一个大概，回到北平以后，就着手整理自己以前对于这个问题所积下的材料，稿子是分三次写完的，第一次在三月里，计费去五个整天的时间，第二次在四月里，因为月刊仓卒要付印，用三天的工夫，赶急写成二万四千字，第三次是在五月里，情形和第二次差不多，现在几位朋友主张把他印成小册子，嘱我重新编列节目，我并且草率的又把内容修改了一下，这是我写成这本小册子的经过，应当向读者报告的。

这本小册子的内容，确实没有多少特异的见解，可是中国外交问题这个题目，就不能不算是新中国目前一个最重要的问题，所以作者的意思，不过把这个重要问题具体的提出来，只要能够引起同志们的注意和批评，就是无上的荣幸了。

一九二九，五，二〇，著者自序于北平。

一

导 言

自欧洲封建制度灭亡，递嬗至资本帝国主义产生，全世界的形势，又急剧的转入这个弱肉强食的野蛮状态，有人说，这也是人类历史进化中一个必经的阶段，好呀，在这个所谓必经的阶段当中，我们看，一切未开化半开化以及未加入他们伙伴的世界文明民族，无论黄色，棕色，黑色，红色人种，眼睁睁望着帝国主义把他们一个一个来处决，全世界的地图，无论亚洲非洲美洲澳洲甚至一块沙漠一个荒岛，都沾污着铁蹄践踏的凄惨的血迹，他们之所谓文明的本来面目就是这样，孙中山先生谓他们之所谓五大强国，不过是五大强盗，实则强盗至少还有点人类的同情，还比不上这样的狞恶残毒，他们心目中的弱小民族和国家，并不是国际上对立的主体，不过是一群奴隶和榨取膏血的牲畜集体罢了，再过火点说，实在比看待奴隶和牲畜还要残毒，无论怎样残忍的主人，对于他自己的奴隶，至少还有点怜卹的同情，对于榨取膏血的牲畜，还要使他繁殖，他们实在连这个同情都没有的，所以他们对待弱小民族国家的国际关系或国际交涉，并没有什么人道和公理的标准或保障，只有侵略的手段和凶恶的势力。

我常说，人道和公理，只有弱小民族国家的字典中才能看见，帝国主义的字典中，向来就只有强权和残毒。我这话怎样说呢，就是世界上从来的外交，可怜的弱小民族国家，他们拿人道和公理向帝国主义者乞怜，要求他们饶恕，总得不到半点同情，所谓人道和公理，借帝国主义者口中说出，就成了一种虚伪的侵略的工具，他们之所谓外交，对弱小民族国家，自然不过是一种侵略的方式，对同类的强国，也不过是强权的比赛和分赃的勾当罢了。

向来的帝国主义，无论英美法日意以及由欧战而塌台了的德奥俄，都具有独霸独占全世界利益的野心，然而他们的势力，自十九世纪来，已形成了一个平衡的状态，中国就躲在这个平衡状态之下而保全国家的形式，也就在这个平衡状态之下，而作了全世界帝国主义者的殖民地和掠夺场，我们拿所谓什么“领土保全，门户开放，机会均等”，和什么“利益均沾”，这些话来看，就可以完全把他描写出来，他们各个的怀抱，纵然不甘心去遵守那所谓“均沾”“均等”的协同原则，然而自一九一四年至一九一八年世界空前大战的结果，已给了他们不少的暗示和教训，使他们不得不再进一步研究侵略的手段而有所改良，所以第二次世界大战，虽然正在酝酿，而他们确实想拿协同侵略的步骤去避免这个危险，究竟避免还是避免，利益还是不肯退让，贤明的帝国主义者，处决全世界的野心，真所谓苦心焦思了，然而也不过心劳力拙吧。

拿弱小民族来讲罢，自大战间美国加入协约，想取得弱小民族的帮助，标出“民族自决”的口号来号召，大战结果，弱小民族在巴黎会议中提出的要求，被他们一笔抹煞，可怜的弱小民族，到这时才由迷梦中转醒过来，都拿起“民族解放”的武器来和帝国主义者决斗，再不能像从前那样驯服了。

再拿劳动者群众来说罢，在欧战最烈之际，俄罗斯于一九一七年革命成功。退出协约，同时向世界标出扶助被压迫民族和被压迫阶级，抵抗帝国主义，解除压迫，恢复自由平等的地位的旗帜之后（苏俄自己现在也走入帝国主义的道路，其前此是否为诚意扶助弱小民族及无产阶级抵抗帝国主义，本篇暂不讨论）无论全世界帝国主义者境内的境外的劳动者群众，都风起云湧和弱小民族的解放运动，心心相印，起来与帝国主义作不断的斗争，也再不能像从前那样任凭资本家剥夺而不感痛痒般的驯服了，帝国主义者看见他们自己的肘腋之下，也发生这样伟大的反抗势力，因之渐渐就改变方针，索性把权力向殖民地和半殖民地发展，对自己原来压迫下的劳动阶级，就多呕出些剩余，以便和他们妥协，试看他们对于国内劳动者的要求，也不像从前那样坚决的拒绝，待遇上与以些许的改良，在澳洲的英国劳动者，都渐渐小资产化，就是一个好例，可怜的劳动者群众，怎能知道他们这个阴谋，所以像数年前英国那样轰轰烈烈的矿工运动，不久就烟消云散了，其他各国也无不有同样的情形，近两年来，各国劳动者的解放运动，渐渐都退缩下去，弱小民族解放运动的程途中，顿然失去一个伟大的同盟势力，这一点，我们不能不归咎第三国际利用欺骗手段去煽惑世界无产群众所引起的反感之结局。

但是无论劳动者怎样被资本家的小惠迷惑着，帝国主义的根本势力受了摇动，确是很明显的事实（只要弱小民族起来作积极的斗争，帝国主义者的资本无处排泄，他们国内马上就要呈现种种矛盾和恐慌的现象，依然要回复溃决的状态，劳动者仍归要暴动的起来的）。从他方面看，弱小民族解放运动的力量，一天一天的正在蓬勃酝酿，正在望着他们的同类来团结，聪明的帝国主义者，他早看清了这个破绽，于是把历来处决弱小民族的办法，也就另辟途径，采取换汤不换药的方子来和缓弱小民族的心理，如一九二一年英国在印度设置两院制度的立法议会，一九一七年美国在菲律宾施行的一种所谓“新行政政策”，一九二八年各国和中国的修约，就是很明显的例证。

我们弱小的国家，要明白这些情形，才能和他们去讲外交，才不致受他们的愚弄，因之中国现在与各国的修约，到底受了愚弄没有，就不难完全明白，所以我对于政府此次的修约，虽然和大家是同样认为失败，然而我以为一方面固然是缺乏革命的外交精神，他方面尤在没有应付这个严重的国际形势之准备与觉悟，我写这篇东西的动机，也完全基于这个觉悟上面，并不是吹毛求疵去非难外交当局，我常和同志们说，目前中国的重大问题，并不在什么理论的争辩（错误的理论，当然无良好的事实），而在求民族的生存，我们可以退一百步，只要谁有办法，能保障民族的永久生存，我们就拥护谁，其余的零星小账，都可以留到安闲时候再算。所以我虽然主张要积极监督政府，而不主张无理的攻击当局，还要向读者声明的，我并不是研究外交的人，这篇东西的内容，固然顶不完全，并且一定有许多错误，阅者诸君于原谅之外赐以指正，就是作者的荣幸了。

二

一九二八年新约的内容

A. 不平等条约的范围和我们废约的原则

我们在没有开始讨论一九二八年修约内容之先，就要明白以下的几点，（a）我国和关系各国结下的不平等条约，是包含关税权，领事裁判权，境内航行权（包含内河及领海），租借地，租界等一切由不平等原则而结下的条约，和一切侵占的利益，这一切的一切，都是互相关连而不可分开来说的；（b）本党总理的主张，是彻底废除不平等条约，另订平等互惠的新约，并不是修约，尤其不是部分的修约，因为旧的条约在原则上就不平等，就为我们根本否认；（c）我们废约的对象是整个帝国主义所加于我们的一切不平等条约，我们废约的先决条件，是对条约的本体之认识和要达到废约运动之一切必要的觉悟与准备，所以身当折冲的人员，如果没有这些觉悟，枝枝节节去向各国诉求，结果自难满足国民的欲望。

B. 一九二八年新约内容之一斑

政府去年（一九二八）与外国改订条约，共达十二国之多，有条约关系各国，除日本（对我国关税自主事项，今已承认），巴西，秘鲁，玻利维亚，墨西哥，古巴诸国外，均正式成立新约，除中比，中意，中丹，中葡，中西各约关于关税事项外并及领事裁判权事项，余均限于关税问题，兹胪举如下：

(1) 关于关税事项者，有中美（一九二八年，七月二十五日签订），中德（八月十七日签订）①，中英（十一月十二日签订），中荷（十二月十九日签订），中瑞（十二月二十日签订），中法（十二月二十二日签订）诸条约。

(2) 关于关税事项及领事裁判权事项者；有中比（十一月二十一日签订），中意（十一月二十七日签订），中丹（十二月十二日签订），中葡（十二月十九日签订），中西（十二月二十七日签订）诸条约。

以上各约，除中美条约自批准之日起，四月外发生效力，余均以相互批准通告之日起发生效力，又除中法条约用中法两国文字各缮一份，意义歧异时，以法文为准外，余均用两缔约国文字及英文各缮一份，意义歧异时，统以英文为准，兹将各约内容，分别引述。

(a) 关于关税事项者：承认中国关税自主 Tariff Antonomy 为各约中共通之原则，如中英条约第一条规定：

兹约定缔约国现行条约内，所有限制中国任意订定关税税则权之各条款，一律取消，适用关税完全自主之原则。

it is agreed that all provisions of the existing treaties between the High Contracting Parties which limit in any way the right of China to settle her national Customs tariff in such way as she may think fit are hereby abrogated, and that the principle of complete National tariff Antonomy shall apply.

中西条约第一条规定：

两缔约国约定关于关税及其关系事项，完全以各本国国内法规定之，

The two High Contracting Parties agree th at the Cutoms tariff and all matters Related thereto shall be regulated excluively by their respective national legislations.

其他各约亦均有同样之规定，兹不赘述。

在关税上对于缔约国人民不得有差别待遇，对于缔约国之侨民不得有差别待遇，此即国际上所谓最惠国待遇（Most Favored Nation Treatment）之公式也，

① 前此中德间之一切不平等条约，已于欧战后完全取消。

如中美条约第一条规定：

缔约各国，不论以何借口，在本国领土内，不得向彼国人民所运输进出口之货物，勒收关税或内地税或何项捐款，超过本国人民或他国人民所完纳者，或有所区别。

The nationals of neither of the High Contracting Parties Shall be Compelled under any pretext whatever to pay within to territories of the other Party any duties, internal charges of taxes upon their importations and exportations other or higher than those paid by nationals of the country or by nationals of any othey country.

中丹条约第一条规定：两缔约国又约定，关于关税及其关税事项，此缔约国在彼缔约国领土内，应享受之待遇，不得次于任何他国享受之待遇，此缔约国在本国领土内，不得有何借口，对于彼缔约国人民货物之出口或进口征收较高或异于本国人或任何他国人民所纳之关税，内地税，或任何税款。

It is furfher agreed that each of the High Contracting Parties shall enjoy in the territory of each other, with regard to customs and all related matters, treatment in no way less favourable than the tre atment accorded to any other conutry.

The nationals of each of the High Contracitng Parties shall not be Compelled, under any pretext whatverer, to pay within the territories of the other party and duties, internal charges or taxes upon the importation. or exportation of goods, other as higher than those paid by the nationals of any other country.

此项共同步骤之最惠条文，无论中美，中德，中挪，中比，中西，中丹，中葡，中意，中法，中英，中瑞，中荷各约，均有同样之规定，中英，中葡，中瑞，中法，中荷各约，除此项规定外，并规定对于货物亦不得有差别待遇，如中英条约附件一声明：

（1）在本约适用之英国领土内出产或制造并运入中国之货物，及在中国出产或制造并运入上述英国领土之货物，无论从何处运来，关于进口税，内地税，通过税及其有关系之事项所受之待遇，不得次于任何他国出产或制造之货物所受之待遇。

1. Articles produced or manufactured in those territories of His Britannin Majecty to which the present treaty appeied, and imported into China, and reciprocally articles produced or manufactured in China and imported into the said territories of

his Bitannic Majesty, from whatever place arriving, shall receive, as regards import duties, internal taxation, transit dues and all matters connectep therewith, treatment not less favaurable than that accorded to goods the produce or manufacture of any other foreign conntry.

（2）在中国出产或制造并运往本约适用之英国领土之货物，及在上述英国领土出产或制造并运往中国之货物，在出口前所课之出口税，内地税，通过税，及其有关事项所受之待遇，不得次于运往任何他国之货物所受之待遇。

2. Articres produced or manufactured in Chiba and exported to those territories of His Britannic Majesty to which the present treaty applies, and reciprocally articles produced or manufactured in the said territories of His Britannic Majesty and exported to China; shall receive, as regards export duties, internal taxation and transit dues, levied before export, and all matters connected therewith treatment not less favourable than that accorded to goods exported to any other foreign country.

此外中英条约并规定，我国现行颁布之税率适用于中国海陆边境，（我国前此云南西藏两省区与英领印度缅甸间之陆关，其税因一八九三年哲孟雄西藏通商章程所限制，免税五年，故藏境亚东地方之陆关，一八九四年虽一度设立，随即撤废，同年伦敦条约规定由缅运滇之货物，照值百抽五协定税率减征三成，由滇运缅之货物减征四成（约定虽仅限六年，至今沿袭未改），中法条约附件一声明："关于本日签订之条约第一条，本公使对于附表内列举之中国货物，承认将继续适用法国最低税率，至签订下节所用之协定为止，至其他之中国货物，中国政府欲享法国最低税率者，因法国政府限于法国关税制度，不能将其最低税率之待遇全部允许，故决定另行议订相互协定税率之协定，运入法国时得享受最低税率之中国货物表：为纯粹之丝织品（Tissns de Sois pure），纯粹丝织项巾（Tonlar ds de Sois pure），纯粹之丝织绉纱（Crapes de sois pure），纯粹之丝网（Tulles de sois pure），纯粹之丝花边（Passem enteriested sois pure），胡椒（Poivere），辣椒（Piment），肉桂（Canntele），连壳去壳豆蔻（Museade en Coqueet, sans coque），丁香（Girofle），茶（tea）。又中荷条约中声明，对于特种货物于荷兰人有特别利益者，如红糖，白糖，可可，油等，分别列举，关于船钞（Tonnage Dues）问题，如中英，中法，各约中，均规定我国完全自主，但要求各该国船只在我国境内仍须享受最惠国待遇，中英条约又声明，我国新税则适用一九二二年华会决定之原则，继续一年有效，他如各约多约定我国在最近期内取消厘金或其他内地税。

（b）关于领事裁判权事项者：中比等五约均规定于一九三〇年一月一日有条件取消各该国在华领判权，并规定各该国侨民在平等原则上，对我国政府如期公布之法律章程所规定之捐税，一律完纳。兹分别引申，如中葡条约第二条规定：

此缔约国人民在彼缔约国领土内，应享受彼缔约国法律及法院之管辖，但为行使及防卫其权利，应有向法院陈诉之自由及便利：

The nationals of each of the two High Contracting Parties shall be subject, in the territories of the other party, to the laws and jurisdition of the law courts of that party, to which they shall have free and easy access for the enforcement and defence of their rights.

该约附件一

治外法权之取消，如各项齐备，于一九三〇年一月一日施行，否则依照列强在华盛顿会议同意之办法。

In the name of the national government of the Republic of China I have the honour to state that Article of the Treaty signed thisday between China and Portugal shall be understood to begin to be operative on January 1 st. , 1930. Before such date the Chinese government Will make detailed arrangements with the Portuguese Government for the assamption by China os jurisdietion over Portuguesesubjects in Chinese territory, Failing such assangements on said date. Portuguese subjects shall be smenable to Chinese laws and jurisdiction from a date to be fixed by China, after having Come to an agreement for the abolition of extraterritoriality with all the powers signatory of the WashiIJgton treaties, it being understood that such a date shall be applicable to all such powers.

该约附件二。

本部长兹声明中华民国国民政府于一九三〇年前，除现已施行之法典及法律外，颁布民法商法。

I have the honour to declare that on or before January 1 st. 1930, the Civil Code, and the Commercial Code, in addition to other Codes and laws, now in

foree, will be duly promulgated by the National Government of Republic of China.
中比条约第二条规定：

此缔约国人民在彼缔约国领土内，应受彼缔约国法律及法院之管辖。

The nationals of each of the two High Contracring Parties shall be subject, in the territory of other party, to the laws and the jurisdiction of the law courts of that party.

该约附件五比方宣言：

中国政府如期公布之法律章程规定之捐税，如其他有约各国人民均行完纳，比利时与卢森堡在中国之人民，亦应完纳。

In the name of my government, I have the honour to declare that Belgium and Luxemburg subjects in China shall pay such taxes as may be prescribed in the laws and regulations duly promulgated by the Chinese Government, provided that the same taxes are paid by the nationals of all pawers having treaty relations with China.

其他中意，中丹，中西各约均有同样之规定，同时对于此缔约国人民在彼缔约国领土内有取得财产居住经商之自由权，亦皆有所规定，如中西条约附件三中国宣言：

西国人民在中国停止享有领事裁判权及其他特权，并两国之关系达于完全平等地位之后，中国政府鉴于中国人民于西国法律章程范围之内，在西国领土之任何区域内，享有居住、营商及土地权，故允许西国人民在中国享有同样权利，但仍得以法律及章程限制之。

I have the honour to declare that when Spanirh subjects cease to enjoy the previleges of consular jurisdiction and other special privileges, and when the relation between the two countries are on a footing of perfect equality the Chinese Government in view of the fact that Chinese citizens subject to the limitation prescribed in Spanish laws and regulations enjoy the right to live and trade and to acquire property in any part of Spanish territories, will grant the same righis to Spanish subjects in Chins, subject, to the limitation to be psescribed in its laws and regulations.

其他中比，中意，中丹，中荷各约亦均有同样之规定与声明。

三

一九二八年新约内容之研究与批评

上节所述诸点，即为此次修订各约中之重要意义，我们可以从这些意义中得到一般的概念，现在要讨论的就是（a）此次修订的一部分不平等条约和旧约有什么分别，（b）此次修约的意义是否合于我们废约的主张。

A. 从不平等条约的内容上来评论新约

此次修订的一部分不平等条约和旧约有什么分别：从来强权国和强权国的外交，不外是互协和牵制的两个形式，弱小国和强权国的外交，也不外是降服的和抵抗的两个形式，从抵抗的外交形式来说，一种是急进的革命的外交，一种是和缓的进化的外交，然而无论是急进的或缓进的，外交的立场和宗旨总是一致不变的，不同的只是手段和步骤，所以无论从废约退化到修约，也可以承认是外交的手段之变更，从废除一切不平等条约才得到修改一部分的条约，也可以承认是含有一定的外交步骤之意义，不过修改一部分就应该得到部分的实效，缓进的外交，也应该向国民宣布一定的步骤和计划，我们从此次修约的内容分别来检查一下，至少就可以看出以下的两个弱点：（1）步骤零乱，无整个的外交计划，（2）修约而缺乏贯彻的精神，并没有脱去向来敷衍式的外交之旧态，兹略释如下。

（a）今日各国关税制度之一般的意义，不外在财政上为增加国库的收入，在经济上为保护自国的生产事业，抵制外货的压迫，在经济的意义上，各国的关税制度又有两种主义，一曰自由贸易主义，又可以说是无税主义，一曰保护贸易主义，现在世界上采自由贸易政策的，只有一个英国，因其本国工商业已发达到妥固的地位，足与外货竞争，无须再事保护（大战后，美国浸浸有凌英国而上之势），采保护政策的各国，现在又都是采的择别的保护政策。中国是产业落后的国家，当然要采取绝对的保护政策，至单为增加国库收入的关税意义，已为各国共认作不适时宜的制度了，但是国家要有完全无缺的关税自主权，才能任意决定，我国此次与各国修订各约，虽然都承认中国关税完全自主之原则，同时对于自由订定税则之权：又与以实际的限制，如中英条约附件三声明“在国民政府采用之国定海关税则中，所有按值征收或根据于该税则之特税率，与一九二六年关税会议所讨论及暂时议定之率税系属相同，而为对于英国货物所课最高之税率，且此项税率从该税则实行之日起，至少于一年内，应该继续为该项货物之最高税率”。从这项声明来看，第一税率上无形受了限制，而无自由规定税则之实际的精神，条文中虽加上时间的限制，究之颇属危险，譬如至一年期满之际，狡黠的英人，或将要求延长作为其他交涉问题之交换条件。第二英国如此，各国当然同一的享与。

（b）所谓最惠国待遇，系关系缔约国相对的一种互惠的特种条件之规定，而不能关系缔约国以外的国家，因为乙国与丙国的国家情形未能尽同，所以甲国对乙国和丙国的关系情形，也当然不能一致，此次各新约中都有一种规定，其要点为（1）缔约国人民及物货之出口或进口，须与任何他国人民及货物受同样之待遇与享受，（2）缔约国人民及货物之进口或出口，须与本国人受同样之待遇与享受。此种规定虽含相对的互惠之意义，究之仍属片惠，其故维何，（1）此种互惠的意义，实即我国对世界遍惠，无择别伸缩的余地，加之各种不平等条约之束缚未能解除，国家各种事业都受其束缚，万无能力与全世界作自由的竞争，（2）各国工商业发达程度极高，经济组织成熟，中国产业落后，（3）利用关税保护自国生产事业的原则受其束缚，（4）我国与各国税率不同。有此四点，一方面就无异仍承认各国采协调的步骤，他方面仍无异把幼稚的本国生产事业，牵住着不得抬头，平心静气来说：若是国家的政治经济状况已经和各国达到完全平等的地位，或者危险还少，在今日国家的政治经济地位压住着不得抬头的时候，采取这样对世界遍惠的互惠精神，实质上仍和一八五八年中法天津条约中说的！“若以后中国对他国许与特惠旷典时，法国享最惠国之例”那几句话，并没有什么分别，不过此为互惠的形式，彼为片惠的形式罢了。

（c）一九〇二年中英马凯条约，一九〇三年中美中日两条约，均承认中国增加税率进口至值百抽一二・五，出口至值百抽七・五，因我国不承认两个附带交换条件（一、先裁废厘金，二、中国与他国以最惠国待遇者，均须与以同样之待遇），故未实现，一九一九年中国代表在巴黎和会席上提出“改正关税，废止画一税制，实行值一百抽十二之个别税制，”此次提议失败，仅对战败之德奥收回自主权，一九二二年我国代表在华盛顿会议席上提出，准中国关税值百抽一二・五，继则制定税则，终则完全自主，结果议决先照实价值百抽五，加率由以后参与会议各国与中国组织特别会议，俟裁废国内厘金再定，一九二五年，英国等十二国（即此次修约各国除德国外合日本共十二国）与我国开关税会议于北京，各国提出讨论范围为裁厘及筹备实行值百抽一二・五，过渡时期收二・五附加，中国提出（1）与会各国向中国政府正式声明，尊重关税自主，并承认解除现行条约中关于关税之一切束缚，（2）中国政府允将厘金裁撤与国定关税定率同时实行，至迟不得过民国十八年一月一日，（3）在未实行国定关税定率以前，中国海关则照现行值百抽五外，普通品加征值百抽五之临时附加税，甲种奢侈品（烟酒）加征值百抽三十之临时附加税，乙种奢侈品加征值百抽二十之临时附加税，（4）前项临时附加税，应于条约签字之日起，三个月后开始征收，（5）关于前四项问题，应于签字日起，立时发生效力，继续会议数次，结果仅通过裁厘关税自主案，即归停顿。从上述各次关税自主之要求和此次修约之所偿，有什么进步，有什么分别，大家都能看出。我也无庸费词。

（d）厘金本为自国内政问题，此次修订各约，均皆附为交换条件，实质上厘金之裁撤固早为政府预定之计画，而各国提为条件，未免溢出国际外交之常例。

（e）领事裁判权之取消，仅中意，中比，中丹，中葡，中西各条约中有所规定，而为我外交之最大对象如英美法各国均未提及一字，中意各约关于取消领判权之规定，又皆附有时期和详细办法等项之声明，于规定之时期前，中政府须与关系缔约国政府会订对于关系缔约国人民行使法权之详细办法，所谓

“详细办法”，意义未免含糊，如届时详细办法尚未能订定，则采取一九二二年华盛顿会议所讨论之办法，然会订详细办法时，设使此项所谓详细办法之内容发生龃龉，势必至采取华盛顿会议所讨论之办法。查华盛顿会议关于中国取消领事裁判权提案之决议，大意为：由参与一九二二年华盛顿会议之各国政府，各派代表调查中国现行治外权后再议云云，此项决议，是否具备实际性质，颇资注意也。

(f) 外人在内地有居住营商土地所有权之自由，各国虽不乏先例，然而在中国今日情况之下，究之未能适当，一九二八年日本要求与各国修订不平等条约，英国要求英人在日本内地取得土地财产权为交换条件。日外相大偎初欲承认，当时日本朝野一致反对，并因此有人谋刺大偎，此议遂停止，像日本地狭人密，在己国产业未发达之际，尚不肯承认此项危险条件，又如美人移殖墨西哥达格斯省之往事，达格斯竟因此而入合众国版图，中国物产丰富，久为各国所垂涎，苦心积虑思所以染指者，真所谓大有人在，且我国内地今日虽渐呈人口过剩之现象，边疆各区，户口最稀，平均每方哩仅约占一六人（每方哩人口密度计东三省六一人内蒙二人外蒙二人新疆二人青海一四人西藏一四人）①。地价之贱，令人惊讶（如东三省梭伦（译音）② 地方，每亩仅值二角，地质且甚肥沃），各国人口，已有数个国家渐发生无可伸缩之过剩现象（按人口与土地，在最近之将来，必成为全世界最重大之困难问题），至各国煤铁问题，尤群集视线于处女之中国，又如新疆之石油，更为各国所重视（按现代商业及军事竞争，如日本之并吞库页，美国之侵略墨西哥，英俄之瓜分波斯，以及土耳其之摩苏问题，无不以石油为其焦点），从上述诸点来看，即各国无条约上的权利之根据，我们已感受不胜防御的苦衷，今从而与以正式条约之认可，实不啻开门揖盗，试一念美人囊括达格斯之往事，宁不令人危惧，再拿日本来说，其移民政策自东向被美人拒绝，南向被英人挡驾以后，即倾全力西向满蒙进展；年来以“岛国人口过剩无处容纳”为词，向世界申诉，欲求得各国谅解其西向中国移殖之计画，故将来日本亦必有与中意各约作同样之要求，实可断然无疑，以日本今日在满蒙之基础，再加以条约之保障，满蒙的前途如何，

①《东方杂志》二十二卷第六号记载“中国边地之状况与移民”。

② 编者注：即索伦。

不难想见了，因之此次条约中关于侨民有居住营商及土地权之自由的规定，原则上虽为互惠，实际上何啻片惠，条约中虽规定有法律章程之限制，以为补救，可是原则既误，将何以尽其限制之繁难，不过徒增纷扰罢了。

B. 从本党废约的立场上来评论部分的修约

此次修约的意义是否合于废约的主张：按建国大纲第四条，“……对于外国之侵略强权，政府当抵御之，并同时修改各国条约，以恢复我国际平等，国家独立。”此处所指的条约，既关系国家的独立平等，当然是包含关税权，治外法权，航行权，租界，租借地等一切不平等条约，又总理遗嘱中说：“废除一切不平等条约，尤须于最短期间促其实现”，是总理初由修约的主张更积进而为废约的主张，并且限令我们要把这个主张在最短期内实现，再拿一九二八年六月国民政府发表之改正不平等条约的宣言来看吧，“……中国八十来年，备受不平等条约之束缚，既与国际相互尊重主权之原则相违背，亦为独立国家所不许……今当中国统一告成之会，应进一步而遵正当之手续，实行重订新约”，又七月七日宣言有（一）条约已届期满者，当然废除，另订新约，（二）其尚未满期者，国民政府以正当手续解除而重订之，（三）旧约业已满期而新约尚未订定者，即照临时办法处理一切。我们读了这两次宣言，体悉政府的意思，已经由废约的革命外交之主张而变为缓进的以正当手续去修约之主张矣，然而一九二八年的外交，已否满足这两次宣言中所申述的条件，甚至已否满足一部分的条件，从缔约国人民及货物出口入口所受之待遇与享与，不得次于本国人及任何他国人民及货物出口入口所受之待遇与享与的原则来看，一方面依然没有解除各国对华的协同步骤，而为一种新的束缚之形势，他方面仍旧对本国幼稚的生产事业，不能任意去施用保护，反换上一种新的牵制，从采取华盛顿会所议讨论的办法去解决领判权问题来看，依然无确切的保证，难免不发生事实上的障碍。

再从关税自主的立场上来说其他部分的不平等条约罢，领事裁判权，航行权，租界，租借地不能完全收回，即使关税能够完全自主，国家幼稚的生产事业，依旧要感觉莫大的压迫，而没有繁荣的可能，我们对于关税自主的见解，假设只求财政收入的增加则已，如果还要为国民的经济打算，则国家的法律，就不能不有为保护自国生产事业而特设的部分（我并不是主张资本主义的国民经济，这里所谓法律，也不是为保护私人资本的法律），国内的航行权，也不能不认作自国生产事业所利用的独占品，租界租借地之操纵经济，控制本国生产事业，尤足以扰乱国家之一切秩序，更属显明的事实，因之可以看出这些问题和关税问题的连锁关系了，政府方面或者可以说在时间上从解决关税问题着手，然后一一及于其他问题，也许有这个理想，不过我们还没有看见这个理想的全盘计划或步骤和要达到这个计划的期限之宣布，还是免不了我们的疑虑。

C. 结　论

我们现在总结一句，这一回的修约，还是不彻底的办法，或者就可以说是外交失败，国家的地位，并没有见得怎样抬高，把我们从来认为不满意的巴黎会议华盛顿会议对于中国关税问题的决议换上一套面具画个新诺，使从来各国侵略中国的零乱步伐，而变成一致的行动罢了，这实在是我们革命外交史上第一段缺陷。然而在一部分人的眼光看来，现在世界帝国主义者的势力，已经深根固蒂，他们有强大的海军陆军空军，加之一切经济上科学上的优势；和一切布置的周密，说起来就要令人发抖，再看自国的情形，不用说，什么都差的很远，竭全国的财力，还比不上资本大王每年的唾余。海军吧，没有战斗力可说，陆军吧，虽然有几百万兵，军事上的设备和训练，简直笑话的很，空军吧，那几架雀儿般的飞机，还比不上人家民间的玩具，科学上的知识，纵然有成千成万的留洋博士硕士学士，也找不出什么成绩，在这样情形之下，要想一趟就取消一切不平等条约，简直是一种梦想不到的事。假使自己不量力，一旦引起全世界帝国主义者的反感，失了他们的欢心，那就不仅要取辱，而且恐怕就要大祸临头，抱这种理解的人，我想今日一定也不很少，可是我这里要请教几句。（a）果如他们所说，难道总理当时没看见帝国主义者势力的强大和自国势力的微弱，他主张取消一切不平等条约，难道是一种骗人的口号吗?（b）不平等条约不彻底废除，中国就没有兴盛的机会，就只有一条灭亡的道路，这无论谁也承认的，那末果如他们的意思，大概要自己国家强盛以后才能取消一切不平等条约，那岂不更属梦想？如果去希望他们从人道和公理设想，放弃不平等条约，呕出既得的权利，那尤其是梦想，如果不是梦想，则我们此次的革命，就是多事。

可是我们也承认，纯靠有形的武力去抵抗帝国主义，当然是不可能，并且我们认为纯用武力去抵抗帝国主义和希望帝国主义者甘心放弃不平等条约，是一样拙劣的梦想，这句话从表面来看，似乎犯了矛盾，实际并不矛盾，拿土耳其来说罢，他废除不平等条约情形是怎样，外交的成绩又是怎样，我们总应该可以去研究一下。土耳其没有解除不平等条约以前，与今日我国的情形有什么不同，帝国主义者心目中当日的近东问题之中心点和今日的远东问题之中心点有什么分别，这一切的一切，都应该拿来较量一下。

现在再具体的说罢，中国外交的失败，并不在自身力量的单薄，而在对于世界的情势没有深刻的明了，因之自己对于外交无一定之计划与准备，我们于未事之先，一方面应该要看出帝国主义者的优势，同时还要看出他们的弱点，尤其要看得出他们各个的弱点，他方面要明了全世界弱小民族的现状，然后秉着一定的外交宗旨，去分别应付。譬如说英美日俄是我们外交的最大对象，我们就应该去分别情形和关系去决定我们的外交政策，世界弱小民族都渴望解放，我们就应该联络起来作外交的同盟势力，使自己不致成为孤立的外交，这些问题，留在以后各节分别讨论。

四

中国与世界各国关系史述略

A. 概　论

我们既然在消极方面认清了一九二八年中国外交之失败，现在再从积极方面去追求外交的出路。那末在还没有判定外交的出路以前，各种不平等条约之发生的关系，和各国对华的外交传统政策，都应该来作个简单的追述和概括的分析，同时还应该明白各国已往对华侵略之彼此相互的关系，这也是今日外交问题上不能疏忽的一个问题。向来的中国外交家，他们大都是缺少精密的认识和一贯的政策，所以对于国际的交涉，每每就手忙足乱，只能讲求临时的应付，屡次外交之所以失败，这要算是一个重大原因。

但是国人对于过去的外交事实，也有不少叙述的专书，不过我们还没有看见从事外交的人们，能够把他作一部很精密的叙述和分析，作国人研究的材料，现在把几部关于外交历史的书本中对外交时期的划分来此较一下，然后再分段去叙述：（一）以民族对外心理之变态来划分时期的，以自明末中外交通开始至恰克图新约为贱外时期，自鸦片战争至八国联军入北京为排外时期，自八国联军入北京至清末为媚外时期，自民国成立经欧战而至今日为将入于相互待遇之时期。（二）从帝国主义者对华之侵略程度来划分时期的，以自鸦片战争至中日战争为第一期，自中日战争至庚子联军之役为第二期，自庚子联军之役至欧洲大战为第三期，自欧洲大战至华盛顿会议为第四期，自华盛顿会议至最近为第五期。第二说比第一说较为精密，此外还有许多仅能把事实拉杂叙出，无显明的阶段之划分，更使读者感觉渺茫。汪精卫同志写国际问题草案，把帝国主义对华侵略的时期，和上述第二说为同样之划分，不过同时又把帝国主义施行侵略手段之每个时期的政治经济两种侵略周转相互之关系，作了一个分析，惜非专书，言之甚略。汪先生以第一期为帝国主义在中国取得利权的时期，用军事势力来取得政治上的优越势力，扶植经济侵略之基础；第二期为帝国主义在中国竞争权利的时期，用战争或恫吓的手段，争先恐后，取得种种政治上的优越势力，以扶植经济侵略的基础；第三期为帝国主义在中国行使权力恣意经济侵略的时期，帝国主义在华的政治优越势力，已深根固蒂，经济侵略已可畅行无阻，故表面上乃较和缓，实际上更趋严重；第四期为日本在华施行单独侵略的时期，欧洲各国因大战而暂时停止对华侵略，日本乘机利用中国军阀，猛力略取；第五期为帝国主义者对于中国采取共同步调以施行经济侵略的时期，因鉴于欧洲大战的教训，觉得彼此因冲突而引起之国际战争，无论战胜者与战败者，须蒙受同样之危险与损失，所以一面迫着日本呕出些趁火劫得的权利分给大家，联合取同一步调，施行猛烈的经济侵略。我觉的汪先生这样叙述，比较更觉适当，但是我们现在为研究今日外交问题去追述外交的历史，所以每个时期还应该指出主要的是那些国的侵略行为，和每个时期中国民族心理和各国侵略行为之相因的变化，他们在华所取得之一切政治的经济文化的优越势力，也应该总合作个概括的统计出来，俾大家一看便能了然，兹于以下各节分别叙述。

B. 第一期——自鸦片战争至中日战争

鸦片战争之前，中国政府还能掩饰门面，鸦片战争以后，各国觑破中国内容，遂相继利用军事行动来树立政治的势力，为掩护经济侵略的工具，这个时期以内，民众的心理，并没有什么抵御外侮的知觉，政府的抵抗，也不是由于自觉的意识之决定，现在把这个时期分作（a）鸦片战争之前因后果，（b）英法联军之役的前因后果，二个节段来撮要叙述。

(a) 鸦片战争之前因后果：一八四〇年中英鸦片战争发生的原因及经过，非寥寥数语能尽，概括的说，以在华英国奸商，违悖中国禁令，秘密运卖鸦片，中国地方官加以制裁，英领义律从而袒护，为开战之主因，中国不解运用外交方式去处置，为开战之附因，清政府无坚决作战之计划，惑于群议，自相惶扰，中途变计，罢免林则徐，为战败之总因，战争结果，英国前此为要求通商而出兵以至开战之目的，至此则更进一步而作种种的要挟矣，此次江宁条约，开丧权辱国之先例，各国都援例要求，长驱直入，中国就沦为各国侵略之场所矣。江宁条约一八四二，八，二九，）内容共十三款，兹撮其最要之点如下：

一、中国赔偿英国战费及焚毁之鸦片烟费银二千一百万元，分四年交兑清楚，英国占领扬子江一带地方于第一期赔款交清时撤兵，舟山鼓浪屿二处，俟赔款全清及五口开放，始撤兵返还。

二、永远割让香港全岛予英国

三、开广州，福州，厦门，宁波，上海五口为商埠，准英国驻领事，英商得携眷自由来往。

四、英商货物照例纳进口税后，准由中国商人贩运内地各处，所过关税，不得加重议税。

此次条约，中国之损失为（1）赔款，（2）割地，（3）外人居留地之划定（4）税则之限制……对于引起此次战争之鸦片问题，竟无一字提及，此项条约订结后，比利时，荷兰，普鲁士，西班牙，葡萄牙，美利坚，法兰西，均相率而来，要求缔结通商条约，分占便宜，然此犹不过有形之损失，而各国因此得窥觑中国内容，由此以军事为得计，遂有后此一八五八年英法联军之役以及俄国在黑龙江之军事侵占等问题相继而来，其损失更不可臆计也。

(b) 英法联军之役的前因后果：开战之原因，表面上虽为广东绅民排外运动所造端，实际上亚罗号事件①，不过为英国借端之口实，法国以前后相距两年之广西法教士被杀案件②，旧事重提为其口实，与英国联合出兵，其以战

① 清咸丰六年九月初十日中国船亚罗号揭英旗自厦门至广东，广东巡河水师侦知为奸商揭英旗自护，登船大索，拔其旗投诸甲板上，执船中华人十三人械系入本省，以获匪报，英领事巴夏礼借口提出抗议。

② 清咸丰六年正月广西人杀法传教师，法人求偿未获，事已寝息，至英法联军时，已过去二年矣。

争为获取利益之用心，不啻昭然若揭，由此次战争而缔结之中英天津和约（又名中英续约，一八五八，六，二六，订立）共五十六款，中法天津和约（又名中法条约,）共四十二款，中英北京和约（又名中英北京续增条约，一八六〇，一〇，二四,）共九款，中法天津和约（又名中法续约）共十款，中国之损失，较之江宁条约，更不可以倍计也，兹将各约中最重要之点分别撮述，关于中英中法天津和约者：

一、自后英国得派公使驻中国北京，中国派公使驻英国伦敦（中法和约有同样意义之规定）。

二、对耶稣教天主教徒之安分者，中国官不得苛待禁阻，英国人民携带护照者，得往中国内地游历（中法略同）。

三、除已开五口外，增开牛庄，登州，台湾，潮州，琼州五港，粤匪平后，在长江流域择开三港（后开，镇江，九江，汉口），（中法略同，指开之口港稍有不同）。

三、英民犯罪由英领惩办，中国民欺害英民由中国地方官惩办，两国人民讼事由中国官与英领事会审（中法规定由领事任详核调停之责）。

四、输出入货品课从价值百抽五之税，物品价格下落、课税亦宜减轻，由两国派员另定新税则，通商各款定十年酌量更改（中法同）。

商船满五百吨上者每吨课钞银四钱，五百吨下者，每吨课钞银一钱（中法为满五百吨以上者每吨课钞银五钱）。

五、赔偿英国损害银二百万两，由粤抚设法赔偿后，英军始退出广东（中法同）。

六、中法和约规定：若以后中国对他国许与特惠旷典时，法国享最惠国之例。

七、中法和约规定：在各通商口岸设立领事，并得停泊兵船。

关于北京和约者：

一、增开天津为通商口岸（中法同）。

二、中国政府准华民赴英国所属各地或外洋别地工作不禁阻，但得查照情形，会订章程以谋保护（中法同）。

三、割让九龙司一区为英国领地。

四、前次赔款改增为八百万，偿清后，始撤退分屯中国各处之兵（中法同)。

五、中国政府准法国宣教师在各省租买田地，建造自便（中英无此条）。

六、商船五百吨以上者，减为每吨课钞银四钱（中法）。

同年中英中法等通商章程，意义最重要者：

一、凡货物出口或进口均同样纳税。

二、洋商所带之金银食物……一切自用服食品均予免税，违禁物品，禁止入口。

三、内地税照规定出入口税率缴纳一半后，遍运全国。

此数种条约中，中国所损失的：（1）割地，（2）赔款，（3）外人传教之自由，（4）外人居留地之增加，（5）关税协定制度之成立，（6）司法权之丧失，（7）船钞之协定，（8）最惠国待遇之开始（从此失权于一国，即不啻失权于各国），（9）内河准外国兵船停泊。

俄国亦因鸦片战争看破中国内容以后，亦不以尼布楚恰克图诸条约为满意，一八四七年尼古拉一世任木剌福以福为西伯利亚总督开始向中国侵略，汲汲以取得黑龙江航路及江口与附近海岸为东向太平洋之出口，一八五八年值英法联军之役，与中国结瑷珲条约，携取我黑龙江以北之领土，同年结中俄天津条约（又名中俄条约，共十二款），其内容最重要之点为：（1）已开各口岸及以后添增口岸之通商，准俄国一律照办，并得在各口岸设立领事，停泊兵船，（2）司法会审权，（3）传教之自由，（4）最惠国待遇，（5）黑龙江松花江乌苏里江归两国公有。一八六〇年值中英中法二次议和之际，又增订中俄北京续约（又名中俄续约）六十五款，条约中除侵占我满洲新疆两处边境广大领土外，并许其在未开埠之库伦设置领事。一八八一年结伊犁条约：（又名中俄改订条约）二十款，我国之损失为：（1）赔偿俄国在伊犁所费军费九百万卢布①（2）侵削边疆领土，（3）蒙古各盟处准俄人免税贸易，（4）在沿海通商照各国通商条例办理。

此外在这个时期，各国乘太平天国之役，乘火打劫，攫取租界，及关税权，司法权，对于我国藩属领土，也都在这个时期，乘机并吞，一八七四年日本并吞琉球，一八八三年法国夺去安南，同年英国并吞缅甸，暹罗亦因英法之

① 清同治三年新疆回教徒党魁阿浑妥明谋叛，同治十年五月俄国以维持边境治安为名，进兵伊犁。

怂恿，离中国而独立。一八七四年云南杀玛加里之事件，除赔款谢罪外，又增开宜昌、芜湖、温州、北海、重庆，五处商埠，并准外轮在大通、安庆、湖口、武穴、沙市、路溪口各处停泊起卸，内地航行权之丧失，在这次条约上才正式规定，领事裁判权亦在此次条约上更为扩张。其他美德诸国，在这个时期也都在条约上取得一般的权利。上述即为帝国主义第一期侵略中国之大概事实。

我们总括这一时期世界帝国主义者向中国的侵略，由英国开其端，俄法继其后，各国相援占取便宜，所以这个时期简直就可以说是英法俄三国向中国的侵略，侵略的方式以各个的军事的行动来冲开中国的门户，由各个的乘机略取，来布置侵略的工具之初步基础，为束缚中国之准备，也就是汪精卫先生说的以军事的力量来扶植政治的优越势力，以树立经济侵略的基础，这个时期他们对中国的交涉，不仅为一种实际胁制的野蛮手段或蒙蔽的诡谲行为，而且表面上都没有经过通常外交上适应的形式。

C. 第二期——自中日战争至庚子联军之役

中国自鸦片战争以来到中日战争止，虽然经过迭次的失败，但是国家的志气还没有丧失尽净，自中日战争以后，国家的前途，遂由黯淡而至于失望，各国的侵略亦日趋紧迫，由各个的略取而至于相互的冲突，由相互的冲突而至于势力范围的划分，至庚子义和团事件之发生止，中国国家的主权，实际上已成为各国所分主矣，现在把这一期的事实分为（a）中日战争之前因后果，（b）各国划定势力范围之因果两个节段来叙述大概：

（a）中日战争之前因后果：日本自明治维新采行帝国主义以来，内政改良的结果，急欲向外发展，扩张领土，又看见中国自鸦片战争失败以来，各国都在中国取得种种便宜，遂把从西乡隆盛（倡征韩论者）以来经略韩国之传统思想，加以发挥，用积极的手段去并吞韩国，为进窥中国之根据。同时中国方面，虽然经过鸦片之战，英法联军之战几次战败损失以后，但是还没有根本屈服，所以对于韩国的宗主权，也不肯随便放弃，是为中日战争之总因。这次的战争自一八九四年七月一日宣布开战，至翌年二月中国即完全失去作战能力，三月在日本缔结媾和条约，（即马关条约，共二十一款）兹撮其要点如下。

一、认韩国为完全独立国，废除向中国修贡典礼。

二、中国将奉天省城南部及辽东湾东岸黄海北岸属于奉天省诸岛屿，台湾全岛及附属诸岛屿，澎湖列岛三处，及在各该地域之城垒兵器工厂及一切官有物，永远割让与日本。

三、赔偿日本军费库平银二万万两，分七年偿清，未纳银每年付息利五厘。

四、两国从前条约一概作废，以中国与欧洲各国现行约章为基础，另结通商航海及陆路交通贸易新约，并遵行以下诸点。

（a）除已开口岸外，另为日本开沙市，重庆，苏州，杭州为通商口岸，日本得置领事官，且享有已开各埠同一特典与便宜；（b）自宜昌至重庆，自上海入吴淞江入运河至苏州杭州间之航路，准日本汽船自由通航；（c）日本臣民在中国内地购买货物及生产物及向中国内地输入之运送品，皆有租栈房存货之权，免除税钞及一切派征诸费；（d）日本臣民在中国各通商口岸，得自由从事各种制造业，又各种机器仅纳进口税便得自由装运进口；（e）日本人民在中国内地制造之货物，其一切税课及租借栈房之利益，均照日本臣民输入货物之例办理，并享受一切之优例豁免。

同年六月中国总理衙门与日本公使林董依马关条约所规定，另缔中日通商行船章程，内容共二十九条，该约中规定除各国已享受之各种特权日本均得到同样享受外，范围且较为广大，中国此次的损失，除赔款割地，增开商埠，增加外轮在境内之航路外，凡前此丧失于各国者，今皆一一给日本以同样之享受，因此侵略中国的主角，除英法俄外，又添上一个日本。

但是各国由多年的经营侵略所得到的利益，新加入的日本不仅一举而完全取得，并且似乎立刻就要超出各国的势力以上，当然免不了引起他们的不平，辽东之割让，更引起各国之注意，尤其是俄国因自己的利害关系更要看得明白，以为日本占领辽东，不仅为他侵略满蒙的直接障碍，而且于其国防的本身上亦将发生危机，德国也嫉恶日本在东洋势力之扩张，恐损及其贸易上之利益，法国则因和俄国有同盟的关系，于是俄德法三国各因利害关系，就联合干涉日本，还辽东于中国，其用意之所在，不过借中国为日俄之缓冲而已，也并不是有什么厚爱于中国和什么国际公理的作用，但是俄国竟因此而大肆要挟，遂有所谓中俄密约喀西尼密约之缔结，这项密约的作用，不过为俄国完成横贯西伯利亚大铁道之计划，以遂其侵略满洲之野心罢了，这都是中日战争所造成的结果。

(b) 各国画定势力范围之因果：自中日战争以后中国的武力已完全屈服在帝国主义者威力之下，而失其反抗的力量，然而也就是因为中国失去反抗的能力，帝国主义者一方面自然可以不把中国当数，他方面都渐次发生利益独占的企图，且觉得各国在华的利益冲突，必将日趋激烈，所以从利益独占的观点上，都急急竞夺中国之富源和一切交通上之设备，从利益冲突的观点上，都急急从事海港根据地之获得，准备最后冲突之防卫，从这两个观念而发生之背面的事实，就是势力范围之划分，把整个的中国作成事实上之瓜分，兹将各国在这个段落中的略取情形及势力范围之划分的由来和实际的情形，略述如下：

一、俄国：掠取东清铁道建筑权及沿线之采矿权警察权，京汉铁路承办权，旅顺大连海港根据地之租借，及后此英俄因关外铁路借款之冲突而缔结之英俄协约，就互相承认彼此在中国之势力范围（划蒙古为俄国势力范围）。

二、德国：借口曹州教案，攫取山东全省铁路建筑权及铁道沿线采矿权，山东全省开办事务之优先权，胶州湾海港根据地之租借（见光绪二十四年之胶州租借条约），无异中国承认山东为德国势力范围，及光绪二十四年八月，英德协约，自天津至山东南境之铁道归德国所有，德国之势力范围又实际超出山东以外矣。

三、法国：攫取龙南龙百之铁道权，两广云南矿山之尽先商办权，滇越铁道权，南宁北海铁道权，及广州湾海港根据地之租借，光绪二十三年中国承诺海南岛不割让他国，二十四年承诺两广云南不割让他国。

四、英国：除以香港全岛为根据外，又租借九龙威海卫海港根据地，光绪二十三年中英新协约取得滇缅铁道联络之许可，二十四年中国承认扬子江流域不割让他国，总税务司永远聘用英人，又山西河南两省采矿权，天津镇江间，山西河南襄阳间，九龙广州间，上海南京间浦口信阳间，苏州杭州宁波间五铁道建筑权及上述之英俄协约，俄国认扬子江流域为英国势力范围。

五、日本：日本本属帝国主义中之后起者，看见各国纷纷画定势力范围，所以也乘机要求中国承认以福建为其势力范围。

照这样势力范围之画定，本来就可以把中国宣布瓜分的，不过这样一来，美国就一无所获，美帝国主义者这时候领土的野心，虽然比不上他们那样热烈，但是帝国主义者一方面不甘愿他人独占，他方面又不甘愿自己不占，这几乎成了帝国主义者天经地义的共同信条。所以美国看见各国正要宣布瓜分中国的时候，以为与其自己全无所得，把中国来瓜分，他前者和各国在中国享受的利益，也将因中国之瓜分而根本推翻，在他自己当时的国情上，也只在取得商务上的利益，无侵占领土之必要，不如保全中国这个腔子，还可以和列国共同享受，因此就向各国宣言："开放门户"，"保全领土"，"机会均等"。这个宣言的意义，就是表面上准中国国家的存在，各国不能撇开美国去独占，而要大家有同等享受的机会，各国看见美国宣言的意义与自己并无妨害，况且自势力范围划分以后，已经享受瓜分的实际利益，所以正式来宣布瓜分与否，不过为各在其势力范围之内直接的或间接的行使统治权的分别罢了。因此各国都赞成美国的宣言，中国的国家就免于表面的瓜分了。

这个时期，帝国主义对中国的侵略，由日本开其端，俄英法根据其已往的手段而更趋猛烈，德国亦乘机而与各国采同一之猛烈政策，所以从英法俄三国更加上一个日本和一个德国为最猛烈地侵略中国的国家，在这个时期的诸般变化情形，由对中国所施行的军事手段而入于帝国主义者相互间的外交手段，由各个的略取，随中国抗抵力之消灭而至于相互的嫉垢，相互的牵制和相互防御以至于相互的防御上之种种积极的准备，由优越的政治势力之扩大；经济势力的基础之巩固而至于势力范围之划分，由势力范围之划分而至于门户开放，机会均等。

D. 第三期——自庚子八国联军入京至欧洲大战

满清政府自经过上述第一第二两时期后，不仅完全丧失抵抗的勇气，而且国家存亡，也只能听诸各国的意愿了，义和团事件，也不过是一种无聊中的举动，为政府与民众对帝国主义者的侵略之最末一次的回光返照罢了，自此以后，至欧洲大战止，连民众的心理都完全被帝国主义者所压服了，帝国主义者对于中国尽可以予取予求再不像从前一样，一方面要牵制他国，一方面还要防备中国的反抗，现在就再不虞中国的反抗了，但是他们相互间，因此就由嫉妒心之推进而演成相互冲突的形势以至于纵横捭阖之诡谲现象，这都是帝国主义者这个时期在中国演出的怪剧。现在把这一期的事实，分为（a）八国联军之役的前因后果，（b）日俄战后之日本帝国主义的单独侵略，（c）银行团之投资，三个节段来择要叙述。

（a）八国联军之役的前因后果：义和团祸乱之形成，不外下述这两个原因（一）满清政府因经过上述两个时期以后而感觉国家前途之悲观，在这个悲观的景况中，自然会发生种种无聊的希冀和慰借，所以义和团一把“扶清灭洋”的口号和神怪的妖言喊出，遂立刻取得西太后一班人的信任，这是第一个原因。（二）这时候帝国主义者虽然已经把满清政府压住的如死蛇一般，中华民众的心理仍没有制服下去，加以基督教徒之猖獗而引起之民众的绝大反感，这就是促成义和团祸乱的第二个原因。焚烧教堂，杀戮教士，为各国之所借口而有八国联军之由来，日本使馆书记生杉山彬德国公使克林德之被杀，为开战之导火线。此次战争的结果，中华民众的心理，为各国势力所屈服而起一非常之变态，清政府于败后与各国订立辛丑和约（一九〇一年）全文十二款，附件七，其有重要意义者数点如下：

一、中国政府允准二年之内将兵器弹药与制造兵器弹药之材料，禁止入口。

二、中国皇帝允付诸国偿款海关银四百五十兆两。

甲、此四百五十兆两，以海关银一两依下率兑换各国之金货计算，海关银一两即德国马克三・〇五五，奥国先令三・五九五，美国元〇・七四二，法国法郎三・七五，英国先零三，日本元一・四〇七，荷兰佛林一・七九六，俄国卢布一・四一二。

此四百五十兆两按年加四厘行息，以三十九年按表摊还，本息皆用金货付给，或按还时市价易金付给。

乙、还领时宜在上海执行，各国各派银行董事一名为委员，专任收受中国本息偿金与分给关系诸国任务。

丙、中国政府将偿金总额债票一纸交付驻北京公使，此总额债票，以后分作零票，每票由中国官员划押，各国银行委员关于债票发行一切事务，遵本国训令执行。

丁、担保债票财源之进款，按月交付银行董事。

戊、所定担保债票之财源如下：

a. 新关税之收入内，除给付担保旧外债之本利外所剩余之款，又进口货税现今增至实行值百抽五所得之款。

b. 各通商口岸旧税关改归新税关管理之收入。

c. 盐税收入之总额（旧债担保除外）。

三、中国政府准依附图，划清各国使馆境界，使馆区域内全归公使管理，不准中国人住居，且各国为保护公使馆，得置护卫兵于使馆区域。

四、中国政府允将大沽炮台及有碍北京至海滨间交通之各炮台，一律削平。

五、中国政府承认各国占领黄村，廊房，杨村，天津，军粮城，塘沽，芦台，唐山，昌黎，滦州，秦皇岛，山海关等处。

以保北京至海滨无断绝交通之虞。

此外道歉惩犯不一而足，即此数点。从赔款来说，合以前此之各次赔款，已够使中国永陷于债务国之地位，前此关税之协定至此则合关税监税实际上都等于为外人所设立者矣。使馆区域之划定，不仅首都所在地确立各国主权之行使区域，且不啻于中国政府之上而添一各国合组之太上政府，于其分管（势力范围）之外，又添一实际上之共管。大沽等处炮台之削平以及黄村等处之占领，中央政府遂入于各国武装监视胁制之下，而解除自卫的武装之保障。

其次由此次联军之役而发生的一个题外的问题，就是俄国之占领满洲，以及由此而发生之日俄战争，俄国自干涉辽东问题得与中国缔结密约，对满蒙侵略已达初步成功，此次值战争期间，遂乘机出兵占领满洲，和议开始之际，又以诡谲手段，诱中国缔结所谓满洲密约，其作用不外是想把满洲生吞活咽，及此项密约发觉，英德诸国均严重注意，提出警告，俄国始宣言废弃。在各国人看来，俄国这种举动不啻撇开各国来单独侵略，根本违反门户开放机会均等的协同原则，尤其是日本人的心目中，俄国占领满洲之影响于日本，正不啻与当日日本攫取辽东之影响于俄国，为同一之苦衷，又加以当日俄国干涉辽东之夙嫌，英国人的心目中，以为俄国如果占领满洲，则其在太平洋之地位，势必超越英国，而失其平衡，世传的英日同盟，就在这个利害关系之下而宣告成立，所以在同盟的当时，完全在敌对俄国的意义上而成立的。在俄国的方面，也立即把俄法同盟的关系范围，扩张至远东方面，和英日同盟针锋相对。光绪二十九年三月，因俄国不履行第二期撤兵之约，日俄战争就由此开幕，此次战争之结局，满洲遂由俄国的势力范围而转入日本的势力范围。日本的满蒙政策，也就从这个时候开始经营，日本在太平洋的势力，也就为各国所特别注目矣，所以此次的战争，损失的还是一个中立的中国。

b. 日俄战后之日本帝国主义的单独侵略：日俄战争以后，英日俄法德各国在华的势力，乃益趋于平衡的状态，在这个平衡的状态之下，大家所钩心斗角来争取的目标，当然是一个中国，而他们相互间，更趋于激烈的冲突，由冲突便发生纵横捭阖之无常的变化，同时还因为日本自战败俄国以后，遂隐然以太平洋主人翁自居，所以对中国的侵略，在满洲方面仍旧急剧的取单独行动，如韩国之合并，鸭绿江森林采取权，安奉铁路权，渤海渔权及其领海之攫取，间岛协约，满洲五案协约之成立，满洲五悬案之解决，三电问题之解决，鸭绿江架桥条约之成立，新奉吉长借款契约之成立，与满洲铁道会社之创设以及所谓间岛问题，第二辰元问题，新法铁道问题，营口支线问题，与日本自由行动之通电相继而来，几乎要单独并吞中国的样子。然而日本侵略中国的势力，既是这样激急的进展，当然使各国不能坐视，而引起必然之反感，所以美国就有满洲铁道中立之提案。被日俄战争而驱除于满洲之外的俄国，更属愤愤不平，日本人也觉得这个关要，恐怕单独不能下咽，因此就有所谓日俄第二次协约，日俄密约之缔结。此项密约之作用，即不啻为分割满洲之协约，自此项密约成立，俄国的势力乃再向北满输入，就有中俄东清铁道界内（铁道附属地）组织自治会预定协约之缔结，北满税关章程之成立，俄国自由行动之宣言，以及在外蒙古之经略相继而来，此皆日俄密约之所赐予中国者也。

c. 银行团之投资：日俄之在满蒙，英国之在西藏，法国之在云南，德国之在山东的侵略以及他们在内地各处商品贸易的剥取，都快要达到饱和的状态。于是帝国主义之再一步的政策，自然在攫取整个的财政命脉，以达到诸般事业的资本化之目的，所以由优越政治势力以拥护商品之输入的计划乃扩大为拥护资本输入之计划矣，六国银行团协同向铁路投资和种种借款的成立，就是这个计划之实现，同时东交民巷的中国太上政府，至此乃不得不在银行团指挥之下矣。

在这个时期以内还有两件事实不能不追述者，即辛亥革命之会，俄国乘机并吞蒙古，英国占据西藏，现在都还是没有解决的悬案。

我们总括这个时期的事实，各国对华的侵略，在满蒙方面，日俄因利益的不能调和之冲突而至于战争，复从侵略的手段上而至于协调，英日因共同之利害关系，同盟抵抗俄国，俄国以防卫上的必要，扩大俄法同盟，凡此都由于这个时期对中国之侵略，已不是中国有所反抗，而在各国之互相牵制而引起之极端冲突问题所发生的怪幻现象。政治上的侵略，由势力范围下的分管而至于公使区域所形成的太上政府之共管，而至有指挥太上政府的银行团之共管，经济的侵略，由种种优越势力掩护下的商品贸易而至资本的输入，由资本的输入而至于财政命脉的操纵。

E. 第四期——自欧洲大战至华盛顿会议

这个时期，欧洲各国因为大战的关系，自身都岌岌可危，对于中国的侵略，事实上不能不暂时放松，日本乘着这个机会想立刻把中国并吞，及战争平复以后，各国都重温太平洋侵略的旧梦，所以华盛顿会议之召集，其目的完全在从新张开协同侵略的门面的基础上，要日本呕出些独占的利益罢了，这个时期的事实可以分作：（a）日本对德宣战的阴谋，（b）由中德宣战到巴黎和会，（c）巴黎和会与中国问题，（d）新银行团投资问题，四个节段来撮要叙述。

a. 日本对德宣战的阴谋：一九一四年，欧洲大战开始，日本借口英日同盟对德宣战，加入协约国，同时中国宣布中立。但是日本自始至终除向中立国的中国山东进兵外，并无一兵一卒开至作战地的欧洲，日兵在山东境内，除进攻青岛外，对非德国势力占领地方，亦乘虚侵占，所以对德宣战的用意，不过借题发挥而已，实际上就不啻对中国宣战，在没有对德宣战以前，日本曾要求德国军舰退出中国及日本领海，将胶州湾交让日本，德国不理会这个要求，因此才宣布开战，如果德国当时肯将胶州湾交让日本，那末日本虽和英国有同盟关系，也可以无所顾惜而无对德宣战之必要了。日兵侵入济南，我国提出抗议，日本便借口这种抗议为污辱日本之表示，反向我国提出二十一条之严酷条件。按之国际公法，两国作战不得侵犯中立区域，日本侵犯中立区域的济南，中国以中立国和主权国的资格要求撤兵，于国际公法上国家主权上，均为必然不能放弃的事实，日本借口为污辱日本的行为，其无理孰甚于此。二十一条共分五号，内容上不啻为并吞中国之牒文，其要点第一号规定中国政府允许日本在山东之特殊权利，第二号声明日本在南满洲及东蒙古有特种权利，第三号许日本以管辖汉冶萍矿厂及长江一带各种利益，第四号日本强迫中国不得以沿海各地转借或割让与他国，第五号规定中国政府让交政权于日本之手续①。自此项条件提出后，中国舆论非常愤激，而政府方面，袁世凯正筹备洪宪帝制，想借用外力来压住国民党人的反对，日本知道袁世凯的苦衷，于是一方面命驻华日本公使向袁表示承认袁之帝制而予以援助，一方面于五月七日下最后哀的美敦书，限中国于五月九日六时前为满足之答复，否则日本政府即执行必要之手段。袁氏一面酣于称帝之迷梦；一面屈于日本之威迫，遂不卹全国民意，除第五号各条稍加修改外，均一一或用照会承认或下命令允准。所幸全国民众并未承认，亦未经国会通过，既无合法之手续，当然不能认其为有效之条件也。

日本以二十一条只取得袁世凯个人之承认，一方面见中国民气之激昂，一方面恐战后他国出面干涉，而无实现之效力，于是运动俄国以相互防护远东领土及特殊利益为原则，成立日俄协约及日俄密约。此项协约密约之阴谋，不外求达到二十一条实现之目的，举几个要点如下：

一、日俄两国彼此不加入其他敌对两国中任一国之政治协定或团体（协约）。

二、如值缔盟国之一造，所有在远东一切权利及特殊利益为彼造所承认者见侵迫时，日俄两国当互商关于帮同防护此等权利利益应取之手段（协约）。

三、日俄两国对于在中国之第三国势力，日俄两国为彼此的利益，采共同排除敌视之行动，如值第三国取敌对行为，日俄相约一致动作（密约）。

b. 由中德宣战到巴黎和会：美国加入协约后，美总统威尔逊发表俟大战终了准世界各民族自决，以号召全世界弱小民族对德动员（欧战的主因，就

① 自二十一条提出后，全国民气异常愤激，发起救国储金团及对日经济绝交，纷纷电请袁世凯对日作战。

是英德法各帝国主义者彼此侵略巴尔干各弱小民族所发生的结果。所以如果帝国主义者也准弱小民族自决，根本上就没有此次大战之发生的可能)，中国政府中一部分人主张随美国加入协约，但是日本原先的计划，俟战败德国后，他就拿起战胜者的协约国之一员的资格来处决中国。所以对于中国之参加协约，百方阻挠，后来取得英俄法意各国承认日本承接德国在山东的权利之密约，便马上转过头来向中国表示，凡中国关于参战上的需用，都由日本担任，这句冠冕话说得如何好听呵，其实他认定这又是他绝好的单独投资的机会，所谓善后借款呵（一千万予段祺瑞作为内战之用)，满蒙四铁路①借款呵（二千万)，山东两铁路②借款呵（二千万)，军械借款呵，参战借款呵，共达日金二万三千万元之巨，一方面培植北洋军阀，助长中国内战，彼则从中操纵，一方面投入资本，把持中国财政命脉。

民国六年俄国革命，日本借口出兵，强迫中国成立军事协定③，闻其内容有（一）容许日本军队驻屯中国境内，（二）关于共同防敌所需之军械军需品并其原料，两国相互供给，所谓出兵防俄，实际上不啻出兵侵占东三省，此后之庙街珲春等事件，均此次出兵之结果也。当军事协定成立后初甚秘密，至发布时，中国国民群起反对。

c. 巴黎和会与中国问题：民国七年欧战告终，民国八年各国开和议于巴黎，中国以战胜者协约国资格之一员派遣代表出席，向和会提出的要求总结的为（一）中国以参战国资格收回德国在山东一切权利及利益，及收回胶州湾租借地，二十一条件乃出于日本之强迫，作为无效，（二）以人道正义为根据，希望各国舍弃势力范围，撤退军警，裁撤邮电机关，放弃领事裁判权，归还租借地租界及关税自主权，分析的为：

一、胶州湾及青岛，应与山东铁路，矿山，一并由德国交还中国。

二、一九一五年五月（即二十一条）及一九一八年九月（即山东铁路协约）两种协约，应归无效。

三、改正关税，废止划一税制，实行值一百抽十二之个别税。

---

① 四铁路（一）由洮南至热河，（二）长春至洮南，（三）吉林经海龙至开原，（四）由洮热铁路之一点达于海港，共长一千余里。

② 两铁路（一）济南至顺德，（二）高密至徐州，共长四百余里。

③ 中日军事协定于民国十一年取消。

四、渐次撤废各国租界。

五、希望各国将拳匪赔款退还中国，以为振兴教育及实业之基金。

六、各国承认中国铁路统一。

七、各国抛弃在华之优先权及独占权，如果各国能容纳中国之要求，则中国愿开放富源，不加何等限制。

此外尚有关于要求撤消领事裁判权外国戍兵及山东问题之专案尤以山东问题为最重要，所持之理由为：

一、由德国直接交还中国，手续较简，且免发生纠葛。

二、日本以武力占据胶州租界铁路及其他山东权利，乃在战争未终止以前，为一种暂时的占据，不得谓即有占据土地财产之证据，且自中国对德宣战之日起，中国既同为战争之国，日本之武力占据胶州，实为侵犯中国之主权。

三、中国于一九一五年五月二十五日与日本缔结关于山东问题之条约，系日本以二十一条加诸中国以后所发生之事，中国签字，是最后通牒迫之。

四、中国对德宣战书中，曾声明自宣战之后，所有中德间一切合同条约契约，一概取消，则所有一八九八年三月六日之中德条约，德国所由取得胶州租界铁路及其他权利者，亦当包含在内。是德国所有租借之权，已为中国所有，则德国对于山东，已无转授他国之权。

而和会对于中国提案，无论英法意在战期曾承认日本在山东之权利，此时不便翻口，而强权公理亦为不可破之铁案，自身之利益，尤非可以因空口之要求而遽予放弃，故关于中国要求平等待遇各条，竟由和会议长（法相克里蒙梭）以“不能认为在和平会议权限以内”之简单答复，关于山东问题之议决：

第一百五十六条　德国依一八九八年三月六日之中德条约及关于山东省及其他一切之协定而取得之权利及特权之全部为日本而放弃之。

第一百五十七条　德国在胶州湾之国有动产及不动产，与德国关于该处直接间接之各种建设或改良，以及因担负费用而得以主张之一切之权，皆无偿无条件由日本取得保持。

第一百五十八条　德国须于本约实施后三个月内将胶州湾地域内关于民政，军政，财政，司法，及其他一切登录，签记簿，图面，证书，以及各样文书，皆交割于日本。

这个决议，不仅对于中国提议根本推翻，而且对于日本之占领实际上与以正式之承认，此项消息传到中国，举国舆论大哗，尤以知识阶级之青年学生为更激烈，各地纷纷组织有规模之排日运动，一面电嘱和会中国代表拒绝签字。代表遵奉民意，遂拒绝签字回国。

d. 新银行团投资问题：巴黎和会后，欧美诸帝国主义者重回侵略中国之旧梦，但在大战期间日本在中国布置之势力已非战前可比，与各国比较已溢出平衡之局势，尤其是日本在战争期间之惊人的投资，为各国所不满，新银行团之组织，即为牵制日本之单独投资而回复到共同投资的状态之作用也。美国在战前已退出六国银行团，英德法意亦因战争关系而无形放弃，大战终了（民国七年）美国发起美日英法四国新银行团，此新银行团之所由来也。民国八年新银行团代表在巴黎开会之后，日银行代表向美国代表提议"满蒙除外"，美国不允，所谓满蒙除外者，谓日本在满蒙有特殊之利益，不在新银行团投资范围之内。民国九年五月日本撤回提议，十月四国代表开会于纽约，议决满洲铁道之投资，洮热铁路，及洮热铁路之一点至于海港之铁道为新银行团共同活动范围之内，其他南满铁道，吉林至会宁，郑家屯至洮南，长春至洮南，开原至吉林，吉林至长春，新民屯至奉天，四平街至郑家屯等路，则仍不在共同范围之内。

总括这个时期的事实，一方面由日本想单独并吞中国的野心所施行的侵略之结果，引起战后各国之嫉视，而产生共同投资之新银行团的组织，一方面中国民族因二十一条亡国条件之刺激而促起上层的知识份子之醒悟，巴黎和会中国提案之根本失败，而促起青年知识界之普遍的醒悟，由醒悟而表现有力的反抗，这皆为研究近代外交史所当注意的问题。

F. 第五期——自华盛顿会议至一九二八年中外修约

这个时期为中国民众由觉悟而要求解放之时期，对于帝国主义的侵略而能为重大牺牲的有力的反抗，这个时期的事实有追述之必要者，可以分作：（a）华盛顿会议之产生及赋予中国之结果，（b）中国国民党之改组，（c）由国民政府北伐至一九二八年条约的结果三个节段。

a. 华盛顿会议之产生及赋予中国之结果：欧战以后各国在太平洋的势力，因为日本势力在大战期间有惊人的急速的发展，遂表现不能平衡而不可调和的状态，已于前节略述矣。新银行团之组织依旧不能牵制日本势力使回复到平衡的状态，美国想从限制军备的原则上去造成平衡，这就是华盛顿太平洋会议之主因。中日的山东问题，日本以中国代表在巴黎和会之忽变其从来的外交之常态而拒绝签字，和中国民众所坚持的“杯葛政策”影响日本国家的经济利益之发展，所以用种种手段向中国提出直接交涉来和缓民气，但是其结果徒然使中国民众更趋于激昂，这也是美总统召集华盛顿会议所假借的一个附因。参加此次会议者为对于太平洋有关系之美、英、德、意、日、中、荷、葡、比九国，俄国因他种关系未能加入，中国在会议中之提案，大致与提出于巴黎和会者无二，会议中关于中日山东问题之决议如下：

一、驻山东日军，允于中国募成得力之警队时，即行撤退。

二、烟潍路中国自造，高徐济顺路归国际公办。

三、开放胶州租借地为万国通商口岸，山东日后由中国自行开放，日本允将胶州行政移交中国。

四、胶州租借地之煤铁矿，由中国政府特许组成之公司开采，日人得以投资，惟其数不得超过华人资本。

五、日本允取消日本对前胶州德国间海电之权利（自青岛至烟台，自青岛至上海），自青岛至佐世保之海电由日本安设者，则依照中日现有合同，归中日委员会合办，日本并允将济南青岛两无线电台之管理权，于日兵撤退时交与中国，由中国给予相当之赔偿。

六、胶济铁路估价约日金三千万元，中国用国库券赎回，分十五年偿清，五年后得一次付清，用日人一人为车务总管，中日各一人为会计员，至付清国库券为止。

此项决议，（二）、（三）两条不过由日本的独享而变为国际的共享罢了，其他各条大皆有名无实，未能彻底，致引起后此之许多争执，此外我国之关税案（其决议前章已述及矣），无线电台案（议决，外人所办电站，须恪遵条约办理，未经中国政府承诺而设立之电站，交还中国，酌给偿金），撤销客邮案（议决以中国不易邮局洋员为条件而撤回外邮，惟各租借地及条约规定之地除外），撤退外国军警案（议决由北京外交团与中国委员三人，组织一特别委会，先行调查现状)，铁路管理统一案（议决文，中政府宣言对于全国铁路不施行亦不准何等不公平之差别待遇，于收费及利便，不得对何国乘客而有间接直接歧视之处。各国为此，亦宣言于中国铁路不施何种管理之权，所有因本项事件而起之问题，当由各国送交研究会考核)。又议案（参与大会之各国，极望中国于将来开发铁路之时，所行办法，使中国自为管理，而由外人以必需之人力财力助之)，收回领事裁判权案（其决议在前章已述及矣)，收回租借地案（日本声明旅大已延长九十九年——其实在民国十二年期满——期满交还，英国宣言九龙不能交还，威海卫可交还，法国宣言广州湾可与各国同时交还)，以及取消二十一条等案，均无实际结果。

此外自华盛顿会议后，还有足述之点者，各国对于临城匪案之处置，似改变其急进侵略之政策，而趋于缓进以图达共管之途径矣。

b. 中国国民党之改组：孙中山先生领导的中国革命党，自兴中会，同盟会，国民党，中华革命党一直到十三年以前的中国国民党，向来就只注意到知识界的运动，所以民国四年因二十一条而激起之反日运动，事实上不过是一部分先觉分子的醒悟运动，民国八年的五四运动，也不过是青年知识界的运动，革命的力量仍旧不能普遍而收获迅速的效果，而且帝国主义者在华的势力，主要的基础完全建筑在国内军阀官僚地方豪棍一条相互连贯的脉络上，不铲除这些和帝国主义者连贯的东西，帝国主义在华之优越的政治势力，经济势力，文化势力，根本不能动摇，而知识界的单独力量对内也只能负荷铲除官僚的责任（这些问题当另用专篇讨论)，必须要全体民众起来，才能够普遍的成功而有所保障。孙先生自然看的明白这个关系，所以在民国十三年决然把他领导的党重新改组，一方面把革命的基础，确立在全体革命的民众之上，而促起民众之觉悟，并联合世界上凡是要求解放的或同情解放的民族，来共同奋斗，一方面确立革命的对象为整个帝国主义，又以军阀官僚豪棍，为中国民族反抗帝国主义之国内的障碍，对外要打帝国主义必须铲除国内的障碍。自这个方针明显的确定以后，中国反帝国主义的势力，乃益趋于具体与普遍，现在把中国国民党领导下的民众反帝国主义的解放运动和帝国主义对于这种运动的压迫情形，略述一个纲要。

一、十四年，日兵惨杀上海日本纱厂华工顾正红，引起上海市民之反日运动。英帝国主义者认识这种运动是具备反整个帝国主义色彩的，所以断然施行其对待非洲土人的屠杀政策，来摧残中国民众反帝国主义的高潮，遂演成空前残毒的“五卅”惨案。但是其结果不仅没有把革命的潮流压低下去，反激起全中国普遍的反英运动，但是因为反英运动的普遍，英帝国主义者还以为可以用屠杀政策压得住的，所以汉口的民众援助上海“五卅”惨案，驻汉英兵大肆屠杀，而演成六月十一日的汉口惨案，广州民众为援助上海等处“五卅”惨案，游行示威，行抵沙基，英法军以机关枪射击，兵舰亦同时开炮，死市民二百余人，演成六月二十三日之更残酷的“沙基惨案”。但是屠杀越厉害，中国民众之反抗高潮适随之而更为汹湧，国民政府亦下令封锁香港。

二、十五年，国民军冯玉祥进攻北京，日帝国主义者为实行帮助军阀反抗革命势力，炮击大沽口，并唆列强提出五项要求，直接妨害国民军（鹿锺麟所部）之进展，段祺瑞竟接受各国五项要求之哀的美敦书，北京市民在天安门开大会反对，并派代表至段政府请愿，而国会前之卫队突向民众射击，死市民五十余人，演成“三一八”惨案。此次惨案虽直接为段祺瑞所演成，而间接实为帝国主义者所演成，段祺瑞不过一个执行的刽子手罢了。

三、英帝国主义者对中国民众施行屠杀，自谓得计，英人更目无中国。十五年八月二十九日英轮在云阳故意撞没中国木船十艘，溺毙数十人，驻军杨森部队照例将该轮扣留，英舰反将执行扣船之杨部士兵一律缴械，并炮击万县，人民生命财产之损失，不可数计，遂演成九月五日之“万县惨案”，又激起各地民众之反英运动。

同时还有一种事实，因中国国民党革命势力之增长，颇引起革命后的俄国注意，所以有十三年中俄邦交之恢复。恢复邦交时所订立之中俄协定，内容虽不能令吾人完全满意，大部分尚不失平等之精神，今虽因俄国袒护中国共党而宣布绝交，追念此次协定之大部分，犹为不可一律抹杀之事实，协定上不失为平等之精神者：（一）精神上确立相互平等之原则，（二）放弃中东铁路的俄国驻兵化为商业上之铁路，（三）取消领判权，放弃租界，（四）关税上确立平等互惠之原则，（五）抛弃庚款。吾人犹认为有未能彻底而不能满意者：（1）俄人仍得操纵中东铁路管理权，（2）俄国对外蒙之侵略并未放松（俄人对于外蒙，实违反民族自决的精神），此项协定之成立，适与各国以不少之注意与嫉视也。

c. 由国民政府北伐至一九二八年修约的结果：中国国民党屡次北伐，都中途为叛将破坏，未能成功，总理孙先生遂从事内部的整饬，经过自十三年至十五年的期间，内部的力量已经得到相当的坚实，会十五年湖南唐生智赵恒惕发生斗争，国民政府遂决计北伐，未数月间连下湘鄂，未几长江肃清，国内大军阀已去其二——吴佩孚、孙传芳——全国民众顿成一革命的新兴气象，帝国主义在华之势力根本动摇。当吴佩孚、孙传芳与革命军作战时，帝国主义者——尤其是英国——为保全其侵略的工具，曾与以充分之援助，至此始知吴孙之不可维持，乃决然采取直接之行动，各国纷纷调集炮舰陆军集中上海，以铁网包围租界四周，禁绝界内外交通，直接对革命军施行压迫，亦即间接与革命政府之压迫与妨害，是为十六年三月革命军入沪时之情形也。同时对革命民众的压迫，如十六年一月英军在汉口惨杀华人，继又在九江逞凶，是为帝国主义者对中国革命政府和革命民众同时施行之炮舰政策屠杀政策。英国又经过这两次之结果，方明白中国革命势力不可轻侮，乃渐趋于软化，所以汉口、九江的英国租界准中国收回，但是一方面固然是软化的表示，一方面尤为变更其对华外交方针之明显表示。

当革命军攻下南京之际，帝国主义者借口暴徒击掠领署，分令各国驻宁军舰齐向南京炮击，华人生命财产损失甚巨，造成所谓宁案，与革命政府以外交上之困难。

长江肃清以后，国民政府第二期渡江北伐，即日本帝国主义认为直接影响其在华北之利益，便借口所谓“保护侨民”，和所谓什么“特殊利益”，出兵山东，直接为军阀张宗昌辈张翼。十六年八月国民党因宁汉复合而引起内部纠纷之际，日帝国主义者便唆使张宗昌、孙传芳乘机反攻，演成绝大损失之龙潭战争。龙潭战争未开始前，各国兵舰一面掩护孙军渡江，一面乘混乱中向革命军炮击（革命势力稍形破绽或退落的现象，帝国主义军阀及一切反动势力即乘机而入，此为当然的事实）。

十七年，革命军攻下济南，日帝国主义者知张宗昌之不能维持，乃为明显的采取直接之行动，无端向革命军施行攻击，惨杀民众并加害我政府外交命吏蔡公时等，演成惨无人道违背公法之“五三”惨案。日本这种行动实倍于英国在上海汉口九江行动之总和，其意义亦超乎其上，而汉口九江已收到相当解决，“五三”仍为悬案（按今已为不彻底之解决）。日人至今犹跋扈于山东，继续施行强暴，一方面实由于日本对中国外交较英国为不可退让之蛮横态度；

他方面革命势力之涣散与外交方针之幼稚，尤为根本上之原因。

及国民党统一中国后，惟日本仍持其不变的一贯的横蛮政策，既欲阻止东省易帜，复拒绝条约之改订，欧美各国就皆知固执不变的政策，已不能适应于中国之现状，乃相率改取相当的退让态度以和缓中国之民气，这一着，更算美帝国主义者从本身对华的利益关系范围内，就觉悟的最早，一九二八年的中外修约，结果正符合欧美各国的预定范围。

这个时期，中国民众由青年知识阶级的觉悟而至于全民众之相当觉悟，由全民众之相当的觉悟而至于比较普遍的反抗运动，帝国主义者适应中国民众的觉悟程度，由华盛顿会议之协同侵略的计划，而至于希求压低革命高潮的共同屠杀政策、炮舰政策，由共同来抵制革命势力之进展的计划而至于改变的和缓的侵略政策，也就是事实所表现的相当的退让政策。

G. 各国在华各种优越势力之统计

上述各节，已经把中国近代外交的事实，从纵的方面叙了一个大要，现在再把各国在华由各时期所积成的政治经济文化侵略的势力，作个概括的纲目。

甲、关于政治侵略者

（A）关于领土上者：（a）割让地：割让英国者：（一）香港（中英江宁条约第三款），（二）九龙司（中英续增条约第六款），（三）哲孟雄（中英会议藏印条约第二款），（四）缅甸（中英缅甸条约一至六款）。割让俄国者：（一）黑龙江左岸（爱珲条约第一款），（二）乌苏里江以东（中俄续约一至三款），（三）霍尔果斯河以北地（伊犁条约五七八九各款）。割让法国者：（一）安南（中法新约第二款），（二）滇边地（中法续议商务专条附章第五款）。割让日本者：（一）台湾（中日马关条约第二款），（二）朝鲜（中日马关条约第一款）。（b）租借地：（一）德租胶州湾（已收回现为日本占住），（二）俄租旅顺大连湾（俄租旅大条约一至三款——日俄战后转租日本），英租威海卫（中英威海卫专约），九龙（九龙专约），法租广州湾（中法广州湾租约第一款），葡租澳门（中葡里斯本草约）。（C）［开辟］商埠：（一）广州、福州、厦门、宁波、上海（中英江宁条约第二款），（二）镇江、九江、汉口、牛庄、登州、台湾（后为日本吞并），潮州、琼州（中英续约第十一款），（三）琼州、潮州、台湾、淡水、登州、江宁（中法条约第六款），（四）上海、宁波、福州、厦门、广州、琼州、台湾（中俄天津条约第三款），（五）天津郡城海口（中英续约增约第四款），（六）宜昌、温州、芜湖、北海（中英烟台会议），（七）龙州、蒙自、蛮耗（中法续约第七款），（八）沙市、重庆、苏州、杭州（中日马关条约第六款），（九）思茅（中法续议商务专条第二款）。（d）势力范围：（一）英国——长江沿岸中部中国及西藏等，（二）日本——南满洲东部、内蒙古及华北、福建等，（三）法国——两广、云南等，（四）俄国——北满洲、外蒙古及西藏等。

（B）关于法权上者——领事裁判权——有领事裁判权之国家现尚继续保持此项特权者有英（中英江宁条约）、美（中美条约）、法荷（天津条约）、日本瑞士（通商条约）等国，已撤废者有智利玻利维亚波斯（通好条约）、德意志（中德协约）、苏俄（中俄解决悬案大纲协定），有规定于一九三〇年一月一日废除者有比意丹葡西等国（一九二八年中外修约），（按此项领判权之意义，为寄居我国领土内之外国侨民，遇有诉讼事件须由该国领事裁判，其弊害间接妨碍我国之主权独立，破坏我司法之统一，紊乱我国家治安，直接为审判之不能公允，外人之相习为非）。

（C）关于财政上者：（a）关税协定（同时为经济侵略之最良工具），关税协定税则税率值百抽五（虎门补遗条约），输华商品仅纳子口税值百抽二·五遍运内地（天津条约），但一九二八年中外各约原则上已承认中国关税自主，本年二月一日国府已宣布国定税制，（b）雇用外人：海关总税务司雇用英人（中英通商章程及英德借款合同），监务署洋稽核须俟善后借款偿清后方可不用（善后借款合同第五条），邮政局洋员任用（法代使与总理衙门换文第三项），铁路局洋员任用（均根据借款合同期满方可解职），（c）交通设施：铁道建筑权及境内航行权，（d）教育设施：设立学校及其他教育设施等。

（D）关于军事上者：（a）允各国常留兵队分保使馆《辛丑条约第七款），（b）允各国驻军京津间各处以保京师至海滨间交通《辛丑条约第八款》，（c）得在旅大两处设炮台置防兵（俄租旅大条约第七款），（d）应盖炮台等事以资维护（德租胶州条约第一款），（e）拆毁大沽炮台及京津间之军备，一律削平，并准各国占领黄村等处（辛丑条约），（f）将所有自印度至江孜拉萨之炮台山寨一律削平（中英藏印条约第八款），（g）中国不得将兵队派驻外蒙古（中俄关于对待外蒙条约第三款），（h）外国派军舰停泊通商口岸（北京条约），（i）允各国兵舰长驻及领海权之让与（中法条约及各国港湾租借条约）。

（乙）关于经济侵略者

（A）关于企业上者：（a）商业：（一）开辟商埠（详前），（二）允外人在内地经营商业开设商店（天津条约及中日商约），（三）关税协定（详前），（b）矿务：（一）开采权：（1）沿胶济铁路百里内矿山得自由开掘（德租胶济条约第二端），（2）承认日本有开采抚顺烟台两煤矿权（满洲五案条约第三款），（3）许日本以管辖汉冶萍矿厂及矿权（中日条约第三号），（4）安奉路沿线矿务由中日两国合办（满洲五案条约第四款），（二）投资权：（1）英国之于山西平定煤矿（一八九八）、开滦煤矿（一九一二），（2）俄国之于满洲里煤矿（一九〇二）、新疆石油矿（一九二〇），（三）日本之于满洲抚顺本溪湖煤矿（一九〇九），（c）工业：外人在中国开办工厂（马关条约第六款），（d）农林：（一）设立鸭绿江木植公司开采林木（中日东三省条约第十款），（二）外人经营农业得商租田亩（中日条约第二号），（三）得在通商口岸移殖及经营（中日商约第四款）。

（B）关于交通上者：（a）铁路：（一）建筑权——（1）中国南部各省筑路权归法（中法新约），（2）胶济路建筑权归德（德租胶州条约），（3）日本有满蒙五铁道建筑权（中日铁道案），（4）许日本建筑安奉铁路，（中日会订东三省条约），（5）东清铁路建筑权归俄（中俄密约），（二）投资权——各国自由经营——（1）英国：京奉，沪宁，粤川汉，津浦南段等路，（2）日本：吉会，京汉路等，（3）法国：京汉，钦榆，粤川汉等路，（b）航运：（一）航行——（1）长江各口岸俱可通行（天津条约第十款），（2）日轮驶入长江以外之河流——内河——（马关条约第六款），（二）运费——船钞税率限制最低，许各国经营航业（江宁条约及各国通商章程），（c）邮电：（一）电信——（1）电报——西藏电线得归英国享受（中英藏印条约附约第九款），（2）无线电——承认各使馆有设立电台之权（华盛顿会议决议），（二）外人在中国设立邮信机关。

（C）关于金融上者：设立银行有垄断汇兑及发行纸币之权，（a）属于英国者：（一）有利（资本，一〇五〇，〇〇〇镑），（二）汇丰（资本，二〇，〇〇〇，〇〇〇镑），（b）属于美国者，花旗（资本，五，〇〇〇，〇〇〇美金），（c）属于法国者，东方汇理（资本，六八，四〇〇，〇〇〇法郎），（d）属于日本者，（1）朝鲜（资本五〇，〇〇〇，〇〇〇元），（2）横滨正金（资本，一〇〇，〇〇〇，〇〇〇元）。

丙、关于文化侵略者

（A）关于教育上者：（a）设立教会学校，（b）设立青年会。

（B）关于宗教上者：（a）保护传教，（b）信仰自由。

丁、此外中英虎门条约及天津条约所规定之最惠国条款，中国失权于一国，即失权于各国。

H. 结　论

我们现在把上述各期的事实，和各种优越势力之结构，来作个归纳，根据事实判定帝国主义的侵略，是以经济为目的，以政治为手段，以军事为器具（帝国主义的军事，是为经略弱小民族的利益而设的），无论在哪个时期都是一样。政治上为由第一期的各个的基础之取得而至于第二期得到普遍的巩固以至于势力范围之划分，由势力范围之划分而至于第三期的共管，由第三期的共管复落至由日本单独来处决，由日本的单独处决至于第五期的协同保守。军事上由第一期的各个不相关连的行动而至于第二期的共同行动，由第二期的共同行动而至于第三期的互相冲突，由互相冲突而至于纵横捭阖，由第四期日本的单独行动复转至第五期共同的炮舰政策（帝国主义本来不能相互调和的，但在防止弱小民族复兴的原则上，则为共同的），由炮舰政策而向于和缓的趋势。经济上由通商的要求而至于第一期的商务获得保障，由第一期的商务得到保障而至第二期的商品涌入，由商品涌入至第三期的资本输入，由第三期资本输入至第五期的财政监督。现在，又转入运用经济力量，单以压迫中国经济之发展为其侵略的政策之趋势矣。至于每个时期施行侵略的主要国家在第一期由英国开其端，俄法两国相踵效尤，第二期除英俄法外又加入一个日本和一个德国，第三期，这五个国家，都趋于激烈，惟法国比较和缓，第四期为日本的单独侵略，第五期取消一个德国，俄国离开共同侵略的队伍，故以英日两国为最激烈，他们对中国之惯用的外交手段，俄国是富于阴谋的外交手段。法国是比较肯用软化手段，英国是取的强硬政策而能通权达变，只有一个日本则采取绝对的一往直前的强硬而野蛮的政策。

中国方面，在他们（帝国主义者）第一期的侵略，民众是没有什么感触的，只有政府方面有点反抗，到第二期连政府的反抗力都渐渐消沉下去，而民众乃发生一种无意识的反抗，至第三期民众和政府都完全丧失反抗的力量，第四期初由知识界的觉悟份子而至第四期之末成为青年知识界之普遍的反抗运动。第五期，由青年知识界的反抗而至于全民众之普遍的相当的觉悟，帝国主义在华势力之升沉，适与我民众反抗力之大小为一相反之比例，此后我民众能由普遍的相当的觉悟而进至整个的彻底的觉悟，就是帝国主义势力绝灭之时了。

五

欧战后国际形势之分析及其趋势

A. 各国军备之现况

自大战告终直至现在，国际的形势乃愈趋复杂，全世界的经济军事政治诸种状况，都起了非常的变化，当大战方息之际，欧洲各国因一切的破坏与损失，生产衰落，人口减少，全社会都呈现暗淡的状态，人民感受痛苦流离的惨况，对于战争都不免生出一种恐惧和怀疑的心理。各国的政治家，或者也有悔祸的感觉，直到现在，疮痍未复，各国的资本家野心家，都忘去前次战争所赋予的祸害，又都竭精疲神的在那里迎候第二次大战之降临。我们试把太平洋问题，巴尔干问题以及各种复杂问题中的主要问题的内幕来研究一下，就可以恍然于第二次大战之不可避免。现在拿军备一项来说吧，表面上什么裁军问题，什么海军限制案，似乎他们也想维持世界的和平，但是实际的内幕究竟又是怎样？拿日本来说，每年竟不惜拿岁入十三亿元的全额半数用在军备，像美国像英国像意国像法国等，无不急亟扩张。现在把各国的军备状况来比较一下，就可以知道一个大概，兹分别海陆空军揭示如下：

1. 关于日美英法意各国海军方面者（a）海军预算及造舰费之概况

（一）日本

	海军预算	造　舰　费
一九二二年	三七三,八九二	一九二,六七一

一九二三年	二七五，一四四	一〇四，二〇三
一九二四年	二四八，四五八	八九，〇六一
一九二五年	二二四，八七五	八八，〇〇〇
一九二六年	二三九，〇六九	八九，〇〇〇

（二）英国

	海军预算	造　舰　费
一九二二年	六六四，五八八	三〇，七二三
一九二三年	五六六，二七四	四二，五一二
一九二四年	五四四，七七五	五七，九四六
一九二五年	五九五，九三二	七九，八〇三
一九二六年	五六七，二三〇	八九，六九八

（三）美国

	海军预算	造　舰　费
一九二二年	六九八，二九六	一三一，三九三
一九二三年	六七四，八三一	一二一，五五八
一九二四年	五九五，九七六	三八，三〇八
一九二五年	六〇七，四〇八	六八，四四五
一九二六年	六一七，三五一	二二，九五六

（四）法国

	海军预算	造　舰　费
一九二二年	三七八，四一一	二，四四四
一九二三年	三九七，九二八	九〇，一七一
一九二四年	三九七，九二八	一一一，一四五
一九二五年	四八四，五一四	一四六，五八〇
一九二六年	五六八，九四一	一九二，八三二

（五）意国

	海军预算	造　舰　费
一九二二年	二三七，六六九	一八，五七六
一九二三年	二九八，二一七	四六，四四一
一九二四年	三七五，九九〇	六一，九一九

一九二五年　二七九，二六〇　　　六八，四九九

一九二六年　四六八，一一三　　一四三，三三八

此表系最近某报发表，日海军省最近调查所得之结果，对于日本之数目，当然不甚可靠，其他各国，大致逐年均有增加，（b）各国海军势力之比较亦系某报发表最近日本海军省所调查，其概要如下：

	日　本	美　国	英　国
战舰（只数）（吨数）	六 一九一，三二〇	一八 五一五，二五〇	八 四五九，七五〇
巡洋战舰	四 一一〇，〇〇〇	– –	四 二二，七〇〇
巡洋舰	二三 一二〇，九五五	三二 二五四，四二五	四八 二三八，四三四
驱逐舰	九一 九二，八一七	二七五 三二三，七四四	一八九 二二四，六一〇
潜水舰	五六 四三，八三五	二二 八六，一一三	五五 四一，六六五
航空母舰	二 一五，三七五	五 六四，五五〇	八 一一四，〇五〇

	法　国	意　国
战舰（只数）（吨数）	一〇 一二，七七〇	七 一三二，〇〇〇
巡洋战舰	– –	– –
巡洋舰	一九 一七七，四三四	一四 七八，一〇〇
驱逐舰	五八 六〇，二八七	七一 六七，七三五
潜水舰	五三 三八，七四一	四二 一六，九六〇
航空母舰	一 二二，八〇〇	– –

列国各舰之舰龄比较如下：

（一）日本

	未满八年者	八年以上十六年以下者	十六年以上者	合计	建造中	计划中
战舰	二	四	-	六	-	-
巡洋战舰	-	四	-	四	-	-
巡洋舰一等	二	〇	-	二	六	-
巡洋舰二等	一七	三	-	二一	-	-
海防舰一等	-	-	七	七	-	-
海防舰二等	-	-	四	四	-	-
炮舰一等	一	-	三	四	-	-
炮舰二等	四	二	三	九	-	-
驱逐舰一等	三一	七	-	三八	九	七
驱逐舰二等	二九	二二	-	五一	-	-
驱逐舰三等	-	-	二	二	-	-
潜水舰一等	四	-	-	四	-	-
潜水舰二等	四二	-	-	四二	一四	七
潜水舰三等	一	七	二	一〇	-	-
航空母舰	一	-	一	二	二	-
潜水母舰	二	一	一	四	-	-
敷设艇	-	一	二	三	-	-

（二）美国

	未满八年者	八年以上十六年以下者	十六年以上者	合计	建造中	计划中
战舰	六	一二	-	一八	-	-
巡洋舰	一〇	-	二二	三二	二	六
驱逐舰一等	二二五	四四	-	二六七	-	三
驱逐舰二等	-	八	-	八	-	-
敷设巡洋舰	-	二	一	三	一	-
敷设驱逐舰	一一	一	三	-	一四	-
舰队潜水舰	六	-	-	六	三	三
潜水舰	八六	三〇	-	二六	-	一
航空母舰	二	三	-	五	二	-

（三）英国

	未满八年者	八年以上十六年以下者	十六年以上者	合计	建造中	计划中
战舰	–	一八	–	一八	二	–
巡洋战舰	一	三	–	四	–	–
巡洋舰	一八	三〇	–	四八	一二	一二
驱逐舰	七六	一一一	二	一八九	二	二七
潜水舰	三八	一七	–	五五	四	二四
航空母舰	三	五	–	八	一	一

（四）法国

	未满八年者	八年以上十六年以下者	十六年以上者	合计	建造中	计划中
战舰	–	六	四	一〇	–	–
巡洋舰	三	三	一三	一九	三	一
一等	一〇	一三	–	二三	二一	七
驱逐舰二等	–	二四	–	二四	–	–
三等	–	二	九	一一	–	一
一等	六	二	–	八	九	九
潜水舰二等	一四	一四	–	二八	一〇	七
三等	三	一四	–	一七	–	–
航空母舰	一	–	–	一	–	一

（五）意国

	未满八年者	八年以上十六年以下者	十六年以上者	合计	建造中	计划中
战舰	–	五	–	五	–	–
旧式战舰	–	–	二	二	–	–
巡洋舰	–	一一	三	一四	二	–
驱逐舰	三〇	三五	六	七一	九	–
潜水舰	九	三三	–	四三	一二	–
航空母舰	–	–	–	–	一	一

（备考）

（一）战舰之排水量在一万吨以下者，不在上表计算之内。

（二）一等驱逐舰之排水量须在千吨以上者。二等驱逐舰须在千吨以下六百吨以上者。三等驱逐舰须在六百吨以下三百吨以上者。三百吨以下者不在计算之内。

（三）一等潜水舰之排水量须在一千吨以上者。二等须在千吨以下五百吨以上者。凡未满五百吨者均列入三等潜水舰云。

据上表所记，各国海军势力之比较，美第一，英次之，日第三，法第四，意第五，英日舰类最为完备，美法缺少巡洋战舰。

2. 空陆军现势之比较概况，据国际联盟事务局发表一九二七年列强军费，英国为一亿一千万镑，美国为一亿一千万镑，法国为五千百万镑，日本为四千三百万镑，意国为三千百万镑，苏俄为二千八百万镑，德国为二千百万镑，各国空陆军现势，揭示如下：

国　名	步骑兵	炮　兵	空　军	战　车	总兵力
英国	四师 骑二旅 地方军一四师 骑二旅	二二二中队 一七四中队	五五中队 一，三〇〇机	五大队 装甲自运车 一一中队	正规军 二〇九，二九一 地方军 一四二，五七四
美国	步六师（完全） 步六师（不完全） 骑一师（完全） 骑一师（不完全）	五一联队 二，三一九尊	机三八中队 一，一二九架 船四中队	轻三九〇台 （部队用）	正规军 一四二，五九八 护国军 一八一，七一九
法国	步三二师 骑五师 又二师	三一四大队 七中队	机一三五中队 常用一，五四二 预备四，〇〇〇 船六大队	轻四〇大队 重三大队	七〇〇，〇七九
意国	三〇师 骑三旅	四六七中队 一，七四八尊	九〇中队 九〇〇架 船一队（五架）	一队 二一台	三〇八，〇〇〇
苏俄	步六一师 骑一二师 又九旅	三，七一二尊	八六中队 九〇〇架	一四队 一七六台	正规军 五六二，〇〇〇 预备队 一三〇，〇〇〇

续表

国名	步骑兵	炮兵	空军	战车	总兵力
德国	步七师 骑三师	七九中队	无	无	警察兵 九九, 〇八六 九〇, 三九〇
比国	步一六师 骑一师	三九二中队 九五五尊	机二二中队 二三四架 船四中队 八架	一大队 八台	八一, 七二〇
丹麦	三师	五二中队 三八五尊	无	无	一〇, 八九二
芬兰	三师	四〇中队	五中队	二中队	二九, 〇四〇 三五, 〇〇〇
匈牙利	混成七旅	三二中队	无	无	宪兵 一二, 〇〇〇
葡萄牙	八师 骑一旅	六一中队 二五四尊	三中队	无	殖民军 二六, 五五七 六四一, 一〇〇
瑞典	六师	三二大队 一七二尊	一中队 五〇架	无	三五, 九二二
瑞士	六师	一三六中队 四一六尊	三五中队 一一〇架	无	召集期三万乃至四万
哥伦比亚	五师	一联队	无	无	六, 三八六
玻利维亚	混成三旅	六中队	一中队 一〇架	无	八, 〇〇〇
墨西哥	平时无编成之大队	不明	不明	不明	六三, 〇〇〇
孔戈	步六大队	五中队			一六, 四二六
古巴	步六队 骑六联队	一五中队	一队	无	一〇, 九一九
委内瑞拉	步五旅	一联队 又二大队	无	无	七, 五〇〇
哥斯达黎加	步炮各若干队	不明	无	无	三, 二五〇
耶斯特尼亚	三师	四大队	陆上二中队 水上一中队	二中队 装甲车一中队 装甲列车二联队	一七, 八七五
尼加拉瓜	不明	不明	不明	不明　警兵	三三七 八二三
危地马拉	不明	不明	不明	不明	七, 五八〇
西班牙	步一六师 又四旅 骑五旅	三七中队 一, 八二七尊	机三联队 三九五架 船一联队	一大队 二五台	一三四, 九九五
罗马尼亚	步二三师 骑二师	一三一大队	机七大队 船一大队	无	一四三, 一六九

续表

国　名	步骑兵	炮　兵	空　军	战　车	总兵力
波兰	三〇师 骑四师五旅	一二七大队 一，六九四尊	机六联队 五二〇架	一联队	二七〇，二八六
波斯	步八联队 骑三联队	八大队	无	无	二，六〇八
希腊	步一二师 骑二师	一一八中队	机一队 五二架 船一队 八架	无	六七，八七七
塞尔维亚	步一大师 骑二师	一四五中队	五中队	无	一一五，三二七
捷克斯洛伐克	步一二师 又二旅 骑一旅	三一七中队	机一四中队 船三中队	一大队	一二一，〇〇〇
土耳其	步一八师 骑五师	六三中队	约一〇〇架	无	一三五，〇〇〇
阿根廷	五师 骑三旅 二猎兵队	三五中队	无	无	二六，七七五
奥地利	混成六旅 独立炮一联队	三二中队	无	无	二九，九〇〇
巴西	步五师 混成一旅 骑一师	一九二中队	无	无	四七，九八五
智利	三师 骑一师	八中队	无	无	一六，二四八
荷兰	步四师	四中队 三〇四尊	二中队 七二架	无	五，八〇七
洪都拉斯	步二三大队	三中队	无	无	二，六〇一
阿尔巴尼亚	不明	不明	机三架	不明	（宪兵亦合于其中） 一〇，六九一
巴拉圭	步二大队	二中队	无	无	二，五二八
利比里亚	四师	一五中队 一二七尊	一队 二六架	一中队 二台	一九，七四〇
的黎波里	步三师	八中队 七六尊	六中队 三一架	一大队 一二台	二一，五九一
厄瓜多尔	步一五大队	三联队	若干中队	无	五，五〇〇
秘鲁		五联队	一队	无	四，〇〇〇
巴拿马	军事宪兵	无	无	无	八一九
挪威	六师	五中队	无	无	四，四〇五

又据世界社发表日本陆军省最近调查列强整备新兵器之现状如下：

英国：航空队六十八中队，飞机一千五百架，空军人员三千二百五十人（?），预算一千九百十三万五千镑。高射炮队二大队，（即六中队），炮四十八门，高射炮队内分射击队一大队，探照队一大队，及空中防御队二旅团，战时再加飞机队，担任防守国内各主要城市及要塞，战车队四大队（十二中队二百辆），铁甲汽车十中队，将校二百八十二人，军官及下级兵员四千二百四十人，关于化学兵器，陆海军部同经营，军队中设有化学战队，又设有化学兵器学校。

美国：航空队四十二中队（侦察机十二中队，驱逐机八中队，攻击机二中队，爆击机八中队及其他十三中队）。飞机一千六百架，每中队飞机有十三乃至十八架，航空兵员一万一千人。飞行船四中队，一年预算二千五百十万金元。高射炮队分为六联队，高射炮二百九门，高射机关枪四千八百门。战车队十中队（重战车队三，轻战车队三，普通车队四），已设有化学战车队，又有瓦斯队一大队（一中队驻巴拿马方面，另一中队驻旧金山）。

法国：航空队一百三十六中队（侦察机七十二中队，驱逐机三十二中队，爆发机三十二中队）。飞机四千架，空中兵员三万七千五百人，附设气球队十八中队，一年预算六万万八千六百法郎。高射炮队五联队（四十中队，战车队七旅团，二十三联队及独立大队四）。车三千四百辆。关于化学兵器，设有化学战研究部及瓦斯防护部。

意国：航空队一百三十中队（侦察机三十六中队，驱逐机三十五中队，爆击机二十六中队，殖民地航空战队六中队）。飞机数一千八百架，空中兵员一万一千四百人，一年预算七万万里拉。又订于一九三一年内扩张空军计划，其内容未详，高射炮十二中队，一百四十四门，战车六千辆。

苏俄：航空队分为陆上航空战队及海上航空战队。陆上，航空战队八十五中队（侦察机四十五中队，驱逐机二十八中队，爆击机十二中队）。海上航空战队十三队（侦察机八中队，驱逐机五中队），飞机一千架，气球十三中队，一年预算额三千六百万卢布。高射炮队有汽车炮一联队（三十六门），火车炮一大队（八门）。战车队有铁甲汽车队三十四队（约三百七十辆），铁甲火车队十六队（约一百八十辆），及普通车队十六队。关于化学兵器，有化学战特别委员会化学战队等机关，并设有高等化学学校速成化学战术学及瓦斯试验所。

日本：航空队有战斗队九中队，侦察队十中队，爆击队二中队，共计二十一中队，兵员三千七百人。汽球队二中队，预算三千万日元。高射炮二中队。战车四十辆，已设有化学兵器所，采用化学战术。

从上列各表可以看出各国对于军备急急扩充的大概情形，自然他们都不免各怀疑忌，战争的惨祸，不难一触即发，但是其所以构成这个状况的原因，事实非常复杂，断非在这个短篇的文字中可以尽述。不过我曾说过，在资本帝国主义统治的世界，人类断不能有悔祸的觉悟，残毒的战争一天天都在爆发和酝酿之中，世界的和平，事实告诉我们要永远失望，但是在各种复杂原因之中（其实也可以说是一个复杂的经济攘夺的问题），最主要的仍不外煤铁问题，太平洋问题，巴尔干问题，莱因撤兵及德国赔款问题等（至于各弱小民族问题，本来也为战后世界局势变化之主要问题，我把它特别留在后节讨论），催着他们亟急于军事的准备，以迎候战神之降临。

B. 战后各国经济概况

欧洲各国的经济问题，在大战告终止之际，顿呈一恐慌现象；对美债款，均感无力偿还，因国库的空虚，各国均滥发纸币，致纸币低廉，无所收拾，酿成社会上生活恐慌之现象，增高关税，致商工业益陷于危岌，加之“联盟”失其作用，德国赔款问题不能解决，与原料供给国之苏俄又断绝关系，种种原因所构成，经济上之惨酷情形，几乎使全欧资本主义的经济家都束手无策。现在虽然惨淡的经营又渐渐抬起头来，但是形势已非昔比，债款问题，依旧使他们无法解决（外债方面，欧战时，俄、比、希腊、波兰、罗马尼亚、南斯拉夫及其他巴尔干与波罗的海诸国向法借款达美金三十五亿，捷克斯拉夫、意大利、法兰西等国向英国借款达美金一百一十二亿，英法等九国向美国借款达美金九十六亿二千六百七十万；内债方面，英国从七亿增至七十亿金镑，法国从三十四亿增至一千五百亿法郎，德国除纸币赔款外，从五十亿增至一千四百亿马克），而钱币价目有些国还日形衰落，试检查下列统计：

纽约的外国钱币价目（以金币的百分数计算）

	德国	英国	法国	比利时	波兰
一九二四年每月平均	98, 80	90, 78	27, 07	24, 01	101, 88
一九二五年每月平均	99, 96	99, 25	24, 69	24, 66	92, 16
一九二六年一月份	99, 96	99, 87	19, 53	23, 52	69, 53
一九二六年七月份	99, 96	99, 87	12, 72	12, 59	52, 64

观上表，英国尚能稳定，其余均有贱落之趋势，再从生产方面来说，生产涨落的程度，亦比战前为险恶（如英国产铁额，1921, 降百分之六十，1926 降百分之九六），物价降落的百分数亦比战前为大（如英国在一八八三——八八七年，平均降百分之二四．八，在一九二〇——九二一年，降百分之四八），生产发展的程度与速度在国际比较上差别甚大，美国生产力飞涨，英国生产力渐落，试看一九二五年世界生产情形的统计（以战前产额百分数计算）。

	钢产额	铁产额	种小麦的面积
世界	一一五·四	九五·七	一一二·九
欧洲	九三·九	七八·四	九〇·八
美国	一四一·二	一一八·八	一一〇·八
英国	九六·五	六〇·九	八三·八
德国	一〇三·五	九三·二	九二·六

他如失业的人数亦逐年加多，举一二国来说，如德国（以工团人数百分数计算）。

一九一三年	一九二六年一月	一九二六年六月
二·九	二二·六	一八·一

如英国（以国家保险者百分数计算）。

一九一三年	一九二六年一月	一九二六年六月
三·七	一一·一	一四·七

农田恢复的速度，亦甚迟缓，试观下表《农田面积以一九〇九——九一三年的百分数计算）。

	一九二二年	一九二三年	一九二四年	一九二五年
英国	一〇五·三	九七·六	八二·八	八九·四
德国	八二·一	八七·二	八八·九	九〇·七
苏俄	六三·六	七七·〇	八三·二	八六·四
法国	八〇·八	八一·八	八一·二	八一·七

观上表，不仅恢复速度甚小，英国在一九二五年较之一九二二，一九二三两年，反荒落甚大。

上列各表，虽不能说完全正确，大致上可无甚差异，但是上述各点，仅从各国经济现象的弱点来说的，试考其经济势力之伟大与其处心的积进亦足令人惊骇。一九二七年欧洲经济之改善，以其生产总量来说，速度亦殊不小，试观德英法三国生产量指数表，可以见其一斑。

德（以一九二五年为一〇〇），英（以一九一三年为一〇〇），法（以一九一三年为一〇〇）。

	德　国	英　国	法　国
一九二四年	八四·〇	九〇·九	一〇八
一九二五年	一〇六·六	八七·二	一〇六
一九二六年	一〇三·三	六七·〇	一二三
一九二七年	一二四·四	九六·三	一一〇
一九二八年	一二七·四	九三·四	一二〇

其生产之增进既如此，国际贸易也当然逐渐恢复，试看欧洲各国相互贸易之总额（一九一三年，一〇〇；一九二四年，八四·九；一九二五年，八九·三；一九二六年，八八·九）及欧洲各国在世界贸易上的位置（可用下列数字表示）。

	一九一三	一九二五	一九二六	一九二九
欧洲	五八 · 五	四九 · 五	四七 · 九	五一 · 〇
欧洲以外	四一 · 五	五〇 · 五	五二 · 一	四九 · 〇

就可以见其贸易之发展情形，而发展之对象，将趋于亚洲大陆，中国适当其冲，兹将日本邮船会社所调查之一九二八年各国在华贸易输入货物数量之比较转录如下：

日　一〇, 一五四, 五一七；英　二, 四五二, 四五五；

美　三三, 〇〇三；德　六三, 七三六。

与一九二七年比较，日减一五〇，英增七五〇，美增三九〇，德增四八〇，日货因受抵制而减少。各国均有增加，即可见各国贸易之趋势矣。

上述即为战后各国经济上变化的一点事实，一九二七年前，甚为危急，自一九二七年欧洲经济改善后，忽呈复兴之势，但是与美国比较，则大失其平衡矣。

C. 煤油钢铁问题

煤油为现代国家军事上工业上之主要品，亦为资本帝国主义共同竞争之一点，现且重视煤油为政治的商品之意义矣①，故有所谓“煤油帝国主义”“煤油战争”等等名词，今日国际间煤油竞争最烈者为英美两国，有煤油界二大霸王之名，近苏俄亦力图恢复，加入战争，故世界煤油战争，无宁谓为英美俄三国在煤油市场之角逐，较为适当。大战前（1898—1901），俄罗斯煤油产额占全世界煤油生产总量百分之五十六，居世界第一位，后因受革命破坏之影响，遽形衰落，至一九二三年乃降为九百二十一万五千吨，仅占全世界产额中百分之十八。至去昨两年，忽转增至一千零十九万一千吨，且有继续增加之势。美国于煤油之兢进，甚为猛烈，至欧战发生之际，已一跃而居世界首位，

① 苏俄路易古夫氏在俄之煤油产地白克演说有云，煤油者，政治上之商品也，苏俄之实物，即为此煤油，今后苏俄政府，必倾全力于煤油事业。

占全世界总产额百分之六十三，至战后，几乎有独霸世界煤油业之趋势，英国之煤油业大受其压迫，几有被屏撇于世界煤油市场以外之形势。又苏俄煤油业虽日形恢复，但为国际政治关系所拘束，故与美国美孚煤油公司缔结契约，借美国为媒介，间接向英国势力范围开拓贩路（如英领印度等处），美国煤油界从中取利，英油则大受排挤。近苏俄又变更方针，极力缩小美国经理范围，拟有由自手直接向各国贩卖之计划，在英国方面对于这些事实，当然不能忍受，因之想由英国煤油界和美国煤油界组织一大国际煤油托拉斯，排苏俄于联合之外。所以有一九二八年之英美煤油业者联合会议，讨论美国经售苏俄煤油之种种问题，而美国因自国煤油业势力之优越，其经售苏俄煤油，又有从中操纵之种种利益，故会议卒无结果。英国之计划遂归失败，继乃在伦敦开煤油业者会议，Loyap Dat；Ba Ma Oil 缅甸煤油公司及英波煤油公司（英人在波斯设立之煤油公司）等两公司成立提携，希图抵抗苏俄，独占欧洲煤油市场，但是事实上，苏俄煤油输出有加无已，去年输出总额达二百六十八万三千吨，较之一九二七年反超过六十六万七千吨，英国之印度南非西班牙南美各处，苏俄煤油之涌入，亦较前为大，实与英国资本家以最大之困难。

根据上述情形，英美英俄在煤油市场上之冲突，必日形剧烈，将来英人恼羞成怒，或不免采取极端的办法，而促国际局势之恶化，苏俄从事缩小美国经售范围，事实上亦必引起美俄冲突，故将来三国之相互的冲突，实为无可避免之趋势。

（附注）英国煤油业之代表公司为 Loal Dat Shel Co，美国之代表公司为 Stancoic Oil Co，苏俄之代表公司为 Axanebit 皆系托拉斯组织。

其次钢铁问题，钢铁在军事上工业上，较之煤油更为重要，实为世界各国争霸权的根本问题，现在世界各国，钢铁业竞争最厉害者，为英美德三国。英国在一八七一年开采铁矿为一千六百万吨强，美国尚不及三百万吨，以后英国生产渐减，美国生产日增，及至大战前（一九一三），美国生产达二千八百万吨，占五国总额之半，英国仅有九百七十万吨，不及五国总额六分之一。铁矿输入，美国则各年无甚增减，英则输入日增，可见美国铁的开采和制造彼此相称，英则开采铁矿殊不够用，此英美两国战前产铁之概况，亦即为英美对抗争取世界霸权之问题也，而以海洋为对象。他方面，英德战前在欧洲争霸权，为陆地交通之斗争，换言之，就是铁路斗争。也就是钢铁政策的斗争，著名的三

B政策①和三C政策②针锋相对，至一九一三年这两个政策之冲突，遂趋恶化，而演成空前之大战。大战结果，德国失败媾和，英国把德国的铁矿宝藏阿尔萨斯，罗伦割给法国，英国的资本家本可以弹冠相庆了，但是战后，美国的钢铁事业更为膨胀，非英国人所能仰望，法国因攫得德国之产铁宝藏，钢铁事业亦大露头角，殊与英国以莫大之刺激与失望，兹将一九二三年三月二十九日曼彻斯特报商刊所发表的一段统计所指出一九二二年各国生铁及钢的生产对一九一三年出产各占的百分数，比较如下：

	美	德	英	法	比
生铁	85.6	51.2	46.7	98.5	63.8
钢	107.8	59.7	76.7	95.4	60.7

照上表，英国生产恢复甚滞，法国几回复到战前状况，美国钢的生产反较战前增加，再拿一九二七年和一九二三年比较如下表：

	美	德	英	法	比
生铁	96	265	98	170	175
钢	100	136	107	162	162

照上表，德国生产增加最大，法比亦均有二分之一至四分之三的增加，英美大体上都停滞在一九二三年的状态，现在再拿一九二七——一九二八两年上半年各国的情形比较如下：

① 欧战前，德国因为要完成欧洲大帝国的计划，一方面推动奥国向巴尔干半岛发展，一面努力向近东的土耳其、波斯，占取势力范围，所以计划建筑一条横过欧亚两洲的铁路线，由柏林（Berlin）经君士坦丁堡（Constantinopil；Byzantinm）而达波斯湾之巴格达（Bagdad）。柏林一个B字，君士丁坦丁堡古名一个B字，巴格达一个B字故叫作三B政策。

② 英国因为德国的三B政策，如果完成，就可以直接推翻其在君士坦丁堡，在苏彝士运河，在波斯湾，在印度洋经济上、政治上、军事上的优势，所以要实现他的三C政策去抵抗德国，建筑一条曲尺形的铁路线，由南非洲的开普敦（Capetoun）向北联到埃及的开罗（Cariro），再由开罗向东联到印度的加尔各答（Calcuta）成一纵贯全非横通欧亚洲的曲线，因三个C字，故名三C政策。

国　名	生产成数			
	生　铁		钢	
	1927 上半年	1928 上半年	1927 上半年	1928 上半年
英	10	9. 2	11. 5	9. 6
美	52. 4	57. 6	54. 4	55. 6
德	16. 9	17. 4	18. 0	17. 5
法	12. 2	13. 2	9. 2	10. 2
卢森堡	3. 6	3. 6	2. 7	2. 8
合计	100	100	100	100

由上表可见英国的生铁生产成数在半年间由百分之十减至百分之九·二，德国由百分之一六·九增至一七·四，法国由百分之一二·二增至百分之一三·二，英国钢的生产量，由百分之一一·五降至九·六，而美国却由百分之五四·四增至百分之五五·六，法国由百分之九·二增至百分之一〇·二。又可见美国钢铁生产均占世界主要产铁区总额半数以上，其次为德国，英国就落到和法国几乎相等的地位，仅占总额十分之一。

现在各国的竞争，须有很大的钢铁生产成数，才能握世界的霸权，照上述情形，美国有成功独霸的趋势，英国则急亟不能终日，德国亦有抬头的趋势，将来的变化，英国或不免出于最后挣扎之一途，而引起世界之严重纠纷，亦意中事也。兹再将一九一三年至一九二八年各国钢铁生产比数示表如下，俾读者得见一斑。

生　铁							
每月平均	英	美	德	法	比	卢森堡	总　量
1913	869	2, 601	1, 397(a)	44(b)	207	212	6, 217(c)
1917	789	3, 233	969	117	1	127	5, 393
1918	789	3, 260	767	108	–	106	5, 312
1919	626	2, 589	471	204	21	51	4, 125
1920	680	3, 083	532	279	93	58	4, 941
1921	222	1, 401	655	287	73	81	2, 907
1922	415	2, 270	766	440	134	140	4, 377
1923	610	3, 392	412	456	179	117	5, 445
1924	619	2, 634	651	641	237	180	5, 262
1925	530	3, 082	848	708	212	197	5, 936
1926	208	3, 308	804	783	283	209	6, 066
1927	618	3, 068	1, 092	775	313	227	6, 640

续表

生铁							
1927 七	656	2, 999	1, 109	769	320	225	6, 606
八	606	2, 995	1, 116	773	317	238	6, 598
九	601	2, 819	1, 105	761	309	229	6, 367
十	606	2, 829	1, 139	799	322	230	6, 475
十一	585	2, 691	1, 119	764	313	221	6, 205
十二	568	2, 739	1, 150	796	317	228	6, 374
1928 一	569	2, 916	1, 180	809	315	230	6, 609
二	560	2, 947	1, 122	784	302	220	6, 499
三	602	3, 251	1, 170	857	327	240	7, 080
四	572	3, 237	1, 045	834	313	227	6, 823
五	601	3, 337	1, 044	871	329	234	7, 057
六	573	3, 131	1, 021	944	321	230	7, 240
七	546	3, 121	1, 035	836	324	225	7, 240
八	527	3, 187	1, 031	836	324	324	7, 240

（a）卢森堡不在内，一九一八年以后亚尔萨斯罗伦不在内，一九一九年以后沙尔不在内，一九二二年以后上西里斯亚不在内。

（b）一九一九年以后亚尔萨斯罗伦在内，该地一九一八年每月产铁量一四九, 〇〇〇吨。

（c）俄罗斯，沙尔，瑞典，波兰，加拿大合计在内。

钢							
每月平均	英	美	德	法	比	卢森堡	合　计
1913	649	2, 564	1, 367（a）	391（b）	206	101	5, 953（c）
1917	823	3, 693	1, 284	166	1	90	6, 358
1918	808	3, 645	986	150	1	73	5, 941
1919	668	2, 853	573	180	28	32	4, 579
1920	768	3, 461	650	226	104	49	5, 534
1921	314	1, 628	772	258	64	64	3, 337
1922	498	2, 927	943	378	130	117	5, 363
1923	718	3, 682	525	426	191	100	6, 076
1924	694	3, 117	820	575	240	157	6, 090
1925	625	4, 737	1, 016	621	212	174	7, 074
1926	304	3, 794	1, 028	703	281	187	7, 026
1927	770	3, 675	1, 359	690	309	206	7, 834

续表

钢							
1927 七	689	3,259	1,362(a)	677 (b)	314	203	7,289(c)
八	653	3,555	1,426	694	326	216	7,696
九	789	3,321	1,371	693	290	213	7,485
十	710	3,370	1,414	723	312	215	7,575
十一	710	3,177	1,401	684	309	207	7,313
十二	615	3,226	1,368	735	311	214	7,351
1928 一	636	4,055	1,469	753	316	213	8,315
二	777	4,110	1,313	138	310	205	8,348
三	806	4,580	1,422	806	326	220	9,167
四	654	4,372	1,161	736	305	203	8,344
五	765	4,271	1,248	794	325	215	8,601
六	721	3,803	1,295	797	629	215	8,601
七	678	3,873	1,311	757	320	208	8,601
八	659	3,930	1,311	757	320	224	8,601

(a) 卢森堡不在内；1918 年以后亚尔萨斯罗伦（Alsalsace Lorrnine）不在内；1919 年以后沙尔（Sarre）不在内；1922 年以后上西里斯亚（Upper Silesia）不在内。

(b) 1919 年以后亚尔萨斯，罗伦在内，该地 1918 年每月产铁量 122,550 吨。

(c) 俄罗斯，沙尔，瑞典，波兰，加拿大，意大利合数。

国名	生铁		钢	
	1927 上半年	1928 上半年	1927 上半年	1928 上半年
英	3,728.9	3,422.2	4,989.7	4,289.7
美	19,430.9	19,229.2	23,618.5	24,792.9
德	6,293.3	6,781.3	7,817.0	7,791.9
法	4,564.6	4,922.7	4,006.1	4,548.9
比	1,825.3	1,876.4	1,822.7	1,882.1
卢森堡	1,330.0	1,359.7	1,183.1	1,250.7
合计	37,143.0	37,291.5	43,436.5	44,562.2

（此表见 1928 年 8 月 18 日 The Economist）

D. 德国赔款问题

据英国经济学家 J. M. Keynes 统计，德国赔款至少应为二十一亿二千万镑

（战时比利时的损失合计五亿，法国的损失合计八亿，英国的损失五亿七千万，其他诸国合计二亿五千万），又利用凡尔赛条约二三一条，各国又要求索取军士抚卹费共计五十亿镑（英国十四亿，法国二十四亿，意国五亿，美国及其他各国七亿），照此数目，德国至多不过赔款（五十亿+二十一亿二千万）七十一亿二千万镑，但尽德国所有能流动的国富，一九二一年前只能偿还二十分之一，而赔偿委员会违反条约，要求更不止此数，一九二八年形势忽转变，一方面德国坚持协约军退出莱因流域，并确定德国应付赔款之数目及方式，一方面英法两国开始运动取消协约国相互间之债务，引起美国之反感，而移为英美两国海军之争持，致美国不与赔款委员会为一致之行动，英国前者因法国势力膨胀而引起之嫉视，主张莱因撤兵，今则忽变态度，联法以联欧陆诸小国（波兰，捷克斯拉夫，南斯拉夫，罗马尼亚等）以抗美，故有所谓英法海军密约，双方互相承认彼此之特殊利益，法国承认英国在海上之霸权，英国承认法国在欧陆之军事地位，而英国主张莱因撤兵之言论，忽绝声息，因之法国对莱因撤兵及德国赔款问题之主张，忽转强硬，坚持赔款须能达使英美法满意之限度，大致必不能少于凡尔赛条约所规定，德国每年须偿法国五亿五千万元至六亿元（全数之半），直至六十年期满为止，在德国自然不能承认，美专家委员等亦认为不能施行。现德国因赔款问题而引起内政之纠纷，国民党与共和党之冲突复起，将来如果国民党代共和党而握德国政权，则德国对协约国之关系必复趋于恶劣，亦全世界局势前途之一大暗礁也。

E. 巴尔干问题

今日巴尔干的形势，表面上为意大利与南斯拉夫之直接争持，实际上即不啻为意法两国之争霸问题，巴尔干各小国不过供意法斗争之对像与傀儡而已，英国亦深恐意法在欧陆之势力失其平衡，而影响其本国之最高霸权，故极力从中周旋，劝南斯拉夫批准奈端诺会议（Nettuno Conventions），劝意大利重新改订泰兰诺条约（Treaty of Tirana），以保持欧陆局势之平衡状态，但是意揆莫索里尼并无承受此项劝告之表示，南斯拉夫仍在疑惧不安之中，不敢一刻忽略战争上防御之准备，意大利仍着着向南斯拉夫作施行军事行动之布置，此实与第一次大战以前之巴尔干情形无异，但是其内幕情形究竟如何，约略言之，一方面即为意大利之开疆政策与南斯拉夫之冲突（莫索里尼自己说，危险时期当在一九三〇年至一九三五年），意大利欲领有阿尔巴尼亚，确立在巴尔干半岛之根据地，利用泰兰诺条约，分兵驻扎该地，拥护现在查古倍（Ahmed Zogn Bey）的统治，使不受国内外的攻击，一方面南斯拉夫认意大利之出兵阿尔巴尼亚，不啻为对南斯拉夫开战之先兆，故一面极力联络同情南斯拉夫之巴尔干各国，一面托援于法国，以扩大抗意之力量。在法国方面，亦深惧意国势力之在巴尔干半岛，足以妨害其本国在欧陆之霸权，遂一面利用巴尔干各小国联盟抗意，一面使各国受自己势力之支配，因此想促成希腊与南斯拉夫之协约，准塞尔维亚在塞罗里克（Saloniki）可以自由出入，关于塞罗里克之铁路管理权之争执亦准备相当之解决，而卒为意大利运用经济的策略所破坏①，意法的暗斗遂更趋严重，意大利恐各小国联合而共听法国势力之支配，直接妨害其侵略巴尔干之政策，故对于各小国间，备尽挑拨离间之能事。莫索里尼的机关报（Poporo d. Italia）正式警告保加利亚，注意南斯拉夫民族同盟之危险，谓同盟之含义，即具有保加利亚被并吞于强大的邻国之严重意义，诸如此类，不一而足，同时又恐自国力量之不能敌法。于是一面联络匈牙利，承认以裴姆（Fiume）为匈国之自由港，以代替南斯拉夫承认匈国在南斯拉夫的海口上有自由入海地的条件，以破坏南匈两国和好之运动，并与匈国缔结秘密的协约，预备于必要时，使匈国肯为己助，一面又利用德人仇法的心理，向德国暗送秋波，欲于必要时，使德助己而抗法。照上述情形来看，今日之巴尔干问题仍为一严重之国际的世界的而非局部的问题，已可概见，颇足值吾人之严重注意也。

① 据说当希腊在日内瓦正因在伦敦所募的新债与联盟发生困难之际，意大利财政界利用时机，自己表示借款，协约遂无形作罢。

F. 太平洋问题

今日全世界之视线咸集中于太平洋，故太平洋问题实较上述各问题为加倍之重要，而太平洋问题之对象，当然为吾庞大之中国，驰骋于太平洋之主要角色，当推英美日俄，其内容甚为复杂，非数百万言不能尽其崖略，兹仅能撮要叙述而已。

先拿英国来说，本以海洋主义为其立国之惟一政策，故有海上霸王之名，自并吞我国之香港，即确立在太平洋之根据地，而香港与澳洲及印度，成一互相呼应联络之形势，其气焰足以凌驾各国。自大战以后，太平洋之形势亦随世界之形势而遽变，一方面日本在太平洋之势力雄飞突进，英日续盟又为美国所牵制不能实现，二方面美国对太平洋问题，忽变更从来之态度而采积极的主义，三方面各弱小民族之独立运动，使英国在太平洋之势力感受动摇，四方面向西藏北上之计划，又与苏俄发生冲突，而苏俄更以布尔塞维克主义（BaIshevism）向印度输送，无异着着向英国进逼，同时更感受中国民族革命思潮之压迫。如果中国革命成功，当然直接增长其东亚各殖民地之革命运动，使愈趋于紧张，故对中国革命运动，无论间接直接均采取急烈之镇压手段，但是如果中国的革命势力不能遏止，则最后无妨牺牲在中国之一切特殊利益，退而保全印度，英国处这种情形之下，联日以抗美俄而保全其东亚之现状又被美国所牵住，不敢公然处置，而且其在美洲之殖民地，恐不免因英日之续盟与美国以煽动之机会，联美以抗日俄，则日本之势力随时可以加害于其澳洲殖民地，而且美国在太平洋之势力尚无巩固之基础，故英帝国主义看今日之在太平洋，已成日暮途穷之势矣，但是还是积极作最后挣扎之准备，为兼顾太平洋及印度洋之殖民地，遂毅然不顾华盛顿之五国海军协定，从事于新加坡军港之建筑，英国之所以择此地点，因香港已为协定所限制，不得建筑军港，形势上亦为不可守之区，澳洲偏于南，印度偏于西，皆不能用为争太平洋海权之海军根据地，新加坡为欧亚交通之咽喉，实立于以香港印度澳洲为角之三角形的重心点上，该岛之背又为柔佛及马来联邦等，皆已入英之掌握，复有槟榔缅甸等属地以控制暹罗，在军事上，新加坡亦不易为人所攻，至荷属苏门答腊、爪哇、西利伯、婆罗洲等，与新加坡本仅隔衣带水，但荷非海军强国，且德国海军已败，再不虞他国之利用，加之荷人现时虞日本势力之侵入，故有事时，必能为英国所用。至新加坡军港筑成之形势，分为三部，一为船坞，已将新加坡及马来群岛最南部之柔佛间以石堤，横断柔佛海峡，使分为东西两部，于东部设一浮坞紧与提接，筑成一港，入口处有一小岛名坞滨，为防御要塞；二为贮油处，现设于新加坡之西北部；三为飞机场，设于该岛之东北部。其所以将海军根据地之重要成分散布于三处者，为防敌人飞机之侵袭也，此港现将完工，英国在太平印度两洋之基础，当比较周密，但他方面适与日美诸国以严重之注意也。

就日美两国来说，日本自日俄战后，陈力就列，追列强之后尘，隐然以太平洋主人自居，值欧战之会，乘机略取，国势突进，更欲一跃而握太平洋之霸权，但是因其本国物产缺乏，即现代国家在军事上工业上依为命脉之煤铁，几完全仰给于中国，食品亦须从中国运输，所以拼命的由朝鲜北进侵略满蒙，以满足其国家原料食品之需要，因此我常说，日本的满蒙政策（或名大陆政策），关系其帝国主义之生存问题，故无论其何党何系当国，均不能轻易放弃，但是日本对满蒙的进取，从来就和俄国发生直接冲突，事实上无从避免。再则日本之太平洋霸权的迷梦，当然与美国世界霸权之迷梦突冲，所以自大战后，彼此即入了恶劣的备战情势，在美国人看来，如果满蒙一旦入了日本的版图，则日本帝国主义在太平洋之霸权即可得到相当的巩固；美国在太平之势力，不免根本上受其打击，但是美国在太平洋的根据地菲律宾群岛，形势上虽然可以使日本感觉不安，然而犹在日属台湾、琉球的俯瞰之下，故美国欲压服日本，一方面须各国尤其是中国对日本一切供给之断绝，一方面使邻近日本之中国，能为美国陆上军事之援助，万一中国不为所用，则或者向南联络英属印度，北向联络俄属西伯利亚，向日本作南北夹击之形势，必要时，即占领日属之台湾朝鲜，使日本失其活动，如果英国加入日本方面，则美国尤不能不联络中国，助中国作种种军事上之准备。所以日本年来因侵略中国而与中国之种种纠纷，使两国国民之感情日趋于恶化，美国故持冷静态度，有时还故意向中国表示同情，无非想拿住中国亲美而仇日。自以为聪明其实是可怜的日本人，他们还没有看清这个圈套，仍继续不断的与中国为难，此实为吾人所大惑不解者也。

再就苏俄来说，表面上虽挂出社会主义之招牌，实际上仍没有根本放弃开张疆土之野心，不过其反对帝国主义的口号已经喊出，现在为事势所迫，虽渐趋于软化，但是还未便即时取消，向新疆、西藏之侵略及向英属亚洲殖民地作布尔塞维克之宣传，与英国为不可避免之冲突，在满蒙方面与日本之冲突已如上述矣，前此利用共产党人在中国布置势力，希图抵抗英日，求达其大赤色帝国主义之目的，自国民政府清共以后，还没有放弃这个迷梦，仍继续派遣共党秘密向中国各处布置，以图乘机扰乱中国而入其范围，所以如果苏俄不放弃侵略之野心，并改变其态度，恐不免永陷于与中国敌对之地位。且除于必要时供美国之利用外，将不免对世界孤立，但吾人固甚望苏俄之贤明，注意及之者。

上述英美日俄在太平洋之竞争与冲突，大概日美之争持，事实上恐无可转圜，英国与美与日，均感受种种之牵制与困难，俄国则野心独具，在今日虽无重要势力之可言，但其居处地位之重要，亦不失其为太平洋问题之主角，将来由日美冲突而发生之世界大战，苏俄或入于美国方面，亦意中事也。我国为太平洋问题争持之对象，其地位尤较重要，在这样情势之下，应斟酌情形，决定方针，免致临时供各国之牺牲或徒供他国之利用，而且如果运用得宜，我民族之精神即可因机表见于世界，而人类问题之解决，应运用我民族之精神与文化，以完成这个使命。

G. 结　论

总括上述各节的情形，从煤铁问题来说，英美俄诸国相互之冲突形势日趋急烈，从巴尔干问题来说，意法之争霸日形严重，今日之欧洲诸国，事实上均将转入旋涡，从德国赔款问题来说，一方面各国明知因此必引起欧洲政治经济之纠纷，但仍悍然不顾，将来恐引出更大之变化；一方面，英法间虽暂时协调，而彼此相互疑忌之心理，实有增无已，从太平洋问题来说，日美英俄之冲突，各抱独具之野心，尤其是日美的争持，已到了剧烈之情势，第二次世界大战或由此而爆发，亦属意中之事，美国之汲汲于太平洋沿岸求友，或不免引起太平洋问题之变化而牵动世界之大势。换言之，或将因美国之求友，而激起列强之争相结托弱小民族国家，以供其利用与援助，亦未必即为绝对之理想也。总之各国已入了相互疑忌相互冲突之局面，世界和平之失望，已无异给吾人露骨之表示。在这个局面之下，从乐观方面说，即世界弱小民族复兴之良机，亦即世界人类解放之预兆；从悲观方面说，如吾人不善运用良机，人类文明或因此而根本毁灭，其结果更不堪想象矣。

六

世界弱小民族与帝国主义

A. 弱小民族解放运动之发端

世界各弱小民族，如黑种，红种，棕种，多数的黄种和少数的白种各民族，在欧战以前，虽然受白种压迫民族和黄种民族之日本的宰制，还不成其为多大问题，欧战以后，威尔逊“民族自决”、列宁“扶助弱小民族求解放”两句口号之刺激，加以中国国民党所领导之民族运动和三民主义的思潮之高涨，印度甘地所领导之不合作主义下的民族运动为主因，压迫民族之加紧压迫和弱小民族之民智的进化为其附因，遂推着世界各弱小民族从迷梦中转醒过来，把全世界的形势急剧转变，而成为一大问题，兹于以后各节撮要述其概况，俾知民族革命运动力量之广大，亦即三民主义领域之广大，借以预测世界帝国主义之前途，并以决吾国此后之方针。

B. 朝　鲜

朝鲜自一九一五年与日本订立日韩协书，被日本并吞后，日本于朝鲜设立总督，施行种种压迫，图消灭朝鲜民族，日本在朝鲜设立一个“中枢院”，为鲜人发表意志之机关，但其组织之分子，七十人中纯属阀阎贵族，事实上亦不过为一咨询机关，会议召集之权又属于总督，故成立至今尚未开过一次会议。

朝鲜民族在这样水深火热之中，当然不能忍受，自必有种种反抗之革命运动：(1)（一九〇七年）李相离李雋玮钟，向海牙万国和平会泣诉韩人痛苦，要求独立，事败，韩国即正式隶于日本版图。(2)（一九〇一年——一九一三年）革命运动，此仆彼起，崔益铉、林秉瓒、卢应奎革命未成，事泄被害；李麟荣等起义将达韩京，事机不密，又归失败；朴汝成等起义，声势亦大，因中伏失败，此三者不过略举一斑罢了。(3) 安重根刺杀伊藤博文于哈尔滨道上，全世界为之震惊，日本之地位因此大感摇动。(4) 正值巴黎和会之际，朝人假我国上海组织大韩国民政府，国内各处，风起云涌，同时响应，是役死者八千三百五十余人，下狱者十万人，事虽未成，朝人自决的精神，大可寒帝国主义之胆。及至今日，朝人于屡次失败之后，已由无计划之革命运动，而进于有组织有系统有计划之运动矣，既有革命党之组织，复有革命政府之组织，司运动之指挥，并进行与中国及世界被压迫民族之联合。

C. 印　度

印度自一七五七年，英国东印度公司书记克莱武（Robert Crive）把法人打败，遂实际入了英国的版图，嗣后英国于印度设置总督（印度事务大臣，即为英本国国务大臣）英帝兼为印度皇帝，种种措施，无不尽其压迫宰割之能事。加之英人自得印度后，即视为维持国家经济命脉之惟一宝藏，横暴榨取，无所不至，另一方面，印人之痛苦，自然如水益深了。英人最近为防止印度的解放运动，设置两院制度的立法议会，上院以六十名为限，从官吏中选任二十名，下院为百四十四名，从官吏中选任二十六名，总督得任意延长或解散之，下院议长亦为总督任命，总督得英帝国议会之同意，且得制定与两院相反之法律，这可算与印度人民，实际毫无关系。

印度处这种情形之下，当然要激起民族的独立运动，欧战前，上层阶级则对英忠实，下属民众则无民族意识；欧战后，自一九一九年即开始轰轰烈烈之民族运动，领导者为名惊全世界之甘地（Mahatma K. Gandhi）。一九二〇年六月开全印回教代表大会，决议“退还爵位，否认裁判，不应募公债，不参加议会，忌避征兵，排斥外国品，不入英人设立之学校，不信任文武官吏……”开始“不合作运动”（Non Ce-operation Movement），同年九月，开国民会议于加尔各答又由大多数表决通过“不合作运动”，从此同盟罢工，抵制英货，大示威运动……等，均接踵而起。这就是甘地领导民众的行动政策，也就是他的获得自治的“不合作主义”（The Droctrine of Non Cooperation）。自甘地失败后，即继起有代表民族主义运动的“自治党”（swaraz party）之产生，以革命的议会主义为其行动政策，后来因内部的腐餒，遂于崩坏分化，最近数年来，代表该会左派革命势力的，其旗帜乃益显明，在中部地方——如拉蒲尔的民主主义运动，更能为具体之表现，但已为英国武力所镇压矣。一九二八年印度“国民党”发表一宣言式的论文，唤起全世注意印度的独立运动，文中备述英人压迫榨取下的印人之苦痛和印度民族解放的决心，其他甘地的不合作运动下之革命势力，仍为非常雄厚，本年甘地赴缅甸，道出加尔各答，在茂柴蒲公园对众演说，劝众勿听官厅禁止放火焚物之令，众倾油焚英布，氏为英所捕，随即释，各地青年革命运动，不纳税运动尤为此仆彼起，英帝国主义者在印度的地位，已确然证明其摇动了。中国国民政府定都南京后，印度革命党人，屡有代表来都，向政府表示弱小民族合作之意见。

D. 安南，菲律宾

1. 安南，安南自一八八四年中法战后至一八九三年完全为法国并吞，被统治于法属印度支那总督，亦无所谓议会之设置，法人的政策，是要把印度人与法人混合，这个混合种名（Eurinasian）此外强迫销售鸦片酒精和种种苛征暴敛残毒压迫，无所不用其极（安人阮爱国君著有《法国殖民事业中之审判行为》叙述最详）。

安南处这样痛苦情形之下，民众虽然愚惰，也当然要迫出独立的运动，一九一七年梁玉狷的泰阮起义，一九二三年安人之谋炸安南总督于沙面，一九二六年逝世之梁文千，尤为反法运动之健者。近年来，南定纱厂五千工人之罢工运动，夏烈公司之全体雇员罢工，括林农民的暴动，高绵面高明镇市民之示威运动，尤其是一九二五年西贡兵工厂工人罢工，拒绝修理石勒米奢刀兵舰（这是法帝国主义者用来干涉中国革命事件的），一九二六年成立“安南民族独立党”，潘佩朱为其领袖，现正从事进行与中国革命取联络之趋势。

2. 菲律宾　美国于三十年前从西班牙人手中夺取菲岛，于一九零一年改定省界，设置总督，美人统治菲岛与其他帝国主义者之统治其殖民地自较宽厚，而且实际上，亦确予菲人以不少福利，然而菲人的独立思潮，并不因之减低，其上院议长克桑（Quezon）说：“我们菲律宾民族，宁肯自主而陷入地狱，决不愿受人统治而登天堂”，亦可见菲人心理之一斑矣。

菲律宾除对外贸易全在美人手中外，最近数年来，政府中人员，菲人已占得百分之九十六，美人不过百分之四而已，但是革命的思想，仍与日俱长。

E. 埃及，土耳其

1. 埃及，埃及自一八八二年起已实际上变成英国的殖民地，至一九一四年又正式宣布埃及与苏丹为其保护国，于一方面从事军事的行动，实行其殖民政策，地方面即汲汲从事其富源之开发与掠夺。

在欧战当中，拥柴鲁尔为领袖之埃及国民党作很激烈的独立运动，巴黎和会中埃及代表被拒列席，乃于各地实行暴动，被英兵惨杀者甚众，埃及人民所要求的，是（一）埃及完全独立，（二）苏彝士运河地带之中立，（三）苏丹归埃及，（四）政府行代议制。英人感于埃及国民党独立运动之猛烈，乃于一九二〇年设立米尔纳委员会，与埃及代表协议善后，名义上承认埃及为独立国（一九二二年英政府宣言），但仍保留以下四项：（a）英帝国在埃及的交通上的安全保障问题，（b）直接的或间接的对于外国侵略或干涉埃及的防御问题，（c）埃及国内的外侨与少数民族之保护问题，（d）苏丹问题。这四个问题之保留，埃及在实际上仍为英国的保护国，但埃及以柴鲁尔当国，领导其华夫特党（Wafd or Delegatims Party）的党徒，本着坚强的民族主义的政策，猛力进行，反英空气异常浓厚，因之柴鲁尔遂被英国暴力逼迫辞职，赍志以终，反英的空气，乃转为缓和，最近因保留问题之纠纷，引起埃及内政之不能安定，英埃感情亦日趋恶化，英人武力恫吓之举动，更无所忌惮，而华夫特党之左翼革命势力，亦相与酝酿增长，英人对于由埃及到印度的所谓“中东帝国”之前途，大可想而知矣。

2. 土耳其：土耳其本已为世界三等国家之地位，非各弱小民族可比，但因其仍立在弱小民族方面，反对帝国主义，故此处叙述及之。其革命的经过与其建国之现况，在本篇可以不必叙述，现在所要说的就是土耳其自革命成功以后，不仅帝国主义者对近东的野心，根本被其推翻，而且为弱小民族方面，创立一伟大之力量，同时且为东方各弱小民族建立一个门户，使欧洲各帝国主义添一东向之障碍，日前派员来京，呈递国书，不啻为中土两国提携亲善之佳兆。

其他阿拉伯，东非洲，南非洲，爱尔兰，叙利亚，摩洛哥，爱斯兰等各弱小民族，无不感于压迫民族的残暴之压迫，不断的作民族解放独立运动之斗争，因之从全世界的形势来看，即可以预知第二次大战发生之可能，惟前途结局如何，则在吾人从事弱小民族解放运动者之努力如何以为断耳。

七

中国外交与世界弱小民族

A. 民族国际组织之必要

中国为三民主义生产之祖国，从主义的立场上，亦应去领导全世界弱小民族，使共集于三民主义的原则之下，构成整个的国际势力，扩大反帝国主义之力量，并且帝国主义之对待弱小民族，已成为一致的行动，所以在弱小民族方面，也必须要一致的行动才能抵抗。从上节去观察，各弱小民族的解放运动，已经成熟了蓬勃而不可遏止的现象，中国有发起联合的可能，尤不少显明的事实，现在他们民族运动的情形中所表现出来的弱点，至少还有两个急须注意的事实：(a) 他们还只有解放的要求之觉悟，而缺乏如何达到解放之目的和解放以后之诸般关系问题的一切方案和应取的途径，换言之还缺乏一个适合的宗旨或主义。他们虽然有些采取马克思主义作他们民族运动的方案，但是又不能适应事实的需要，而且也并不是能够达到民族解放的途径（马克思主义为无产阶级斗争的主义，民族革命是被压迫民族对整个帝国主义的斗争）；(b) 各帝国主义者的势力，虽然彼此常呈露互相激荡的矛盾现象，但是对于消灭弱小民族解放运动或防御弱小民族反抗的原则上，则取同一步骤的方式和行动，在弱小民族方面，各民族的革命势力，反缺少一致的共同的步骤与整个的团结，所以正在由萌芽而生长的革命势力，每每受帝国主义之摧残而无所补救，因之全世界此仆彼起的民族解放运动，迄无一达到完满之目的者。因为帝国主义不至消灭以后，人类固然得不到彻底的真正的解放，在今日情况之下，无论某个弱小民族，也断没有能够单独向帝国主义者求得解放的道理，中国也当然是同样的情形，而且即使一个民族具备能完成其解放运动的力量，那么再加与各弱小民族联络，必且事半功倍。

B. 民族国际与世界帝国主义

民族国际完成，则帝国主义必致崩溃。帝国主义国家里面的资本家，因为国内市场的拥挤，而发生经济恐慌的现象，机器不断的发达和经济恐慌的因果，而增加工人失业的问题，这两个紧迫的事实，一方面使他们的资本在国内没有流动的余地，他方面造成劳动者阶级斗争的机会，致社会失其安定之常态，惟一的出路和资本主义之赖以延续的地步，就只有向各弱小民族国家去侵略，输出资本，操纵市场，减少暂时的经济恐慌，又把夺取的赃物，呕些残余给劳动者群众，和缓阶级斗争，谋社会暂时的苟安。所以殖民地和半殖民地，就是他们生命之所寄托，因此只要弱小民族都能够得到真正的觉悟，取一致的行动去求共同的解放，恢复民族的政治的经济的平等地位，将一切资本帝国主义驱出于他们领域之外，截断他们的出路，或者就只须一致的拒绝他们资本的输入和商品的畅销，经济恐慌的现象，就会立时呈见而无所解救，他们国内阶级斗争的事实，也会立趋恶化而无所避免，资本主义就必致崩溃。

C. 中国外交与民族国际

从上述两节的意思来看，民族国际成功，世界问题都可以得到根本解决，国家的外交更不成为问题了，现在仅就中国外交的立场来说吧，单靠自己微弱的力量去同帝国主义者周旋，希图外交的胜利，实无异痴人望梦，我前面已大致说过，帝国主义者只能因利害和威胁而退让，万不能因人道和公理而退让的。各弱小民族之联合，在最大的意义当中，实包含互为外交上有力的声援，之意义，一方面自己在国际上不致于孤立，一方面是与帝国主义者以直接间接之威胁，使不得不因利害而放弃退让（但是我所谓联合弱小民族互为外交之声援，不过是联合的意义中的一点作用，并不是利用以增自己外交之势力，读者幸勿误会）。

世界上无论何国的外交都不能不讲求相互的同盟势力，或同情的声援，孤立的外交，为外交上之最大危险，几乎为全世界外交家所共认的。素以孤立的外交为荣誉之英国，亦随时势之变迁而大改其方针矣，而在弱小的国家，不仅要绝对避免孤立的外交，而且要讲求可靠的同盟势力，仅仅同情的声援或泛泛的同盟，都不能适应事实之必要。然而从中国国家的情况来说，既不能和帝国主义者根本妥协，而且妥协也是不可能的，而能作国家有力的可靠的同盟势力，当然是世界弱小民族国家，抑且国家有时为外交上的策略与应付特殊的情势起见，和帝国主义者有妥协之必要时，也要弱小民族的联盟成功，才能运用这样外交的策略，而不致为这样的策略所运用。换言之，必定要这样，才能发生国际上的力量和外交上的信仰。

八

中国外交上应有的准备和觉悟

A. 中国外交上应有觉悟

从上述各篇的事实来作个总括的观察，对于中国外交的前路，应该可以得到相当的门径，同时至少也可以得到以下的几个觉悟。

1. 帝国主义对弱小民族的侵略，是含有有进无退的意义，不是可以用空口的人道和公理去追求折冲之胜利的，也不是可以用哀求式的外交可以希冀解放的。人道和公理自然是我们弱小民族的惟一武器，而且是人类应该发挥的正义，但是和帝国主义者斗争，人道和公理之外，还应该具备其他各种必要的准备。

2. 用单独一国的力量去同帝国主义的连环势力周旋，尤其是自己没有一贯的外交宗旨和外交政策去同他们周旋，徒然忙于呼应，自己也不知什么才是相当的结果，所以事实上也必无结果。

3. 中国向来的外交之所以失败，一方面在不明敌情和世界的情势，一方面尤在自己民族丧失自信的力量或民族的精神，和内部之腐败涣散，政治军事文化经济诸大前提，都无相当的基础与设置。譬如拿政治一项来说，以前实无所谓政治，民众和政府没有周密的关系与觉悟，实际上国家的形势，并没有完成。

4. 现在世界各国，无论在外交上内政上，都顺应其民族的特殊精神和特殊力量去设施。譬如日本人的心理在尊君，所以日本的内政外交都利用民众尊君的心理去设施，中国就缺乏这个觉悟（中国民族的特殊精神和力量，当另用专篇讨论）。

5. 一切国家的大政，尤其是外交上，自国应该立于为主的自动的地位，而避免反主为宾的被动的形式，必须要这样，才可以发生外交力量。

6. 从各国对华之历史的事实和现势来说，对于美国是可以运用政治的外交手段去周旋，为外交上的利益起见，和美国另开一新的国交形势也为事实之必要与可能（完全在外交上的必要，并不是和帝国主义者妥协）；对于英国的外交，从各方面的情形来看，可以运用缓急刚柔参杂的政策，英国在华的一切既得权利，如我们应付得法，事势迫着他将不得不一一放弃；对于苏俄的交际，如果常此断绝，如外蒙问题等事实上即无从解决，所以如果苏俄能承认放弃对外蒙的侵略，根本取消其对西藏新疆方面的侵略行为，制止共产党在中国的活动和对中国的一切阴谋，就确乎有恢复国交之必要。质言之，只须苏俄根本改变对华的态度，我们似乎可以为有条件的恢复国交，这两个大陆国家互相提携，就不难与争雄太平洋之各国以强力之威吓；至于日本，其对华态度，无论是政友会，宪政党，民众党，甚至无产劳农党主政，都无改变之可能，因其所经营之满蒙政策，实关系其国家生存问题，故欲中日问题之彻底解决，恐非单纯的外交方式之可能也。现在中国外交的最大对象厥惟上述英美日俄四国，和这四国的关系问题一一解决，其他各国即迎刃而解矣。

B. 中国外交上应有的准备

在前节已略述我们在外交问题上应有的数点觉悟，现在根据这几点觉悟，至少应该有以下几点的准备；

一、斟酌世界情形，确定外交政策树立外交宗旨，国家无一定外交宗旨，自己在外交上就没有远大的目的，只要有了一贯的宗旨，计程进行，无论目前的情形怎样，必不难一一贯彻，所谓有理想必有结果。譬如日本的征韩论纵然一时失败，终竟成了事实，假使先没有西乡隆盛的征韩论，就不知和事实离的多远，也不知什么才是事实，但是如果仅仅有了宗旨，没有适当的外交政策，宗旨仍然是理想上的宗旨，所以一定要跟着世界情势的变迁，随时确定外交的政策，以适应国家外交的宗旨而使之满足，一以充实外交上之精神的力量，一以确立外交上之一定的立场。

二、联友抗敌，组织民族国际，联结帝国主义国内之革命党，向帝国主义内外夹攻，联敌制敌，孤对方之力量，在今日国际复杂的局面之下，无论强大的英美日法，都绝对不采孤立的外交政策，像苏俄现在为国际政治关系所限制而陷于孤立的地位，遂使国家的基础不能巩固，现在也汲汲向世界求友。在中国目前的情形，尤其是必要，但是究竟应该怎样才能满足这个意愿呢？我的意思是（一）组织世界弱小民族国际，（二）民族国际与西方无产阶级同盟，世界弱小民族，当然不能和帝国主义者以及以列宁主义相号召的苏俄为一致之联络，只有三民主义的中国才有可能。根据前面第七篇所说的情形，中国不仅有联络弱小民族的可能而且他们都望着我们去联络，因为他们和我国有同样的觉悟与需要呵，所以中国只要向各弱小民族提出这个意见，民族国际就立刻可以成功。从理想上来预测，民族国际完成以后，帝国主义者对待弱小民族便会立刻改变态度，世界的情势便会立刻变化。以历史上的事实来推测，他们或者也不免一度的采取一致行动来压迫民族国际，不过这一点我们也无所用其顾虑，即使民族国际不组织，我们又何尝不在他们一致的压迫之下呢，况且以他们各个相互的关系来看，他们有各个的怀抱和相互的冲突，事实会牵住他们不能不分化破裂，抑且我们还有一个可靠的预防于万一的补救方法。这个方法，就是民族国际和西方无产阶级同盟，无产阶级无祖国的预言，纵然曾经一度出于马克思的预料之外，但是欧战的情形，是帝国主义者的相互火并，所以工人们民族的心理当然超过了阶级的意识，现在的民族国际和帝国主义抗持，是公理和强权的对立，并无所危害于他们的民族根本，他们除得到广大的援助，使他们的经济革命易于完成外，并没有什么损失与危害。

我所谓联敌抗敌又是怎样说呢？譬如日本是我们不能并存的敌人，美国和我们也是主义上不能两立的国家，但是美国之敌视日本，和我们是异样的抱握而为同样的心理，同时美国在太平洋的势力，事实上也不能不联络中国，我前面已经说过，所以中美就有联合的对日之必要与可能。

三、对内的军事上之改造与准备者，（1）打破个人主义，封建思想，取消募兵制，实行征兵制，（2）完成国防计划，（3）运用村治组织，普遍民众的军事训练，（4）全国各学校一律实行军事教育（5）改良兵器，国家外交之先决条件，自然是国家的军事力量，所以军事之设备，在今日实为必要。至此项军事设备之详细计划，当用专篇讨论，此处仅示其纲领而已。

对内的经济上的建设与准备者，（1）完成建国方略中之物质建设，尤当首先完成全国交通计划，筹设大规模之钢铁厂，各种制造厂，改良农业工业，增加各种原料生产与原料之应用。（2）移民实边（最好移兵）开发富源，巩固边疆。（3）调查全国已开发未开发已建设未建设之公私财富并其性质，以便分别进行与必要时之特殊处置。此三点为相互关连的问题，不能分开去进行，所以国家宜设备一个经济建设的设计机关，先调查各种事实状况，然后详订计划，按部进行，限期完成，经济的建设不固定一个基础，前面所说的军事的计划，便等于空谈，而政治文化等问题，亦永远不能成功。但是经济的建设，先不明白各种事实的详细状况，就不能有正确的计划。没有正确的计划，即便一天天喊着建设，或者零零碎碎去建设，断然得不到建设的结果，只知道是一个渺茫的前途罢了。

五、关于政治上的建设者，完成民主政治，使全国民众均能自觉自动，充实国家的根本力量而巩固其基础，但是中国的国家还没有脱离农业社会的卑陋状况，人民不仅没有半点自觉和自动的能力，而且还没有发生国民的意识，还都在过原始社会的迷信生活，所以有四万万的数量而没有少数的质量，社会的情况，充满了松懈涣散迟钝的性质，不仅不能灵活的周转运用，而且事实上国家的精神就无法贯注。所以虽然有广大的土地，几乎就等于包括数百千万各个不相关的无机体的社会，事实上就不能发生国家的力量，因此更说不到国民的外交了，现在根据这些实际状况去完成民主政治的建设，至少有两个特别注意的之点。（1）如何去养成国民之普遍的程度与觉悟，增长其政治上之技能与兴趣。（2）如何使各级政治的组织趋势于严密，而能周转运用之自如，使民众有实际参加政治运用政治之机会。但是要满足这两个问题的要求，在城市里面或者不只一个办法，而在农村里面，除开运用乡村自治的组织，还没有再完全的办法，因为乡村自治的组织，能使人民实际参加政治，运用政治，以养成其一般的技能与必要的意识。同时国家的义务教育，也必须在这样政治活体的组织之下，才能普遍而有实际，不致悬为空谈。但是还有注意之点，在今日这个情况之下，像这些有利的设施，每每容易为地方不良分子所把持操纵，这是应当极力避免的。

六、关于国家文化上之建设者：改良教育制度，提高国家之学术思想及建设能力，造就各种专门人材，强迫施行义务教育，提高国民之一般的程度，养成其正当之觉悟与意识，统一民众的思想（相对的而非绝对的），恢复民族的精神和信力，发扬民族的文化，以增植民族的力量。实施的原则，我以为宜分别来说：（1）对于高等教育，国家宜设备一个或数个最完备的学术院，把全国的专门人才都聚集起来研究，同时一方面根本改变现在的学制或专门大学的组织，改变其内容而加以充实；二方面，慎选留学生，转变青年以留学而不求学的心理，限制人才用途与其服务之范围，关于这项如果国家感觉学术指导人的缺乏，就无妨以重资（将派遣留学生经费的一部分或大部分），聘请世界各国学者担任教授。如果照这样办，我相信十年、二十年之内，国家的学术地位，定能增高也必不感专门人才之缺乏了。（2）中等教育也根据能适应于高等教育的原则去设置。（3）小学教育实施的途径，我在前面第五点已约略说过，一俟这三项国家的根本教育得到正当的途径，其他的问题便容易措施，至民众思想，民族信力也都在这个根本教育里面，可以得到圆满的解决。

C. 结　论

上述AB两节不过各举其目前最急要者数点而矣，但是我还要附带声明的（1）我这个意见，或者可以说是个人的理想，是否完全切要，我诚恳的希望国人指正，（2）我这个意见，只能算作意见，因此我也只能提出一个原则，并没有精确的说明和详细的计划，因为这些，还要让专门学者和国内先进政治家来负这个责任。

现在再来总结一句，中国的外交问题，不是在他国之能否放弃权利或退让的问题，而在自身有没有收回已失权利之力量的问题。什么条约效力，都建筑在强权上面，也并不是什么信义的关系，我相信，再没有其他的东西比“遵守国际上不平等条约的信义”这句话，还要滑稽呵！所以只要自己有相当的准备和力量，什么条约，只须我们认为和民族国家前途不利的，都可用非常的外交手段，自动的宣布废除，这才是根本的办法或革命的外交。

一八，三，一〇，完稿于北平

中日问题批判

编印说明

《中日问题批判》，原是著者应反日会演讲要求，于1932年2月所撰。因未演讲，同年3月发表于天津《丰台》旬刊第一卷第二、三期，后经著者在保持原文要点和基础上发挥补充，于同年8月由北平中华印书局印刷，导群书店出版，保定群玉山房发行。1933年被国民党宣传部列为“共产党书刊”查禁。

该书运用马克思主义辩证唯物论，以资本主义市场再分割理论为基础，从日本资本主义恐慌的特质，日本对中国物资和市场的依赖，以及满洲的资本主义列强反俄前线等为核心，展开论析，以正确的经济的观点去解释政治问题，指明中日战争不可避免，结合国内各方对日的态度做了阶级分析，抨击国民党对日妥协退让，鲜明地反对蒋介石政权。

全集编辑，以北平导群书店1932年版为底本，整理排校，只更正了出版时个别讹误，内容和观点均保持原貌。

阮芳纪　孙纯良

目　录

自　序

此次中日问题，是历史发展的必然结果；而中国各阶级各政党的政论家，却很少肯从历史和经济的观点上去解释，即或有作这种尝试的，也很少完全抛弃其观念论或机械论的立场。

资产阶级对此次中日问题的解释，认为是日本军阀们的一种单纯的侵略行为。这自然不能探着问题的边际。中国的社会民主主义的先生们认中日问题是日本资本主义扩张殖民地的必然的结果；这也不曾了解问题的全面，始终都不能找着问题的核心所在……

市场的再分割，是资本主义发展过程中的继续不断的事实；中日问题，因之在市场再分割的形势之下而开展出来。同时，资本主义和社会主义是本质地对立的，互相排斥的；这两种对立的社会制度是不能同时存在下去的——能同时存在的，必然是其中的一个为领导的主体，而其他为附属的残余，才有可能。满洲又是资本主义各国所视为反俄的东方防御线。因此，中日问题的意义，又含有一个反俄的重要内容。

关于这样历史的重大变局的问题，我们如若只顾牵强的快意的解释去欺骗群众，那简直是不可恕的罪过。我们只应该慎重的以辩证法的唯物论的理论的立场，应用辩证法的科学方法，去暴露问题的真相。这而且是我们的义务。

本书对中日问题虽只是一个简单的解释，然自问还能保持一个慎重的严正的态度。这或者可以告无罪于读者。不过读者如果发现错误而予以指正，无论是善意的或恶意的，我都预备诚恳地去接受。

其次，这本小册子虽是关于时事的问题，却是理论的成份占主要，因此我认为并不那样受时间性的限制，才交与导群书店出版。

再次，本书的原稿，是本年二月的一篇论文——原是应反日会的讲演稿，旋因事未能出席讲演，故改作论文发表——现在只加了一点发挥和文字的补充，对原稿的要点和全文的构造并没加改变，以保持本书的本来面目。

一九三二，六，二十八.

一

世界资本主义经济总恐慌中日本资产阶级的企图

资本主义经济的存在，世界战争便无法避免。这是资本主义经济之内在的规律所决定的。资本主义经济之全部机能，是建筑在商品的掠夺和市场的竞争之上的；所以其生产便是为生产商品而生产。在资本主义经济的体系中，其生产和消费的连结，是要仗着商品的媒介作用去完成的。因而生产和消费两部门间的差异，在资本家一无所知的无政府的生产状态下面，形成了一个时高时低的不平衡的搅乱。

不平衡的调剂，在资本主义经济的范畴里，只有靠恐慌和战争去调度。恐慌一次，资本便得到一次的集中，生产力更得到一次的发展。战争一次，市场便得到一次的再分割，资本家对市场的支配，更得到一次的发展。

因此恐慌是不断的周期的到来，而且是资本主义各国恒常的继续着的现象。市场竞争的发展，随着继续不断的再分割。

随着资本主义的发展，由自由竞争到独占的形成，其自身所包含的矛盾，便愈益深刻，愈益尖锐。由于战后资本主义产业合理化的结果，形成资本之更高集中的财政资本的发展，同时并带来了资本集权之最高的发展。因此，在今日，全世界都成了几个托拉斯，辛迪加，卡特尔的资本大王们统治的全统系。

这种国际托拉斯的形成，考茨基却认为是超帝国主义即太上帝国主义的形式。其实这种“独占”的本质，对“自由竞争”而说，只是一个相对的名词；“独占”并不曾消灭“竞争”，恰恰相反，倒更为剧烈了。因为在独占的形成的时代，生产和消费的差异便更加巨大了；反之，市场便更加狭隘了。而且不但是如此，更由于各国的经济条件与政治条件之各自分歧，各国产业发展之极端的不一致，以及产业各部门间之发展的不相称，反更加深其矛盾的程度。在这个情势下，驱使帝国主义相互间的竞争，益趋狂热。

“所以财政资本和国际托拉斯，并不能消灭世界经济中各部份发展的速度的差异，反而增加了这种差异。一旦势力的关系变更了，那么在资本主义之下，除诉诸强力外，还有什么解决矛盾的方法呢?”（乌里扬诺夫：《最后阶段的帝国主义》）

一九二九年开始的世界恐慌，我们从一方面看，他恰巧从较为落后的农业部门中爆发出来；从另一方面看，他又恰巧从资本之最高集中的美国开始。这还不算是十分明白的事情吗?

自恐慌的到来以后，他们便在归咎于所谓苏俄的投披（Dumping），去煽动反俄的联合战线；一方面又在开着什么军缩会议，煤油会议，钢铁会议，经济会议，关税会议，赔款会议，以及等等的所谓什么会议、条约、协定，总结起来，无非是战争的酝酿和准备；甚而至于战争之公开表演的此次中日问题和其所包含的内容种种。这对我们还不算指示得十分明白吗?

自然，在经济恐慌的严重袭击之下，全世界的资本主义经济，都在行着总的崩溃；绞尽全世界资产阶级和其御用的经济学者们的脑汁，都得不出一个解决的办法。资本主义的黄金时代，到而今只是供人们回忆的历史资料了。可是资本家和其御用的经济学者们，却还在企图支持其霸占着的世界“王座”那也是无足怪的；不过他们还在装腔作势的，行着种种无智的欺骗勾当，那却是一些极其可鄙的事情。

当他们左撞右撞都得不着问题之解决的方法，于是一方面便进行着市场的重新分割，中日问题便不能不爆发了；一方面企图消灭其政治的恐慌——当然还有其经济的目的——反俄的联合战线便同时展开了。

但在“经济恐慌”和“政治恐慌”的问题的本质上，本来是关联的，统一的；不过在资产阶级对这两个问题的应付上，却成了一个矛盾的对立的东西。为企图应付经济恐慌而必然要进行着的市场的再分割，是资本主义各国在相互“对立”着的形势中；为企图应付政治恐慌而进行着的反俄联合战线，却要资本主义各国一致的联合的进行。这样一面，在“对立”着，一面又需要“联合”，这个矛盾是资本主义能够解决的吗?

矛盾的存在，战争便是不能避免的。不过战争究将从那里爆发出来？从反俄战线上爆发出来，抑将从市场再分割的问题上爆发出来？这是我们所不欲考虑的，虽然在那里都有爆发的可能。我们所能说的，问题既然是“统一”的，则无论战争的序幕从那里开始排演，结果总是向统一的方面进行的——向阶级的战争方面转化。

A

在日本对华不宣而战的原则下，已继续其正式的战争行为；不过在充满虚伪欺骗的国际联盟的掩饰下，一方面还保持着不绝如缕的国交。上海和全满的炮声，已震动世界人类的耳鼓，只有在日内瓦的资产阶级的代表们，还在表演其军缩会议的滑稽喜剧；实则战神已克服了太平洋上的烦闷空气。实际上，国际的情势，其紧张也确似一九一四年大战之前夜；无论各国的资产阶级怎样装痴作聋，所谓军缩会议之将毫无结果，便不难把问题的内幕充分暴露出来的。因此，揭动此严重局势的中日问题，我们确应该慎重的，严谨的，去作一正确的把握之必要。

中国的政府，根本不了解这个问题的内容。他们始终不肯作一个坚决的主张或具体的打算。这是无足怪的。而他们始终抱定乞怜国联为惟一的对策，希图能得到帝国主义者代表机关的垂怜，以维护其半殖民地国家的门面，而继续其委任式的统治权，却未免是无智。他们自始除作出一些向国联报告的空洞文件和否认日本行动的毫无效力的通牒而外，连什么都谈不到的。在东北民众对日的武装反抗和上海的战争，也完全是工农和士兵大众之一种自动的反抗的斗争；政府在事实上，不但未予以丝毫的援助或接济，而且不断的在通令“取消义勇军的组织”，和进行上海的停战。这将给予大众一个怎样的反省呢？

事实上，所谓国联，和日本并没有什么不同的地方，他们同样在对中国市场的争夺；所不同的，不过日本直接在采取军事行动，而英美各帝国主义，则在军事行动之前，还在玩弄着和平分割的工具——国际联盟。

在资本主义发展的过程中，对世界市场，是随着资本主义自身的发展，不断的行着分割。——这并不是一次的分割之后，就不许重新分割的；而是行着继续的再分割。所谓和平的分割，并不能解决帝国主义者相互间的问题，所以它不过是作成武力分割的前驱。在财政资本主义时代，这个情形，跟着其资本的集中和集权的发展，就更要严重。

所以市场的分割，是资本主义发展过程中继续不断的事实；因之，此次的中日问题，也就成了它发展过程中的必然结果。不过资本主义世界经济的恐慌，则又使这个问题恰如其会的发作；但是正确的说来，恐慌的自身也具有必然性的。只有落后的国家主义者才肯说“九一八”事件，只是日本军阀们的一种侵略行为；他们顶着爱国主义的牌子，无意中又作了日本资产阶级的辩护士。同时也只有“民粹派”的冒牌的社会主义者陶希圣之流，才肯把问题所具备的阶级的意义，很乖巧的放到“国家”的那个大字下面隐藏起来，并且也倒果为因的用政治去解释经济问题。

可是问题虽然是这样构成的，问题的发展的严重程度，也已经十分尖刻了。但我们还只能说，资本主义的世界大战，有爆发的必然性，我们并不能说有固定的时间性。大战的条件，因资本主义世界经济的恐慌，而很快的成熟着；同时又正因世界经济的恐慌又展开了阶级敌对的严重形势，使各国的资产阶级反因而有所顾忌。苏俄的存在，也使资本主义相互间的必不能避免的战争，因而迟疑起来。而分移视点于反俄的战线上面。所以，假使资本主义各国不在大恐慌的威迫中，或者资本主义统治的世界还是完整无缺的；则此次中日问题发展到现下这个情势，战神或者久已在华盛顿和西欧同时降临了。

所以世界经济恐慌的事实……自始至终都和这问题密切关联着的。

因此，我们得重复总结一句：在资本主义世界经济大恐慌中所酝酿的国际政治的矛盾局势，是世界市场的再分割和对苏俄的联合进攻；中日问题，一方面是这个矛盾局势之全盘的展开，他方面又使资本主义各国，在这两个战线间徘徊着。虽然他们都是以市场的再分割，为其应付经济恐慌的对策；以进攻苏俄，为其应付政治恐慌的对策。

B

在资本主义的无政府的生产状态下面，对市场的购买力是一无所知的；所以生产和消费间之不平衡的搅乱，在资本主义的社会中是常常存在着的。因之，资本主义经济的恐慌，由于资本主义经济发展之内在的规律所决定，便成了一个周期到来的事实。并且恐慌还成为弥补生产和消费之巨大差异的方法。

一九二九年开始的世界资本主义经济的恐慌，和前此的各次恐慌比较，则是一个最高发展的形势，而有其特殊性的；不过他在资本主义的一切产业部门及一切国家——自然的，一切殖民地半殖民地也包括在内——又同时发展着为一个普遍的严重情势。在一切资本主义国家，和一切产业部门都是一样，同时发现为生产机关的倒闭，银行信用机关之相继停业，对外贸易的衰退，物价指数的下降，债券价格的低落，劳动失业的激增………往复又构成政治的恐慌。使各国的资产阶级，对此次恐慌的克服根本已表现无力。

从生产方面来说，在去年，美国的各种产业部门只利用原来生产力的百分之四十从事作业；德国纺织业只利用可能生产力的百分之七十，制鞋业百分之六〇，化学工业百分之六十一，砂糖工业百分之七十五至八十，麻织业百分之四十；法国各产业部门均在辞退工人，加多休工日数；其他各国也都是同样的情形。因此，生产的减退，那便是自明的了（请参看拙著《最近之世界资本主义经济》北平书局出版）。

从劳动失业情形来说，据资产阶级自己的机关所发表的数字，是如此的情形：

各国劳动失业人数		
国别	1930（a）	1931（b）
奥国	156,000	
比利时（完全失业）	37,322	81,818
比利时（部分失业）	54,804	126,060

续表

各国劳动失业人数		
加拿大	20, 000	—
捷克斯拉夫	37, 000	—
丹麦	25, 000	—
芬兰	4, 000	—
法国	18, 596	123, 081
德国	3, 977, 700	5, 349, 000
英国	2, 299, 000	2, 572, 000
葡萄牙	20, 000	—
意大利	400, 000	982, 000 (b) 32, 000
荷兰	25, 000	—
挪威	20, 000	—
波兰	245, 000	—
巴勒斯坦	5, 000	—
罗马尼亚	25, 000	—
萨尔海	7, 000	—
瑞典	26, 000	—
美国	4, 000, 000	8, 000, 000 10, 000, 000 (d)
犹哥	7, 000	—
日本（c）	362, 050	425, 526（9 月）

（注 a），（注 b），据国际劳工局一九三〇年及一九三一年末发表之数字参照所制。

（注 a）日文《社会政策时报》昭和七年四月号一七三页。

（注 b）Monthly Bulletin of Statistics。

（注 c）日文《社会政策时报》昭和七年四月号一七三页。

（注 d）本年二月三号天津《大公报》载华盛顿一月二十九日合众社电，美国工联会主席威廉君称，现时美国失业者达八百万人；民国二十年度中国银行报告书说美国失业者已达一千万人。

国际劳工局统计报告并称，一九三一年所有各国失业数字，均增加百分之二十至百分之八十以上。该局发表之此项统计，又大半以劳工联盟会所付失业保险金之统计或失业注册者为根据，即使不有意隐蔽问题的真相，也缺乏各国失业的实在数字。

同时因贸易的衰退和物价的狂跌，又直接减低资本利率的收入，间接构成国家财政的恐慌。

这恐慌所表现的一切事实，资本主义世界，真无异“成了一幅黑暗的图案”。

尤其是大量失业人口的存在，不惟直接与各国资产阶级以致命的打击，构成未曾有的政治恐慌的情势。近两年来，失业群众之游行示威，成群结队的去捣毁工厂……这在各国，都成了一个平凡的公开的事情。这个阶级敌对形势之严重的展开，间接又助长了苏俄的声势，那更是使各国的资产阶级寝食不宁的。因此又影响英美各帝国主义对此次中日问题之犹疑不决的态度。知己知彼的美帝国主义者，原初的狡计，表面上便故作痴聋，骨子里企图促发日俄的战争，以遂其一箭双雕的幻想。苏俄呢，自然更了解帝国主义者之联合战线的来势；不愿随便拿无产者的阶级力量去作孤注一掷的尝试；而况在五年计划还未完成的时际（第一五年计划虽将告结束，而第二五年计划才预备开始），也自必去力避正面的冲突，让帝国主义者自己去厮杀。英国对此次中日问题，自始就不过是“金元王国”的一个副角。

C

在严重的恐慌的袭击之下，各国的资产阶级，都企图去夺取独占的市场，以便从恐慌中逃脱出来。所以进一步去促进半殖民地的殖民地化，便成了他们一致的要求。但是这个各自的企图，不是可以同时存在下去的，而是相互对立的矛盾的。所以和平分割的内幕，便被事实击得粉碎，又开始其武装分割的排演。

日本是构成世界资本主义经济的一环，是资本主义国家的主角之一；其受经济恐慌的深度，由于其特殊情势的构成，较先进各国还要严重。

日本资本主义经济，自前次大战后，欧洲各国资本主势力的重来，日本在战时所攫得的市场，又转而受部分的排挤；因此日本资本主义经济，又入于一个慢性的长期恐慌中。如自一九一九年以来，日本的对外贸易便转为入超的。

同时，日本自身的原料和食粮的生产是极其缺乏不足的，每年都在依赖外国的大量的输入。在大恐慌的到来以后，这些情形便跟着更为严重起来。这均在暗示日本资产阶级前途的悲观。而且当日本资本主义跃入世界的舞台以后，世界的市场，已经被先进各国分割殆尽了；虽然由于历次国际局势变化的凑合，使她还能在半殖民地的中国分得一杯羹；并从中国夺得台湾朝鲜琉球的领土管理权；但是这不仅不能满足日本资本主义本阶段的发展的需要，而且台湾朝鲜琉球的资源的开发的结果，已经是濒于枯竭。因此，此次经济大恐慌到来以后，日本资产阶级便感受得分外严重，而无法忍受。

资产阶级之对待恐慌，一方面只有加紧对国内劳动者的剥削，使市场景气的恢复；一方面便只有加紧对殖民地半殖民地大众的榨取。可是前者对资本主义各国，已属是图穷匕见了；所以惟有后者还似乎可作一最后的尝试。而且中国的满蒙，适能满足日本资本主义阶段的发展的需要；在所谓“占领满蒙为其立国根本策”的原则之下，“九一八”事件便不能不于此突发了。

自然，中国民族资本的抬头，尤其在满蒙方面之有计划的设施，也是促成这个问题之突发的主要事实之一。

其次，也正因世界经济的恐慌和苏俄五年计划之尚未完成，也是被日本资产阶级认为是其占领满蒙的最良时机，并借以开展其反俄的战线。

因此，我们要认识中日问题的本质，便应该从分析日本资本主义的特质，和其经济恐慌的情势着手。

二

“九一八”前后日本经济恐慌的一般情势

自前次大战结束后，欧洲资本主义势力的重来，日本在世界市场上，又不免感受欧美的较优越的资本势力的压迫；对外贸易总额，便接着由出超而转为入超。——如上节所述，日本自一九一九年开始，直至现在，日本的对外贸易便是入超的。而况像日本那样国家资源贫乏和其资本主义的脆弱的本质，贸易的入超，更是国民经济中一个极其严重的问题。所以日本的资产阶级特别为这个问题苦闷着，企图用种种的方法去突破难关。如由现金出口的禁止，不几而至于金解禁，由金解禁又不几而至于金再禁；想借以引起对资产阶级一个经济上的有利的作用，尤其是商品的价格作用。日本资产阶级这样“二三其德”的政策，于他们自己的问题并没有得到何种的解决；而千百万的劳农大众，却因此而蒙受最大之牺牲，往复益加重其经济恐慌的成分。

“愈到东方，资产阶级愈是卑鄙”；日本资产阶级种种的卑鄙政策行为，而且又表现是充分的无智。

日本资本主义经济的恐慌，自战后至一九二九年，便在一个长期的慢性的发展中；一九二九年大恐慌的到来以后，便暴露其总的崩溃。

A

现在先就日本农业恐慌的情形来考察。

农业在日本整个国民经济的比重上，所占的地位，虽然不那样重要；但像日本那样食粮和原料极其缺乏的国家，农业恐慌的发展，更能直接构成其政治的恐慌，同时使政治恐慌的程度愈益扩大化，白热化。

在日本，食粮虽是极其缺乏不足的；但是日本资产阶级站在营利的立场上，却仿佛毫无感觉似的。一面是食粮在大量的输入，一面却又在行着大量的输出。据日本农林省自己的调查报告：在去年（昭和六年）度，日本大米等农产物的输入额为日金五亿七千零三十九万八千元，而输出额竟亦达日金四亿四千五百四十五万八千元之巨。这是一个什么意义呢？我们把下面的一点数字介绍出来，便不难明白。

昭和五年度日本水深村农产品生产费及贩卖价格（注）

农产种类	米（一石值） 元　分	麦（一石值） 元　分	茧（一贯值） 元　分
贩卖价格	17.00	7.00	2.00
生产费	21.00	10.00	3.50
农民损失额	-4.00	-3.00	-1.50

（注）片山哲：《农村穷乏的事情》。

农民在生产品价格以下出卖农产品；但是以这样低贱价格出卖农产品的，大抵是小农或贫农，因为他们受担税和债务的压迫，不得不忍痛用贱价去出卖其生产品之一途；富农和地主是没有这个必要的。同时贫农自己一年所需的食粮，仍是不足的，因此又不得不用昂贵的价格再去买进。资本家便在这个买进卖出的投机勾当中，渔取厚利；农民便更陷于穷苦之深渊了。

拿上述水深村所谓信用合作的贷付额来看：在昭和四年度，贷付总额达日金一四四，六九一元；五年度达日金一五三，三九九元；六年度截至四月十四日止，就达日金一六五，一三三元。这里的债权主，名义上是所谓信用组合，实际上便无疑的是一个高利贷者的剥削机关。这些事实，在日本不过是一个例子。

截至昭和六年度止，日本农民的负债总额，已达日金六十亿元，平均每农户约负债日金三千五百元。

其次日本农民的租税负担，更是很奇重的。据日本大藏省昭和六年度所调查的全国农工商租税负担的比例，是如次样的：

日本全国农工商平均担税比例

业　别	百元当负担 元　分	负担百分比
农业	21.65	100
商业	12.48	57
工业	8.46	39
平均	14.32	66

该调查报告并说：农民中土地所有面积愈大的，负担便愈轻；长此下去，自耕农民便将永陷于饥饿之深渊。这要算日本资产阶级的一句“良心”话。

上表的数字，给我们看出日本的资产阶级对付农民是如何的残酷呵!？拥有其全国财富的工商业资本家，担税反比较更轻；实际是无异把他们的负担，完全直接移到农民身上，尤其加重自耕贫农的负担。而且日本原是一个小农制的国家，封建制的残余，在农村中还特别表演得有力；所以资本家和地主对于农民，又兼行一种封建关系的剥削。这样，农民便不得不更陷于贫乏之渊，而至于失去其生产工具，流入城市或构成农村的大量失业之群。

下面是日本农林省发表的“长野县农会”农家经济调查的一点数字，我们把它介绍出来。

日本农民的收支状况

	昭和4年度	昭和5年度	昭和6年度
自耕农			
	元	元	元
收入	1,178.33	726.31	681.80
支出	1,190.19	757.83	732.75
不足	11.86	31.52	50.95
自耕小作农			
收入	914.82	481.19	477.92
支出	939.92	645.51	531.30

续表

	昭和4年度	昭和5年度	昭和6年度
不足	25.10	164.32	53.40
小作农			
收入	1,466.97	729.20	608.99
支出	1,467.63	831.36	762.09
不足	0.66	122.16	153.1

该调查并说明，这是能代表日本全国农村的一般情况的。

又据《报知新闻》载：日本去年（1931）因遭荒旱，全国各地收获大减；米谷产额减少二千万石。加以经济恐慌，失业增加，毙于饥饿者日有所闻。据岩手县卫生报告，农民的死亡率，单就二户、九户、山岩手、和贺等四郡而言，自去年十月至十二月三个月间，农民因饥饿而死者，达一千四百五十四名之多；每月平均约四百八十五名。其病死者之最大原因，亦为贫血、乏食、消化不良、营养不足等所致。

农民在这样人间地狱的生活状况中的。在日本全国是一个很平常而普遍的事情。

照上面表中的统计数字看，农民收支不敷的差异，是表示得很明白的；在这样收支不敷的情况下，农民自更无能力去改进生产，致引起农业之自然的衰退，那是必然的结果。同时，饥寒迫着他们的意识革命化，不断的去排演暴动，甚至武装斗争，在日本全国都成了司空见惯的事情；在去年一年，农村的暴动，竟达三千余次之多。这种暴动的内容，现正在疾驰般的发展着；终竟要追随他们城市的同胞，去排演其最艺术的一幕。

但是不知死活的日本资产阶级，在严重的经济恐慌的当中，除所加于农民的其他直接间接的剥削外，反而更以国内市场的独占作用，极力提高消费资料的价格；企图把他们在经济恐慌中所受的损失，从农民和无产大众的身上去取得补偿。国内生活必需品价格，自“九一八”以后，还在上升的进行中，恰和其他生产品价格的低落，为一相反的情势。

说到日本资产阶级政府对于农民的救济，也不过是一回滑稽的剧目。他们所推行的贷金制度等……实际不过是资本家地主统制农村的一个变相，使农民都变成他们的债户，他们得渐次去集中农民的所有。

日本的农业经济，可算是完全破产了。但是无耻的日本资产阶级，为掩盖他们自己摧残农村的隐秘，反而把农村的贫困归咎于所谓人口的过剩和农地的不足；实际这完全是资本制下面的一种必然的现象。

农村的破产，使日本全国的食粮，更发生一重严重的恐慌。

日本去年农业生产的减少，单就谷米一项说，其本邦较前年减收为二百万石；殖民地朝鲜昨年实收为千五百八十七万三千石，较前年减收三百三十万七千六百八十石；台湾在昨年实收为三百八十五万一千四百石，较前年减收三万七千四百七十八石。据日本农林省的调查，截至本年三月一日止，日本全国米的蓄积量仅共有四千二百三十四万六千五百七十三石。其储蓄的配合情形如次：

米种类	农民及米商存量石	政府存量石
内地米	36, 685, 593	4, 185, 254
鲜米	1, 151, 239	—
台湾米	278, 145	—
外国米	46, 342	—
合计	38, 161, 319	4, 185, 254

据该省估计，一九三一到一九三二年度米的需供，约不足二十九万八千石。因之，日本各地已开始米粮的饥荒，全国已表现混乱的状态，各地都发生救济食粮和农村骚动的问题；本年三月青森县的因食粮救济而引起之骚动，便是一个例子。

B

现在再开始来检查日本工商业的恐慌程度。日本的生产事业，除许多中小企业因恐慌而倒闭的外，大企业也都在限制生产，如一九三〇年钢铁工业部门，限制百分之三十三以上，西门土工业百分之五〇，制纸业百分之三十五。但是生产额只管去限制，生产的过剩还是过剩的。一九二八年货物的存库额为日金三亿八千四百四十万元，一九二九年为日金三亿八千五百三十万元，一九三〇年为日金三亿九千〇三十万元，一九三一年上期为三亿四千一百三十万元（据《中东半月刊》三卷三号三一页）。存货有堆积至三年之久而不曾出库的。一九三一年上期存货比较减少，那不是因为市场的畅旺，而是因为生产的减少。自去年第四季至本年第一季，货物的堆积，仍是在逐渐增加的。据东京“日本仓库联合会”的调查，日本全国十六仓库的货物保存量是如次的：

	昭和 6：10	：11	：12
金额（千元）	418, 299	394, 552	410, 988
件数	20, 001, 563	21, 886, 045	24, 134, 669
	昭和 7：1	：2	：3
金额（千元）	451, 395	482, 327	514, 007
件数	26, 259, 007	27, 551, 379	29, 159, 839

贸易不振和生产过剩的趋势，从上表的事实看，就不难明白的。

关于日本的实际生产情形，我们先把下面的两种统计数字介绍出来：

1930 年至 1931 年上半期日本各产业部门的生产限制率（注一）

	1930 上半年	1930 下半年	1931 上半年
纺织	27. 2%	34. 4%	30. 8%
生丝	20. 0	20. 0	20. 0
人造丝	20. 0	20. 0	10. 0
丝织	30. 0	35. 0	35. 0
麻纱	30. 0	30. 0	30. 0
制纸	35. 0	35. 0	35. 0
纸板	—	40. 0	45. 0
制粉	45. 0	45. 0	55. 0
过燐酸	30. 0	45. 0	55. 0
石炭窒素	—	40. 0	40. 0

续表

	1930 上半年	1930 下半年	1931 上半年
洋灰	53.2	53.2	55.0
钢材	50.0	50.0	50.0
铜	—	8.8	8.8
煤	10.0	22.0	27.0

日本生产统计（注二）

生产总指数（a）		绵丝（b）	绵布（b）	生丝（b）	石炭（b）
	大正2年为100	大正10,14年为100,1,788捆	大正10,14年为100,79,689千码	大正10,14年为100,48,761捆	大正10,14年为100,21,954吨
昭和6：1	313.3	112	138	156	103
：2	313.2	111	139	154	96
：3	292.3	111	136	145	105
：4	300.3	115	145	121	99
：5	320.4	118	149	164	96
：6	317.0	120	150	147	95
：7	342.3	122	148	249	97
：8	345.9	124	149	257	86
：9	335.7	126	149	221	94
：10	337.6	125	152	225	101
：11	339.3	127	155	211	97
：12	335.1	127	154	211	103
昭和7：1	—	128	152	92	100

（注一）据《中东半月刊》三卷三号一六页

（注二）（a）据《东洋经济新报》。（b）据本邦财界情势。

但据村山重忠在《现下的恐慌和劳动争议》（见日文《社会政策时报》百三十五号）一文中说，一九三一年上半期日本的生产总额较一九三〇年同期减少百分之一二点三。因证明上表的数字是未能十分正确的，多少还有点隐蔽。但是我们拿上面的两种统计数字和日本过去的生产数字比较，日本生产的萎缩和生产的锐减，是能充分证明的。据村山重忠同文说："本年（1931）上半期的新设和扩张事业计划资本的总额，为四亿六千八百二十二万三千元，较昨年同期增加一亿六千七百十九万七千元。而资本金实数二亿八千五百余万元中的新设事业为一亿三千四百一万元，较昨年同期，激减一亿三千五百九十二万六千元。"又据三井银行调查，日本全国在一九三〇年及一九三一年上半年，因产业萎顿，或减少资本，或改组合并，或自行解散之公司数及实在资本数，是如此的数字：

	减少资本		解散	
	公司数	资本金（日金千元）	公司数	资本金（日金千元）
1930	311	252, 323	823	217, 624
1931 上半年	160	156, 709	334	124, 374

日本产业界的颓唐，于此可以想见一斑了。

产业的衰颓，是对外贸易不振的反映。而日本对外贸易的降减情势，则更有出入想像之外的。

日本对外贸易额（单位日金千元）（注）

	输　出	输　入	合　计	入　超
1929	2, 148, 609	2, 216, 240	4, 364, 859	67, 621
1930	1, 469, 852	1, 546, 051	3, 915, 903	76, 199
1931（a）	1, 146, 500	1, 234, 600	2, 381, 100	88, 100
1930 第一季	400, 848	525, 816	926, 664	124, 968
1931 第一季	290, 490	324, 183	614, 583	33, 783
1932 第一季	249, 972	406, 035	656, 008	156, 062
1930 较 1929 减少	−678, 757	−670, 189	−1, 348, 956	增 8, 578
1931 较 1930 减少	−323, 350	−311, 451	−634, 803	增 11, 901
1932 第一季较 1931 同季减少	−46, 42800	−81, 842	增 41, 325	增 122, 279

（注）据日本大藏省历年发表之统计数字换算所制。

（a）据《东洋经济新报》数字换算，万以下之实数数字略去。

日本的对外贸易在输出方面，自一九二九年到现在，都呈锐减的趋势，尤其在今年第一季，更为未曾有减退的情势。输入方面，自一九二九至一九三一年也都是锐减的，钢铁煤的输入，都特别减少的厉害，这往复又在反映日本生产的衰落，入超则一年一年的增加。本年第一季的输入量反较过去数个年度同期为绝大的增加的事实，这并不是日本市场购买力的转旺，也不是日本生产力的恢复而输入原料的增加；这正是因为日本对中国东省实行军事的占领以来，所需军用制品及其原料的增加；同时也正因为自占领了东省后之国际关系益形紧张，一方面便不得不急急作日美战争的准备，一方面又不得不急急作进攻苏俄的准备而行使军用制品和其原料的输入。日本资产阶级自己说：本期输入的商品主要为棉花，羊毛，铁类，小麦等；可是我们曾记得，在本年二三月间，日本在纽约和芝加哥的市场上提高棉花价格，尽量收买，主要用途则在投于军事品的制造上；当时美国的资产阶级亦曾有拒绝售卖的主张。这是一个众知的事情，这消息在当时的报纸也曾透露过的，在同期间，日本在法国和波兰等国家，订购大批军械，这些国家当时曾加工制造，以应日本之需求。这也是一个众知的事情，而且也是报纸上曾透露过的消息。所以日本资产阶级自己的掩饰，不过欲盖弥彰罢了。因此，形成日本本年第一季的贸易入超额，为前此未曾有的巨大数字。这自然于日本资产阶级的经济上，是一个最大的危机的暴露。

日本贸易输出的锐减，这也不是一个偶然的事实，日本商品的主要输出地为中美英及印度南洋各国，尤其是美国占其最大的数量。可是美国因自身经济恐慌的加剧，而且正在减低生产；所以对于日本人造丝的需求量，也不免随着其恐慌的加深而愈加减低了。所以这完全是世界人造丝市场缩小的问题，倒不是“美国因为日本的侵华而激动义愤，去抵制日货”的结果。在英国，因为关税壁垒的加高和英国市场的凋敝，对于日货的需求的购买力便大为减少；所以日本输往英国的商品，不能不受其阻挠而降下了。在法国，也和在英国有同样的情形。在印度以及南洋各地，同样是受世界市场衰落的影响和他国商品之乘机代替所造成的结果（在印度更因其自国纺织业的发达）。在中国，在“九一八”以前的情形，一方面因为中国农村经济的愈趋没落，和大众的贫穷化，又加以奇重的灾祸，致市场购买力为未曾有的降下；一方面又因日本输入中国的商品如棉纱纺织物等，为中国的土产物代替了其在华市场的一部分。自“九一八”以后，更加以政治的原因，中国民众实行杯葛政策（Boycott Policy）

和日本自己在华军事行动的阻挠，那不仅“最近六月（去年十月至本年二月）在华的输出，华南减少百分之九十九，华中减少百分之七十二，华北减少百分之四十三”，而且日本在华设立的工厂，也大半停闭了。这虽然含着一个特殊的情形，对于日本资本主义经济的恐慌，也确实增加了不少的成分。在日本原是为的被恐慌围攻的四出无路，才断然采取对华市场武力侵占的手段，想杀开一条血路。事实上，不惟实益还没有到手，反而增加了自身恐慌的成分。资产阶级最得意的作品，每每是如此的。

日本对外贸易的衰落，从铁道和海运运输量的减少上，也可以表现出来。铁道的运输量，在一九二九年每月平均约在五六百万吨之间，一九三〇年减落至四五百万吨之间，一九三一年则落至四百万吨；铁道的收入，一九三一年每月平均为日金三四,六二九,〇〇〇元，一九三二年一月则减为三三,五一六,〇〇〇元。航海业，日本原有轮船五十余艘，现勉强开行的仅十余艘；停航总吨数，已达一百五十万吨以上。因之，造船厂和车辆制造厂，也不得不半归停顿了。最近日本的资产阶级，以为“满蒙政策”业已完全成功，反在计划着极力的增加船只，扩充航数，图补偿已往的损失。这对于日本资产阶级，或者又不免要失望；但却又给了我们对中日问题认识上的一个材料。

所以日本目前贸易危机的情势，最好再拿日本资产阶级自己的口吻来补足几句：“从日本对华贸易锐减的境地所生出来的意义，殊堪值得注目。日本的糖，化学药品，纸，棉纱等商品，实际上已无交易，日本输入中国之机械与器具，已完全停顿；英美欧洲的出品，立起而代之；印度煤代日本输入广东，瑞典纸代日本输入上海；日本丝织品在上海受深刻排挤，欧美出品得以畅销。因此，日本棉业之大衰落，正与英货之激增相对照。”“正遇对华贸易锐减之际，又遇英政府采行关税保护政策”，“日本对英贸易额，在一九三一年为日金一六,〇〇〇,〇〇〇元，如此大数量之货物，不仅直接受英国关税之影响，即在中国，印度，非洲等处的商场，恐将为据有优越地位之英货所占据。”“美国的人造丝市场，对日本人造丝的需要，亦有惊人的锐减。”“一切这些情形，都在表示我帝国产业界正值多难之秋。”

贸易的衰落，又直接反映着物价的低廉和世界市场的恐慌程度。物价的低廉，同时又在反映着生产的过剩和世界市场的凋零。日本物价低落的情形，如以一九一四年七月为一〇〇，则一九二九年六月为一七六，一九三〇年六月降至一六〇，十二月降至一二八，一九三一年六月降至一二〇，两周年间约降低三分之一。现在把昨今两年的情形来详细介绍一下。

日本物价指数（注）

	批发物价	零售物价	食品零售物价	重要贸易输出批发物价	重要贸易输入批发物价
	（大正10年12月=100）	（昭和4年12月6日=100）	（同左）	（昭和4年12月=100）	（同左）
昭和6：1	61.8	82.7	83.7	75.8	76.2
：2	61.9	82.7	84.3	76.6	76.3
：3	62.2	82.0	83.2	76.3	76.7
：4	61.5	82.8	84.4	73.6	76.4
：5	59.9	81.1	82.7	70.2	75.1
：6	59.2	78.3	78.9	70.3	73.4
：7	59.3	78.4	79.5	71.8	73.1
：8	58.0	78.9	81.0	68.7	71.2
：9	56.5	77.9	79.7	66.3	69.4
：10	55.0	76.7	79.0	63.4	68.1
：11	55.1	75.6	77.4	63.5	68.1
：12	58.1	77.1	79.1	66.5	73.0
昭和7：1	62.2	76.9	82.1	71.5	79.1

（注）据日本商工省发表调查统计。

上表的数字表示：自去年一月至十一月，一般物价都呈降下之势；第四项价格的下降，是在反映国外市场恐慌的尖锐化；第五项价格的下降，是在表示国内市场恐慌的深刻化；第二项第三项价格此较特别的高，是在表示国内市场以独占价格的作用，在加紧对消费者的工农大众剥削。同时从去年十二月以后，物价指数的上升，正因中日问题的发展，而引起食粮等生活必需品价格的腾贵，又加以金再禁的激动。这是我们曾经提述过的。

现在再拿日本资产阶级自己对于物价腾贵的解释来看。据日本银行调查称述：东京批发物价自金再禁以来，由于汇兑暴跌之影响，逐日上升；自去年十一月至本年二月底止，东京批发物价的腾贵率为九分九厘。入三月后，因美国市况不佳，汇兑略趋安定；加之国内商人因物价昂贵影响，购买力大为薄弱，零售商店，非减价发售不能出脱，故物价暂转缓和，较前月微落一分八厘。该调查报告所调查之五十六种商品价格腾落的结果，是如此的：

一、腾贵十八品：米，小麦，甜酱，酱油，日本酒，鸡卵，油，纺绵，麻，蓝，洋铁，西门土，玻璃，洋纸，苛性曹达，皮革，石油等。

二、低落二十七品：大麦，裸麦，大豆，小豆，小麦粉，硫酸，阿母尼亚，鱼肥，砂糖，鲣节，牛肉，生丝，纺绸，绢手巾，红毛绸，绢里地，绵丝，白木棉，金巾，毛织丝，毛斯纶，木材，铅，石材，草席子，石炭，薪炭。

三、坚稳十一品：油粕，制茶，盐，西洋纸烟，真绵，罗纱，洋钉，炼瓦，瓦，日本纸，燐寸。

（见四月二十一日北平《晨报》）

我们在这些商品中可以查出，腾贵品中有十分之九为生活必需品；低落品中，不是奢侈品，便是工业原料和建筑材料等，其中的农产品，对大众生活的必需上，是不十分重要的；坚稳不变的几种（如纸烟等），是资产阶级必须消费的奢侈品，有几种是建筑上的材料，如日本纸，则又主要是文化上的必用品。这一个调查，愈益把日本经济恐慌的严重性暴露出来了。

C

日本的财政和金融市场的恐慌，也尖锐化了。企业收益的减少，国际汇兑的暴跌，又反响着国债价格的暴落，股票证券价格的狂跌。银行准备金的减少，又引起存款的减少；贸易的入超，又引起大量现金的流出。这等等事实的结果，致金融市场益陷于混乱。

股票价格的升降指数（注）

（大正10年即1921年1月为基准=100）

1928：6	1929：6	：7	：8	：9	：10	：11	
124.3	90.5	83.1	76.9	76.5	76.7	74.3	
1930：1	：2	：3	：4	：5	：6	：7	
71.1	71.7	66.7	60.0	59.3	51.2	51.1	
：8	：9	：10	：11	：12	1931：1	：2	
51.6	47.4	44.6	50.0	52.7	53.0	55.9	
1931：3	：4	：5	：6	：7	：8	：9	：10
59.4	58.5	57.3	59.7	64.2	60.6	58.8	50.7
：11	：12	1932：1					
52.3	58.8	72.7					

（注）据东京株式取引所（即证券交易所）调查数字所制。

目前的情形，北平《晨报》于本年四月二十二日发表如此的一段记载，我们如实的把它介绍出来：

“据四月四日（1932）《东京时事新报》经济栏载。各种股票市价，与金再禁后最高行市比较，平均约跌三分之一，而尤以东株、新东、日鲁渔业等股票跌落最厉。东株现在（四日）行市为153.2元，较之金再禁后之188元，约跌34.8元；新东股票现在行市为15.5元，较之一月份最高价17.9元，约跌2.4元；日鲁现在行市为37.8元，较一月中最高价67元，约跌29.7元。”

该报又载本年四月四日各种股票市价与金再禁后之最高行市比较，为如次的情形：

（单位日金元）

股票名称	金再禁最高价	4月4日行市	腾落比较
东株	188.0	153.2	−34.8
新东	179.0	155.0	−24.0
钟纺	220.0	197.7	−22.3
新钟	105.0	88.7	−16.3
明糖	55.5	65.1	+7.9
富士纸	47.3	39.2	−8.1

续表

股票名称	金再禁最高价	4月4日行市	腾落比较
王子纸	91.0	76.9	-15.0
麦酒	90.5	81.0	-9.5
清粉新	55.0	54.0	-1.0
日鲁渔业	67.5	37.8	-29.7
东电灯	24.7	18.8	-5.9
日本产	49.0	32.6	-16.4
人造肥	37.3	17.6	-19.7
日本石	54.4	40.4	-14.0
南满铁	66.0	53.3	-12.7
邮船	53.3	34.7	-18.6

"又据四月十六日《东京时事新报》载：东京株式取引所调查，四月一日全国有价证券时价总额，计股票一百二十亿六千九百万元，债券一百二十亿五千二百万元，合计为二百三十三亿二千〇百万元；与上月比较，约总共跌下四亿九千一百万元。"

这段事实的记载，对日本的经济恐慌，是能指示一个重要意义的。

因为金解禁的关系，现货不断的流出；在一九三〇年，现金流出为日金三亿一千万元，流入仅二千二百万元，两抵实流出二亿八千七百万元；一九三一年上期现金流出约日金四千万元，减去流入，实流出一千四百余万元。银行准备金额大为减少，直接减低银行的信用；又加以银行储金利率之减低，于是民间存款纷纷提出，多转存于邮政储金处，如在一九三〇年六月末，"日银"民间存放之款，已减少一亿三四千万元之多。银行准备金额既已大为削减，兑换券又为无限制的发行，致金融市场益呈混乱。至一九三〇年（?），大小银行不能付现而停闭者达二十家以上。在这种险象下面，于是日本政府秉承财阀意旨，在所谓产业合理化关系者间之妥办互助，融资联盟的原则之下，组织所谓产业调查委员会。然犹为不足，又下令减少邮政储金处利率，逼使民间储款转存于银行。但是银行的准备金额，依旧是不能增高；恰恰相反，而是降减的。据日本银行调查，自一九三一年一月到本年一月，有如次的一个统计：

	正货准备额（月末）	兑换券发行额（月平均）	贷出额（月平均）
1931：1	832	1,216	709
：2	836	1,076	626
：3	833	1,052	662
：4	840	1,056	660
：5	847	1,004	650
：6	851	1,019	637
：7	826	1,023	635
：8	814	994	659
：9	818	962	649
：10	686	1,033	663
：11	542	993	756
：12	469	1,125	868
1932：1	430	1,114	862

日本银行正货准备金额，自去年一月至今年一月一年之间，减少几达二分之一；而兑换券的发行数目，自去年九月至本年一月，反在增加中；银行贷出额亦同样在增加中。这在表示日本自“九一八”以来，因财政困难，在滥发纸币。

这种事实，又都反映到国家的财政上。国家所赖以挹注之主要收入，因贸易不振，直接便是关税收入和铁道收入大为减少；因私人收益的减少，营业所得各项税收均大为减少；因大众的贫穷化，间接税及一切杂税的收入，亦无不大为减少。遂致中央与地方财政均陷于穷困。计一九三〇年度日本财政的不敷，竟达一亿四千万元之巨（据《研究》第一期二二二页）；昨年度（1931/32）财政预算有四千八百万元的赤字（据日文《社会政策时报》百三十号一〇四页）；本年度有六千八百五十四万元的赤字（岁入十三亿九千六百万元，岁出十四亿五千四百万元。见本年四月三日天津《大公报》载）。实际上，昨年度，加上对华侵略之军费支出一亿五千八百万零八千元，又加上其他亏累，至本年一月底止，共亏空二亿一千五百零八万二千元；故预算不敷，至少在二亿二千元以上。本年度（1932/33）之二亿零九万元之军费及救济失业经营和其他各部临时紧急要求之经费和对产业界的津贴，尚不在上述数字之内。

日本历年财政在这种枯竭的情形之下，便只得向国外借债和国内公债以资挹注。在一九二九和一九三〇两年，日本所负外债，合政府、公司、私人企业共计，总数达二十一亿八千五百五十九万二千元之巨（据上引《研究》同页）——这自然包括产业的振兴和企业设施的借贷在内——而此种外债利率之高，竟达一分左右，但也不得不忍痛借入。到今年三月底止，就日本所负之国债，除已偿者外，据日本大藏省发表，外国公债达日金一十四亿七千二百五十七万九千元，内债（铁道债券除外）达四十七亿一千五百万八千元，内外债合计已达六十一亿八千七百六十五万七千元。这和日本全人口六千五百九十万七千人（日农林省最近统计）对比，平均每人负国债额达日金九十三元八角九分；较之一九二七年平均每人负国债额之六十元五角九分，一九二八年之六十元四角一分比，已增加三分之一以上；本年三月后预备发行之债额尚不在内。

又因为日本经济事业一天一天的不振，外债的招募，已发生相当的困难；而且已负外债的本利，又迫着要偿还。本年三月间，美国的债权者还一度群起向日本索债，便是一个例子。据日本大藏省发表，自本年三月至明年二月止，日本各月应偿还之外债本利总计为日金三亿三百零四万五千元。

因此，日本财政便愈陷于困境，结果便只有再事广发内债之一途。本年度已规定之内债发行总额及名称，据报纸发表的是如次：

日本已规定之1932—1933年度内债发行额

一般会计	（单位日金千元）
满洲事件费公债	59, 519
道路公债	6, 027
电话事业公债	14, 790
电信事业公债	879
震灾善后公债	7, 670
实行预算填补公债	68, 548

续表

追加填补预算亏空公债	85,000
约计	242,433
特别会计	**（单位日金千元）**
桦太失业公债	1,000
朝鲜事业公债	14,940
同追加	2,000
台湾事业公债	3,000
关东事业公债	600
铁道公债	49,000
约计	70,540
一般会计特别会计两部合计	312,972
上年10月以后之满洲事件费公债	150,000
约合计	463,000

本年度将发行之公债，实际并不能以此数为止；据日本政府向贵族院宣称，本年公债发行总额，将达日金十亿元。不过日本资产阶级和一般民众，在大恐慌的袭击之下，负担能力殊成问题。据日本大藏省调查估计，日本国民现下负担公债之能力，为（A）存款部约日金二亿二千万元（B）日本银行约二亿元，（C）简易保险公积金约二万元，（D）铁道员工共济组合约五百万元；合计尚有半数无力负担，此不足之半数，欲向他国募集，则“美国误解我国（日本）之立场，深可忧虑……而美国银行界谓中日两国在东洋战争，势必向纽约伦敦金融界募债，美国已表示拒绝。将来国内外资金之需要供给，恐发生阻碍”（《东京时事新报》）。所以日本财政，诚然是“到目前，已罗掘俱穷，极为枯涸”（日财长高桥语）。“六年度预算编制，本已拮据，七年度实行预算编定之方针……罗掘俱穷，不得不在公债方面筹画。但国民对于国债，咸感无力负担；故未来之难关，实不可思议矣”（同上）。

上面把日本经济恐慌的情势，已把握了一个大概。

日本在这样严重的经济恐慌袭击之下，加紧对外的侵略和剥削，企图打破难关，那是必然的。不过读者不要以为"九一八"以后之日本经济恐慌的事实和中日问题的爆发不相关联；其实，中日问题的发展，恰和日本经济恐慌的发展是连贯的；恐慌前进一步，日本资产阶级对中日问题也跟着进一步的。

D

现在再进而考察一下日本政治的恐慌。因为这不仅和中日问题关联（资产阶级想借着对外侵占的利益，分润劳动者以和缓国内的阶级斗争……），而且和反俄问题密切关联着的。

日本的失业问题，也随着经济恐慌的深刻化而益为深刻化了。据日本社会调查的失业数字在去年九月以前为四二五，五二六人，这数字是未能十分正确的。日本也和中国一样，东方式的家族制度（正确的说来，是强有力的封建残余）还强有力的存在着，所以工人失业后，就有不少回到其家族中去生活，这是能隐蔽很大的失业数字。加之资产阶级自己的统计，是经过一再折扣的。据前揭《研究》第一期二一八页，说一九三〇年日本失业劳动者的实数，已达一百七十万人，一九三一年"九一八"前，已达三百万人；此后因缩减生产和大企业的停闭，又增加百万以上之失业；所以到目前，失业总数已达四百万左右。若更加上失业的农民和城市雇员，则失业总数约达七百万左右。无论这个数字是否完全可靠，总之，日本失业问题是极其严重了。一个蕞尔小国而有这样大量失业数字的存在，政治的恐慌，可想而知了。而且，日本从来对于工人，是并没有较完善之社会保险。这大量失业的群众，他们在饥寒威迫之下，除去和统治阶级作决绝的斗争外，他们还能往那里去呢?

在业的劳动者，因为资本家的减少工资，提高劳动强度，延长劳动时间，还不时以解雇去恫吓；所以他们的生活，也是极其悲惨的。据日本银行劳动统计，日本的纤维业、染色业、机械、器具、化学、饮食物等业工人的工作时，平均每日均在九小时与十小时间。事实上，据作者自己亲身的调查，日本工人的工作时间，还有长至每日十一二小时的。

其次，劳动者工资的收入是相对的在减少，最低生活费的付出，随着物价的上腾而增高了。据神田孝一说，日本劳动者每月所得，付出在教育，保险，交际，交通等费上的是逐年在减少其比例，而支出在食料，住居，衣服上的比例，则是逐年在增大；至昭和五年度，就成为七〇与三〇之比了（见《社会政策时报》百三十八号六三页）。

因此，劳动者所执持的阶级斗争的形势，便愈益剧烈化了。据日本资产阶级自己发表的劳资斗争的件数，在昭和五年度共总达二千三百件之多，参加的工人达二十万人（前揭村山重忠同文 34 页）；昭和七年度，斗争件数，亦约达二千二百件之多，参加人数达十五万人（据一九三一年《劳动时报》）。但是这和实际的情形是相差很远的；据前揭《研究》二二三页上说，昨年日本罢工案件有四千余件之多，参加人数在二十五万（?）以上。日本劳动阶级斗争的件数和参加的人数，随着恐慌的发展在一年一年的加多和扩大。而且斗争的件数，是大抵发生在主要产业部门；而斗争的原因，大多发生于劳动者反对资本家减少工资，要求增加工资，或反对辞退工人……为主因（请参考拙著：《最近之世界资本主义经济·日本经济恐慌的一般情势》）。这在一方面，表示资本家对劳动者的加紧剥削，他方面又在表示劳动者生活的悲惨，几到了无法“照旧生活下去”的程度。而且劳动者的罢工，有好些次由劳动者自行封闭工厂，这充分表示资本家已无力去防卫生产机关；反之，劳动者已充分有处置生产机关的能力。

在这样情势之下，劳动者和失业劳动者，联合进行暴动和进行示威，并不断的和凶残的警察肉搏，以及捣毁工厂，封闭工厂等……种种事实，在最近一年以来，在日本几乎是“无日无之”的事情。他们并且和乡村农民的暴动，已经成立了一个内部的联系。

因之，在凶残的日本警察的威力之下，一年之内连破获三次的大党案之后，并不曾减煞群众之革命的浪潮；恰恰相反，反而使革命的浪潮益形增高。如日本赤色工会组织员的增加速率，在一九三一年就比一九三〇年约增高一倍（据《社会政策时报》百三十九号一六四页）。这不过是一个例子。最近的福冈事件，帝大事件，东京共党骚动事件，派往中国各地军队之不断哗变，和其内部反战争的酝酿和宣传……这都在表示日本资产阶级统治权的崩溃，几致于无法“继续统治下去”。月前韩人伊奉吉之轰炸白川等事件，朝鲜共党事件

(逮捕六百余人)，这表示日本在其殖民地的统治权，也同时在动摇。

日本资产阶级对于这个严重的政治恐慌的了解，当然和各国资产阶级没有二致，也认作是由于苏俄的“收买”工人，“煽动”工人的结果（?）。因此日本资产阶级仇俄的情绪，便更其紧张了！公然在各国资产阶级面前，自愿担任前锋了——假使各国能容许其独占满洲——不过这究竟和市场的再分割难于同时实现的。

三

日本资本主义的特质及其对半殖民地中国的依存关系

但是仅从日本资本主义经济的恐慌来解释，我们还只能说明日本资产阶级要求重新分割市场的迫切情势；并不能就说明日本资本主义之必然向中国进攻的内容。日本资本主义之必然向中国进攻，一方面由于其资本主义的本质所决定的，一方面则又由于其经济上对中国的依存关系所决定的。我们在前面曾说过，此次中日问题之发生，从资本主义发展之一般的普遍性来说，是资本主义发展过程中的必不可避免的结果；从日本资本主义的特殊性来说，则又是日本资本主义发展过程中的必然结果。所以我们再进而去了解日本资本主义的特质，便更为必要。

A

日本究竟是一个岛国，其本邦食粮生产的缺乏不足，在上面已经说过。原料的生产，就更为缺乏：棉花几乎全数要仰给外国的输入，造纸原料的木材，日本本土的生产，是极其有限的，煤铁和石油的矿源，在日本就更是稀少……可是日本虽然在重工业的军事工业方面有惊人的发展，但还是以轻工业为主要产业部门的商品生产的国家。因之棉花和木材等的原料，其本邦既不能生产，又没有能供给其这些原料之需要的殖民地。煤铁是机械动力的泉源，于资本主义经济的发展上，更是有其密切关系的，尤其对日本重工业的军事工业。日本资本主义一日无法去弥补这个先天的缺陷，其本质终不免是脆弱的。因为资本主义的发展，根本就需要一般资源的丰富，这是尽人皆知的；而且要想能由轻工业而入于重工业的发展，煤铁尤为根本的要素。像英国、美国和战前的德国，其本国均有丰富的煤铁矿源；战后的法国也因夺得亚尔萨斯、罗伦的矿源，才具备了重工业发展的条件。而且在日本，因为他的资本主义的产生，正是，欧美资本主义已入了帝国主义的时代，所以当他的轻工业还没有充分发展之先，其军事工业的重工业便已发展起来了。这对于煤铁的要求是更其迫切的。但是日本不仅是煤铁矿源的稀少，宜于冶金燃料的煤，那就更是没有的。在目前它虽能由中国方面取得多处的采挖权，勉强供给其需要；然并不能满足日本资本主义发展的志愿；要能使日本资本主义能尽情发展，而确立一个坚固的基础，那除非直接能夺得煤铁区域的领土管理权。这在日本资产阶级的心目中，毋宁视作日本资本主义能否继续存在的问题。

中国的满洲，恰是富于煤铁等矿源的区域。据日本官方的估计，满洲煤的储藏量有三十万兆吨；虽然大部分也是煤质不佳，在日本资产阶级看来，总算是略胜于无，勉强能满足其冶金燃料的需求。满洲铁的储藏量，据说铁砂矿产，亦约在一万兆吨以上，能产铁三百至三百五十兆吨，约与德英两国（殖民地子国在内）的储藏量相等，相当于美国七分之一。铁砂含铁的成份，虽说是比较甚低（只含铁百分之三〇至三五；在其他国家，有含铁十足的百分之百的）。然在无铁国的日本看来，自更有其特殊的意义。

其次据日本对满洲的土质化验的结果，满洲还宜于棉花的种植；这而且业已试验过了。满洲有世界著名的森林，木材和造纸原料的丰富，这是尽人皆知的；满洲的其他原料的生产，不惟是大抵都有，而且都是相当丰富的。满洲土质的膏腴和农产的丰富，也是全世界一个重要农产区域。

所以满洲在事实上，尤其在日本资产阶级的心目中，无异是东方的一个宝库，是世界经济上一个未来的重要区域。他不仅能补足日本资本主义种种先天的缺陷，而且在日本资产阶级的心目中，毋宁就是一个未来的亚洲的美利坚。又恰好中国是一个半殖民地的国家，日本从半殖民地的中国手中来夺取满蒙，那是毫无困难的；虽然，满洲的自身自有其国际的复杂性存在。

而且，日本资产阶级心目中的满洲，既是这样的一个宝库，易言之，就是满洲对日本资本主义的发展前途上，有非常重要的意义；所以她之把满洲看作“囊中物”，并不自今日始。这也是举世共知的，只有无能的中国统治阶级，才盲然无知似的。我们在这里只拿日本对外投资的数字来看：据一九三一年日文《中央公论》九月号《日本资本主义与殖民地》一文中，载“满铁会社”调查的数字，日本对外投资总额为日金二十二亿元（对其殖民地的投资除外），对华投资占其中十八亿元，满洲又占其对华投资额中十三亿元。易言之，中国约占其对外投资额百分之八〇，单就满洲说，则约占其百分之六〇。这就能表示日本资产阶级之如何以全力在经营满洲。满洲对日本商品市场的意义上也是很重要的。拿日本对外的贸易来看，一九二六至一九二七两年，日本对外贸易地理的分配比例，有如次表所指示：

	由各国输入		输往各国	
	1926	1927	1926	1927
英	7.2	7.9	2.9	3.3
德	6.1	6.0	0.4	0.5
法	1.0	1.3	2.1	2.7
意	0.3	0.3	0.3	0.2
中	10.1	10.4	20.6	16.8
印	16.5	12.4	7.6	8.4
澳	5.4	5.6	2.5	2.5
加	2.7	2.6	1.2	1.4
美	28.6	30.9	24.1	41.9
总计	100	100	100	100

（据大东书局：《世界贸易状况》193页）

据上表所指示，日本对外贸易的输入，以美国为第一位，印度为第二位，中国为第三位；对外贸易的输出，以美国为第一位，中国为第二位，印度为第三位，还不及其输出总数十二分之一。在这里需要注意的，日本由美印输入的约百分之八十八为棉花，这由于日本对满洲的种棉计划还没成功；对美的输出，则人造丝半制品约占百分之九〇；对中国的输出，几全系熟制品，加之日本在中国各地普遍的设立工厂，输出的数字为这个事实所隐蔽了的，当然是很大；反之，日本由中国输入的，则几全系原料品。而由中国输入日本的，或由日本输入中国的总额中，满洲是占其中一个很大的比例。据前引《中央公论》同文载，一九三〇年日本向中国的输出总额为日金三亿三千九百万元，满洲占其中百分之三十一；又据藤冈启《满蒙的新估计》二五〇页载，在欧战期中，日本对满洲的输出额，占输出总数百分之五十二；同年日本由中国输入的，为日金一亿七千八百万元，满洲占其中一亿六千三百万元。——输入的物品，不问而知为煤铁农产等食粮和原料。这不仅表现中国为日本的主要商品贩卖市场，同时还为其原料需求的生产市场；满洲更表现为能满足其这两种需要。

这证明日本资本主义经济对满洲的依存关系，是如何的密切?!

不过我们在这里所说的，还只是日本对满洲的经济的依存关系的密切；其实在政治上的依存关系，也是很重要的，我们在这里没有指摘的必要。

B

在各先进资本主义国家，资产阶级之登入历史舞台，是经过市民阶级和封建统治阶级的一个长期的剧烈斗争得来的结果；机械技术等所形成的新的较高的生产力，也是渐次发展出来的结果。日本的资本主义，不是经过“町人”阶级的剧烈斗争产生出来的；而是由于先进资本主义势力的东来，摇动了日本封建社会的基石，促动“町人阶级的发展”；长萨、土肥等军阀的旧的统治势力，在先进资本主义的影响之下，和社会经济的下层基础开始转变的关系，他们自身也随着向官僚资本转化，所以反而和新兴的“町人”阶级的势力相汇合。结果日本的资本主义，就从一间“温室”里蜕化出来了。

日本资本主义，原始的资本的蓄积，也比较是一个特殊的形态，不是以商业资本的蓄积为主要，而是用政治剥削来的官僚资本占主要成份。所以当时一开始入于资本主义的发展，而投放于产业上的资本，便以官僚资本占主要成份。因此日本政府对于产业资本的扶助和所谓补助金，比任何一个资本主义国家都来得特别认真一点。所以在日本产业资产阶级的集团里，还隐约残留着长萨、土肥般的集团。

因此，在先进各国，资产阶级政权的开始树立，大抵都是由于市民阶级和君主的联合去消灭封建领主，残忍的把封建领主推下历史的舞台；在日本，长萨、土肥等四大封建领主的系统，反能跟着跃入新的历史的舞台，而构成后来日本资本主义政治上之“皇权政治”的特殊形式。

所以，日本不免是资本主义的一个“早产儿”。因此到了资本主义第三期的日本资本主义；封建社会残余的意识形态，在日本还分外表现得有力，尤其在日本军人的思想中，还占有其地位。日本的农村经济，至今也还残留着很浓厚的封建色彩；而日本的军人，又大多系来自农村的。因之，虽然到了资本主义的第三期，还形成日本资本主义一个很浓厚的军国主义的色彩；武装侵略，不惟作为经济侵略的尾巴，而且至今还作为其前锋工具。

日本资本社会这个比较特殊的情态，又反映为日本政治的一个特殊情势：如日本资产阶级政权上的构造，譬如内阁组成的军事部分，事实上是在内阁的协力之外，而另成一个权力，直接只受其所谓“天皇”的支配；资产阶级内阁对于军事上的支配，是要经过其所谓“天皇”再转达到军事权力机关是一个形式。所以日本资产阶级的中央权力机关，是一个双重的性质，必须仗着其最高工具所谓“天皇”去统制。

因此在日本的军人的脑海中，他们只看见满洲对于日本资本主义的重要性，他们并不能正确的了解满洲之国际的复杂性。因此日本的产业资本家侵略满洲的方式，就不免和军人的意见而有些微的出入；在前此政友会和民政党对华侵略政策有急进和缓进之分在此（注：有认为政友会和民政党对满政策急进和缓进的分别，全由金融资本家在背后作祟，这完全是一个表面的捉弄），滨口内阁时代的南次郎和币原意见的稍有出入亦在此（政友会的内部军阀们所代表的官僚资产阶级占一个重要的成份）。所以日本对华的侵略或携取满洲的企图，虽是日本的产业资产阶级和官僚资产阶级之一个共同的主张——共同认为是其所谓“立国的根本策”——方式上仍不免是稍有出入的。一到产业资产阶级陷入此次的大恐慌以后，民政党对侵略满蒙的态度，也立即由缓进而转为急进，便和政友会的步调完全一致——我们在这里不是说政友会所代表的不是产业资产阶级，只是说政友会所代表的产业资本和满洲的关系更密切，而政友会的组织，官僚资本的成份更显得重要，所以产业资本家和军阀们所代表的官僚资产阶级，能为抱同样急进的态度——所以“九一八”事件的发作，便成了一个无可推延的事实。

因此在日本资本主义的立场上，满洲确成了日本资本主义必争的“生命线”；反过来说，也正因为日本是一个资本主义国家，才能对满洲施行积极的侵略。日本之依赖满洲的事实，完全是资本主义自身造成的条件；并不是日本大众的需要。日本资产阶级之所谓“人口的过剩”和“移殖的出路”，那不过是一句掩饰的遁词；实际上，日本农村的破产和人口的过剩，完全是日本资本主义制度发展的一种规律，只是由于制度所形成的相对的结果，并不是一个绝对的事实。为我们所最不解的：口头叫着社会主义的日本社会民众党，也跟在资产阶级的尾巴后面，以十足的资本主义的见地，跟着说什么满蒙是日本的“生命线”（?），是“日本社会主义建设上所必须争取的”（?）。自然，第二国际的先生们，久已公开的作了资产阶级的十足的工具；对于他们曾经假借过的马克思主义，久已无折无扣的放弃了。——我在这里，不愿意说他们违悖马克思主义，因为像樊德维、麦克唐纳尔、赤松克磨……之流，自始就不曾作过马克思主义的真正信徒，只是一种冒牌的假借，充其量也不过是温和派的修正主义——不过赤松们所意义着的“日本社会主义建设上所必须争取的”那个“社会主义”，我不解是一种什么本质的社会主义？除非亚丹斯密的古典派的经济主义，在赤松们看来，也是十足的社会主义，我们就没有什么可说的；不然，在我们的社会主义的词典中，就绝对找不出这样极卑鄙、极下贱、极无耻的理论来。

不过在资本主义发展到今日这个阶段中，其本身的矛盾已暴露无余，再不能骗取群众的信任了；反之，科学的社会主义，倒成了群众生活上所争取的准则。因之卑鄙无耻的资产阶级，也嗾使他们的大群的工具，从“资本主义”那个字眼上面去复写一个“社会主义”的大字，企图欺骗群众，搅乱社会主义的战线。所以像那样十足的国家主义的法西斯畜党，他们自己也说是“国家社会主义”。像莫索里尼和希特勒之流，在他们自己认为是玩的一套时髦不过的魔术；但在我们看来，仍不过是他们的无耻的徒劳。据报纸所载，赤松所领导的日本社会民众党，已如实的无折无扣的转向法西斯畜（党）的路向迈进，这是他们的原形已完全暴露，就无须我们再费唇舌了。

C

我们在前面已经说过，日本现有的殖民地台湾、朝鲜、琉球并不能满足其本阶段的需要。无论在她所必需的商品贩卖市场，原料生产市场和投资市场以及其军国主义所依存的军事工业的原料资源，都不能不有向外扩充殖民地的要求。但是因为他是资本主义国家的后进，当她发育长成以后，世界的陆地便都已有所属了；日本向东进吧？南北美洲虽然也是资源极丰富的地带；无奈在美国资本主义的美洲门罗主义所封锁的形势下，那无异是难以进出的铜墙铁壁；向南进吧？在英美等资本主义的把守之下，也和向东进的情形一样，不免要徒劳无功的；所以便只有西进的道路较为便捷，半殖民地的中国是没有什么反抗的——日本资产阶级传统观念中的中国统治阶级便是如此的。

因此日本便决然的抛弃“海洋政策”，而趋重于其所谓“大陆政策”。所以历史上的中日之战，以至出兵西伯利亚，“五三”之役，皇姑屯事件……二十一条，军事协定……都是这个大陆政策的积极进行的表现。也就是自他们的“明治大帝的遗旨”所一贯传袭下来的一个“立国的根本策”（本庄繁上南次郎书中语）。这个历史的线索，是极显明的。

四

中国民族资本的抬头和日本帝国主义间矛盾的激化

A

资本主义先进国的一致的政策，对殖民地则要求其本国化，对半殖民地则要求其殖民地化。

因之在资本主义宗主国意识着的殖民地半殖民地，是只能作为商品贩卖市场，原料生产市场和投资市场看待的；它并不需要殖民地产业的发达，这而且是它们相对的不能容忍的。除非资本主义宗主国由轻工业而转入了重工业时代，并且已经以重工业制品为主要输出的商品，在这种情形下，才容许殖民地（半殖民地在内）轻工业之相当的发展，冀成为宗主国资本的附庸；反之，当宗主国还在轻工业时代，殖民地轻工业的抬头，那是绝难容忍的。但是殖民地半殖民地的工业化，又自有其历史的必然意义；——虽然不能像宗主国那样正轨的发展，而仅能以殖民地或半殖民地的资格去参加人类社会历史之资本主义社会的过程——因此，便又构成殖民地半殖民地和宗主国间之对立的矛盾。

中国既是日本资本主义依为发展的惟一市场——照日本资产阶级的口吻说来，便是日本资本主义所依存的“生命线”——而日本资本主义经济的生产业的发展程度，一般的说来，还在轻工业时代，重工业所占的比重是极其微小的（这是指商品生产工业，军事工业是除外的），对外贸易也以纺织等轻工业制品为其主要输出品。棉织物的主要输出地是中国和印度，而印度的宗主国英国是世界纺织业的祖国，加之其本国纺织业的发展；日本的纺织物要想在印度的市场上得到一个更大的进取的希望，那是十分困难的。造纸等的输出，也是以中国为主要市场；日本的人造丝，虽然在目前还是以美国为最大的顾主，但这是十分危险的；美国的人造丝市场，随时都有为意大利或其他国家的人造丝代替的可能。

因此，中国民族资本的抬头，轻工业的开始发展，是日本资本主义所绝难容忍的——毋宁说是绝难并存的。而中国国民经济的全领域中，民族资本主义的经济，虽然还未曾取得正确的领导权，在其农村经济的部门中，还停留于佃耕制度的封建的生产关系下面；但在沿海和沿江的各埠，久已开始资本主义的发展——虽然，这其中，外国的资本占一个最大的成份——则是一个事实。而中国民族资本所经营的产业，恰恰大部分也都集中在纺织业部门。所以近年中国民族资本所经营的轻工业的发展，遂形成资本主义宗主国的日本资产阶级和半殖民地中国民族资本间之对立的矛盾，愈趋激烈化。

尤其在日本资本主义所依为“生命线”的“满洲”，中国的民族资本，近年更有急速发展的事实；并且对于日本资本主义在满蒙的势力，也开始取防御的政策。这是一个显明的事实，我们无须拿统计数字来证明的。

日本侵略“满洲”的基本势力，是基于其铁道政策之上的；侵略“满洲”的经济政治的中心点，是旅顺大连。

原来资本主义国家之侵略他国，经营殖民地的方式，第一步在完成交通的建设，同时把一切交通机关完全握住在自己的掌中，借此去操纵所在国的一切经济政治军事的命脉；第二步就可以为所欲为。去攫取其领土的管理权，使之殖民地化。铁道是陆上交通的主要工具，同时也便是经济的大动脉；先进国经管殖民地的各种交通工具中，尤其以铁道为最有重要性的作用。

日本资本主义的经营“满洲”，当然也不能例外。所以除去它在“满洲”的其他经济势力外，都集中全力于铁道的经营和建筑。它以南满为干线（先进资本主义国家在东省敷设的铁道，有中东南满两大干线及附属支线；南满原名东清，日俄战役结果，日本从旧俄手中取得南满铁道的承代权，中东现为中俄共同管理，俄国已由资本主义而转为社会主义，对中东路已根本抛弃其侵略的作用），并附有支线数条（直接建筑经营或借款中国建筑经营而受其条约支配者）。只差吉会路一段，已完成一个完全的交通网状脉。只需吉会路完成，它可以由铁道直接与其殖民地朝鲜连成一片，由短距离之海洋交通与其本土三岛连成一片。这样，东省和中国本土反而非常隔离，和日本则反而密切的连成一气；那么，东省在事实上就不能不变成日本的属地了。

但是殖民地半殖民地要想自己民族资本能得到发展与抬头，必须收回一切交通机关到自己手中；或者采取一个防御政策，自己从新敷设一个同样的交通网。在这个意义之下，微弱的中国民族资本，事实上便只能采取一个防御政策。果然，贤明的中国东省当局，于一九二五年开始自己铁道的建设了；到今日止，已完成的铁道，有开丰、沈海、呼海、打通、鹤立、吉海、齐昂、齐克等线。并且新旧各线的互相连接，事实上，不啻形成东西两大干线；西以洮昂、四洮、打通、郑四，与尚未完成之洮南、通辽为一大干线；东以吉海、沈海等三路向北可延至依兰为一大干线。此二大干线均与南满平行，又均可连贯北宁路而直通正在建筑中之葫芦岛；近更因中国当局实行国道连运计划，是则日本所经营的南满，眼见就要成为废物；而日本所要求的吉会路建筑权，又一再遭拒绝。因此，日本资产阶级着急了，再无容忍的余地了。日本资产阶级便这样急躁的叫嚣着："反对违悖条约的平行线"。

其次，待葫芦岛筑港完成，事实上便是未来东省的物产输出和商品输入的吐纳总口；而且葫芦岛的地理形势，也天然就优于日本所经营的大连。所以葫芦岛筑港一完成，日本所经营的大连，眼见便要成为荒岛；日本资产阶级心目中的黄金砌成的满洲，也眼见就要脱离它的支配。

这样一来，是日本资产阶级所万难忍受的。日本资本主义和中国民族资本间之矛盾的对立形势，便立即展开了。在这个形势下面，中国东省的当局和中国的民族产业资本家，自更成了日本资产阶级的眼中钉；莫须有的"中村事件"便毫无犹疑的制造出来了！"九一八"事件爆发了。

B

否认中国民族资本的发展，甚至否认中国民族资产阶级存在的人们，当然不能了解这个问题的真相。像陈公博们根本否认中国有民族资产阶级的存在，所以他们在事变前，就只能从表面去说明日本有积极侵占“满洲”的或然性；在事变后，始终还只能勉强去捉弄问题的片面，而不能了解问题的全面性。像陶希圣们，虽然还肯承认中国有工业资产阶级的存在；但是他只能了解殖民地产业资产阶级和先进国资产阶级间的统一性，而不能了解其对立性。所以他说，“金融资本阶级自始就是外国资本的附庸，工业资本阶级则一度抗争外国资本，即归于投降的境遇”。这不是明白的在说：“工业资本阶级”和“外国的资本”间，并没有什么矛盾的对立性存在了吗？像这样形式逻辑的推论，对于问题的真际的内容，始终也不能有何种说明的。这位“有国际声誉的学者”，对此次的中日问题，他实在也曾很努力的发表过不少的诸如此类的论调，结果只赢得一个徒劳。

为使问题之进一步的认识起见，现在无妨再拿点事实给人们看。

自然，我们也并不是说中国就是一个怎样繁荣的资本社会，也不是说资本主义经济在中国已取得了优势的领导地位；但是中国民族资本之轻工业方面的发展，我们不是观念论者，便无权去否认。不过在这里，我们不是来研究中国经济性的问题，请读者恕我不作详细的叙述。我们在这里，只是来说明中国民族资本和先进国日本资本的对立情势，所谓统一物的对立性的存在。代表轻工业的主要部门是纺织业，和日本资本对抗的也是中国的纺织业；同时中国的产业资本，也大部分集中在纺织业部门。因此，我们在这里便从中国的纺织业来说。先拿中国的纺纱碇子及消棉数量来和日本比较一下。

	日　本	中　国
每年消棉量（单位千包）	2, 541	2, 016
碇子数（单位千）	6, 272	3, 504

（据1928年万国纺织业联合会统计的《世界各国纺纱碇子与消棉量比较》所制）

据上表，中国每年消棉的数量，和日本比较，约为四与五之比。自然，中国每年消棉量的数字中还包括有外国在华设立纺纱厂的消棉量在内。我们再把任曙君的一个统计数字介绍出来！

一九二八年中国境内中外纱厂统计百分比：

	中　国	日　本	英　国	合　计
厂数	60%	37%	3%	100%
纺碇	56	40	4	100
织机	57	37	6	100
工人	65	30	5	100
消棉量	60	36	4	100
产纱量	63	32	5	100
产布量	60	36	4	100
资本总额	28	70	2	100

（据任曙《中国经济研究》一二四页）

任曙君的这个统计，还有相当可靠。据表中的数字，中国纱厂总资本尚不及外资本七分之三的数量；而消棉量、产纱量、产布量均为外厂三分之二强。单和在中国境内的日本厂比较，资本量约为三与七之比，纺碇约为十一与八之比，而产纱量与产布量，中国均约为日本之二倍。

中国纱厂资本比较薄弱，而生产量反高出于外国资本之上。这一方面自然映出中国厂劳动强度的过高，民族资产阶级对劳动者在加紧作过量的剥削；他方面也正在表示中国民族产业资本和外资竞争的剧烈的对立的情势——中国民族产业资产阶级是如何在拼死命去和外资竞争。这完全在表示半殖民地式民族资本的特质，以其微弱的资本去和强大的外资竞争的一种形式。单从中国厂的产纱量和产布量看，已能充分的表示日本在中国的纱布贩卖市场，遭受部分的排挤。

好了，我们再无引证数字的必要了！回头再看看日本这回在上海表演过的一点事情吧！在战事开始前，日本浪人放火焚烧三友实业社工厂；战争开始后，日本飞机至租界轰炸永安纱厂，中国界内繁华地带尽被炸毁。这事实告诉我们什么呢？恐怕人们还不十分明白，再补足一点说明吧！原来在上海的五十余家纱厂中，规模最大的为日本的"内外棉株式会社"和中国的"三新纺织有限公司"、"永安纺织有限公司"；三新、永安两公司和日本竞争最为剧烈。因此，日本此次在上海的种种破坏，无非根本想摧毁中国的民族资本，排除其在华市场的竞争者，实为其一个重要的意义。

而且，中国民族产业资本和日本轻工业资本对立的内容情势，在政治上也能反映出来。中国年来对日的杯葛政策，产业资产阶级也曾不断的去参加，便是一个例子。事实上不同情群众所执持的对日杯葛政策的，只是中国的金融资本或商业资产阶级。因为杯葛政策的施行，和他们买办事业的利益上，只是有妨碍的。因此，我们在这里附带说一句，中国民族的金融资产阶级和产业资产阶级的利益，也有其不一致的对立性存在；金融资本家对产业资本家不肯作资本上的积极的援助，而且以最高的贷款利率去控制，便可作为一个显明的例子。

但是我们并不是说，中国民族产业资本和外国资本处在一个绝对的对立的场合；我们只是说中国民族产业资本和日本的轻工业资本有其对立的特殊性存在。同时他在其阶级的利益的场合里，对待中国大众所行的剥削和对革命势力的摧残……依旧和日本资产阶级是统一在一个阶级的场合中的。对立是它的特殊性，统一是它的普遍性；统一中有特殊的因素存在，特殊中也有统一的因素存在。

中国产业资本是外国资本的附庸，它自己并不能独立，也是一个无可否认的事实。譬如拿中国产业资本对先进国的美国资本间的关系说，便是一个附庸的地位；美国所需求的，是要中国提供为它的重工业制品的商品贩卖市场和金融资本的投放市场以及棉花的消纳市场；中国纺织业之相当的发展，恰恰替美国扩张了它所需要的市场。因为中国产业资本的发展，对于美国生产的机械工具（生产工具的机器和交通工具等）的需要数量，便自然随着增多了；对美国棉花的输入量也要增大了；同时中国产业资本的发展，对美国资本的输入，还能发生一个中间的有机作用。所以近年来，中国资产阶级和美国资产阶级间之“频送秋波”，是完全基于这个原因之上的。有些人看见中美间“秋波频送”的事实，便认为是由于中国统治阶级和经济界的主要人物，都是在美国受过教育训练的美国的工具的结果。这种绝对观念论的解释，不仅是无知，简直是可怜。

C

最末我们再来说说此次上海的战争，据陶希圣的意见，他认为是广东的民族资产阶级对日本帝国主义的一种反抗，两江的民族资产阶级，则因政治利益的不一致，反取一个旁观的态度（见陶希圣在北平大学法学院讲演）。陶君从这种地域的见地上去解释，不仅是观念论的，而且充分的表现陶君整个思想的体系中，还保留着未去尽的封建思想的残渣。如果陶君因为十九路军是广东的军队，便认为是广东资产阶级反抗日本帝国主义的表现；那么，我们知道，十九路军的士兵有大部分湖南人在内（据说士兵中有十分之七八是湘人，见《丰台旬刊》所载上海通讯）。陶君不又可以说此次的上海战争是广东的资产阶级和湖南的“士大夫阶级”联合反抗日本的一种战争吗？

正确的说来，此次上海的战争，完全是上海的劳动者大众和十九路军的士兵大众一种自动的反帝的战争。产业资产阶级自始就在极力的参加，而且参加的产业资产阶级，也并没有什么广东和两江之分的；不过他们后来看见群众的阶级力量的伟大，恐怕终久不能作为他们所意义着的战争的力量，才犹疑起来——这也正在表示中国产业资产阶级的特性和能力。

自始就取旁观态度的，只是金融买办资产阶级。因为在他们看来，这战争即属是产业资产阶级所领导的，也和他们并没有利益，而且使他们感受商业停顿的损失和受战争的直接破坏。所以他们还相当的在后方掣肘，积极的去进行停战。

归纳上面的事实，我们可以认识此次中日问题，是日本资本主义发展过程中迟早会发作的一个问题；中国民族资本的抬头，也给了日本资产阶级一个严重的刺激，为促成这个问题之恰如其会的突发的主因之一。日本资产阶级的意义，企图一面借此完成其所谓“立国的根本策”，一面排除中国民族资本的发展，使中国永久能作他的商品市场，并借此去和缓其国内的经济的恐慌。

五

日本单独侵占的行动和英美帝国主义间矛盾的展开

A

在日本资产阶级看作其惟一的时机，去表演其甜蜜的美梦；但是满蒙问题之复杂的国际性，并没有消灭，反只有加深。

满洲问题之国际形势的内容的发展，完全在一个辩证法之发展规律下面发展着。资本主义各国一致在要求促进中国殖民地化，易言之，便是同样企图对中国这块广大市场的重新分割，这是在一个共同的统一的原则之下进行着的。但是，他们又各自都想达到单独侵占的目的，所以在各自利害的立场上，以及其各自和中国的特殊的历史关系的各异，他们各个面对中国问题在其统一的原则之下，又相互的对立起来。

因日本单独侵占的事实的爆发，使这个对立的矛盾形势，便更为吃紧。

中国也是世界资本主义最后的尾闾，易言之，便是他们最后残存挣扎的区域之一。

在世界资本主义发展到今日这个资本之最高的集中和集权的形式下，全世界的富源，在许多先进资本主义的国土内和许多历史较久的殖民地的资源，几已开发殆尽；更由于资本主义之高度的剥削，世界市场已相对缩小到不能维持资本主义的存在，构成生产和消费间巨大的差异，因此构成世界经济之空前的大恐慌。

在这个世界经济空前大恐慌的严重情势下面，中国虽然已经以半殖民地的资格，提供为他们共同的投资市场及原料和商品的掠夺市场；但在这个共同的形势下，他们的相互间又是互相牵制的。在这互相牵制的局势中，无论各个都不能尽情的施行侵略，而且其各个对于中国市场的经济意义，也不是完全同一的；除他们共同要求中国作他们商品市场和投资市场以外，美国因为自国资源的丰富，并不迫切的需要中国供给他的原料，日本则因为其自国资源的缺乏，没有中国去供给其原料的需要，其资本主义经济几乎就不能生存，而且中国虽然有四万万多消费人口的存在，和许多未曾开发的富源，但是中国大众购买力的薄弱，已经不能消纳这许多先进国的过剩商品……因此在这个局势之下，便决定了他自身的两个前途：第一个前途由半殖民地而更进一步的殖民地化，由他们名实如一的去瓜分；第二个前途便是中国民族自身和资本主义作决绝的斗争，由半殖民地的地位解放出来。在这里，我们在对于前者的把握：

日帝国主义者之侵占东省，英帝国主义者之侵占藏康，法帝国主义者之企图出兵滇桂，便是露骨的开始对中国实行名实如一的瓜分。不过问题还是在各帝国主义者自身；这样一来，不是让美国一无所获吗？资本主义之骄子般的华尔街的大腹贾们，仗着其铜臭迫人的气焰，若是他们不能夺得第一份赃物，那是其绝难同意的；但是美国在中国的基础究竟还比较薄弱。所以他企图在“门户开放”和“机会均等”的原则之下去培养他在华的势力，待其基础坚固以后，再来和他们同争“春色”。因此他并不主张马上就贸行其对中国名实如一的瓜分，为的这是于他没有利益的。

B

在这里，形成不可缓和的对立局势的主角，还是英美日；重复说一句，形成矛盾的对立的核心问题，是对中国市场的竞争。法国对华的经济关系终属是次一等的。因此，我们在此处，只从英美日三国对中国市场的关系去了解。

先拿英美日三国在中国的投资量来看：

	英	美	日
铁道（借款在内）	1,890,000 镑	150,000 元	2,780,000 元
电话电报（a）	210,548 镑	—	45,092 元
矿业经营（b）	2,200,000 镑	—	77,500,000 元
纺织（c）	20,000,000 镑	—	200,000,000 元

（a，b，c）《动力》第二期严灵峰《再论中国经济问题》。

再拿外国在华的银行资本来看，额定资本总额合为九亿一千万元，实在资本合为六亿八千二百万元（据《新思潮》第五期，《帝国主义与中国经济》）；美国花旗银行已缴资本总额便达美金七千五百万元约合华币三万万元，（据本年二月二十三日北平《晨报》载上海之经济地位）。

照上面两种数字来看，美国对华投资额比例上的小，因为美国加入中国市场的竞争，时间上比较迟一点，原初没有相当的基础，不免受先来的英日资本的排挤。像那样资本肥大而无处投放的美国，对这样公开的市场，反比人家落后，不能如愿去投放资本，那不是一个深刻的矛盾吗？正因为是如此，所以美国不主张马上对华实行名实如一的瓜分，除非他能如愿以偿。他对于在华银行投资数量特别的大，那是有重要意义的。因为他在中国没有坚固的基础，不得不借金融资本去作成他一个在华竞争的司令塔。在资本的集中和集权的现阶段中，金融资本是能担任一个特殊的任务与作用的。

次就英美日三国对华贸易的比例来看。一九二五年，英国占中国输入总额百分之九点七，日本占百分之三一点一，美国占百分一四点八；一九二六年，英国占百分之一〇点一，日本占百分之二九点四，美国占百分之一六点四；一九二七（五）年，英国占百分之七点三，日本占百分之二八点四，美国占百分之一六点一。一九二七年，英国占中国输出总额百分之六点一，日本占百分之二二点三，美国占百分之一八点五；一九二六年，英国占百分之六点四，日本占百分之二四点五，美国占百分之一七点三；一九二七年，英国占百分之六点三，日本占百分之二二点八，美国百分之一八点二（据大东书局：《世界贸易状况》，二九页）。就一九二八年来看，中国对日输入为三亿三千五百万两，输出为二亿七千七百万两，在中国输出入总额比例上，较一九二七年相对减少百分之一；对英输入为一亿一千四百万两，输出为六千一百万两，在中国贸易总额比例上，较一九二七年减百分之一；对美输入为二亿六百万两，输出为一亿二千七百万两；在中国贸易总额比例上，较一九二七年反增百分之一（据大东书局：《世界金融状况》一三页）。

据他种统计，一九二八和一九二九两年，中国对各国贸易的情形是如此的（单位海关两）：

	输往各国	
	1928	1929
英国（a）	283, 375, 136	292, 964, 948
美国（b）	133, 052, 930	145, 254, 935
日本	277, 175, 374	296, 212, 165
法国	79, 268, 436	61, 872, 883
德国	22, 824, 561	22, 457, 502
意大利	15, 048, 552	16, 377, 320
苏俄	89, 729, 906	55, 986, 381
两班牙	864, 016	885, 702
荷兰（c）	36, 523, 653	51, 472, 427
葡萄牙	12, 104	32, 009

	由各国输入	
	1928	1929
英国（a）	416, 260, 414	444, 641, 651
美国（b）	210, 317, 283	236, 020, 062
日本	335, 421, 586	338, 804, 564
法国	32, 707, 513	32, 707, 513
德国	55, 696, 970	67, 075, 824
意大利	16, 112, 968	19, 978, 939
苏俄	28, 562, 916	19, 377, 351
西班牙	12, 556	30, 187
荷兰（c）	605, 67, 193	68, 457, 190
葡萄牙	54, 365	84, 465

（据 the China Year Book 1931. P255—61）

（a）包括香港，新加坡，英领印度，加拿大，澳洲，纽西兰，南非在内。

（b）包括菲律宾在内。

（c）包括荷领印度在内。

一九二九和一九二八年比较，日本对华的输出额虽然在增加，但增加的比例并不如美国那样猛进。易言之，日本在中国对外贸总额的比例上所占的百分数是在相对的减退，美国则在绝对的增加。

从一九二五至一九二九年，中国对各国贸易比例，单就英美日三国说：日本是逐年相对的减少，美国是逐年在绝对的增加，英国还能保持一个变态的平衡。这在一方面表示日本输入中国的纱布，逐渐为中国国产纱布代替了一部分；二方面表示中国民族资本开始发展期中，对美国机器和交通工具等的需求，是一年一年在增加。这也是日美资本主义的一个不可解决的矛盾。

事实显明的指示，由于美国是重工业发展到了高度而兼资本肥大的国家，需要中国作他的投资地和重工业制品的贩卖市场，因之便相当的容忍中国民族资产阶级的存在；反过来说，允许中国民族资本在轻工业方面之相当的发展，才能扩大钢铁的贩卖市场。这是因为半殖民地（殖民地也是一样）初期的民族资产阶级，是宗主国重工业制品的惟一顾主；他们对于宗主国资本的消纳，还能构成一个中间的有机作用。可是虽然是如此，他并不在助长中国轻工业的发展，使中国民族资产阶级能迅速的长成；他反而在阻止中国民族资产阶级在半殖民地式的形式以外去发展。易言之，只是钢铁大王，煤油大王，汽车大王……等，企图通过幼稚的中国民族资产阶级，以建立他们统治中国的全体系；系统的来剥削全中国广大的劳动大众。这是宗主国的美国资产阶级对于半殖民地的中国之一个更高的意义。

美国资产阶级看作其经纪人（注：原来的经纪人买办阶级，主要任务是在作消费品贩卖者；这里意义着的经纪人买办阶级，是贩运作为生产工具［资本机器等］的商品，再通过一层生产的程序，转变为消费商品，再贩运到消费市场去）的中国全民族资产阶级，在日本资产阶级看来，中国的产业资本便是他的死敌。由于日本资产阶级认识他的轻工业制品在中国市场上的作用范围，并不能作为生产上的劳动手段；所以他祈祷中国民族产业资产阶级的灭亡。而中国民族产业资产阶级是存在了，也不是如日本资产阶级的愿望就可以马上灭亡的。日本遇着难关了！眼见这肥美的中国，由新兴民族产业资本的中间作用，就要落到美国的口袋里去了。这是日本资产阶级绝难忍受的。绞尽日本资产阶级的脑汁，也只想出一个孤注一掷的尝试，不惜用暴力来打击中国民族资产阶级；所以于占领满洲之外，还要在天津、上海、福州、汕头、汉口等中国产业资本发展的地带，继续用暴力去破坏——自然，这种破坏，还有其他的政治作用。不过日本资产阶级并不懂得，他们是中国历史行程中的必然产物呵！他们虽然不能有先进国资本主义发展那样正轨的前途，然而他们有其半殖民地式的必然前途，则是无可否认的。

其次，日本用武力去占领煤铁资源丰富的满蒙，又可立遂其发展军事工业和钢铁工业的企图。但是一方面是日本发展军事工业和钢铁工业的企图，他方面便是排斥美国在中国甚至在东方市场上的一种企图；日本能如愿以偿的占领满蒙，美国对中国市场统制的企图便要成了泡影，其在东方市场上的地位也要立即动摇。这又是美国资产阶级绝难容忍的。

英国自前次大战后，他的世界霸王的荣誉，已移到纽约去了。在他本身的政治上和经济上的现势，对于太平洋问题，趋向于保持一个常态的平衡。他对中国市场的意义，自然不同日本一样，但是也不同美国一样。他的殖民地印度是以轻工业制品为主要输出的国家，这不过在印度本土还有一个广大的市场存在；同时他的本土，又是重工业极度发展的一个国家。大战后，日本代替了他在中国市场上的地位，而且又闯进了他视为生命宝库的印度市场。这是使他难受的。他方面，他在世界市场上，又到处感受资本肥大的“金元王国”的排挤和压迫，然而又不能不相当的受其支配。譬如他的殖民地加拿大，事实上已无异成了美国的殖民地。这也是使他难受的。

其次，假使因东方市场的重新分割，而引起第二次大战，殖民地印度的革命，势必爆发出来，而南非、澳洲、加拿大也绝难保持现在的关系。所以他在种种关系之下，都不能不趋于保守。

因此，他对此次的中日问题，在种种复杂情势之下，迫着他不能不受美国的牵制而自充副角。加之，日本对中国单独行动的意义，是和他在东方的利益，严重的相互排斥的。上海事件的发作，不仅他在长江方面多年经营的权益，直接受其摇动与危害；而且他的保守的计划，也受着严重的威迫。这更使他难受了！伦敦的空气紧张了！但是他并不肯因此而改变其原来的主张；依旧只作恢复事变之前夜的常态的企图，除非他这种企图无望。

上海事件的刺激，伦敦的空气紧张了！英美对此次远东问题之提携的程度，愈加重其可能性。纽约的资本家们便益加激烈了！矛盾的局势展开了！但是如果日本对上海问题能俯顺英国的意志，则英美日公开的战争，并不能因上海问题就爆发。

C

不过英国资产阶级，虽不愿此时打开武装分割的局面；但是他不是对中国市场也停止进取的；恰恰相反，他对中国市场的进取，和日美资产阶级并没有两样。不过英国的资产阶级究竟比日本资产阶级老练些；在日本侵占“满洲”之后，他何尝不从武力在侵占藏康呢？不过一方面，因为藏康不像“满洲”那样有复杂的国际性存在；一方面不是由他直接从英伦或印度派遣军队，而是完全利用那尚在低级文化时代的藏人。

其次我们在上面所说过的：中国东省国有铁道的联运和葫芦岛的筑港。那并不完全是中国的民族资产阶级有那样的魄力，实际上而是有英美资产阶级在背后怂恿着。在英国资产阶级看来，北宁路既是在他的掌握之下，那么，葫芦岛港便不能不受其支配的。这样，只待葫芦岛筑港完成，他便毫不费力的就代替了日本在满洲的地位。这是日本资产阶级能够忍受的吧？

在美国资产阶级心目中的“满洲”，也无异是黄金砌成的。从美国资产阶级所曾提倡过的“满洲铁道共管”的历史事实看，就能证明他老早就不能忘情“满洲”，不肯让日本资产阶级去捷足先得。那是很明白的。历年以来，他和南京政府鬼鬼祟祟的勾结，随时都想取得对东省铁道投资的机会……可是日本资产阶级总是一点也不肯放松。

因此，所谓“满洲是东方的巴尔干”，就是因为“满洲”，是他们所共同争持的一个资源丰富的区域；历年以来大家所叫嚣着的所谓日美战争之终不能避免，其焦点就是市场争取的冲突。尤其是对这个黄金砌成的“满洲”。

矛盾是这样深刻的存在，无论日本资产阶级怎样的花巧，自己拿起防赤的任务去哄动他们；虽然防赤也是他们政治上一致的要求，但是并不能说他们就因此而放弃各自的经济的利益，所以他仍是取不得华尔街的大腹贾们的谅解的。日本资产阶级自己只要“满洲”，双手握着天津、上海、广州、汉口等五块肥肉去报效他们，也是取不得同情的。

有人认为美国对华的贸易在其对外贸易的总额上所占的比例很小，其在华的投资额，在其对外投资总额的比例上也是很小；所以美国对中日问题的利害上，并不那样深切。这完全是机械论的观察，并不是辩证法唯物论的观察。惟其因为美国在华的投资，因受先来的深根固蒂的英日资本的排挤，相互的矛盾，反更为深刻；美国的生产品和资本的大量的堆积和过剩，更在迫切的需要一个新的市场，这是一个十分明白的事实。

又有人认为在英美资本主义各国经济恐慌，尤其是财政恐慌的现势下，他们并不愿因中日问题而发动世界大战。这也是纯粹观念论的说法。问题的矛盾之内包的存在，自有它自身的发展过程；愿望并不能克服矛盾的存在，矛盾的存在，反而使愿望被挤于无何有之乡。假使资产阶级的愿望和目的能作为成立的问题来把握的话，那末，譬如说经济恐慌和资本主义的没落，难道也是他们的愿望和目的吗？所以我们自始就拿因果律去排斥目的论，问题的真像才不致溢出我们的观察。自然，我们也并不是说，资本主义的世界战争就因此而立即发作；我们只是在说，世界战争，确有因此发作的可能，至少武装分割的形势，已是十分迫切了。

六

反苏俄的联合战线和相互间的经济利益

A

资本主义国家和社会主义国家的对立，这是资本主义没落期的一个特殊形势；资本主义各国间相互的利益的不能调协，是资本主义始终一贯的特质——由自由竞争到独占的形成即资本的集中和集权的时代。不过因世界大恐慌的袭击，这两个对立的形势便愈益尖锐化了。

假使我们同情考茨基的“太上帝国主义”即超帝国主义的理论，应用到今日的中日问题上面，我们就只能懂得资本主义国家和社会主义国家对立的一个方面，便当认此次日本之占领满洲，仅是资本主义各国进攻苏俄的一个单纯问题。但是，假使问题能为这样简单化，则日本之占领满洲，便当得着英美各帝国主义者的同情。然而事实所表示的，乃恰恰相反。

在相反的方面，假使我们认为资本主义国家和社会主义国家，没有本质的对立性的存在，此次的中日问题，也并不包含有反苏俄的意义存在，那么问题也就并不能为如此的复杂。英美日各帝国主义者在相互利益的冲突上，便应该久已爆发资本主义国际间的第二次大战；然而事实上，虽然是箭在弦上，而英美两帝国主义者，仍属犹疑莫决。

这同样是只肯从问题的一面去着眼考察，结果不惟不能认识问题的真际的内容，而且徒然把问题的真相隐蔽起来了。基于前者的错误认识，无异在替资本主义说法，把资本主义本身的矛盾事实，从“光天化日”之下隐蔽起来。照这个错误的推论，必是他们相信资本主义的前途还是光明的。基于后者的错误认识，无异根本在否认社会主义国家的存在，至少也是把存在的社会主义国家抽象化了。这比前者的错误还要严重。这完全由于他们不自觉的以静止的历史观去把握资本主义，把现阶段的资本主义也当作他在过去的进程上所表现的事实一样去把握。这完全由于他们口头上所谈的反资本主义的论调，完全是一曲骗哄群众的勾当，骨子里无异在祈祷资本主义的“终古不朽”。这岂不是他们在无意中又作了资本主义的辩护人，而且无异又作了资本主义的“间谍”。

辩证法唯物论者，断没有如彼机械去把握问题的。因此，关联着中日问题的问题，照辩证法的术语来说，资本主义各国反苏俄的联合战线，是由对立物到统一物的发展；在反俄的联合战线之下，并不能消灭其相互间的矛盾——经济利益的冲突——这是统一物的对立性的存在。从这个观点去把握此次中日问题，才能探着问题的真相。

反俄的战线的展开，也是和其恐慌的发展关联着的。因此要了解反俄战线的真际内容，还不得不重复的从资本主义经济恐慌的发展着眼。

B

反俄战线和市场再分割问题，正同时在急剧地进行着。

我们对这个人类历史上的重大问题，还不该拿一个公正的态度来批判吗？我们不全是蠢材，难道资本帝国主义者对我们的恩惠还不够享受吗？而况反俄问题和中日问题，原不过是一个问题的两个方面呵！一般跟着在帝国主义者的尾巴后面，去颠倒黑白的，不仅把反俄问题暗昧化，而且把中日问题的真相也隐蔽起来了。

为要了解各帝国主义者所执持着的反俄问题的真际内容，对这个问题之史的探讨，便属必要。

我们一开始就说过，资本主义和社会主义，在本质上就是两个对立的东西。资本主义的经济体系和社会主义的经济体系，在一个星球之上，是不能同时存在下去的；结果不是这个被那个排弃，便当是那个被这个排弃。究竟谁将被谁排弃？这是历史决定的，因为这两者都有其历史发展的必然性。

因此，自这两种经济体系之同时存在始，便已开始在对立的斗争中。我们只须明白这点，便知资本主义各国之反俄的战线，也并不自今日始。

这剧情，在中国也同样表演过的。中国自"五卅"以至一九二七年的大革命期中，各帝国主义者也在不断的施行过武装的干涉，炮击广州，炮击南京，炮击武汉，沙基屠杀，万县屠杀，九江屠杀，汉口屠杀，长沙屠杀，福州屠杀，以及各处的大屠杀……这还不够作我们历史的资料吗？对立性的存在，对立的战争便不会消灭。

苏俄自一九一七年革命成功后，一九一八年四月，日、英、美、法各帝国主义者的军队，同时在海参崴登岸；同年六月，英帝国主义军队登蒙麻斯哥岸，七月占领蒙麻斯哥铁道及高勒克市；八月占领亚巴斯哥，并于该地组织其御用的白俄政府。

同年八月，英帝国主义的军队，又占领苏俄南境的巴库，并残杀当地苏维埃委员十六人。

在同时，日帝国主义者出兵西伯利亚。

在西部，法帝国主义者，指挥波兰等小国，不断向苏俄进攻。

这不过是略举一个大要。

这是这时期，各帝国主义者直接以武力去压迫苏俄的事实。此外勾结白俄并苏俄国境内之反苏维埃分子，不断的向苏俄内部进攻。这些事实，更是不胜枚举的。

这都是各国资产阶级，想推翻苏俄无产阶级政权的一种企图，恢复资本主义的俄国，以保持其清一体的资本主义世界。

可是军事的直接干涉和利用白俄的勾当，不久就完全失败了。因此乃又转而采取进一步的经济封锁的手段。这个手段的毒辣，也确实使当时的苏俄感受着未曾有的困难。

究竟资本主义终是因商品的存在而存在的。只要有能购买资本家商品的，资本家断没有拒绝出售的，那怕购买者是他们的生死仇敌。而且在他们能够去处的世界的无论何处，只要能销售商品，他们总得设法去推销的。在各国资产阶级的心目中，苏俄确是一个肥美而广大的市场，无论哪一个资本主义国家都想染指的。因此，经济封锁也恰恰又和他们自身的利益相反。

而且，各国资产阶级在协同对苏俄经济封锁的期间，各国的资本家为着自己的利益，却都在争先恐后的在暗中去和苏俄交易。在这个情形下面，经济封锁的战线，无形中又等于瓦解了。

但是在互相监视之下的暗中的交易，究竟是累赘的。为着资本家们的经济的利益打算，就由经济的封锁而变为经济的复交了。自一九二一年始，英、德、意、奥、挪威、荷兰、捷克斯拉夫等国，便都争先恐后的和苏俄缔结经济复交的协定；继着美国和日本也和苏俄恢复经济关系的常态了。

苏俄自新经济政策的实行，国内的生产渐次恢复战前帝俄时代的状况；对各国商品的消容力——尤其是生产工具和交通工具等——也跟着增高了。因之，资本主义各国眼见有利可图，便又进一步的公开的“正式承认”苏俄，“恢复国交”。这个公开正式的承认，仍算是从精干老滑的英国资产阶级开始的；继着是意大利，挪威，澳大利亚，荷兰，法国，日本，美国……

但是资本主义各国和苏俄，虽然都由经济的复交而到了政治的复交；同时各国之反俄的进行，却也未曾停止过的。诚然，如果他们能肯因表面的“复交”，就停止反俄的进行，那苏俄就不算是“苏俄”，资本主义也就不算是“资本主义”了。不过在那个虚伪的“复交”的掩饰之下，不会公开的作过正面的进攻；而侧面的进攻，却正是未曾中断的继续着的——如实业党事件，齐劳传伊夫书轮事件，像这一类的事情正多着哩！

跟着资本主义经济恐慌的发展，又反映为各国政治恐慌的尖锐化。因此各国的资产阶级便又迁怒苏俄。在他们看来，以为假若没有苏俄的存在，政治的恐慌也不会存在的——至少也要和缓一点（?）。其实，政治的恐慌，却完全是历史的必然事实，也就是资本主义自身的问题——资本主义自身就有造成政治恐慌的必然性，和其经济恐慌的必然性相附而至的。

基于资产阶级对其国内政治恐慌的内容的认识，因而久在酝酿中的反俄的联合战线，便又激急的展开了。而且，他们不仅把构成政治恐慌的事实，归咎于苏俄，归咎于苏俄“收买工人，组织共产党，图颠覆各国内政”的结果；同时把构成经济恐慌的事实，也归咎于苏俄，归咎于所谓苏俄农产物和石油的投拔。

C

资本主义各国反俄的政治的内幕，一方面固由于其各自国内政治恐慌的严重化，一方面确由于他们和苏俄是两个各异的社会制度的本质的对立的关系。

他们的国内的政治的恐慌，明明是经济恐慌之反映，是历史发展的必然性的结果；而他们硬要把问题割成两截，把政治恐慌的事实，从历史和经济的范畴里孤立起来，主观的归咎于所谓苏俄的"煽动"。

我们自然没有替苏俄辩护的存心和必要，但是我们也不能跟着资产阶级去作主观的抹煞事实的批判。我们的任务，是在用科学来解析问题，暴露问题的真相，给群众一个明确的了解。

因此我们只能从资本主义经济的恐慌中去探求其政治恐慌的核心所在。

资本主义各国因为商品生产的过剩，资本家便不得不忍痛的减低生产，辞退工人。如像德国，在一九三〇年，就减低工业总产额的百分之三十二；美国的机械工业，在一九三〇年八月至翌年二月，减低百分之三十。因为各国在恐慌到来以后，都在极力缩减生产的能率，停闭生产机关。这情形在前面就说过的。因此，大量的工人便不能不离开工厂，而构成大量的失业。由这样所构成的失业问题的事实，对我们还不算明白吗？难道他们的失业问题也是人家替他们制造的吗？

不过这样的解释，究竟还只算是表面的，资本家应用产业合理化，对劳动者劳动强度为无限的提高，同时还延长劳动的时间，使可变资本之相对的减少和不变资本的增大，在相反的方向所进行的速度与构成的差异，为前此所未曾有，这样生产是增大了，而雇用劳动者的数量，反而相对——甚至还是绝对——的减少，这就是构成劳动失业的一个主要契机。

恐慌到来以后，资本家为欲从劳动者身上去取偿在恐慌中所受的损失，于是又进一步的提高劳动强度，延长劳动时间，在另一方面，资本家又减低劳动者的工资，致生活费指数和劳动者所得的实际工资，较为相对的上升，这不仅使劳动者的生活陷于悲惨，而且资本家所需要的商品市场的购买力，也益为降下了。因此，往复又加重恐慌的程度；资本家便又去缩减生产，大群的劳动者，于是又不能不有一群一群的离开工厂。

其次在乡村，也是同样的情形，乡村的劳动者贫农，受金融资本家和农业普尔（Pool）们的压迫和排挤，劳动者失去工作，——为新式的农具机器所代替——贫农甚至中农都相继破产，一群一群的离开乡村而流入城市，扩大城市产业预备军的数量。

这些问题的本身，又往复加重资本主义经济恐慌的程度；经济恐慌的发展，这些问题又随之益加严重。因之，到去年止，单就资本主义各国说，已共有二万万六千万的失业者存在。

失业群众的悲惨生活，是人们所能想像得到的吗？资产阶级却只晓得自己的骄奢淫逸的生活，或者还不免要说“人间是没有饥寒的”呵！殊不知资本主义世界的人间，已经变成地狱了。

在业劳动者，一方面因实际工资的降下，物质生活的水准，也降到无法维持其生命的程度，而且由于劳动强度之过度的提高，使得劳动者的肉体，再无法担当下去。因之，在近几年来，各国劳动者的伤亡率，都在疾速的增高；随便去描写一下，就无异是一幅惨淡的图案。

压迫在这样人间地狱中的大量劳动者，他们除向资本家作生存的决绝斗争外，难道他们就平平白白去忍受着垂死的活饿吗？

政治的恐慌，便是这些事实的结果。这些——经济恐慌——事实的存在，政治的恐慌，便只会随着加剧的。无耻的资本家们，却硬说这是“煽动”“收买”的结果。可是在你们资产阶级当时对封建统治阶级的斗争，那一种斗争，在当时的封建统治阶级看来，又何尝不是一种过渡的政治恐慌呢？然而这又是谁的“煽动”，谁的“收买”呢？当资产阶级自身还没跃入历史的舞台以前，他们是能了解历史发展的法则，而且能适应这个历史法则去实践他们的历史任务的。一到了他们自己跃入了历史的舞台而霸占了世界王座以后，便把他们自己曾经履行过的历史的任务，也根本否认了。可是历史发展的法则，自有其自身之必然性的。资产阶级的这个企图，也不过是一种徒劳。

劳动者政治的斗争，在随着资本主义经济恐慌的发展而前进：劳动者的政治力量，也随着而愈益发展的迅速与强大了。他们所履行的斗争之愈益集体化，意识之愈益革命化，这完全是一个事实的必然。谁也能够懂得的，二万万六千万的失业者，是必然在形成其阶级的决死队。这是一个如何伟大的力量呀！他们已成了政治斗争的基石的前锋，资产阶级利用他们作支柱的时代，已只是历史上的事情了。

但是资产阶级的阶级力量，在其阶级利益的原则之下是统一的；劳动阶级的阶级力量，在本质上就是统一的，所以统一不仅是必要，而且是必然。因之，在过去两年来，各国的劳动阶级便更在迅速的向统一的战线前进。各国左倾赤色工会组织员增加的速率，是极值得注意的；在德国，一九三〇年约增加十一万人，一九三一年便增加三十万人；美国在一九三〇年增加十一万人，一九三一年增加二十七万人；日本在一九三〇年增加三千人，一九三一年便增加十五万人；其他资本主义各国，也都有同样的情形。这些事实，在各国资产阶级看来，自然要认为是由于苏俄的“煽动”和“收买”。其实，这在我们看来，只不过其阶级的力量的必然的统一的事实。如果苏俄真有“煽动”和“收买”劳动阶级的天大本领，劳动阶级不是早就被无政府党和社会民主党“收买”和“煽动”过的吗？而且资产阶级自身，何尝不是一天天在企图“收买”和“煽动”呢？

因此，资本主义各国反俄战线之展开的政治的内幕，归咎于苏俄鼓动其国内政治的恐慌，却是一种无耻的狡赖；是由于其各自的社会制度之本质的对立形势之恶化，则是一个事实。

D

前面就说过，各国资产阶级不仅把他们国内政治的恐慌，归咎于苏俄的“煽动”；同时把经济的恐慌，也归咎于所谓苏俄的投披。

因为苏俄有农产物输出的事实，就说苏俄在行着农产物的投披勾当，在企图扰乱世界市场；又因为苏俄有石油的输出，又说苏俄在行着石油投披的勾当，在企图扰乱世界石油市场。在他们看来，世界经济的大恐慌，也完全由于所谓苏俄投披的结果。

基于他们这个有意的误解上面，所以自恐慌到来以后，各国的金融资本家，农业普尔……煤油大王们……便在继续不断的会议，讨论，以及种种狂热的宣传，进一步的在鼓动进攻苏俄的联合战线。随着经济恐慌的加剧，这个联合战线，也便严重起来了。

其实在狂热一时的嚎啕着的所谓苏俄农产品的投披的实际情形，不过是如此的。直到一九三〇年，苏俄谷类的输出，还不及全世界谷类输出总额的百分之二十，较之帝俄时代的一九一〇年，还减少百分之五以上。麻的输出，帝俄时代占世界输出总额百分之五十一，苏俄时代仅占百分之三十一；苏俄时代和帝俄时代比较，为四十二与五十三之比。牛油的输出，在帝俄时代，每年约达七千八百万吨；苏俄时代，则每年约仅千万吨。这算是一个极其明白的事实了；苏俄每年农产物的输出量，均还未达到帝俄时代的水平。在资本主义各国的情形，便恰恰和此相反：加拿大在一九一三年谷类的输出，仅一百二十五万吨，一九二八年便突增至一千九百万吨；亚尔儿丁牛油的输出，在一九二八年较一九一三年增加了百分之八十一。在美国，在澳洲，在阿根廷几个农产主要国家，也都有同样的增加。

首先在反对所谓苏俄农产物投披的，是纽约华尔街的金融资本家们和芝加哥的农业普尔们。现在单从美国来说吧。据美国农业部长汉第君（Mr Hyde）自己的报告，在一九二九至一九三〇年度，苏俄输入到美国的小麦总额，共总为五,〇〇〇,〇〇〇包歇尔（Bushel），同时芝加哥每日市场上的小麦买卖，便有六〇,〇〇〇,〇〇〇包歇尔之多，为苏俄全年输入美国的小麦数量之十二倍（注：Information Service.）。占比例这样小的苏俄的小麦，能摇动美国的农产市场吗？真所谓“欲加之罪，何患无词”呢？但在我们，便无法去附会。

其次在英国，在一九三〇年八月一日至十月一日，苏俄输出到英国的小麦，据英国资产阶级自己的报纸载，《邮政日报》（Daily Mail）说有五〇〇,〇〇〇括斗（Quarter），《晨报》（Morning Past）说有一,〇〇二,〇〇〇括斗，其他报纸说有二一六,〇〇〇括斗；而英国每月小麦的总输入量，则在二五,〇〇〇,〇〇〇括斗以上（注：The Labour monthly.）。这能摇动英国的小麦市场吗？

在其他各国的情形，也大抵是如此的。

其次，我们再从煤油来说。苏俄煤油的生产，自一九二五年以后，便在激急的增加，确是一个事实；从一九二五到一九三〇年，增加率为百分之十六

（由七百二十万吨增至一千八百七十万吨）。而且到一九三一年，已超过委内瑞拉（Veneznela）的产量，为世界第二个生产煤油的国家。每年有这样大宗煤油的生产，自然便不能不有输出；可是苏俄煤油的输出，马上便惹起世界第二煤油大王贝壳公司（Shell）的老板德多旦哥的勃然大怒了，不由自主的在狂呼着“苏俄煤油的（投披）”。自然，苏俄煤油的产量，急急就超过了贝壳在世界煤油生产市场的地位，这是能惹起他发怒的，何况他曾经一度想夺取苏俄的煤油矿源而终于失败了的呢？但是苏俄的煤油产量和美国比较，还不免是渺小的（美国在一九二五年的产量为一亿零四百万吨，一九三〇年为一亿二千三百万吨，增加率为百分之二十四。）；美国煤油每年的输出量，亦几乎支配了全世界的煤油市场。他们为什么不去反对美国煤油的投披呢？这不是滑稽吗？

这里还有一个重要的事实，他们原先把苏俄封锁，使苏俄的煤油也无法直接输出。可是资本家的惟一嗜好就是黄金，苏俄十分懂得他们这种癖性，就给他以黄金利益的享受。于是苏俄的煤油，就很顺利的间接由美国煤油大王的手中输出了。这样，美国煤油大王罗塞费勒（Rocheffeller）和英国煤油大王德多旦哥的利益不能平衡均沾了。贝壳在这个情形下，曾一再要求美国煤油托拉斯美孚召集所谓国际的煤油会议；而正在享受着厚利的美国煤油大王们，当然是不肯俯就贝壳的要求，所以会议就终于没有结果。于是德多旦哥对苏俄的愤怒，便更其厉害。

还有一点，因为苏俄煤油的价格是较为低贱，可是他并不是为要投披而减低价格；恰恰相反，他并没有夺取市场的必要，乃在不以营利为目的而以抵偿机器等商品的输入为目的的。可是欧洲需要煤油输入的几个国家，却因此而予苏俄以煤油输入的特许；这完全是由于消费者在其自身利益上打算的结果。不过在另一方面，贝壳公司的煤油市场，却仿佛被苏俄的煤油托拉斯所夺取去了。这却是一个似是而非的事实。不过社会主义的经济，他自始并没有存心在夺取市场的，而且也没有这个必要。

他们之所谓因苏俄输出品在世界市场的投披，而引起世界经济恐慌的事实，就不过是如此。

其实，在另一方面，我们还可以看见一个完全相反的事实。在最近几年，德国、奥国、英国、波兰各国的某些机械部门输出的制造品，几乎都有百分之五十乃至七十，是被苏俄所吸收了的——易言之，就是输入到苏俄。一九三〇年，美国输出的载重机，有百分之五十三是输入苏俄的；同年，英国纺织机的总输出额，也有百分之十二输入到苏俄；同年，苏俄又吸收德国农业机器总输出额的百分之三十，罗旋百分之二十一，其他机械百分之十一；同年，苏俄又吸收波兰金属品输出总额百分之九十一又二分之一。总之，在一九二九年，苏俄从资本主义各国输入的工业机械和农业机械，达一亿七千三百万卢布之巨；一九三〇年，更增至三亿六千一百万卢布，占世界输入总额的百分之十五又三分之一。在帝俄时代，连包括波兰各国合计，亦只达百分之十三。

各国都在减少机器的输入，而苏俄却在增加。因为各国减少机器的输入，机器主要输出国的英美德三国的机械制造部门，便不得不减低生产，辞退工人。但是假使苏俄也和各国一样在减少机器的输入，各国机械的生产和输出，当然更要减低。

这都是一些确凿的事实。照这些事实去看，究竟苏俄从各国输入机械，替他们和缓了恐慌？还是各国经济的恐慌，因苏俄输入机械而加剧呢？像德国，在去年下期，因输入苏俄机械量的增加，因此停闭了的工厂，又有好些在筹备开工；一般经营重工业的资本家们，都认为是德意志经济的一个转机。这事情，对我们还不算明白吗？虽然事实并不能如德国资产阶级那样乐观，而资本主义各国的机械制造业，因苏俄输入机器而和缓了恐慌的成份，却无从否认。

不过资本主义各国经济的严重恐慌，苏俄的经济却竞竞向荣，这确是能使他们寝食不宁的。并且苏俄对他们生产的机器的需求，也只是暂时的。眼见苏俄这样下去，他自身马上便要成为机械的主人，这是他们十分明白的。因此他们对苏俄的嫉视，便更加厉害了。

其次，苏俄占有全世界约六分之一的面积，全人类约十七分之一的人口，又确是一个肥美而广大的市场。因此，苏俄在各国资产阶级的心目中，无论在投资市场、商品市场、原料生产市场的解释上，都是极有意义的。妙想天开的各国资产阶级，正在为商品市场和投资市场苦闷着。所以对苏俄市场的夺取，在其反俄的内幕中，也占有一个相当的成份。

E

可是问题的内幕虽则是如此，而反俄的战线却是普遍的展开了。所以日本帝国主义者之占领满洲，谁也明白，他主要目的是为的对于满洲市场之完全独占，进一步的携得领土管理权；而他却在各帝国主义者的面前，装腔作势的说，中国没有防俄的能力，他是为的防俄，为的担任进攻苏俄的第一道防线。英美各帝国主义者虽然明白他的用意所在，然而却未免有情似的。

不过进攻苏俄，虽然是他们共同的主张；但市场的再分割，也是他们一致的要求。后者因经济恐慌的发展而愈形迫切，前者因政治恐慌的严重化而具体的展开。政治恐慌是经济恐慌的反映，所以问题的本身是关联着的，不能分离的。

但是反俄和市场的再分割，在本质上是不能同时实现的——因为问题的本身，就有其对立性存在。但在事实上，他们便在想同时去实现。

日本之占领东省，和国联调查团之东来，我们从一方面去看，只是一个市场再分割的问题；但是从另一方面去看，又是一个进攻苏俄的问题。惟其因为这两个问题之不能同时实现，所以前者为后者所牵制，使具有可能性的资本主义国际的战争，反而延缓下去；后者为前者所牵制，致进攻苏俄的实际行动，也外表的缓和起来。这样使问题的表面反觉得暗昧。

资产阶级的本性，是以各自的利益为前提的。所以相互利益的冲突的存在，他们为各自的利益的攘取打算，有时甚至可以超越其共同利害的。美国资产阶级基于和日本资产阶级在华利益冲突的观点上，将或还可以假惺惺的去联俄制日。这并不是全无可能的，因为在对日的一点上，虽然各自的意义不同，也可以统一起来的——到这个统一的可能性的发展到和其对立性相抗。所以美国怂恿日本去进攻苏俄，但并不承认日本单独去占领满洲。而日本却以占领满洲为主要目的，日美间的冲突便是无法避免的。

英国资产阶级，当然也是只愿意日本去进攻苏俄，并不愿意各国在华的平衡局势，在此时发生变动。但是日本之占领满洲，各国在华的平衡局势是显然的打破了；英日在华利益冲突的新局势也就展开着了。不过虽然是如此，英国资产阶级还只作努力于和平的恢复平衡局势的企图，这是他们和美国资产阶级立场稍异的地方。除非他们这种企图根本失望，是还没有和美国资产阶级完全齐一步调的可能。

法国资产阶级是始终同情于日本的占领满蒙。因为在经济上，他自始对满洲就无多深的利害关系；从日本资产阶级对他的允诺（注：报纸上也曾发表过：日法的秘密协定，有日本占领满蒙后，开发满蒙的资本，将尽量由法国借入；开发满蒙所需的钢铁制品的生产工具和交通工具等，也将尽可能的由法国去输入的规定）上说，日本占领满洲，于他反而是有利的。日本资产阶级自知其单独占领满洲，是断难取得英美的承认的——虽然拿起防赤的任务去煽动他们——不得不捧着一份赃物转而求援于法国。

在政治上，法帝国主义在欧洲，也和英美有不能调协的利益存在；他终于没有把英帝国主义者推下欧洲的争霸的舞台，所以他的独霸欧洲的迷梦，至今还是迷梦；他终于没能把被俘虏的德国殖民地化，而纽约的大腹贾们却伸来一只魔手，轻轻把德国抓住。德国在实际上，却反而移到美国的支配下面去了。意大利也是他的欧陆霸权的正面敌人，他们在东欧巴尔干的冲突，自战后直到现在，却是一天在严重一天。自然，英美意在世界市场上也是冲突得厉害；但他们却一方面是法国欧洲霸权的敌人，一方面又是日本太平洋霸权的敌人。在这个情形下面，日法两帝国主义者就随随便便苟合起来了。这自然又由于日法在世界的利益比较的温微些，更容易在反俄的战线之下统一起来。

因此，中日问题的背面，又暗藏着英美和法日对立的斗争。

不过问题的形势虽是这样构成了，但是法国资产阶级究竟还不肯因“小利而乱大谋”的，还不肯马上就公开加入对英美斗争。所以纽约的资本家一传出“日法协定”的消息，法国的驻美大使便急急向美国声明否认。因之，日本对上海事件，就不能不对英美让步了。可是问题的焦点是满洲，满洲问题不得解决，这矛盾的形势并未曾缓和过来。

但是假使他们对满洲问题而得到一个暂时的调协。——事实上，也正在向这个调协的方面转化着——则资本主义各国反苏俄的联合战线，便立即要严重起来。

F

基于上面的论述，“中日问题”的焦点的满洲，始终还是第二次大战的“火药炉”。

日美的战争，为着满洲问题还是始终有可能性的。不过战争如果发作，终不是单纯的日美的战争，至少在第一步就是普遍的资本主义国际的战争。这是中日问题的第一个可能的前途。

假使资本主义各国对满洲问题而得到暂时的调协，那就便必然的直接促成资本主义各国对苏俄的战争。这是中日问题的第二个可能的前途。

不过如果中日问题转化到第一个前途，则在资产阶级铁蹄压迫之下的全世界无产阶级，必然的去迎候战争所形成的世界革命高潮（注：形成革命高潮的条件是（1）上层的统治阶级不能照旧继续统治下去；（2）下层群众不能照旧生活下去；（3）国际战争的爆发。在目前，（1）（2）两点，已完全成熟，只待着国际战争的到来），而构成其推翻资产阶级的时机，阶级的革命必然的广泛爆发出来。因此，资本主义国际的战争，便必然的要转化为阶级的战争。这是中日问题之第一个前途的前途。

如果中日问题转化到第二个前途。那么各国的无产阶级，也将必然而毫无迟疑的，去拥护其阶级的祖国。因此，资本主义各国对苏俄的国际的战争，就必然的要转入到各自的国内的阶级的战争。这是中日问题之第二个前途的前途。

所以中日问题的发展，无论直接入于第二个前途，或由第一个前途而转入到第二个前途，终是一个阶级敌对的前途。

七

结　论

矛盾之内包的存在，自有它自身发展的过程；矛盾局势的解决，已不是资本主义所能克服的了。

根据上面的叙述，问题自身推移的现势，究竟将转入第一个前途，或直接入于第二个前途？目前还依然在一个混沌暧昧的状态中；而且这——混沌暧昧的状态——分外容易引起人们错误的。

但是我们早就说过，资本主义自身所带来的内包的矛盾，随着资本主义发展之疾速的进程，并不只是在一个方面开展着，而是复杂化了的在多方面之同时严重的开展着的。就目前的形势说，（1）在资本主义各国家内，资产阶级和无产阶级之阶级敌对的矛盾形势，已十分的尖锐化了；（2）在资本主义国际间，宗主国和殖民地半殖民地对立的矛盾形势，已深刻而严重的展开了；（3）在资本主义各国相互间的利益冲突，已到了一个再无调协的余地；（4）资本主义国家和社会主义国家间，基于同时存在的两种社会制度的本质的对立点上，正面的冲突，已在剧烈的展开着。这些矛盾形势之同时的展开，恰是金融资本主义即帝国主义的特征。

中日问题，正是这四种矛盾关系之同时奔赴的结果。在一方面，是关联着其国内阶级斗争的问题；二方面，是直接在加紧宗主国和半殖民地中国大众的敌对形势；三方面，是包含着英美日各国严重的利益冲突的内容存在；四方面，是明显的包含着一个反苏俄的内容。而问题自身的发展，往复又促成这四个矛盾关系的愈益严重化、深刻化，同时攻入资本主义的心脏。这是使资本主义各国顾此虑彼，而徘徊莫决的。

但是矛盾是同时存在的，并不是资本主义能够求得解决，实际上，倒是资本主义临歿的条件。资本社会的存在，便是矛盾的存在。

八

附各派对此次中日问题的意见

中国国内各派对中日问题的认识之不一致，亦犹之其所代表的阶级意识之不一致。从阶级的见地来说，至少也有如此的三种代表言论：（1）封建阶级对此次中日问题的解释，（2）资产阶级的解释，（3）工农阶级的解释。从政党的见地来说，则有国民党的中央派、改组派、“文化派”；国家主义的醒狮派、新月派；无产党的干部派，反对派，社会民主派的各种不同的解释。因之，便发生各种不同的主张。我们在下面将分别加以研究。

A

封建统治阶级，对此次的中日问题，自始就谈不上什么系统的主张和认识。

在这里，我们应该先知道的，中国在名义上虽然是一个统一的国家；实际上是包含着许多军事分封的区域。所以他们各自站在其防区的利益上，只要他们自己的地盘不致摇动，或者自己还能在国内占取一块地盘，则日本之占领东省，便认为并不和他们有什么直接利害关系的。所以他们自始便是坚决的主张“不抵抗”；因为如果抵抗，于他们不但毫无利益，而且他们所代表的统治权，反而有崩溃的危险。

其次，他们政权的基础，是依随于中国金融资本而存在的。可是中国的金融资本，并不和先进资本主义各国的金融资本的作用一样；他不仅和产业资本有不同的利益，而乃恰恰相反，他反而以封建剥削的关系和土地资本相结合。因此与其说他的本质上是资本主义的，毋宁说他是高利贷资本之最高发展的形态。所以金融资产阶级的经济的利益，和产业资本的利益并没有关系的；他们除用封建关系对大众施行剥削外，完全是先进国资本的买办人。易言之，他们的利益是依附于先进国的资本而存在的。因此他们自始便反对对日抵抗，他们只利于和先进各国日常关系的继续，而不利于这个关系的中断。

代表小资产阶级的改组派，在他们没有加入统治阶级的政权之先，是附和产业资产阶级主张对日抵抗的；一到他们加入到统治阶级的政权之后，便摇身一变，马上就采取一个不抵抗的主张（所谓一面交涉，一面抵抗，实质上，就是一个十足的无折无扣的不抵抗）。本来，小资产阶级的阶级特性，自始就是一个摇动的阶级，没有什么固定的阶级意识，其意识的转变，是随着其阶级的卖淫的利益转变而转变的。

总之，中国的政权，乃是由帝国主义者通过封建军阀买办资产阶级的一种双重式的政权；所以封建军阀和买办资产阶级自始只是帝国主义的工具，而不是和帝国主义对立的。所以他们并没有反帝国主义的可能，这完全是半殖民地的封建统治阶级的特性。

他们不断去向国联声诉，其意义并不是在对日本的反攻；而是极其无耻而可怜的，是在其一个主人跟前受了委曲，转去向多个主人鸣冤。

B

产业资产阶级，在中国也曾参加过反帝国主义的运动；但是由于其阶级的力量的脆弱和其半殖民地式的特性的规定，并不能单独或彻底参加反帝国主义的运动。

但是近年来，由于轻工业的纺织部门等之相当的发展，中国产业资产阶级对于以轻工业制品为主要对华输出的日本资本主义，却存着一种反抗的心理。因为他们两者间在中国市场上的利益，完全是对立着的。所以我们说，中国的产业资本，无疑的也是先进国资本的附属；但他在中国市场上和日本资本主义，却有一个不能调协的根本因素存在。

所以产业资产阶级的政治代言人，如醒狮派的政客们以及所谓国民党的“文化派”，对中日问题，自始就主张积极的对日抵抗。不过他们一方面虽然主张对日积极抵抗，一方面却又固定于其狭小的阶级的利益上面，因此便无法去动员工农大众，抗日也徒然等于空谈。他们之不能实现其抗日的主张，是由于他们无法动员工农大众；同时他们之无权动员工农大众，犹之其对中日问题的真际内容之无法认识一样。这完全是他们的阶级意识所规定的。

他们根本不肯从资本主义发展的过程上，去了解此次的中日问题的因果内容；反而只认为是由于日本军阀支配日本的政权的一种结果，只认作是日本军阀们的一种侵略行为。这种无智的庸俗的解释，不但完全把问题的真相隐蔽，却反在替日本资产阶级向世界辩诬。

可是这种无智的庸俗的解释，也并不是中国资产阶级自己的理论，而是从美国资产阶级那边抄来的。

自然，在他们的立场上，假若把问题的真相完全暴露出来，便只是资本主义的矛盾——中日问题不过是资本主义的矛盾的暴露和其没落的象征——那不是连他们自己的阶级立场都推翻了吗？而况资产阶级的科学，并没有解决问题的能力呢？

在发展到了高度的日本资本主义，还能离开其经济的基础，而有独自存在的军阀政治（?）。也只有无智的资产阶级的政论家，才肯这样的去牵强附会。

最近由于日本法西斯蒂运动的发展，无智的政论家们，便又一致的认作是日本军阀们的单纯的倾向。其实法西斯蒂的本质，倒不是和封建势力结合的；恰恰相反，乃是资本主义临殁期的一个极端化的倾向，是资本社会崩溃期的一种必然的政治形态。日本政治的恐慌，已经转入了一个极端化的过程上；建基于和平立法的“德谟克拉西”的日本资产阶级的政权，已不适应于本阶段的事实的需要；为对抗工人和农民的斗争，乃不能不转而采取法西斯蒂的“迭克推多”的政治形式。

资产阶级的社会是封建社会中产生出来的，因之资产阶级一遇着凡带有军事行动的问题，便又回想到封建社会——因为封建社会对于邻封国家，是直接以军事为掠夺工具的。这无非想粉饰资本主义的温和。

C

无产阶级在其本质上便和资产阶级是对立的；反帝国主义，是无产阶级的特性。中国的农民因为在封建统治阶级和帝国主义的重重榨取之下，所以便和工人有同样的要求。这是不消说的。而且事实上，在中国也只有广大的工农群众，才有反帝国主义的力量。

不过中国工农群众的反帝国主义，是基于阶级敌对的原则之上的；中国民族的解放，将随着工农阶级的解放而解放出来。这和资产阶级的“抗日”，不免是异趣的。自然，资产阶级的抗日，也是基于其阶级的利益之上；他们所叫嚣着的民族的利益，不过是拿来欺骗工农的一句空话。实际上，资产阶级并不是为的民族的利益；民族的利益，只有工农才有力量去夺回，才能保障这个利益。

代表工农的无产各派对中日问题之认识，由于其对资本主义的认识之正确，当然便比较正确。不过其中许多理论之未到十分成熟，恰和中国工人阶级意识之未到十分成熟相适应。譬如其中的一派，他们认为中日问题是日本资本主义发展的必然结果；日本之所以侵占东省，是日本资本主义扩张殖民地的必然性；日本敢断然在此时发作，乃因国际环境的许可。这种解释，我们还认为不能十分充足的，就是他们还只捉住问题的一面，而未曾握着问题的全面。可是国际环境给日本以侵占满洲的机会，只是一个相对的，他并不曾减低了满洲问题所包含的国际的复杂性。所以必须还要从国际反俄的意义上去加以了解，才能认识问题的全面。因为日本帝国主义之进攻满洲，在日本资本主义发展的过程上，自具有其必然性的；同时国际资本主义之反俄的进行，也是一个一致的必然的倾向。如果我们只看见前者的关系，虽然了解了问题的一面，结果还是等于没有了解。

其中的另一派，便认为中日问题的发作，是由于日本想引起世界大战；理由是因为在日本资产阶级看来，在目前的国际局势中发动大战，是于日本有利的——因为英美各国都在严重的恐慌中，中国不惟正在灾患的包围中，而且中国的军事力量也在疲敝之余。这种解释，不惟是庸俗的，而且是一个严重的错误。英美各国自然在严重的恐慌中，但是日本所感受的恐慌，也并不比英美轻微些。难道我们看见英美的恐慌，就忘记日本的恐慌了吗？其次，难道中国不在灾患和军力的困损之余，中国的统治阶级就敢于毅然和日本作战吗？这不惟把中国的统治阶级估量的过高，而且根本就是对中日的问题认识的错误。再次，他们根本的谬误，是不能拿正确的经济的观点去解释政治问题；反而从政治去解释政治。这无异说“资本主义就是资本主义”，结果连什么也没解释得了。

此外冒牌社会主义的新生命派，他们一面留恋于资产阶级和封建统治阶级的“温存”，一面又欣赏工农群众力量的伟大。因此徘徊于二者之间，结果还是作了资产阶级的“忠奴”。因此他们把中日问题的真相，却在有意无意的隐蔽起来；同时想煽动工农群众，在他们所谓用普选产生的国民代表大会所构成的“民主政权”下面动员起来，去替资产阶级撑腰。

一九三二．二．二十七．原稿补充。

最近之世界资本主义经济

（一九一三——一九三二）

编 印 说 明

《最近之世界资本主义经济》上卷，撰于1932年5月，6月由北平和记印书馆印刷，7月由北平书局出版，北平春秋书局发行。出版不久，即遭国民党当局查禁、没收。该书下卷由翦伯赞撰写。全书两卷虽有年代之划分，而理论根据和研究方法均完全相同，且均可独立成书。此次收入全集不再留卷次字样。

该书主要内容：一、第一次世界大战后资本主义的发展，二、1929年后世界资本主义经济危机。书中最有价值的是：运用马克思、列宁有关资本主义经济危机理论和金融资本主义是垂死资本主义的论断，并以详尽的统计资料论证资本主义固有矛盾必然导向战争、第二次世界大战必将发生和资本主义必然灭亡的历史命运；还将苏俄社会主义经济发展与资本主义对危机的挽救作了对比，坚信社会主义终将取代资本主义。

全集编辑，以北平书局1932年版为底本，整理排校，更正了出版时个别讹误，重编了部分表文序号（73号以后），内容和观点均保持原貌。

阮芳纪　孙纯良

目　录

自 序

资本主义之内包的矛盾的发展，已到了最后之形势。一九二九年开始的世界经济大恐慌，和前此周期发现的恐慌去比较，则是一个终极的形势；此次的恐慌，在世界资本主义经济领域中，一切资本主义国家，一切商品经济的产业部门，都呈现为一个普遍的严重情势。这完全是世界资本主义经济总崩溃的象征，充分的指示世界统治阶级，已无能继续其统治。在另一方面，全世界被统治的饥寒交迫的奴隶们，已不能照旧继续生活下去。同时，资本主义各国正因为经济恐慌和由此反映出来的政治恐慌的严重化，市场的再分割和进攻苏俄的联合战线，也都在剧烈的展开了。

在这世界总转变的前夜，我们对本阶段世界资本主义经济情势的了解，更属迫切。

资本主义经济，继着战后的恐慌，由于产业合理化的实施又得到一度暂时的复兴；由暂时的复兴而发展到此次的大恐慌。这都是资本主义经济自身的规律所决定的。本书的任务，便在包括这个阶段的研究，帮助大众去了解资本主义经济之这个阶段的发展的过程，而理解资本社会之灭亡的必然性。如果本书能帮助大众对本阶段的资本主义经济为一个更系统更正确的了解，则我这个工作，也不算全无意义。

总之，本书的内容，绝不敢说有怎样的丰富；在我，总算在尽力向读者报告本阶段之世界资本主义经济的一个具体轮廓。

本书统计材料的选择，原初本想对资产阶级自己发表的数字尽力少用，事实上，竟未能如愿。

但是本书在一个很仓促的期间写成付印，加之作者能力的关系，必不免有多少缺陷，甚或还不免有理论上的疏忽。读者肯尽量指正，以减少我的错误，我当勇敢的去接收。

其次，作者和书店方面，原在使本书早和读者见面，才很仓促的写成付印；终因印刷局的迟延，致超过合同期限将近一月才能出版。

本书的工程，承伯赞分认一半。上卷完全由我负责，下卷则由伯赞负责。

本书的封面，承艺大教授王钧初先生代画，特此致谢。

一九三二．七．十．

一

战后世界资本主义的发展

1. 战后经济恐慌和资本主义的产业合理化运动

A、战后资本主义经济恐慌的一般情势

“生产力因受大资本主义之赐而有伟大的增进，同时这种增进，是使生产与消费的平衡，纷乱到不可救药——和乍然看见所表现的一样——的原因，生产力因使自己向前发展起见，不能顾及消费的需要，也不能顾及其他部门的需要，恐慌就是这种事实不可避免的结果。生产为防止现有的巨大设备丧失价值起见，不问有无销路。他是必须进行的。因此隔若干时出现一次的破裂，便不可避免了。”

恐慌之周期的到来，是资本主义经济先天带来的一种痼疾。所以资本主义世界的经济恐慌，是和其自身同始终的。而且每次恐慌的深度，也和其自身的发展程度相呼应的，“资本主义发展到了最后阶段即帝国主义的时代……资本主义的体系内所包含的矛盾……便显现为未曾有的尖锐化。”同时，资本主义把全世界连成一个环列，因此恐慌只在一个地域发现，也必然的直接间接影响着全体；正和其无论在那一个部门中发现而影响其全体一样。

资本主义各国在前次大战中所受的巨额财产和劳动人口等损失……更能直接构成资本主义经济的恐慌。

大战结束后，资本主义的社会秩序，更表现为一个未曾有的纷乱和摇动状

态。政治上，德意志普罗列塔利亚特的政权，虽然不久就被社会民主主义者断送了；而普罗列塔利亚政权所支配的横跨欧亚的俄罗斯故国，便从此脱离强盗之群，再不能作他们经济复兴的市场了。经济上，生产的停滞，贸易的锐减，纸币的充斥，物价的腾贵，必需品的缺乏，债务的亏累，失业的增加等等颓敝的现象，绞尽资产阶级的脑汁，几乎还得不出一个妥定的对策；就是资产阶级的经济学者们，也不能不说几句“资本主义衰老了”的话。拿当时的情形去和战前比较，不能不感想到资本主义的黄金时代，只是供人们回忆的历史资料了。

现在我们开始从战后经济恐慌时期的实际情形来考察：

表 1：欧洲战后生产指数和战前比较①

（依战前价格计算）

	东欧及中欧（苏俄除外）	欧洲其他各部	欧洲总计（苏俄除外）
1913	100	100	100
1923	79	98	85
1924	84	103	93

全世界（苏俄除外）重工业方面煤铁钢的生产，战前和战后情形的比较，是如次的数字②。

表 2：

	煤	铁	钢
1913	100	100	100
1919	86.3	70.0	81.1
1921	80.5	49.4	60.6

就一般的生产额看，欧洲在战后比战前有可惊的减退；就全世界煤、铁、钢的生产看，在战后一九二一年较战前一九一三年，煤的产量约减少五分之

① 大东书局出版：《世界工业状况》第二页。

②《战后世界资本主义研究》第二页。

一，铁约减少二分之一，钢约减少五分之二。这是连北美等处合计在内的，实际上，北美等处战后的生产是比战前还有增进；所以欧洲重工业方面生产的减少额，当然更要巨大。

煤、铁、钢是动力的主要因素；煤、铁、钢生产额的减退，便又在反映着一般生产事业的衰退。

但是一方面虽是必需品的缺乏，和生产的衰退；他方面市场对一般商品的购买力，反而同样是衰退，并不曾发生供不应求的严重现象。这完全因为大众的贫穷化，对生活必需品的最低消费限度就无其能力；对其他商品之无购买力，那就更不用说了。

战后欧洲各国对外贸易的情况，无论在输入和输出方面，和战前比较，也都是一个非常衰退的情势。

表3：战前和战后欧洲主要各国对外贸易比较①

（依战前价格计算）

		英（百万镑）	德（10亿法郎）	法（10亿法郎）	比（10亿法郎）
输出：	1913	525	10.1	6.8	3.7
	1921	350	7.9	6.2	2.0
输入：	1913	559	10.8	8.4	5.1
	1921	485	9.3	6.8	2.6

上表的数字，证明欧洲各国战后的对外贸易，在输入和输出方面都是减退得厉害。输入的减退，是在反映着国内生产的衰退；输出的减退，不仅在反映国内生产的减退，而且在反映世界市场形势的转变②。

当时欧洲各国因生活必需品的缺乏，致物品价格的空前腾贵，一般劳动大众和其他中小阶级的人们，生活上都陷于最悲惨的境遇。生活费腾高的情形，下面关于三个主要国家的生活费统计数字，是可以代表一般的。

①《战后世界资本主义研究》。

② 在战时殖民地半殖民地的工业化，他们生产的商品又代替欧洲原有世界市场的一部。

表4：战前和战后欧洲主要各国生活费指数①

	英	德	法
1914年	100	100	100
1920年	255	341	1,065
1921年	222	307	1,250

在战后一九二〇年较战前一九一四年，生活费指数的上升，英国增高百分之一百五十五，德国增高百分之二百四十一，法国增高百分之九百六十五。这是一个如何令人可惊的情势！

然而假使劳动大众的工资收入，也随着生活费的腾高而腾高，那还能勉强维持原来的最低生活；然而实际上，不仅劳动大众的收入不能增加，反而一群一群陷于失业的一无收入的状况中。战后欧洲各国的失业情形，资产阶级自己发表的统计，是如次的数字。

表5：战后欧洲主要各国工人失业百分比②

（加入组合和被保险者失业对在业百分比）

		英	比	德
1921年	1月	8.2%	19.3%	4.5%
	7月	14.8	21.4	2.6
	12月	16.2	11.4	1.6
1922年	3月	14.6	9.2	1.1
	7月	12.3	—	0.6

法国的失业情形，据法国官厅自己发表的数字，一九二〇年每月平均为一,〇〇〇人，一九二三年则为四,〇〇〇人。

上面这些数字，都是资产阶级自己在当时发表的；对于实际的情形，当然还多少有点隐蔽。但仅就这些数字看，失业问题在当时的欧洲就够严重了。

失业劳动者的一无收入和在业劳动者工资的低廉，直接使资本主义的商品

① 《战后世界资本主义研究》。

② 据法国一般统计局、德国国家统计局及经济杂志数字所制。

市场更为狭隘；构成当时欧洲资产阶级难于解决的问题。而失业工人和一般大众生活的困难，又构成政治上的绝大恐慌；资本主义的社会秩序，也不能不陷于动摇的状态。这幸喜他们的工具的社会民主主义者大卖气力，才把这段历史的政治的变局推延下去。

债务问题也是战后欧洲各资本主义国家一个重大的难题。计战时各国的负债，俄、比、希腊、波兰、罗马尼亚、南斯拉夫及其他巴尔干波罗的海诸国，向法借款达美金3,500,000,000元；捷克斯拉夫、意大利、法兰西等国，向英借款达美金11,200,000,000元；英法等九国向美借款达美金9,626,700,000元。内债方面，英国从700,000,000增至7,000,000,000金镑，法国从34,000,000,000增至150,000,000,000法郎；德国除纸币赔款外，从5,000,000,000增至140,000,000,000马克①。因此他们为救济国库与弥补公债，更不得不滥发纸币；结果使金融市场愈陷于难以救药的恐慌，物价益为腾贵，大众的生活便愈趋悲惨。纸币滥发的情形，如次的数字可以指出来。

表6：欧洲主要各国战前和战后纸币发行额②

	英（英兰银行）	法（银行法通券）	德	比
1913	35（百万金镑）	5,713.5（百万佛郎）	2,902（兆马克）	1,067（兆佛郎）
1921	128.4	36,487.4	122,500	6,462
1922	127.5	36,359	1,295,231	6,876

纸币滥发的结果，一方面便是通货的膨胀和对外汇兑出亏折，一方面便是物价的腾贵，往复使经济和政治益陷于恐慌。

B、欧洲经济的妥定和美国金元的输入

欧洲各国在那样经济恐慌的怒涛中，要想由他们自身的力量去妥定，无论他们怎样加紧对劳动者的剥削，也是无补急要的——自然，加紧对劳动者和殖民地大众的剥削，是资产阶级对待恐慌所惯用的把戏；战后的欧洲资本主义秩

---

① 见拙著《中国外交问题》一六〇页。

② 据《世界货币状况》13、32、46、76各页所载数字所制，又比利时1921年之发行额包括Societe Genrale的钞券在内。

序已完全动摇，这个戏法便不能立刻见效了——而且欧洲资本主义经济的恐慌，也并不是和其他资本主义国家痛痒不关的；战后爆发的美国资产阶级，究竟是不能坐视的；而且，欧洲经济的恐慌，对美国的债务赔偿能力是不能无影响的。但是纽约的大腹贾们，还是不肯无条件予欧洲资产阶级以援手的。因此，他们一面乐得去救助垂亡的欧洲资本主义，一面又企图借此去把全欧洲殖民地化。因此，救助欧洲经济恐慌的问题，反而被纽约的大腹贾们认作千载一时的大投机买卖。在当时，通货的妥定，成了欧洲资本主义经济妥定的前提。因此，大量的“光辉灿烂的黄白物”，便大批的向欧洲输送了。

自美国的金元输入后，欧洲各国的通货，才开始有妥定的可能。金本位制哪！法律上的平价哪！这一切被欧洲资产阶级所玩弄的把戏，才有实现的可能。通货妥定之后，物价也自必随之下降而渐趋妥定；政治的恐慌也因之而转趋缓和。欧洲的资产阶级于“惊魂之余”，自然要乘机用死力去恢复他们的生产企业，回头向劳动大众一个大反攻——加紧对劳动阶级的剥削。

然而这妥定不过是暂时的，并不能就把资本主义经济引入康庄大道，顺利的向前发展。实际上，“资本主义体系内所包含的矛盾”，反只有加深。他们的黄金时代已过去了，劳动者的膏血，也并不能使这衰老的资本主义“返老还童”的。

接着通货妥定之后，资产阶级惟一的企图和愿望，在进行其所谓繁荣的恢复。但是他们还想能得着最速而最大的效能，能够赶上所谓“战后的繁荣之邦”的美国，恢复他们原有的世界市场。同时由于欧洲经济的妥定而带来的市场的生气，适又给美国的产业界一个刺激；因之在美国表现在生产上的最高能率的福特式的经营，便成了美国一切产业部门仿效的标本。加之美国当时各产业部门的资本和生产工具集中的程度，也确已具备了福特化的客观条件。因之，产业合理化主义就在这个客观条件之上产生出来，而成为普遍施行的事实。在欧洲，因战时为军事的措置所行的一切生产工具的集中，到此时，恰又成了产业合理化实施的物质条件。

资本主义利用产业合理化，在美国，一切生产便急速的入于一个更高的发展阶段；在欧洲，一切生产事业，从战争的灰烬中整理出来，也急激就超过战前的生产，但是这也不过是资本主义临殁期的回光返照；产业合理化的实施，不过在加速其没落的过程。资本主义的产业合理化，使资本集中的进程和独占的发展更为迅速，这更加重了市场的冲突；对劳动阶级更加紧的逾量的剥削，直接把劳动者驱入益悲惨的境地，促速阶级敌对形势的尖锐化，间接又影响市场的缩小。这是隐伏着资本主义自身的一个最大危机——隐伏着世界大恐慌的危机。

C、恐慌的克复和产业合理化的实施

可是单凭通货的妥定，资本主义当前的恐慌，并不是立刻就过去了；直待产业合理化主义的推行——无论在各国施行的程度怎样不同，事实上都是被影响着的——才算完全把当前的恐慌克复，因为产业合理化是能引发劳动者作业的最高强度，资本家能借此对劳动者施行更强烈的榨取，而获取更多的剩余价值，这便是构成克复恐慌的主要条件。但是这里所谓恐慌的克服，并不是本质的克服；易言之，并未曾克服恐慌之内在的发展。

资本主义应用产业合理化主义克服当时的经济恐慌，并入于一个更高的经济发展的阶段，这是产业合理化提供于资本主义的效能。资本主义因此而更急速的衰老与灭亡，这是他自身之辩证法发展的必然过程，并不是产业合理化能灭亡资本主义。

资本主义各国在实施产业合理化，恰和苏俄之实行新经济政策相对照。这是在战后两种不同性质的国家，同在施行其新的经济政策，两相对比，于我们的研究上是极有意义的；我们在后面将专辟一章对他们作一个比较的研究。

现在先从产业合理化主义的内容原则，作一概括的指摘。在美国所施行的产业合理化主义的内容，包含着下列的五个要点：（1）生产规模的扩大化；（2）产业的组织化，机械化；（3）制造标准化；（4）浪费的排除；（5）特别贩卖法。这并不是由资产阶级绞脑汁得出的办法，而是基于其既有的物质条件演化出来的结果。在其汽车工业部门中，福特工厂的经营，原先就有如次的成规：（a）标准化和大量生产；（b）工厂内运搬的自动化、机械化；（c）机械的自动化；（d）指挥监督的组织化；（e）劳动强度的增加；（f）特别贩卖法。

产业合理化的特质，一灌入到资本主义的体系中，对第三期的资本主义，自有其重要意义，而能扩大其如次之作用的：

在生产规模的扩大化、产业的组织化、机械化、浪费的排除各点上看：一方面使前此还残存的中小企业资本，迅速的归于消灭，完成“钢铁大王”、

“汽车大王”、“煤油大王”们……专制和独占世界市场的全体系；一方面使劳动者更成了机械的附属部分，在受机械的支配指挥之下去活动——不是人支配机械的活动，而是机械支配人的活动——使劳动者不能不为更强度的劳动力的支付或使用。因之，资本家雇用劳动者的数量是减少了，可变资本付出的数量也相对的更减少了，而生产的成果反比从前更大；但是生产成果中所含的必要社会劳动量，却又和从前并没有两样。资本家榨取劳动者的手段，是更其高妙而残酷了。他们从前强迫劳动者劳动力之强度的支付和劳动时间的延长，是常常引起劳动者反抗的；在现在就无用顾忌了——产业劳动者是无法去反抗机械的。

不过可变资本的支出额无限制为相对的减少，他方面不变资本便无限制的增大了；资本家掠夺的剩余价值额也不能不因此而相对减少了，这又扩大了资本主义自身的矛盾。不变资本支出的减少，又构成劳动者的失业问题。因之，产业合理化在资本主义的体系中，便成了制造失业问题的一个有机作用；自然，假使他在不以生产商品为目的底社会中被实施着，反而能消减失业问题的。

在制造品标准化和特别贩卖法的两点上，事实上，所提供于资本主义的作用，也只是一方面使资本家对市场的加紧剥削，益成为可能；一方面对贩卖市场的独占，可以超过商业资本而行使直接支配的可能；他方面中小企业所生产的商品，不能不被排挤于市场之外。此外便一无所能了。而资产阶级的经济学者们，却因此咸窃窃自喜，认为资本主义因此可以为有计划的规则的统制生产，能有效的进行生产和消费间之平衡了（?）；对他们自始不能圆满的理论——确保生产和消费间之平衡的理论——产业合理化却能圆满的给他们补充了（?）。实则这不仅是学者们一种无智的幻想；他们的理论不但不会因此而得到圆满的补充，却反因生产和消费间的差额之愈形巨大而宣告破产了。资本主义生产秩序的无政府状态，是他“先天”的“个性”带来的；市场的需要，无论在何种情况下，他是一无所知的。问题的核心点，并不在市场的需要如何，而是在市场的购买力如何，如果资本家肯去满足那些有消费需要而无消费能力的消费者的需要，生产和消费间的平衡，那或者是可能的；易言之，生产和消费平衡的基础，只能建筑在私有制度的坟墓之上的。

产业合理化对资本主义无异是对病夫所扎上的一针吗啡针。美国资本主义服了这颗人造的“仙丹”，他精神的外表便更显的健康。这人造“仙丹”的神效，一传到“求佛三年，未见佛脚”的欧洲资产阶级的耳中，当然便争先恐后的群相学法。因此德国仿行了，一切资本主义国家也都在研究仿行了。这法宝也确实使他们都收着相当的“神效”。

产业合理化使资本集中的进程为更疾速的发展的结果，把全世界都纳到少数资本大王的统治之下。因此，托拉斯，卡特尔，辛迪加，不仅成了各国资本家的国内的结合，而且使国际的结合为更进一步的发展。考茨基曾认这种国际的结合，是“太上帝国主义的形式”即超帝国主义的形式。这位老者在他晚年的这种怪论，却无异在尽情替帝国主义说法。伊里奇·乌里扬诺夫对他这种怪论，有如下的一种抨击①：

“却激动了源源不绝而为患已深的水去灌溉于帝国主义辩护人的磨坊之内，一若财政资本的统治，减轻了世界经济内部的不平衡和矛盾；其实财政资本的统治，反而增加了这种不平衡和矛盾。”

“倘若以纯粹经济上的观点作纯粹的抽象解释，那我们所可说的，便归纳到如次的情形：资本主义的发展向着独占进行，更因此向全世界独占或全世界独一的托拉斯进行。这当然是不能否认，但也是无意义的。”

“试把考茨基‘和平的’超帝国主义的理想，和这些实际情形——经济条件与政治条件之各自分歧，各国发展速度之极端的不相称，帝国主义国家狂热的斗争等——来比较一下，考茨基认作超帝国主义的国际卡特尔，岂不是给我们以瓜分世界和重分世界的例子吗？岂不是给我们以从和平的分割，变为不和平的分割，再由不和平的分割变为和平分割的例子吗？例如美国等，在德意志参加之下，在国际铁道辛迪加或国际商船托拉斯之中，和平瓜分的全世界，可是因极不和平的方法，变更势力的关系，而重分全世界了吗？”

“所以财政资本和国际托拉斯，并不能消灭世界经济中各部分发展的速度的差异，反而增加了这种差异。一旦势力的关系变更了，那么在资本主义之下，除诉诸强力外，还有什么解决矛盾的方法呢？”

乌里扬诺夫这几段话，对我们的指示是极其明白的，我这里没有“画蛇添足”的申述的必要。

---

① 伊里奇·乌里扬诺夫：《资本主义的最后阶段》。

2. 产业合理化的实施和资本主义经济的复兴

A、产业合理化实施后经济复兴的一般情况

前次大战引出之世界资本主义经济的严重恐慌，随着经济的改革，技术的改良——自然，在这里意义着的改革和改良，便是加紧对劳动大众施行剥削的技术的改进——而获得生产力之渐次的恢复和局部的妥定。自一九二五年至一九二九年，便能表现资本主义经济复兴的情势——资本主义的生产，急激超过战前的水平，而入于更高的发展——各国的资本家和其役使的经济学者都暗自欣喜，以为资本主义依旧可以安安稳稳的霸占世界的王座。然而事实上，这并不是一件使资产阶级可喜的事情；其内包的矛盾的发展，反随其资本之疾速发展的进程而同时并进，倒成了资本主义自身的一个隐忧。这事情，在我们是能正确了解的；资本主义的经济学，就已经没有解析问题的权威了。

但是战后资本主义经济的发展，在各种部门间，各资本主义国家间，都达到一个相当的高度；拿去和战前比较，其不可同日而语的。下面的统计数字，可以明白的替我们指出来：

表7：战前和战后世界生产比较（单位百万）①

	1909—1913	1925	1926	1927	1928
食粮：					
小麦（2）(吨)	82.2	90.2	91.8	95.0	100.8
麦（2）	26.1	25.6	20.4	22.4	23.4
大麦（2）	28.7	30.9	29.5	30.9	35.8
燕麦（2）	52.1	58.2	58.3	52.6	57.6
玉蜀黍	102.9	113.6	107.0	107.8	114.0
稻米	77.5	85.3	84.6	85.4	—
蕃薯（2）	108.6	143.6	120.9	146.9	144.0

① 据 E. Varga：Economics and Economic policy in the First Quarter of 1929. p. 1－2.

续表

	1909—1913	1925	1926	1927	1928
菜根糖$_2$（收获双倍百分比）	69.7	73.2	69.1	76.2	17.2
蔗糖	96.9	166.0	159.2	152.3	166.0
纺织原料：					
棉花（生产）（吨数）	4.48	6.0	5.99	4.8	5.1
棉花（消费）（吨数）	23.3（$_3$）	23.2（$_4$）	24.7（$_5$）	26.4	25.3
羊毛（生产）（公斤）	1,463.0	1,329.0	1,405.0	—	—
丝	29.2	45.8	47.2	49.0	—
人造丝	14（$_6$）	87.0	99.5	130.0	153.0
橡皮	114.0（$_6$）	504.0	618.0	614.0	602.0
纺织碇子①：	26,645.2（$_6$）	31,866.5	32,486.7	32,790.9	—
燃料：					
硬煤（吨）	1,098.0	1,187.0	1,177.0	1,283.0	1,238.0
石油	385.0	1,065.0	1,095.0	1,249.0	1,979.0
金属：					
铁（吨）	68.3	76.9	77.5	86.7	86.0
钢	65.2	90.8	91.6	102.0	107.2
铜	1,030.0	1,443.3	1,491.0	1,510.0	1,692.0
铅（生产公斤）	1,196.0（$_6$）	1,524.0	1,587.0	1,648.0	1,620.0
锌（吨）	976.0（$_6$）	1,132.0	1,249.0	1,300.0	1,404.0
锡	133.0（$_6$）	150.0	147.0	159.0	180.0
铝	63.0（$_6$）	179.0	211.0	213.0	—
金（生产公斤）	768.0（$_6$）	593.0	600.0	600.0	606.0
银	6,964.0（$_6$）	7,514.0	7,454.0	7,454.0	—
造船：					
排水量（千吨）	3,333.0（$_5$）	2,193.0	1,675.0	2,289.0	2,699.0
汽车（百万辆）	—	4.9	5.0	4.1	5.3

表内：(2) 苏俄不在内；(3) 从1912—1913；(4) 从1924—1925；(5) 从1925—1926；(6) 1913。

① 纺纱碇子一项，非E. Varga原表数字，系另据国际棉业联合会一九二七年棉业统计数字计算而成。

上表统计数字，经过和他种统计对证之后，证明最为正确。据上表的数字，产业合理化主义施行后，资本主义经济的一般生产额，除去金、麦等数项外，均超过战前水平甚远。并且自一九二五至一九二八年，一般都在向前增加的趋势中。

而且这种进展的情形，并不是限于某些地域或国家，而是在世界各处同一情势的。下表的数字，可以明白的指出世界各地的生产增加情况：

表 8：世界商品生产指数按洲分配表（照 1927 年价格计算，以 1913 年为基数=100）①

	欧洲（苏俄除外）		美洲		亚洲	
	1926	1927	1926	1927	1926	1927
五谷及其他食粮	93	99	132.5	138.6	107.0	106
肉类	102	107	118.5	119	131	138
植物油材料	97	189	171.5	179	146	164
纺织品	142	156	128	111.5	130	136
兽皮及皮革	102	103	122	116.5	85	91
橡皮	—	—	67（A）	76（A）	1.186	1.145
燃料	79	102	599	570.5	180	182
金属	96	120	264	282.5	150	167
化学品	138	152	125	165.5	261	214
五谷	92	90	125	132	88	89

（A）北美不在内

表 9：战前和战后世界各洲煤生产比较②（单位：百万米突吨）

	欧洲	美洲	亚洲	非洲	澳洲	总计
1913	689.5	532.0	54.7	8.7	14.7	1,299.6
1925	653.3	540.4	71.7	17.1	19.1	1,301.6
1926	577.5	612.2	74.9	13.4	19.9	1,297.5
1927	739.0	650.7	74.4	12.1	17.6	1,403.8

① 据大东书局：《世界经济丛书之三》，一七—二二页表改制。

② 据《世界工业状况》。

表10：战前战后各洲煤消费比较① （单位同上）

1913	621.0	523.6	62.6	23.5	16.6	1,257.4
1925	536.3	543.2	76.4	20.7	17.8	1,195.3
1926	485.1	598.9	78.8	15.9	18.3	1,202.0
1927	628.8	565.5	78.6	16.5	18.5	1,309.1

"表9"的数字，我们虽不敢认为十分正确，但是我们能从他的数字中去把握一个大概的情形。煤是引发动力的源泉；煤的生产和消费的增高是能表示一般生产之发展的。据"表10"的数字，亚美澳三洲在一九二五年煤的消费，就超过战前的水平；欧洲到一九二七年才超过战前的水平，那是因为欧洲受战后严重恐慌的影响，生产的恢复自然较迟；非洲到一九二七年还没达到战前的水平，这是因为他完全是被作为供给欧洲各国——自然还有其他国家，不过主要是欧洲各国——原料生产的殖民地。所以他的产煤量，也在一九二五年就超过战前的水平了。其他各洲煤的生产量，也都在一九二五年就超过战前的水平；只有欧洲也和在上述煤的消费情形为同一的原因，至一九二七年才超过战前的生产。

资本主义各国的世界贸易，也是和生产业的发达与生产额的增进同时增进的。拿战前和战后比较，同样有惊人的进展。实际的情形，如次的数字可以表示出来：

表11：英美德法日战前和战后贸易比较表② （单位：百万美金）

		英	美	德	法	日
输入：	1913	3,741	1,793	2,565	1,625	307
	1924	5,624	3,610	2,164	2,103	1,011
	1926	6,031	4,431	2,380	1,932	1,120
	1927	5,927	4,185	3,360	2,072	1,033
	1928	5,817	4,090	3,332	2,084	990
输出：	1913	2,089	2,484	2,405	1,328	313

① 据《世界工业状况》。
② 据前引 E. Varga 同书1929年第一季。

续表

		英	美	德	法	日
	1924	4, 165	4, 591	1, 560	2, 219	745
	1926	3, 782	4, 809	2, 328	1, 920	964
	1927	4, 045	4, 856	2, 428	2, 168	1, 045
	1928	4, 102	5, 129	2, 772	2, 003	865

据上表的数字指示，世界各主要资本主义国家的对外贸易，除德国外，在输入和输出方面，均在一九二四年就超过战前水平甚远，德国至一九二七年才超过战前的水平，在一九二六年还比战前较低，这是因为德国受战争的破坏最剧，和赔款等等的压迫，恢复自然要较迟一点；反之，在日美两国不仅未受战争的重大破坏，反而得着一个空前的机会，在欧战期间就呈增加之势。战后日本的输出和输入时高时低，是因战后各国资本的重来，日本已转入慢性的恐慌中。贸易输出额的恢复和增高，是在反映世界市场景气的回复；输入额的恢复和增高，是在反映各该国国内市场景气的回复和生产业的发展。

随着市场景气的回复和市场购买力的增高，物价也随之妥定了。

表 12：各国物价指数①

（以 1913 年的指数为 100）

		1920	1921	1922	1924	1925	1926
国内物价指数：	英	307	197	157	166	160	148
	法	509	345	327	489	550	703
	德	1. 486	1. 911	34. 181	123	130	125
金物价指数：	英	231	156	144	151	158	148
	法	185	133	139	132	136	116
	德	102	77	77	122	130	125

一九二八、一九二九年的情形如下表：

①《战后世界资本主义研究》第一卷。

表13：三个主要国家的物价水准

<table>
<tr><td colspan="7">英国①</td></tr>
<tr><td></td><td>谷物及肉类</td><td>其他食品</td><td>纤维</td><td>金属</td><td colspan="2">总指数</td></tr>
<tr><td>1926年平均</td><td>151.7</td><td>159.3</td><td>152.6</td><td>149.8</td><td colspan="2">149.7</td></tr>
<tr><td>1928年平均</td><td>152.9</td><td>189.7</td><td>165.0</td><td>115.2</td><td colspan="2">140.9</td></tr>
<tr><td>1928年5月底</td><td>171.6</td><td>191.5</td><td>170.5</td><td>115.7</td><td colspan="2">146.7</td></tr>
<tr><td>1929年5月底</td><td>136.6</td><td>170.5</td><td>149.0</td><td>119.0</td><td colspan="2">131.5</td></tr>
<tr><td colspan="7">美国②</td></tr>
<tr><td></td><td>农产品</td><td>食品</td><td>原料</td><td>半制品</td><td>完成品</td><td>总指数</td></tr>
<tr><td>1926年平均</td><td>100</td><td>100</td><td>100</td><td>100</td><td>100</td><td>100</td></tr>
<tr><td>1928年平均</td><td>105.9</td><td>101.0</td><td>99.1</td><td>97.4</td><td>97.0</td><td>97.7</td></tr>
<tr><td>1928年4月</td><td>107.6</td><td>99.5</td><td>100.1</td><td>97.9</td><td>95.9</td><td>97.4</td></tr>
<tr><td>1929年4月</td><td>105.0</td><td>98.0</td><td>97.0</td><td>97.0</td><td>97.0</td><td>97.0</td></tr>
<tr><td colspan="7">德国③</td></tr>
<tr><td rowspan="2"></td><td rowspan="2">农产品</td><td rowspan="2">殖民
地商品</td><td rowspan="2">国内原料
及半制品</td><td colspan="2">国内完成品</td><td rowspan="2">总指数</td></tr>
<tr><td>生产手段</td><td>消费财</td></tr>
<tr><td>1926年平均</td><td>129.3</td><td>131.5</td><td>129.7</td><td>132.5</td><td>162.1</td><td>134.4</td></tr>
<tr><td>1928年平均</td><td>137.8</td><td>139.2</td><td>131.2</td><td>130.9</td><td>160.2</td><td>137.6</td></tr>
<tr><td>1928年5月</td><td>135.9</td><td>139.6</td><td>135.3</td><td>136.4</td><td>175.0</td><td>141.2</td></tr>
<tr><td>1929年5月</td><td>125.8</td><td>125.0</td><td>131.3</td><td>137.9</td><td>172.2</td><td>135.5</td></tr>
</table>

据上列各表的数字指示，各主要资本主义国家战后物价指数都在上腾；英美德三国自一九二四年后便逐渐低下，渐显示妥定的状态；法国自一九二四至一九二六年，还在上升，那是因为在当时法国的通货还没有妥定；自一九二六年后才呈妥定之势（法国物价指数在一九二六年为七〇三，一九二七年为六一七，一九二八年为六二〇，见前引《世界经济丛书之四》，102页）。

资本主义经济在寻常周期恐慌中发现的情形，是因生产的过剩而引起物价的低落；在战后恐慌中所发现的情形，是因生产机关的破坏而引起生产的衰

① Econcmest 指数，1913年为基数=100。

② Index of the Fideral Reserve Board. 1926年为基数=100。

③ 国家统计局指数1913年为基数=100。

退，尤其是生活必需品的缺乏，因之恐慌反而映出物价的腾贵。所以在寻常的周期恐慌中，是需要物价的上升；在此次战后的恐慌中，反而需要物价的下降。因为在战后，一方面是必需品的缺乏和价格的腾贵，他方面是大众的贫乏和购买力的低下。

其次，资本主义的经济，无论在何种的恐慌情形下面，只要物价从恐慌中的变化而回复妥定以后，随着市场购买力的回复，便又要逐渐上升的。这样由上升又下降，恰和第次回的恐慌相衔接。“表 13”的数字，是能把这个情形完全指明出来的：自一九二六年至一九二七年，物价由妥定后又在上升了，这正是资产阶级所谓市场繁荣的恢复时期；但至一九二九年，物价又在低落了，这在表示第次回的恐慌快要到来。

B、产业合理化实施后各国经济复兴之各别的考察

a. 美国

一九一四年至一九一七年的大战期间，全欧资产阶级正疲于奔命，平时一切企业生产机关，均被征发为军用品的制造供给机关；一切对外贸易，几完全停止。美国资产阶级，凭借其丰富的资源，却于此时极力扩充一切生产企业，代替欧洲各国在一切殖民地半殖民地商品市场的支配——自然，殖民地半殖民地也于此时而得到部分的产业发展的机会。大战结束后，欧洲各国的资产阶级，因生产机关等受军事的摧毁之后，又加上财政上的等等的亏累，均感受严重的恐慌，美国的资产阶级却竞竞向荣。战前世界经济重心的伦敦，在战后事实上不能不移至纽约；英国世界霸王的“荣誉”，事实上也不能不随着经济重心的移置而让渡于纽约的大腹贾们。

美国资本主义的经济情况，在战前和战后是截然不同的。现在开始来把握一下：

美国资本主义经济的进展，不单在工业方面，在农业部门中也是同其进展的；这自然因为美国又同样具有其发展农业的客观条件。农业经济扩张的情形，就小麦的耕地面积来看，美国在战前一九〇九至一九一三年，为一九一千万黑格特，全欧（苏俄除外）为二九三千万黑格特；在战后一九二七至一九二八年，美国便增止二三七千万黑格特，全欧（苏俄除外）则反减至二八四千万黑格特；美国几等于全欧五分之四。又据国际农业协会一九二

八年估计，世界各国农耕地面积最大者，除苏俄外，美国一三九，三二一千公顷为第一，次为印度有一二三，〇九六千公顷（见该会《1927—1928 年农业统计年鉴》）。

从工业方面说，其进展的迅速更是不消说的。一九二六年，美国占全世界人造丝消费量三分之一，为世界人造丝织业的第一位；在战前，他不过占最小数之五六位而已。在一九二六年，毛织工业占全世界的第二位，毛织纱碇较战前一九一四年增多一八八，一〇二个[①]，棉织业亦居世界第二位，纱碇数占世界四分之一，消棉量亦占四分之一；在战后一九二七年所有纱碇数和战前一九一三年比较，增多七，二六五，〇〇〇个，为战前七分之九[②]。

重工业的生产，战后和战前比较，是如此的情形：

表 14：战前和战后世界，欧洲，美国钢铁煤产量[③]（单位：百米突吨）

		钢	铁	煤及褐炭
美国	1909—1913 平均	27, 692	27, 929	46, 460, 000
	1926	49, 210	40, 000	54, 470, 000
欧洲	1909—1913 平均	36, 401	39, 199	57, 620, 000
	1926	41, 525	35, 730	65, 800, 000
全世界	1909—1913 平均	65, 228	68, 312	1, 122, 800, 000
	1926	93, 925	79, 180	1, 338, 300, 000

战后美国钢铁的生产，均大于全欧洲的产额；煤的生产额亦约当于全欧六分之五。煤的消费量，在一九〇九至一九一三年平均为四四二，三七一十万米突吨，一九二八年则增至四九五，〇〇〇十万米突吨；约当于英国三倍半，德国三倍半，法国六倍，意大利四十一倍，日本十五倍[④]。化学工业在一九一三年至一九一四年，美国占世界总产额百分之三四，战后一九二四年，则增至百分之四七[⑤]。

① 一九二八年国际联盟《国际统计年鉴》。
② 《一九二七年国际棉业统计》。
③ 据《国际统计年鉴》数字所制。
④ 《世界工业状况》154—164 页。
⑤ 《世界工业状况》198 页。

美国生产事业的发展情势，照上面的事实看，在战后已隐然支配了全世界。

战后美国的对外贸易，在世界贸易总额中所占的地位，也是一个跃进的情势。在战前一九一三年世界各国对外贸易总额，英国居首位，输入占全世界百分之一六，输出占百分之一四；美国则仅占世界贸易输入总额的百分之九，输出百分之一三，尚次于德国。战后即一跃而居于世界贸易首位，一九二六年占世界输入总额百分之一四，输出总额百分之一六；一九二七年占输入总额百分之一二，输出总额百分之一六。英国则占输入总额百分之一六，输出总额百分之一一①。

资本的输出，在战前，英国占世界资本输出国第一位；战后美国资本的输出，突增至惊人的数目。美国在战前一九一四年，资本输出总额为五十亿美金，战后一九二八年突增至一百四十八亿美金；英国在战前一九一三年为一亿六千七百万镑，战后为一，四八二百万镑——包括殖民地子国的输出在内——法意德在战后，输入均超过输出②。

美国投资的地理分配情形，是如次的。

表 15：美国对外投资地理分配表③

年次	欧洲	拉丁美洲	加拿大纽芬兰	亚洲及澳洲	统计
1913	350	1, 333	750	175	2, 605
1923	1, 300	3, 760	2, 450	594	8, 150
1924	1, 900	4, 040	2, 600	690	9, 230
1925	2, 500	4, 210	2, 825	870	10, 450
1927 （6 月底止）	3, 350	4, 800	3, 200	950	12, 300

① 据英国 Economest 美国 Department of Commerce 统计。

②《新东方·殖民问题专号》三五六页。

③ 大中书局：《最近各国经济之趋势》五一页。

表16：英美资本发行额比较①

	1928年前3个月（a）	1928年末3个月（b）	1929年末3个月（b）
英	34,630,000金元	93,265,000镑	99,738,000镑
美	98,600,000金元	2,338,313,000金元	1,198,045,000金元

照上列的数字，美国在战后，不仅代替英国为资本输出的主要国家，而且英国的殖民地，一方面已成了美国的投资市场（参考 The Labour Monthly Vol. 12, No. II，The Empire and Canada）。欧洲各国，反而大抵都成了美国的债务国。

这位“黄金砌成的国家”，不仅为世界资本输出的主角，全世界的金货，也大部分都集中在他的手里。在一九二八年，他储藏着的金货量为一七，三九二百万马克，几与全欧的金货储藏量相等（全欧为一八，九七二百万马克），占全世界金货总额百分之三六点二②。

b. 日本

日本也同美国一样，同是借着欧战的机会，各国无暇东顾，“乘火打劫”，在中国和南洋各地肆行略取，伏下他的商品市场的根基；待至战后欧洲资本主义的卷土重来，他已经有了相当的势力，代替英国在中国商品市场上的地位，并且还闯入英国殖民地的印度，也代替其市场的一部。因之，这暴发户便成了战后世界资本主义的名角——一跃而为五大强国之一。不过这一名从温室里培养出来的资本主义，究竟由于“先天”的太虚弱——国内资源的缺乏和市场的狭隘——较之所谓“金元王国”的美国资本主义，究不免是“小巫”跻“大巫”，终觉是相形见绌的。近年来，他虽然在太平洋上跃跃欲试，想和纽约的大腹贾们分庭抗礼；事实上，还不免是矮小的可怜。

在战前，他虽然由于“中日之战”、“日俄之战”得着小胜，赚得一个资本主义强国的绰号；然而“先天”的虚弱的限制，并不能使他的个体发育完全，究不免自惭形秽的。到战后，情形就大不相同了；得着殖民地和大众膏血

① （a）系资本输出额，据大中书局：《最近各国经济之趋势》，五二页（b）系新资本发行总额，据日文《中央公论》。

② 据前引 E. Varga 同书一九二八年第一季。

的灌注，外表上，居然相当的强健起来。因此，欧洲大战时期，是日本资本主义发展过程中的一个重要阶段的时机。现在从日本资本主义经济在欧战时期的发展情势，来略为考察。

在欧战开始之大正三年，日本全国的企业公司，仅一万六千八百五十八个，资本总数仅二十亿余元；大正七年，公司数增至二三,〇二八个，资本总数增至四十七亿元；大正八年，公司数更增至二六,三八〇个，资本总数更增至六十亿元。大正三年，全国工厂数仅一七,〇六二个，工人数九一一,四五二人；大正七年，工厂增至二二,三九一个，工人增至一，五〇四,七六四人；八年，工厂数更增至二三,八三一个，工人为一,四七四,二八一人。对外贸易，大正三年输出总额为五亿九千一百万元，输入总额为五亿九千六百万元，总额形成五百万元的入超；大正八年，输出总额增至二十亿元，输入总额增至十七亿元；总额为［近］四亿元的出超。这个时期日本贸易情形的变迁，下面的数字是能为更详细的指明的。

表 17：日本自欧战开始至战后两年对外贸易情势①　（单位：千元）

	输出	输入	入超	出超
大正 3 年	591, 101	595, 736	4, 634	
4 年	708, 307	532, 450		175, 857
5 年	1, 127, 468	756, 428		371, 040
6 年	1, 603, 005	1, 035, 811		567, 290
7 年	1, 928, 101	1, 668, 144		393, 957
8 年	2, 098, 873	2, 173, 460	74, 587	

上表数字的指示，日本对外贸易额，自大战开始之第二年即由入超而转为出超；贸易额和出超额，一直到大正六年，每年都在突增中。至大正七年，欧洲各国又复东来，日本的输入额便大为增加，出超额则又降下了；至大正八年，又由出超而转为入超，这对于战后世界资本主义经济的交错关系和日本资本主义的本质上，是有其重要意义的。

①《最近世界经济趋势》。

但是日本资本主义在大战期间之迅速发展的情形，便于此而指出一个大概了。在这个期间，日本贸易的输出，除军用品外，以中国、印度及其他南洋各地为其主要输出地，次为拉丁美洲；输入以中国、印度及南北美为主要。这于日本资本主义发展的过程上，是一个划历史的时期。

战后的情形又是怎样呢？先从其对外贸易来看：

表18：日本在战前和战后对外贸易地理分配百分比①

	由各国输入			输往各国		
	1913	1925	1927	1913	1925	1927
英国	16%	8.8%	7.0%	5.2%	2.6%	3.3%
德国	9.4	4.8	6.0	2.1	0.5	0.5
法国	0.8	1.3	1.3	9.5	2.6	2.7
意大利	0.2	0.1	0.3	4.6	0.4	0.2
中国	8.4	8.3	10.4	24.4	20.3	16.8
印度	23.7	22.3	12.4	4.7	7.5	8.4
澳洲	2.0	5.8	5.6	1.4	2.1	2.5
加拿大	0.3	1.4	2.6	0.8	0.9	1.4
美国	16.8	25.9	30.9	29.2	43.6	41.9
总计	100	100	100	100	100	100

据上表统计数字为准，日本在战前的贸易，以印度、美国、中国、英国为主要；战后仍以美国、中国、印度为主要。美国尤特别表现得重要。这表示日本资本主义得到相当发展后，已转换以原料及生产手段的机器和交通工具为主要输入品。消费制品的输入是减少了。战前贸易的输出，以输往美国、中国、印度者为主要，战后也以这些国家为主要。对美输出尤为激增的事实：这一方面表示日本半制品人造丝业的发达，所以对美的输入激增；一方面表示日本已取得英国在东方市场上的地位。我们试拿中国、印度在战前和战后贸易分配比例的变更情形来看：在中国，战前一九一三年贸易输入总额中，日本占百分之二〇，英国占百分之一六，印度占百分之八；战后一九二七年，英国降至百分

①《世界贸易状况》。

之七，印度降至百分之四，日本则激增至百分二八点四，占中国贸易输入额中的绝对的重要地位（美国亦仅占百分之一六）。中国战前对外贸易的输出总额，日本占百分之一六，战后则增至百分之二三。在印度，战前一九一三年贸易输入总额中英国占百分之六四，日本占百分之二点六；战后一九二七年，英国降至百分之四七，日本则增至百分之七点三。战前日本仅占印度输出总额中的百分之九，战后一九二六年则增至百分之一四①。

不过日本在战后，对外贸易总额虽然还在这样急激的增加；但他自大正八年后直至现在，便常是入超的。资本主义国家贸易的入超，是一个不良的现象；日本因为原料和食粮的缺乏，每年都依赖大宗的输入，这是日本资产阶级历年以来所力求解决而不曾解决的问题。

贸易的入超，就是国家财富的流出，这是直接在削减国民的富力；不过日本的入超中还包含着一个隐秘：他在中国等处遍设制造工厂，和原料的直接开采，这其中隐蔽着一个很大的输出数量，同时这项直接开采原料的输入，而财富并没有流出。因之，日本资本主义经济在战后，虽然久已转入在一个慢性的恐慌情势中，但还不曾怎样的严重。这是我们到后面还要讨论的。

日本的生产，因为他在战后还攫得广大市场的存在；所以不惟没有减退，而且是在增加的。生产进展的情形，有如此之数字所指示：

表19：日本在战前和战后生产统计

	棉纱碇子②	人造丝③	煤④	钢　铁
1913	2.250	—	23.3	
1923	4.754	91	34.4	
1924	4.351	545	36.1	
1925	5.110	1，350	31.5	
1926	5.447	3，150	31.4	
1927	5.680	6，800	21.2	

①《世界贸易状况》。

② 据国际棉业联合会估计数字，单位千，日本在中国境内设立工厂之碇子数除外。

③ 据一九二八年《国联国际统计年鉴》，单位米突吨。

④ 据一九二八年《国联国际统计年鉴》，殖民地在内，在中国境内的采挖量除外，单位十万米突吨。

我们在这里先要了解的，日本因为钢铁原料的缺乏，重工业到现在还不曾有何种的发展；他还是一个以轻工业为主要生产部门的国家；所以钢铁业的生产是无何足述的。

纺织业和人造丝业，是日本工业生产部门中的主要部门；日本的输出品中，也以人造丝和纺织品占百分之七〇至八〇的比例。这两种生产业的发达情势，照上表的数字，确是一个突进的情势。

这里还该补足一句的，日本纺织物完成品的输出地，以殖民地半殖民地国家为主要，尤其是中国；半制品人造丝的输出地，以英美各国为主要，尤其是美国。这又在表示日本资本王义依随殖民地半殖民地市场的密切，尤其是中国。

c. 法国

法国的生产机关等受大战的摧毁最为严重，战后通货的混乱和物价指数的上升，到一九二六年才暂趋妥定。但是因为他在战后获得大量的赔款，又攫得亚尔萨斯罗伦的矿源。才具备了重工业发展的条件——煤铁是构成重工业发展的因素。由于赔款的获得，又集中大量的金货，因此又成就他在世界金融市场上的主要角色。

所以在大战的严重破坏之后，法国资本主义还能以战胜国的资格出现于世界舞台上，代替德国而成了欧洲资本主义国家的领袖之一。他一方面想把被俘虏的德国殖民地化；一方面想排除其欧陆霸权的障碍的意大利——战后的意大利是在和法国争持欧陆霸权的——他同时去和战前"世界霸王"的英国分庭抗礼，企图争取全欧的霸权。从这些政治对立的情势上去了解，法国资产阶级争夺世界市场的雄心，丝毫也不减于战前的德国资产阶级。不过苏俄的存在，对于他这种企图，也是一个最大的威迫；在法国资产阶级心目中的这个怪物般的敌人，比其他的敌人是大得无比的，加之苏俄的无产阶级根本否认"沙俄"对法的一切债务。因此他便在各国的资产阶级面前自告奋勇，担任防俄的第一道战线。他对付西欧的问题，也和他对付东欧问题是同样困难的。把德国殖民地化的素愿并没有达到，可耻的纽约的大腹贾们，就伸来一个魔手，把德国资产阶级紧紧拿到他们自己的怀抱中，这就形成他和美国在欧陆的对立形势。这些反映在政治上的问题，到后面还要详加讨论的。

因此，战后法国资本主义经济的发展，并不能和法国资产阶级的愿望如实的相偿；虽然在战后比战前是有长足的进展。

法国生产事业发展的情形，下面的数字可以如实的约略指出来。

表 20：法国一般生产指数①

（1913 年为基准 = 100）

1926 年	1927 年 7 月	8 月	9 月	10 月	11 月	12 月	1928 年 1 月
123	106	107	109	110	112	115	116

表 21：法国重工业生产统计②

	铁（单位千米吨）	钢（千米吨）	煤（十万米吨）
1913	8.948	6.973	37.9
1925	8.471	7.415	47.3
1926	9.395	8.386	51.8
1927	9.300（千吨）	8.280（千吨）	52.1
1928	10.692（千吨）	8.396（千吨）	51.8

法国战后生产业的发展情势，上面的统计数字是可以约略指出来的。煤铁钢生产的激增，是表示法国重工业发展的情势；同时从煤铁钢的生产量上去看，又表示重工业已成了法国工业生产部门中的主要部门。从其工业生产部门中分别去考察，则是如次的情形。

表 22：法国橡皮业生产指数

（1913 年为基数 = 100）

1928 年 10 月	1928 年 11 月	1928 年 12 月	1929 年 2 月
629	637	618	726

① 前引 E. Varga 同书 1928 年第一季。

② 煤统计数字据国联《国际统计年鉴》。钢铁 1913—1926 年统计数字据国联同书；1927—1928 年数字，据 E. Varga 同书 1929 年第一季特殊之部二所载数字换算。

表 23：法国纺织业生产指数

（1913 年为基准=100）

1928：1	1928：10	1928：11	1928：12
100	96	100	99

表 24：法国人造丝业生产额　　（单位：米突吨）

1913	1923	1925	1926	1927
2, 900	4, 000	6, 500	11, 500	15, 000

橡皮业和人造丝业，战后比战前也都有惊人的增加。纺织业则在一九二八年还没达到战前的水平，这在表示生产消费资料的生产部门，虽然也随着生产工具的生产部门在发展，但是比较是未能为平衡之发展的。

现在来考察一下法国的贸易和金融市场。贸易上，法国在战前原是一个入超的国家；到一九二七年即法国战后经济妥定后的一年，即表现为出超。这在如次的统计数字可以明白的指出。

表 25：法国战前和战后对外贸易比较①

年次	输入	输出	出超	入超
1913	1, 625	1, 328		297
1926	1, 938	1, 925		13
1927	2, 072	2, 165	93	
1913	44. 2	22. 1		22. 1
1628	49. 1	41. 1		8. 0

战后一九二七年的输入较战前约增加四分之一倍，输出约增加五分之二倍；而且一方面输入和输出同时在增加，他方面由入超而转为出超。这是法国资本主义经济一个最良的情况；虽然在一九二八年仅就主要商品计，又表现为

① 上三行数据《国际统计年鉴》，以价计，单位十万元；下二行数字据前引 E. varga 同书仅为主要商品之食粮、原料、完成品合计，以量计，单位百万吨。

入超，但其数目是比较甚小的。

法国的金融资本势力，也是在疾速的长成了。我们从他集中世界金货的容量来看，就可想见法国金融资本势力的一个大概。

表 26：战后法国金货储藏量① （单位：百万马克）

年次	1925	1926	1927	1928
储量	2, 983	2, 984	3, 356	5, 260
世界总储量	43, 126	44, 984	45, 968	48, 028
美国储量	18, 469	18, 859	18, 372	17, 392
英国储量	2, 954	3, 087	3, 113	3, 148

法国的金货储藏量，自一九二五年后便在逐年的累积中。到一九二八年，其储藏总量约多于英国五分之二倍，占世界总额九分之一弱；仅次于美国，为世界储金最多的第二个国家。因此他在世界金融市场上和美国同表演为重要角色，甚至伦敦的银行家们，都不能不仰其鼻息的。

d. 英国

战后英国的经济，处处都表现在没落了。他在东方的市场，被日本侵占了一大部分；在世界各处的市场上又到处感受“金元资本”的压迫和排挤；他殖民地加拿大的资产阶级，已完全移到美国的支配下面，加拿大无异成了美国的殖民地；其他一切殖民地子国，也都在想脱离母国而独立。这一切一切的事实，都在充分表现“日不落国”的解体。

而且，法国的资产阶级，在战后跃跃欲试，居心想排挤英国在欧陆市场上的势力；被俘虏的德国资产阶级，在战后，仍不失为世界资本主义国家的三大主角之一。

还有一点，因为英国生产技术的陈腐和生产机关设置的衰老，对于那被资产阶级认作是具有“起死回生”的功能的产业合理化主义，也只能枝枝节节的采纳，终于无法作大规模的实施，这——产业合理化——到现在，还只是英国资产阶级计划中的一个课题。

① Economics and Statistics，1929, No. 1.

所以无论英国资产阶级怎样的“沉着”？终是挽救不了英国资本主义的衰老。“资本主义的祖国”，到而今真是“不堪回首”了！

随着战后资本主义经济的复兴，和世界市场情况的转佳，英国资本主义经济也得着一个暂时的妥定，而跟在所谓复兴的程途上；但是无论他的生产和贸易虽是比战前有增进，也终是逃不出长期的慢性恐慌——英国自战后恐慌的过去后，直至一九二九年大恐慌到来之前，就在长期的慢性恐慌中。

英国战后的对外贸易，我们从前面“表11”的数字去考察，输出和输入都超过战前甚远，那是一个事实。不过在时升时缩的状态中；譬如输入方面，一九二六年增至六，〇三一百万美金，一九二七年又下降至五，九二七百万美金，一九二八年更为下降；输出方面，一九二四年上升了，一九二六年又下降，一九二八年复又上升。这样一个不规则的变化情况，充分在表示被慢性恐慌的侵袭。

生产的一般情况，我们先把下面的统计数字介绍出来，再加以考察：

表27：英国一般生产统计①

	1913	1925	1926	1927	1928
纺纱碇子②	55, 576	56, 710	57, 404	57, 548	—
人造丝生产（单位米吨）	5, 205	13, 500	11, 550	17, 600	—
毛绒线输出（千磅）	41, 851	32, 041	33, 622	41, 952	—
钢生产（百米吨）	10, 425	6, 337	2, 482	—	—
铁生产（百米吨）	7, 787	7, 517	3, 620	—	—
煤生产（十万米吨）	292. 0	248. 1	128. 3	255. 3	241. 5
化学工业					
淡气（米吨）	9. 000	8. 800	—	—	—
硫酸（百米吨）	1. 800	1. 300	—	—	—

照上表的数字，从英国生产的本身说，纺织业和人造丝业，战后比战前均有相当进展；到一九二七年，毛织物的输出也超过战前的数额。但是人造丝产额的时增时减，恰和其对外贸易时升时缩的情形相适应，而在同样表现慢性恐

①《国际统计年鉴》。

② 国际棉业联合会棉业统计。

慌的情势。钢铁的产量，都在逐年的降减中，而且在一九二六年，钢的产额才及战前五分之一，铁的产量约当战前二分之一；煤的产量，至一九二八年还没达到战前的产额，并且在战后自一九二五至一九二八各年的生产也是时增时减的；化学工业也没有达到战前的产额。这于英国战后的资本主义经济是有重要意义的。英国原是一个重工业发展到了高度而且是发展最早的一个国家；重工业生产的极度衰退，是充分在表现英国资本主义已完全衰老。纺织工业虽然也自始就是英国的主要工业之一，但是他不能和日本一样；所以仅仅轻工业的发展，是不能挽救英国资本主义之没落的。

从英国战后经济在资本主义国际的地位说，纺织业仍为世界的第一位；毛织业也保持着战前的原有地位；人造丝业就由战前世界人造丝业第一位的国家而退处于意大利之次了；钢铁业的衰落，不仅对新兴的美国望尘莫及，且退而与卢森堡小国的地位相等（参看大东书局《世界工业状况》）。

英国资本主义的衰老，不仅是生产技术和生产机关设置的衰老，而是其本质的衰老。生产技术和生产机关设置的衰老，使英国的生产业反由“先进”而变成落后，不能不把世界重工业制品市场，让渡于具有最新式生产技术能力的美国和德国。

英国的金融资本势力，在战前也充分的支配着全世界。伦敦金融市场情势，就有充分代表世界金融市场的意义。战后的情形是怎样呢？不仅从根本的衰落下来，而且不能不转而受纽约和巴黎的银行家们的支配。

资本发行的总额，虽然比战前还有增加；但是资本流动的方向，却由战前之扩张的前进的情势，转而表现为一个收缩的保守的情势。下面的统计，便能把这个情势更明白的指出来：

表 28：英国资本的发行额和流动方向　　（单位：百万金镑）

年次	新资本发行总额	英伦本土	英领属地	外国
1913	150. 3	25. 6	56. 9	67. 8
1925	160. 4	119. 3	35. 5	5. 6
1926	159. 9	82. 8	45. 8	26. 3
1927	249. 8	171. 2	52. 9	25. 7
1928	290. 7	211. 7	52. 1	26. 9

从一九二七至一九二八两年，新资本的发行，几至全数都集于英伦本土；在其殖民地发行的资本额也在减少，只占一个最小的比例；在外国，所占的比例，便更其微小了。这和战前相比，恰成一个相反的情形。这不仅在表示英国资本主义“捉襟见肘”的窘状，和在世界资本市场上被排挤，而且表示他已充分失去其统制殖民地的能力。

e. 德国

德国是大战中被战败的俘虏，他在大战期中之空前的损失，所谓国民经济已全陷于绝境。我们还应该记及：德国的失败，并不是由于军事的失败；而是经济力量的枯涸，无法维持下去，自承失败的。又加上战后巨额赔款的负担，和殖民地市场及矿源的丧失，那不仅使德国资本主义经济陷于绝境，就是德国人民的生活，也同陷于不能维持的严重的恐慌状态中。当时代表马克的纸币价格，几至和“纸”的自身相等；——这自然严格的暴露了资本主义经济学所谓信用货币的虚伪和滑稽——当时德国普罗列塔利亚大众的心理，从他们日常实践的生活中，已经充分在了解代表马克的纸币甚至马克的自身，对于他们是无何重要意义的，他们所认为当前的重要的问题，是维护生命的面包的获得。他们并且还在了解：仅仅作面包的斗争去夺取面包，那还是不能解决问题的，甚至面包问题。

然而究因资产阶级的工具的德国社会民主主义者所代表的普罗列塔利亚特的政权，不肯对他们的主人的德国旧统治阶级采取正确的决绝的手段；反而替资产阶级的政权预备着一个复活的机会，让他们重整旗鼓，来向无产大众反攻。昙花一现的德国无产阶级的政权就不能不终于成了德国社会民主主义者卖淫的牺牲品。

资产阶级和社会民主主义者一度的“苟合”“云雨”之后，他们便从容不迫的向劳动大众施行一个逆的袭击，行使最强度的榨取。由于美国资本的流入而得到通货的妥定；再加以产业合理化主义的实施，借以获取更多的剩余价值。这样子，德国资本主义经济，仗着劳动者膏血的灌注，反而枯树又生出花来。

因此，德国资本主义在战后虽因赔款的亏累和条约的束缚，在世界的政治地位上受着排斥；但在经济上，他仍不失为世界资本主义经济的三大主角之一。也正因赔款的亏累和条约的束缚，德国资产阶级为尽力去保持其战前的基础，便更在用强压力去提高生产和增加输出。

现在开始从下面的事实来考察。德国在战前是重工业发展到了高度的国家，在这里，也先从重工业方面来考察。

表 29：德国战前和战后重工业的生产额①

年次	铁（百米吨）	钢（百米吨）	煤（十万米吨）	造船吨数（千吨）
1913	10, 907	12, 236	182. 4	465. 2
1922	4, 936	6, 305	88. 5	345. 1
1924	7, 812	9, 835	146. 4	175. 1
1925	10, 177	12, 149	136. 8	406. 4
1926	9, 642	12, 340	176. 2	—
1927	13, 104（千吨）	16, 308（千吨）	187. 1	—
1928	11, 808（千吨）	14, 520（千吨）	187. 8	—

德国重工业的生产，在战后不但保持其原有的基础，而且比战前还有点增进。我们再看他的重工业在世界经济中所占的地位，从战后和战前去比较一下。

表 30：世界各主要重工业国家钢铁煤生产占世煤总产额百分数②

（全世界的生产总额为百分之百）

	钢		铁		煤	
	1913	1926	1913	1926	1913	1929
美国	41. 51	52. 40	39. 92	50. 52	41. 64	43. 19
德国	15. 96	31. 14	13. 84	12. 18	12. 89	13. 32
英国	10. 16	3. 86	13. 23	3. 13	23. 51	20. 20
法国	9. 11	8. 93	11. 35	11. 87	3. 54	3. 85
俄（从沙俄到苏俄）	5. 50	3. 32	5. 35	3. 07	—	—
卢森堡	1. 74	2. 39	3. 40	3. 117	—	—

① 煤产额及造船吨数据国联《国际统计年鉴》，但煤的第一列数字系表示 1909—1913 年；1913—1927 年钢铁产额数字，据上同书，1927 年后之数字据前引 E. Varga 同书 1928 年第三季及 1929 年第一季特殊之部数字计算而成。

② 据《国际统计年鉴》数字所制。

德国在全世界生产总额的比例上，在战后不但未丧失其战前地位，而且还加重了成份。

轻工业和化学工业的生产情形，如次的数字可以表示出来。

表31：德国轻工业化学工业战前和战后生产额①

年　次	纺纱碇子数（单位千）	人造丝（单位米吨）	化学工业（米吨）
1913	10,920	3,500	1,000
1923	9,500	5,900	—
1925	9,500	11,790	1,400
1926	10,300	14,000	—
1927	10,900	16,000	—

纺纱碇子数，在战后一九二七年将达到战前的数目；化学工业比战前有增进；人造丝业的生产，战后一九二七年约为战前五倍。

贸易上，就前面“表11”的数字看：德国贸易的输出，在一九二六年就将达到战前的水平，一九二八年即超过战前的数量；输入也在一九二七年后超过战前数量，至一九二八年，贸易的差额就是出超的。在全世界贸易总额中，他依旧是主要贸易国的第三位。

贸易输入的增加，是表示德国生产事业的发达；输出的增加，一面是表示世界市场景气的回复，一面又应该是剩余价值之大量的蓄积。不过在赔款积累之下，德国商品的输出，大部分为赔款所抵消；所以德国国家的财富，在贸易出超的年度，也是流出多于流入的。因之，国家资本的输出虽大于输入，而是大部份支付在赔款上面，不是支付在投资上面；反之，外国资本在德国的直接投资，反不断的输进来。

f. 意大利

在没有考察到意大利的经济之先，得说几句关于意大利政治的话，因为他是一个特殊形势的。战后意大利法西斯党反动政权的树立，意大利资产阶级的政治愈益白热化。资产阶级的虚伪的“德谟克拉西”，成为法西斯蒂的实际的

① 据国联《国际统计年鉴》及棉业联合会估计之数字所制。

"迪克推多"，把历史上过去了的军国主义又复活起来，仍企图以军事力量为夺取市场的前锋工具。——这完全是初期资本主义和其第二期之最初年代的事实；到资本主义成长为帝国主义以后，还取这个拙劣手段的，此外就只有战前的德国和现在的日本；其他的资本主义先进国家，就已经把军事力量从前锋而调到后卫去了——除去他也已法西斯化。

因此，他在世界的政治上也跃跃欲试，公开和法国资产阶级争取欧陆市场的支配权。

但他的资本主义经济，自始就没有达到怎样可观的发展；和英美各强大资本主义的经济去比较，是卑无足道的。因为意大利经济也有一个不良的特殊情势，和日本一样，同样感受煤铁矿源的缺乏；所以重工业也始终还不曾有相当的发展，虽然在战后比战前有点增进。我们把他在战前和战后钢铁生产的数字介绍出来。

表 32：意大利战前和战后钢铁产量 （单位：米吨）

	1913	1924	1925	1926
钢	93, 400	138, 500	178, 500	171, 200
铁	42, 700	30, 400	48, 200	52, 200

轻工业方面，纺织工业部门在世界纺织工业生产总额的比例上，也是极其微小的；并且意大利的纺织业在战后比战前，也无增进。人造丝业的生产，在战后比战前，确实有惊人的发展。农业经济，在法西斯党执政后，虽然在力图改进，想把意大利的农业经济一直达到资本主义标准化的农业经济；但是法西斯党人并不懂的，在资本主义制度之下，农业和工业两部门间是有其本质的矛盾的。这矛盾，并不是法西斯党理想中的那种"组合运动"能够消除的；能够消除的终久还是小农的经济——小农终不免被资本主义制度的"组合运动"所排挤，而陷于农业奴隶的状态中。自然，在法西斯党所执持由组合实行共同经营（Affittanze Collectibe a Condizione unita）的原则，原在使各个的农民在变相的资本制经营下面，组成农业劳动产业军。关于意大利农业经济的实际情况，此刻我手下没有可靠的统计材料，因此宁付缺如。

轻工业的情况，现在把下面的一点统计数字补充上来。

表 33：意大利在战前和战后轻工业生产量

年　次	纺纱碇子（单位千个）	人造丝（单位米吨）	甜根菜种植面积（单位黑格特）
1913	4, 580	150	（1913—1914）82, 348
1924	4, 570	8, 400	（1924—1925）93, 000
1925	4, 635	14, 000	（1926—1927）80, 255
1926	4, 750	17, 000	（1927—1928）93, 240
1927	4, 941	22, 000	（1928—1929）112, 000

甜根菜的种植面积大小，是在表示甜根菜原料需求的多寡，也就可以推知糖业的生产情形。因此，意大利的糖业，战后比战前也是有增进的。

意大利的对外贸易，在世界资本主义经济上，也是不甚重要的。在战后一九二七年，他对外贸易的总额，才约和阿根廷小国相等（意大利为一，八五三十万美金，阿根廷为一，七九九十万美金），还远逊于印度和加拿大。意大利战前和战后的贸易情势，下面的统计可以指出来。

表 34：意大利战前和战后的对外贸易额　（单位：10 万美金）

年　次	输　入	输　出	出　超	入　超
1913	639	477	—	162
1926	1, 007	726	—	281
1927	1, 049	804	—	245

意大利对外贸易在战后虽比战前有长足的增进，但是入超额也增进了；这不但是意大利财富向外流出的问题，而又影响着意大利资本的蓄积。

C. 随着经济复兴而来的几个问题

产业合理化的实施和普遍着的影响，虽然构成资本主义经济复兴的一个重要契机；使资本主义的生产，在质量两方面，都得到更大的扩张和增进。然而资本主义之内包的矛盾，也随着加深了。这个矛盾局势之深刻的构成：一方面是劳动强度的加高和构成劳动的失业；一方面是资本的更形集中和世界市场的独占之最高形成；一方面是工业部门和农业部门间之益不平衡和农业之普遍的恐慌。我们在下面将分别去考察。

a. *劳动强度的提高和劳动的失业*

劳动强度的提高和需要劳动数目的减少，是产业合理化替资本主义表演的第一个特殊任务。

不变资本因生产的集中为无限的增大，可变资本便相对的减少至某种最小程度；这是产业合理化实施的一个结果。照资本主义以前的各种经济的意义上说，生产范围的扩大和生产质量的增进；需要劳动者的数目也应该要随时增加，可以吸收相当社会剩余的劳动力。可是在资本主义制度之下，随着技术的进步，需要劳动者的数目就在相对的减少，也就是不变资本的增大，可变资本相对的减少，这正是资本主义体系内的一个根本矛盾；产业合理化在资本主义的生产技术上所提供的效能，使这个矛盾更为深刻。因之，资本主义生产的范围是扩大了！生产的质量是增进了！劳动者失业的数量反而随着增进。

我们在这里，仅就英美德三个主要资本主义国家来考察；因为美国和德国是施行产业合理化最典型的国家，英国是资本主义的祖国。这三个国家在事实上，也是能代表现代资本主义经济的。

我们现在先介绍一点关于劳动能率和生产比例的统计。

表35：美国各产业部门中劳动能率增大量①

年　次	生产量指数	雇用劳动者指数	一劳动者所当生产量
1899	100	100	100
1914	169	156	108
1920	222	205	—
1925	275	188	147
1927	280	187	151.5

① 有泽广已、阿部勇合著：《产业合理化》，36页。

表 36：美国各主要产业部门中每劳动者每劳动时间生产量①

	1914	1921	1923	1925
自动车	100	215	295	510
冶金	100	100	154	—
钢铁	100	93	138	160
石油	100	190	129	177
皮革	100	133	140	128
西门土	100	121	130	158
精制蔗糖	100	82	101	129
制纸	100	90	110	126
制靴	100	128	121	117

表 37：英国铣铁生产业劳动能率②

	生产额（千吨）		被保险劳动者数	
	绝对数	指　数	绝对数	指　数
1923：7	639	100	26, 100	100
1925：7	501	78	19, 600	75
1926：7	656	104	21, 800	83

表 38：英国炭坑业劳动能率③

	生产额（百万吨）	就业劳动者数	每一劳动者每日当生产额
1925：3	23. 09	1, 074, 079	17. 98
1926：3	24. 05	1, 074, 395	18. 46
1927：3	24. 00	969, 943	22. 66

① 有泽广己、阿部勇合著：《产业合理化》，37 页。
② 有泽广己、阿部勇合著：《产业合理化》，44 页。
③ Survey of industries Vol. 2.

表 39：德国铁矿采掘业劳动能率的增大①

	职业及劳动者数	指　数	生产额（千吨）	指　数
1913	21, 773	100	5, 462	100
1921	25, 864	119	4, 413	80
1923	25, 659	116	3, 562	65
1925	14, 993	69	4, 332	81
1927	14, 865	68	4, 720	86

美国在一九二五年比一八九九年雇佣劳动者仅增加百分之八十八，而生产量却增加百分之一百七十五，每个劳动者的生产量却增加了百分之四十七。一九二七年，劳动能率更为增高，生产量亦更为增大，而雇佣劳动者的数量却反在减少。

德国在一九二五年和一九二三年，雇佣劳动者数为六〇与一一六之比，而生产指数却反成八一与六五之比；一九二七年与一九二五年，雇佣劳动者数为六八与六九之比，而生产量则为八六与八一之比。生产量在增大，雇佣劳动数则在减少。

英国铣铁业，在一九二六年生产比一九二三年增加百分之四，而雇佣劳动者数反减少百分之一七。在“表 38”的数字更表现的明确。

但是资本家不仅在提高劳动强度，而且同时在延长劳动时间。拿美国纺织业劳动者的作业时间来看。

表 40：美国纺织业劳动每周作业时间数百分比②

	48 小时以下者	54 小时以下者	60 小时以下者
1920	50. 3	43	6. 7
1922	35. 4	50. 5	4. 1
1924	31. 8	64. 2	4. 0
1926	30. 2	61. 9	7. 0

① Wirstechaftes jahrbuch S. 457.

② 上引有泽、阿部两氏同书 62 页。

每周工作四十八小时以下的劳动所占百分数，在逐年减少，而五十四小时以下和六十小时以上者，则逐年在增多。

劳动者在这样劳动强度和长的劳动时间的榨取之下，又加以生活食料的粗劣，劳动者的肉体是绝难担负下去的。据德国资产阶级的“都小脱蒙得矿务署”的报告，劳动者的伤亡率有如次的悲惨的记录。

表 41：德国劳动者伤亡率

	全体工人伤亡数	矿工每千人中死亡数
1901—1910 年平均每 3 个月	165	05.75
1925 年平均每 3 个月	18,549	48.96
1926 年 1—3 月	15,355	49.50
4—9 月	15,112	46.59
7—9 月	21,789	62.89

这是一幅如何凄惨的图画呵！至一九二六年七月至九月的情形，人间的凄惨的悲剧，更显现得残酷而严重了。

现在再来考察一下劳动的失业和工资的问题。

表 42：美国工人每周收入和职业指数

	1924：12	1925：12	1926：12	1927：12	1928：6
各业工人每周平均收入数	26.26	—	26.54	26.60	27.01
	1923	1924	1926	1927	1928
职业指数	100	88	91	89	85.6
棉业职业指数	100	83	83.1	87.3	79.1

上表的数字，只能作为一个大概的情形看；事实上或不免还有些隐蔽。照表中的数字，职业指数下降的背面，就是失业指数的上升；工人每周名义工资的收入虽在增加，而实际工资却是在减低，因为生活指数和物价在一年一年的上升。

表 43：英国工人失业百分数和工资指数

（失业工人数字以会被保险者为限）

	1924：7 月底	1925：7 月底	1926：7 月底	1927：7 月底	1928：8 月底
失业对在业百分数	9.9	11.2	14.49	9.2	11.6
	1923：12	1925：12	1926：12	1927：12	
机械工人每周工资率	（先令）（便士）55.0	56.6	56.6	58.1	
造船工人每周工资率	48.7	55.7	55.7	55.7	

表 44：德国工人失业百分数和工资指数

	每周名义工资		每周实际工资	
	生手工人	熟手工人	生手工人	熟手工人
1913	100	100	100	100
1925：1	132	110	90	81
1926：1	145	130	104	93
1927：1	147	131	101	90
1928：1	157	139	104	92
1929：1	165	146	109	97
年次	1927：11	1927：12	1928：11	1928：12
加入组合之工人失业对在业百分比	7.4	12.9	9.5	16.7

上列表“42”、“43”、“44”的数字，都是资产阶级的御用机关国际劳工局发表的；实际上不免都有相当的隐蔽。然而他所表示的事实，已够替理论作证明了。

自一九二五至一九二八年，劳动者失业的数量是在逐年的增加，在施行产业合理化最典型的德美两国，失业的增加尤其厉害。

工资率在名义上都是比较增加了，而实际工资却都是如实的在减低。因为物价的指数，譬如在战后一九二六至一九二九年间，较战前要高过百分之五〇

(参看表13)。因之劳动者的生活标准，不得不益为低下，而陷于更悲惨的境况。资本家一面强迫劳动者为最强度的劳动力的支付，一面又减少劳动者的工资——不仅是相对的减少，而且是绝对的减少——；资本家增高剩余价值的方法，无所不用其极了。

在这种情势之下，阶级间的矛盾显然要尖锐化的。可是在这个时期，各国的资产阶级都尽量的去利用拍卖阶级利益的社会民主主义者，借着他们卖淫的手段去欺骗劳动者；反让资本家对劳动者取攻势，叫劳动者自己反取守势的退让。下面的统计数字可以把这个情势明白的指出。

表45：英美两国过去最近几年工人罢工次数①

	1916	1920	1923	1924	1925	1926
英	532	1, 605	628	692	601	—
美	3, 789	3, 411	1, 551	1, 249	1, 301	1, 031

这个统计数字，我们虽然不能十分去信任；但是大致的情形是能正确利用的。照表中的数字，自一九二〇年后，各年罢工的次数，虽然在减少；并且罢工的结果，据统计的解释，劳动者在各次中多有作相当让步，而趋于调解。这显然是表示资本对劳动反攻。

资本对于劳动的反攻，在产业预备军数量愈大的时候，资本对劳动的压迫和反攻便愈来得厉害。产业预备军之必然的成长又是资本主义发展过程上之必然的事实。马克思在资本论第一卷上说：

“总资本的可变部分——即和这部分劳动力结合的——虽然因总资本的增殖而同时增加；可是在一种递减的比例中增加的……资本积蓄的结果，引起一种超过资本价值的增殖所需要的劳动人口；劳动人口自身促成资本的蓄积，又因此产生一种使劳动人口自身相对过剩的方法，并继续扩大其范围。”

“发生资本作用的社会财富，资本增殖的范围和强度愈大，及无产阶级的绝对数量和其劳动生产力愈大，产业预备军也随之愈大。任人使用的劳动力是和资本的伸张力同一原因而发展的。因之产业预备军的相对数，是随着财富源

① 据大东书局《世界劳动状况》数字改制。

泉的增大而增大的。”（高富素之日译本一卷之三）

b. 资本的高度集中和市场独占的发展

产业合理化提供给资本主义第二个特殊任务，是资本的生产的集中和市场的独占之疾速的进展和更高的形成，以及因此而引起之资本的集权。自然，产业合理化的发生，就建筑在资本集中的基础之上，产业合理化的实施，往复又提供为资本集中之更高形成的一个动力。

因之在战前，资本集中的情势，就是很严重的；市场也已经由几个托拉斯、卡特尔、辛迪加开始在支配。他们独占了国内市场之后，又在行着对国外市场的国际的协调和分割；他们相互间缔结瓜分世界市场的条约。像美国的电汽托拉斯（奇异公司）和德国的电汽托拉斯（总电汽公司）于一九〇七年就缔结瓜分世界市场的条约；美国的煤油托拉斯和沙俄的煤油托拉斯成立联系①，便是一些例子。

在战后，随着产业合理化的实施，生产和资本的集中以及世界市场的独占，便达到一个更高的形成；因此，从前残存的中小企业，到此时不能不全归于消灭之途，势力不敌的托拉斯，也不得不被归并或自己退让。让几个资本大王去结束其历史的时代。

在美国，战前无数托拉斯分辖的市场，战后便成了摩尔根 John pierpont Morgan（摩尔根公司）、西甫（昆罗勃公司）和福特 Ford（福特公司）这三个资本大王的统治系统；铁路大王哈力曼 Harmann 和煤油大王罗騫费勒 Rochefeller，则各是昆勃罗公司的一个支系②。在日本便成了崎男男爵（三菱会社）、元老松方（三井会社）和铃木夫人（铃木会社）等几个资本大王王后的统治系统。在德国，便成了 Des Stinnes Konzern 和 A. E. G.（Allgemeine Electrische Gesellschaft）等几个大卡特尔的统治系统。在英国和法国，也是同样的情势。

国际的独占组合，也都和各国内的组合一样，正在为更高的发展，把全世界都联系在一个组合之中，比从前的范围更为广泛。下面的事实，便是一例子。

---

① 伊里奇·乌里扬诺夫：《资本主义的最后阶段》第五章。

② 石滨知行：《美国资本主义发展史》中译本389—390页。

表 46：国际制铁卡特尔①

卡特尔名称	参加国	各卡特尔主要目的
欧洲钢铁卡特尔	英、德、法、比、奥等七国	输出额分配，输出价格决定，国内市场独占。
国际管铁卡特尔	德、奥、比、匈等七国	贩卖额的分配，贩卖市场分配，输出价格决定。
国际压延针金卡特尔	德、法、比等四国	贩卖分配，输出价格决定，国内市场独占。
国际精制针金组合	德、比、澳、加拿大等六国	国内市场独占。
国际针金组合	德、比、等四国	国内市场独占，输出额限制，输出价格规定。

表 47：1928 年 5 月铁卡特尔价格②

	厚铁	钢块	型铁	棒铁	箍铁	展铁
5 月 10 日协定价格	158	104	138.5	141	164	159.3
5 月输出价格	112	83	90.0	107	149	117
差	46	29	48	34	15	42
5 月输出奖金	22	19	35	28	35	21.5
铁关税	55	10	25	25	25	25

这不过是一个例子，在世界一切主要产业间，都有同样的组合，和价格的独占规定。

因此，到战后资本主义经济复兴的时代，全世界的市场便完全在几个资本大王的专制下面被支配着。不过前此市场分割的既成局势，是不适合于新的情势的需要；新的分割局势，又继着露出破绽；和平的分割，显然是不能解决问题了！所以不和平的再分割的形势，便随着独占的发展，一天紧迫着一天。而且，资本主义把世界市场一度分割之后，并不是不许重新分割的；乃是在继续不断的再分割。

随着战后巴黎和会而起的，有所谓什么伦敦会议、洛加洛会议、华府会

① 前引有泽广己等：《产业合理化》82 页。
② 有泽、阿部同书 243 页。

议、军缩会议、非战公约，和一个常设的所谓国际联盟会议，及一切所谓会议、条约、协定等等，都是市场再分割的新形势的开展，也就是在大炮、飞机和战舰面前所采的一种所谓和平分割的企图。然而事实上，这些所谓会议、协定、条约，对他们的问题是丝毫得不着解决的，矛盾是不能消灭的，而且只是在向前发展。

c. 农工业两部门之愈不平衡和农业恐慌的发展

随着资本主义经济复兴而来的第三个特征，是农业经济恐慌的发展。

在资本主义发展的过程上，他便带有摧毁原始农业经济的一种任务，那是无须考虑的，而且在这里也没有考虑的必要。

在资本主义制度之下，农业经济和工商业经济是不能平衡与统一的；在产业合理化所助长的工商业经济发展到现在这个形势，不过不平衡不统一的鸿沟便愈加深了。这个深度的差异，是农业经济之愈形落后。

其次，资本主义把一切落后国家的原始农业经济摧毁了，又不让他们踏入资本主义的前途①；只许他们以殖民地半殖民地的资格，去参加人类社会之资本社会的过程。所以这些国家经济的原始状态的恐慌，是成了一种常态的一直继续到现在，且还在向前进行，我们在这里也没有考虑的必须；在这里所须考虑的，是资本主义的农业经济的恐慌；自然，一些以农产物作为主要输出的落后国家，更不能不牵入这个恐慌的怒涛中，而又加重其原始恐慌的成份。中国东三省的农民因感受世界农业经济恐慌的影响，而相继破产，便是一个例子。

战后资本制下的农业生产量，急激的增加，呈现为一种供过于求的生产过剩状态。农业新式技术的采用，对农业劳动者的需求数目因而减少；金融资本和农业普尔（Pool）的独占和投机，更推进中小农经济的灭亡。自一九二四至一九二七年间，这种情形就日渐严重，那已在暗示着农业经济恐慌的快要到来。

在农产品的过剩和堆积的情形下，小麦市场的堆积，尤充分的表现得严重。在战后小麦耕作地面积的扩充和生产的增加，在加拿大、美国、澳洲、阿

---

① 在大战期中，许多殖民地半殖民地，也得着发展自己民族工业的一个机会；所以一切落后国家的工业在此时都得到相当的发展。但是在战后宗主国资本的重来，幼稚的民族工业便又不能不相当的退落下去，并不能一直去完成其资本主义的发展。

根廷四个主要小麦生产国家，都比战前有大量的增加；而小麦消费市场却没有增加。这种情形，下面的统计数字，可以指明出来。

表48：战前和战后世界小麦耕地面积 （单位：百万黑格特）

	世界苏俄除外	欧洲苏俄除外	加拿大	美国	阿根廷	澳洲
1909—1913	79.4	29.3	4.0	19.1	6.0	3.0
1924—1925	87.4	27.1	8.9	21.3	6.5	4.4
1925—1926	88.5	27.9	8.4	21.1	7.1	4.2
1926—1927	91.7	28.0	9.3	22.8	7.4	4.8
1927—1928	93.7	28.4	9.1	23.7	7.5	4.9
1928—1929	93.0	—	—	—	—	—

表49：战前和战后世界小麦生产 （单位：百万担）

	美国	加拿大	阿根廷	澳洲	合计
1921—1925	219	100	55	35	409
1925—1926	148	108	52	31	375
1926—1927	226	111	60	44	441
1927—1928	237	120	65	32	454
1928—1929	245	145	70	43	503

表50：美国每人小麦消费量 （单位：包歇尔 bushel）

1899—1908 平均	1909—1913 平均	1914—1920 平均
5.6	5.3	5.0
1921—1925 平均	1,925	1,926
4.7	4.4	4.3

生产和消费的不平衡，这是很明白的；于是大量的农产品只有让他去腐朽。可是在世界的他方面，却有无数得不着食粮的饥寒交迫的大众。资本主义的农业经济，反因生产的过剩而爆发恐慌。

在资本主义经济的体系中，因工商业经济以最大之速度向前发展，而农业经济却较为迟慢；因之农业经济在整个资本主义经济中，质量上都只占着较小的比例。可是恐慌在这个部门中发作，却也不能不影响到其他的一切部门。

各国的资产阶级对于此次农业恐慌的认识，他们并不肯承认构成恐慌的资本主义的本质的矛盾，那也是当然的；但是轻轻把构成恐慌的因素，归咎于所谓“苏俄农产品的投披（Dumping)”，却是一个极其无耻的解释。其实，在这个所谓“投披”的惊狂之下，苏俄对外的贸易额还只及沙俄时代一九〇九至一九一三年的二分之一[①]；而且苏俄的输出，据我们局外人的观察并不是在和资本主义各国争夺市场，而是为抵偿大量生产工具等商品的输入。据美国农业部长汉第（Hyde）的报告：在一九三〇年，“苏俄粮食输出到美国的，全年——前年九月到本年十月——为5,000,000包歇尔”。但在同时期芝加哥小麦市场每日的买卖就有60,000,000包歇尔之多，相比何止十倍。在英国，每年粮食的输入总量，并不少于25,000,000铐特（Qurter)；在一九三〇年八月一号至十月一号，苏俄输出到英国的粮食品，据英国资产阶级的宣传纸《邮政日报》（Daily Mial）载，有500,000铐特，《晨报》（Morning Past）载有1,002,000铐特，其他报纸所载为216,000铐特[②]。在占全额中这样小的苏俄粮食输出额，能摇动英美的农产市场，也只有资产阶级的经济学典中才能找着这种理论的解释。其实，实行小麦投披的，倒是大腹便便的金融资本家和小麦普尔所干的买卖。

在美国，小麦普尔的投机冒险家和金融资本家、农业资本家密切地结合着，在剥削美国的农民。农民出卖农产物，不能不照这一群剥削者所规定的最低生产价格出卖；而在他们的投机行为上，一年之中所卖出买进的，比美国全年小麦产量十二倍还多[③]。同时农民因为资本的薄弱，不能像农业资本家一样，去应用新式耕作技术和大规模的生产，所以生产成本自然要较高；在那一群剥削者独占支配之下，又不能不以低过生产成本的价格出卖他们的生产物。因此，中农和小农也不能不与贫乏结合，而失去其生产手段，一群群的离开农村，流入城市增大城市产业预备军的数量；农业资本家和金融资本家，却藉此

① 在一九〇九至一九一三年沙俄对外贸易总额占世界贸易总额百分之三，五，粮食输出平均每年为1,185,700吨。

② Labour Monthly. Vol. 12. No. 12. “Soviet Dum Ping and the wheat Poo”。

③ Labour Monthly. Vol. 12. No. 12. “Soviet Dum Ping and the wheat Poo”。

去集中土地，去施行他们所谓农业生产的合理化。美国农务局长勒杰（Legge）说："银行拒绝借贷给耕种三百英亩以下的小麦耕作农，他并且要求驱逐小农于小麦耕作业之外，去集中他们的所有。"这可以看见美国农业恐慌的背后，藏着一个怎样的稳秘？

在澳洲，农业经济的恐慌，也是极其严重的。

澳洲的小麦耕作农，是小农、佃农、合耕农（Share Farmer）和农业劳动者占主要成份。他们在小麦普尔和银行贷借资本的支配下面，正遭受无情的排挤。

澳洲社会民主主义的司考里政府（Scullin Labour Government）组织一个小麦普尔，一九三一年所规定的小麦价格，为比生产成本还低的四先令一包歇尔。同时又施行一种保护工业的最高关税，强制农民不得不用市场的独占价格去购买农耕机器和工业制品。因之，农业经济的恐慌，便更加深刻。

在加拿大，农业经济的恐慌，较其他主要农产国家还要严重。小麦的生产，在一九二八至一九二九年中，超过 100,000,000 包歇尔过量生产的记录。可是加拿大的布尔乔亚汜，还在说"农业生产合理化必须要增进"。

由过量生产而引起之恐慌的到来，银行家和独占业者也无法挽回的。他们并不了解这是由于生产之所以过剩和农产市场之所以萎缩；还只肯着眼于市场的竞争的观点上，命令小麦普尔的同业间，相互决定小麦的最低价格，"减低生产成本"的最低价格，去和他国竞争。但是加拿大并不与阿根廷和苏俄等国一样，能生产廉价的小麦。小农不能应用新式机器去经营他们渺小的农场，生产成本更要较高；富农还能勉强加入竞争。因此，驱着小农都堕入更深的债坑里，往复又迫着他们去廉价弃去生产物；结果，他们从土地中所得的收益，还不够去偿付抵押和欠债。而金融资本家对农民无力还债时，就没收他们的土地。这不仅农民的剩余利润被剥削，连他们的生产工具和维持最低生活的费用都被剥削了。因此，农民便不得不一群一群的离开农村而走入城市。

在德国，因农业经济的恐慌，而发生农业资本家和工业资本家间关税的争持。工业资本家不肯提高农产品的进口税，以便工人能得到廉价的食粮，降低工人的标准生活费；以增高其剩余价值率，这在各国也都有同样的事实。

日本的农业经济恐慌，在此时也就很严重的。我们将留在后专辟一节去讨论。

这时期农业经济等恐慌的事实，是在各国同时发生的。上述不过在择其几个主要的国家叙述。

世界农产物的过量生产，一半是由大资本经营的技术的改进和农场的扩大，一半是由于自然的丰收。但是所谓生产的过剩，在这里，完全因为在资本制度之下，农产品都被商品的资格约束着，才表现为过剩。所以并不是农产品的生产量本身对现在世界人类消费量的实在容量之相对过剩；过剩完全是商品的主观现象，并不是社会的客观现象。在世界的一面堆积着无数的食粮在腐烂，在同时的世界的他面，却有无数千万的所谓“灾民”和饥饿着的大众。

过剩农产物以商品的资格，把市场堵塞着：一处的市场被堵塞，全世界的市场便都卷入漩窝。这也是第三期资本主义经济的内在的结构。同时这个部门的慌恐，又成了其他一切部门恐慌到来的信号。

3. 复兴资本主义经济的产业合理化和苏俄五年计划

A、这两个问题本质的关联

资本主义战后经济的恐慌和复兴的情况，在上面已把握了一个大概。革命后的苏俄，社会经济的混乱，较之战后资本主义各国尤为严重——在新旧两个社会交替的当中，这情形自是不能避免的；在已往资本社会和封建社会交替之际，也经过一度同样的混乱。自革命后一九一八至一九二一年三年间，苏俄生产的减退，真是“小到连政府不须去统计的数字”。下面的统计，就是苏俄在这时期的生产实况。

表 51：苏俄革命前和革命后的生产指数

	1913	1918	1919	1920
工业总指数	100	35	26	18
铁	100	12. 3	2. 7	2. 4
煤	100	42	29	27

在这样经济惨淡的年季，也正是这个刚出世的“赤色婴孩”遭受全世界资产阶级冷嘲热骂的时候；当时世界资本主义各国虽然也都在恐慌的怒涛中，但是人们总讳言自己的短处，这尤其是资产阶级的特性；不过苏俄的布尔塞维克党人却能勇敢的宣布自己的真实。

恐慌过去之后，资本主义经济随即由妥定而复兴；苏俄在大革命的破坏和纷扰之后，也仿佛在和资本主义各国一样经过一个同样的过程。不过无论在表面上有怎样相同的情况——甚至有事实的同一处——本质上，终是两个根本相反的制度。

复兴资本主义经济的，是以产业合理化为主要的契机；继着“战时共产主义”而来的新经济政策，对苏俄社会经济的妥定，提供了一个重要的意义；随着新经济政策而演进的“五年计划”（Five years plan），提供为苏俄建设社会主义经济的具体纲领；直接引入到社会主义社会。

在苏俄施行新经济政策到第一个五年计划的时期，各国资产阶级都且惊且喜的在妄加推测：以为苏俄已经是对社会主义的放弃，又将回到他们的群中，而其实，新经济政策的时期，仅能说是社会主义的保守时期；五年计划的时期，是在积极建设社会主义经济的时期。科学的社会主义者，他们并不像乌托邦的安那琪主义者一样；他们确信社会主义社会之完全实现，是必须有相当的物质的条件的存在为前提的；在苏俄的当时，这个物质条件，显然是没有成熟。

但是五年计划和产业合理化，在两种社会制度各异的国度里被实施着，而且产业合理化所提供于资本主义经济复兴的效能，和五年计划所提供于建设社会主义经济的效能，虽然是前途各异，却有同样的表现。然而这两者之间，究竟有无内在的关联呢？

科学的效能，无论被社会主义所利用，抑是被资本主义所利用？科学的本质是同一的。不过资本主义利用科学的力量是有限度的，一达到某种的限度，资本主义便成了科学发展的羁绊；科学的力量，便又不是资本主义所驾驭了。反之，社会主义利用科学，科学才能为无限制的发展；正确的说来，科学和社会主义是本质的严密的结合着的；社会主义的基础，也原是建筑在科学上面的。

产业合理化的特质，以及其所提供于资本主义的任务，在上面已摘要提述过。

五年计划之生产技术上的特质，是在使苏俄国家一切生产力的组织和指导，确定一个一定的统一的科学的计划。苏俄在一九一八年的宪法中，关于新经济政策，就有如下的一个原则的决定：（1）使土地、矿山、铁路、工厂及一切基本的生产力社会化；（2）使一切生产力的组织和指导，依据一个一定的统一的科学的计划；（3）排除私人的利润，把一切经济的剩余归全社会使用；（4）一切身体健全的成员，都负有从事工作的义务，"不劳者不得食"；（5）劳动者对于经济生活的指导，应积极的参加；（6）对从事生产及其他一切有用工作的人员，务必宽广的支给衣食住及保护健康的资料，并使均沾教育文化娱乐的设施；（7）废除一切人榨取人的制度，完全撤（撤）废群众的阶级的分裂，压迫榨取者，建设社会主义的社会。新经济政策是这个原则的执行，五年计划是这个原则的进展和扩张。

苏俄在这个原则的实施以后，一切经济生产事业，尤其是重工业，便迅速的达到先进资本主义各国工业生产的程度，而且要由"并驾而前趋"。在农业部门，引导小农经济迅速的走入集团化的大规模的共同经济的生产组织，逐渐消灭富农和私有经济的社会成份，增加社会主义经济的成份。

因此，五年计划和产业合理化，在生产力或生产技术上的组织和指导，本质上是同一的，同是一个科学化的组织和指导；所根本不同的，乃是被施行在两种社会制度各异的国度里的生产关系的各异，因而构成其历史的前途的悬殊。

"没有科学便没有社会主义"，科学和社会主义是本质的严密地结合着的。资本主义利用科学，乃在行使其最高剥削的方面。

"资本主义的生产，是在为生产商品而生产"，为略取更高的剩余价值而生产。产业合理化的科学成份为资本主义所采用，便成了资本家剥削劳动阶级的最良工具。五年计划和社会主义结合，便成了创造社会主义社会的必要的物质条件的利器。

社会主义社会的实现，"仅能发生在关于这个问题的解决的物质条件业已存在，或至少在形成的过程中的时候"，革命后的苏俄，这个物质条的存在是没有成熟的。五年计划，便在完成沙俄时代资产阶级所未完成的任务。

产业合理化使资本主义社会的生产迅速向前发展到最高的程度——到生产

关系变成生产力发展的羁绊的程度——使“物质的生产力和现存的生产关系的冲突”，急激形成最后决斗的形势。因之，产业合理化，并没有挽救了资本主义的危亡；倒是驱着资产阶级替社会主义创造出来的物质条件和在其血轮下训练出来的无产阶级的教育能力，都迅速的成熟了。到了这条件的存在的时候，就在表示“资产阶级已不配再作社会的统治阶级，不配再要社会维持他的存在……资产阶级的存在，已不复适合于现社会了。”（K. M. Mamifesto）使剥削者被剥夺的时机，能为迅速的到来。

因此，五年计划是使苏俄直接由社会主义的建设到社会主义的完成，成为必然的可能。产业合理化，一方面在直接促速资本主义的灭亡，他方面却又在间接创设社会主义之实现的必要的物质条件。在这一点上，产业合理化却又负担了创设社会主义社会的一个消极的任务。

B. 苏俄五年计划施行的实现

a. 新经济政策时期

上节说过：新经济政策，是大革命后妥定苏俄社会经济的基本纲领；五年计划是新经济政策的前进和扩张。在没有叙述五年计划的实施成绩前，应先把新经济政策时期的苏俄经济，略加叙述。

现在提先把新经济政策时期和第一个五年计划时期的建设标准介绍一下；根据这个标准去考察其施行的成绩，我们便不难看见“四年完成五年计划”的口号，仅是“苏俄当局的乐观语”还是事实的结果？

表 52：苏俄经济建设的主要部门投资标准

	新经济政策时期（1923—1928）	第一个五年计划时期（1928—1933）	两期相比增减百分数
总投资额	26, 500（百万卢布）	64, 400（百万卢布）	—
工业上总投资额	4, 400	16, 000	+400%
农业上总投资额	15, 000	23, 200	+65%
运输业总投资额	2, 700	10, 000	+300%
电汽业总投资额	900	3, 100	+250%

预定投资额的分配比例，在五年计划时期和在新经济政策时期不同，这是

有重大意义的。表示五年计划时期由新经济政策时期之一般经济妥定之后，才能继续猛进，去完成其工业化，电汽化，和交通网的标准建设。

根据投资的标准比例，在各部门中财产和生产工具的增加，以及财产构造的成份，则预定为如下之数字：

表 53：苏俄计划中之财产，生产增加，财产构造成份标准

	1927—1928	1932—1933	增减百分数
一切基本财产总量	70,000（百万卢布）	218,000（百万卢布）	+310%
基本工业财产总量	9,200	23,000	+250%
基本农业财产总量	28,700	38,900	+130%
基本运输业财产总量	10,000	17,000	+170%
工业生产额标准	18,300	43,200	+270%
农业生产额标准	16,000	25,800	+160%
电力（每一小时发电力）	5,000（百万 Kw,）	22,000（百万 Kw,）	+440%
财产构造成份：			
国家的	51.0%	63.3%	+12.3%
合作社的	1.7%	5.3%	+3.6%
私有的	47.3%	31.0%	-16.3%

表 54：社会主义成份中各部门生产量的配合标准

	工业	农业	零售商
1927—1928	82%	2%	75%
1932—1933	92	16	91
增加百数	10	14	16

逐年实施的标准数字，我们在这里不必费篇幅太多，请读者去参看苏俄五年计划原稿（有中译本）。

在还没有叙述标准计划的实施之前，关于一九二〇至一九二三年的情形，在这里有追述的必要。

表55：革命后1920—1923年的生产指数

（1913年为基准=100）

	1920	1920—1921	1921—1922	1927—1923
工业	20.4	24.7	30.1	39.5
农业	68.9	63.9	54.4	73.6
合计	48.5	47.4	44.2	59.2

据国际联盟《国际统计年鉴》载，一九二〇年至一九二三年，苏俄加入组合之劳动者数字，为如次之统计：

表56：

年次	1920：4 **下半期**	1921：10	1922：10	1923：4
加入组合者数	6,856,890	7,913,618	4,483,095	4,828,000

这时各国资产阶级正闭着眼睛在造谣，而且这时的苏俄情形，也是他们所认为谜一般的非常隔膜。所以“表56”的数字，显见是不可靠，对什么也不能证明；能证明的，只是资产阶级的“造谣”。

一九二〇至一九二三年三年间，苏俄的工业虽然较战前相差尚远；但还表现逐年增加的趋势。这表示苏俄的无产阶级，在怎样艰苦奋斗，维护他们自己的政权。反之，农业方面在一九二〇至一九二二年两年间，却呈减退的情形，这正在表示当时地主的反动，和私有欲最强烈的农业小资产阶级的怠工。两相对映，正反照着只有无产阶级是创造社会主义社会的柱石，农民在某种时期——革命的紧急时期——却反成了私有制的拥护者，替地主资产阶级撑腰。

现在接着来考察新经济政策时期的苏俄经济，这时期包括一九二三至一九二八年五个年度的阶段。

表57：新经济政策时期的苏俄生产指数

（1913为基准=100）

	工业	**农业**	**合计**
1923—1924	48.0	79.9	66.5

续表

	工业	农业	合计
1924—1925	67.0	84.0	76.8
1925—1926	89.9	101.3	96.5
1926—1927	103.9	106.5	105.4
1927：28	119.6	105.6	115.5

据斯大林在全俄十六次共产党大会报告，苏俄经济的一般统计，为如次的数字。

表58：

工人数：	1926—1927	1927—1928
雇用工人总数	10,990,000	11,456,000
大工业上之工人	2,439,000	2,632,000
手工工人（农场季工在内）	7,069,000	7,404,000
铁路运输工人指数（1913=100）	127	134.2
工农劳动者进款占全收入百分数	——	75.2%
农工业经济总产量（战前卢布计算）：		
农业生产额	12,370,000,000	12,456,659,000（A）
工业生产额	8,641,000,000	10,325,995,000（A）
全人民收入（单位百万卢布）	23,127	25,396
国外交易指数（1913=100）	47.9	56.8

（A）据斯大林报告百分数换算

表59：电力（每小时发电力）① （单位：百万Kw.）

1925	1926	1927	1928
1,349	1,440	1,690	2,130

① 据国联估计数字。

“表59”的估计数字，和原定标准相差甚远；据苏俄当局的报告，则谓和原定标准并不相差。但是资产阶级的口中常夹杂造谣的成份，因此我们宁肯相信后者。

照斯大林报告的统计数字所表示，苏俄经济的一般情况，自新经济政策施行后，便在疾速的向前发展；至一九二六年，除国外交易外，均超过战前的水平；劳动者数量的急激增加，便表现产业的创设情形，在怎样猛进的发展。从工农劳动者进款占全收入的百分数看，一方面反映着小资产阶级收入所占成份的减小；一方面表示苏俄产业的发展，和资本主义国家完全异趣。

再从苏俄经济建设中，各种生产部门的情形来分别考察，看各种产业发展的平均程度是怎样？这也是必要的。

表60：重工业部门生产额　（单位：千吨）

	煤	石油	生铁	钢	粗铁	洋灰
1923—1924	16, 189	6, 040	660	992	690	354
1924—1925	16, 169	7, 059	1, 194	1, 806	1, 390	717
1925—1926	24, 431	3, 813	2, 149	2, 910	2, 250	1, 299
1926—1927	31, 930	10, 120	2, 965	3, 592	2, 724	1, 560
1927—1928	36, 300	11, 399	3, 280	4, 154	3, 353	1, 822
1913	27, 000	9, 200	4, 216（c）	4, 246	—	—

（C）生铁粗铁合计

表61：轻工业部门生产额　（单位：百万米突）

年次	棉织品	毛织品	麻织品（百万平方米突）
1923—1924	832	28.9	100.1
1924—1925	1, 485	48.5	134.3
1925—1926	1, 981	63.1	170.0
1926—1927	2, 342	85.4	194.7
1927—1928	2, 536	96.9	175.7

上表的数字，表示着两个意义：一方面表示苏俄自新经济政策实施后，产业便疾速的在向前发展；一方面苏俄产业的发展，在各种部门间都在均衡的

发展。

但是如果苏俄产业的发展，依旧是资本主义的成份占优势，那就不仅毫无意义，而且徒然增加社会主义前途的困难。这是值得特别注意的。这个问题，下面的统计可以完全替我们解释出来。

表 62：新经济政策时期苏俄经济构造的成份 （单位：百万卢布）

年次	1924—1925	1925—1926	1926—1927	1927—1928
大工业：				
国有的	3, 537	5,110	6, 033	7, 390
合作社的	251	393	450	492
私有及租有的	169	242	169	171
总计	3, 957	5, 745	6, 652	8, 053
小工业：				
国有的	25	28	28	28
合作社的	200	224	244	316
私有及租有的	754	878	937	968
总计	979	1, 130	1, 209	1, 312
全工业：				
国有的	3, 562	5, 138	6, 061	7, 418
合作社的	451	617	694	808
私有及租有的	923	1, 120	1, 106	1, 139
总计	4, 936	8, 675	7, 861	9, 365

上表“全工业”“总计”一项在一九二六至一九二七及一九二七至一九二八两年之数字，和前表斯大林报告数字微有出入，或系本表数字有所遗漏；不过出入甚微，还能被示为相当的正确。

照上表数字的指示：苏俄经济构造的成份，在大工业方面，“私有的及租有的”一项仅占最小比例，而且在行着锐减的趋势；反之，“国有的”和“合作社的”尤其是“国有的”一项，则占绝对大的比重，并且还逐年在增大其成份。在小工业方面，“国有的”及“合作社的”，也在逐年增加其成份；“私有的及租有的”虽然还占着大的比例，并且也还在逐年增大其成份；这表示私有资本从大工业上退落下来，只能在小工业部门中作最后的挣扎；但已显然的表示他在全工业领域中不能起何种的领导作用。

在这个时期，全世界资产阶级还在不断的造谣。说苏俄经济已完全破产，可是事实就是雄辩，上面的统计，就能自身解答的。否则，在我们，倒无所私于苏俄。

他们又在很普遍的宣传着："苏俄大量劳动群众都在失业和饥饿着的状态中"，现在最好也拿点事实来解答。在这时期，苏俄各年劳动失业的人数，据日本资产阶级的报纸载，则为如次的数字。

表63：苏俄劳动失业统计

年　次	1924—1925 年	1926—1927 年	1927 年 9 月 1 日	1928 年 4 月 1 日
失业工人数	848, 000	1, 353, 000	1, 477, 000	1, 576, 000

这种数字是否可靠？我们没有替苏俄辩护的存心和必要。不过苏俄在这时还有失业的事实，苏俄的当局也不否认；但是这种失业问题的内容，却是包含由农村来到城市求工作的农民，和要求学习工作的童年男女工人，这完全和资本主义国家的失业问题异趣。并且苏俄政府，还在尽量与此项失业者以练习工作的机会。在资本主义国家的失业统计，刚来到城市的失业农民，和在求工作而未参加过工作的童年男女，是被放在统计数字之外的。资本主义国家的失业，是因生产的过剩，把生产机关停闭，生产手段废置；在苏俄，则是因为生产手段的不足。这也是根本异趣的。

b. 五年计划时期

上节把苏俄新经济政策时期的经济情况，叙述了一个大概；现在接着来考察五年计划时期。这个时期包括自一九二八至一九三三年的五个年度，也正是人们现在所称为"第一个五年计划"的时期。

在联共十六次大会所表决的五年计划的原则，有如次的三个基要点：

（1）在国家管理之下，迅速的工业化，特别注意生产工具的生产，为社会主义大机械工业创立基础。

（2）农业上转变小经营之私人耕种为集体农场与国家农场；

（3）扶植贫农和中农及未成年者，尽量扑灭生产中之资本主义成份，奖励工人入于计划的工作。

五年计划实施的成绩现在已成了全世界公认的事实；就是前此咒骂苏俄的资产阶级经济学者，到现在也无法否认了。苏俄政府对五年计划实施的结果，各主要部门，每年都超过原定的标准；尤其是重工业，不满四个年度就超过五年的预定数字。因此苏俄政府“四年完成五年计划”的豪语；到现在却快要成为事实了。这个事实，在下面的统计数字中，就能表示出来。

表 64：劳动人数统计①

年　次	大工业工人	手工工人	雇用工人总数
1928—1929	2, 858, 000	7, 758, 000	11, 997, 000
1929—1930	3, 029, 000	8, 533, 000	13, 129, 000
1930—1931			16, 000, 000（A）

据大竹博吉所著《五年计划和劳动组织诸问题》上说：苏俄在一九三一年在生产和建设事业上，引进新劳动者数为二百万人；劳动者总数比前年度增加百分之一六。失业问题，已完全肃清②。大竹是一位社会民主主义者，他口里说出的苏俄“失业问题已完全肃清”的话，我们至少能认作一个可靠的事实；因为他们——社会民主主义者——从不曾替他们的朋友马克思列宁主义者的“布党”宣传过的——他们只会伪造些反的宣传。

劳动者数量的增大，就在映着产业的发展。下面是一九二八至一九三〇年两个年度的产业统计。

表 65：农工业总产额③

（以战前卢布计算）

年　次	工业（千）	农业（千）	铁道运输（千启罗米吨）
1928—1929	12, 097, 400	12, 691, 620	109, 886, 500
1929—1930	15, 337, 775	13, 161, 680	135, 622, 000

---

① 前引斯大林报告，农工业生产卢布数及铁路运输吨数，系照百分数换算。（A）非原报告数字。

② 日文《社会政策时报》昭和七年四月号，143 页。

③ 前引斯大林报告，农工业生产卢布数及铁路运输吨数，系照百分数换算。

续表

年　次	工业（千）	农业（千）	铁道运输（千启罗米吨）
第一年度对战前产量百分数	142.5%	109.2%	162.4%
第二年度对战前产量百分数	180.0%	103.0%	193.0%

一九三一年度，据前引大竹氏同文说：“社会主义化工业的全生产为二百七十亿卢布，比前年度增加百分之二一；其他重工业全生产额为百八十亿卢布，增加百分之二八。石油、电机工业、机械制作工业、鱼类罐头工业等，都在两年半或三年就完成五年计划原定的标准”。“预定国营工业投资总额达七十亿卢布，这个投资额，在两年半所投下的，已达到五年计划的原定总额。”①

表66：铁道长度②

年　次	1927/1928	1929/1930
长度（千启罗米突）	76	80

表67：国外交易指数③

（1913年为基数=100）

年　次	1927/1928	1928/1929	1929/1930
指数	56.8	67.9	80.0

表68：人民全收入④

年　次	1927/1928	1928/1929	1929/1930
百万卢布	15,396	28,596	34,000

① 日文《社会政策时报》昭和七年四月号，143页。

② 前引斯大林报告，农工业生产卢布数及铁路运输吨数，系照百分数换算。

③ 前引斯大林报告，农工业生产卢布数及铁路运输吨数，系照百分数换算。

④ 前引斯大林报告，农工业生产卢布数及铁路运输吨数，系照百分数换算。

续表

年　次	1927/1928	1928/1929	1929/1930
增加百分率	9.8%	12.6%	20.0%

表69：劳动者进款占全收入比例①

1927/1928	1928/1929	1929/1930
75.2%	76.5	77.1

一九三一年劳动者的工资更为增高；一九三二年已预定提高劳动者的工资率；尤其是重工业劳动者，预定炭坑夫提高百分之一七、制铁工百分之一二点五、机械工百分之七②。

苏俄五年计划过去实施的几个年度，一切经济事业，都在突飞猛进。更值得注意的，在过去几个年度中，工业的生产总额在国内各产业部门的比例上，已超过农业的生产，在和世界先进资本主义国家比较，苏俄已经由落后的工业国而得到并驾齐驱。劳动者的进款，在全收入的比例中逐年的升进，已达到百分之八〇以上的程度。对外交易还没达到战前的水平，这是不能拿估量资本主义国家那样眼光来估量的；因为苏俄的生产，根本就不是建基于商品的生产上面，因为他的输出，是在为输入生产手段——机器和交通工具等——而输出的。对外交易之每年在增加，这不仅在表示苏俄生产手段输入之增加，而且他正在力求一切生产手段满足重工业制品的需要，去迅速达到不依赖各资本主义国家的供给，所以他特别在加速其重工业的发展；下面的统计是可以指明的。

表70：重工业部门各种生产统计　　（单位：百万卢布）

年　次	1913	1930	1931
电汽业	68	586	972
摩托车，曳引机	—	97	486
农用机器	52	414	760

① 前引斯大林报告，农工业生产卢布数及铁路运输吨数，系照百分数换算。

② 同前引大竹氏同文147页。

续表

年　次	1913	1930	1931
其他机器	1, 000	2, 253	4, 191
发电台	1, 000	3, 800	6, 200
泥炭	2	6. 4	12
石油类	9. 2	19	25. 5
煤	27	57	84
钢	4. 25	6. 03	9. 0
铁	4. 22	5. 33	8. 83

据上引大竹氏同文又说，五年计划的主要事业，在一九三一年中殆已完成。一九三二年初头，又开始工业上的大建设：如大型机械制造所、小型机械制造所、大规模的制钢所、制铁所、化学工场等……均将在这一年完成的大建设。

又据共产党员 Osslnsky 说，在一九三二年耕地面积从战前之一一四百万黑格特增至一四四百万黑格特；在一九三一年春季，农场应用之曳引自动机增加三万具，合共已达十万零六千具；曳引自动机制造工厂的曳引自动机生产，在一九三一年各季都约有一万六千具的增加，尤其是第四季①。

上面这些事实的昭示，苏俄重工业发展的速度，连“资本主义王国”的美利坚都望尘莫及。生产工具和交通工具的生产，占苏俄重工业全部生产中最大的比例，这于其“一国社会主义”的建设上，是有其重要意义的。

表 71：大工业生产实际增加率和原定增加率比较表

年　次	原定计划增加率	实际增加率
1928/1929	21. 4%	23. 7%
1929/1930	22. 0%	25. 0%

现在不惮烦复的，再考察一下，工业上的生产增加率和原定计划增加率的

① Labour Monthly 1932. Feb. Vol. 14. No. 2 “the Fou rth year of the Fire-year Plan” p. 96.

比较，看是一个怎样的出入？

在五年计划实施的第一个年度和第二个年度，大工业生产的实际增加率，超过原定计划的标准，如统计所指示。

苏俄实施五年计划的成绩结果，最好还介绍一点他种事实的记录。

天津《大公报》记者曹谷水君一九三一年在苏俄的实际考察所得，有如此的一段记录：

“一九三〇年苏俄工业之成绩，以重工业为最优，轻工业略差。轻重工业合计，则一九三〇年工业生产，较一九二九年增加百分之二十五，超过五年计划中第二年工业生产之预算约五分之一强。分别言之，则去年重工业生产较之前年增加百分之四〇，而超过预算数量；轻工业则增加百分之十一，实未达到预期之数也。至去年各种重工业之生产数量，据苏俄政府之统计如下：（一）生铁四，九八〇，〇〇〇吨，钢五，五五〇，〇〇〇吨，煤四六，七〇〇，〇〇〇吨，煤油一七，一〇〇，〇〇〇吨；重大机器制造所，亦超过预算数量；惟纺织业则殊不振。盖去年苏俄棉产数量，仅及预算百分之六〇，自十月以后，各大纺纱厂因原料缺乏，多半停止两个月或两个半月；就棉织品产量言，则前年为二，八〇〇，〇〇〇米达，而去年则仅二，三〇〇，〇〇〇米达。是故不特未达米达预期之数，且不得不谓为退步。”（见曹君《苏俄视察记》）

曹君在走马看花般的时间中，作出这段记事；他所记的一九三〇年煤、铁、钢、煤油的生产量和上述的数字微有出入。但在大体上，我们还信任曹君是想拿客观态度说话的。

苏俄工业发展的事实，我们已领略了一个大概；但是经济构造的成份是怎样呢？我们在前面就说过，假使工业的发展，是资本主义的发展，那就反而增加了社会主义前途的困难；必须要社会主义的发展，能克服私人资本主义的发展，那才能适合建设社会主义经济的原则。

社会主义的工业生产，在一九二八至一九二九年度，较之一九二六至一九二七年度，要增加两倍以上；反之，私人企业或资本主义的生产，在一九二九至一九三〇年度较之一九二七至一九二八年度却减少五分之一。单就重工业说：社会主义的重工业在一九二九至一九三〇年度，已占全数百分之九九点三；私人企业或资本主义的重工业，则仅占百分之〇点七，较一九二七年至减少一倍。苏俄当局在一九三一年新经济政策十周年纪念的报告中说：“社会主义部分日渐扩大，私有部分殆已缩减到极可怜的程度。在一九二一年，私有部分在大小工业的生产额上，占百分之三十六；但到一九三〇年，则仅占百分之五。在耕种地面积上，私有部分，自一九二一至一九三〇年间，由百分之九十九，减至百分之六十七。在货物交易额上，于同时期间，由百分之七十五减至百分之五十五。”据前引 Ossinsky 同文说，“在一九三一年，有百分之六十二的贫农经济，业已集团经营化，至一九三二年，预计可增至百分之七十五；一九三一年社会主义的成份占总耕地面积百分之七十九，预计在一九三二年，将增至百分之八十八。”据前引曹君《苏俄视察记》载，亦有如此的一个统计。

表 72：耕地面积和粮食产量

年 次	1929	1930
全国耕地面积（黑格特）	120,000,000	130,000,000
全年粮食产量（吨）	72,000,000	68,500,000
政府征收粮食（吨）	15,000,000	25,000,000

表 73：1930 年粮食生产来源百分比

农场性质	所属耕地	粮食生产来源
私营农场	64.20	53.30
集团农场	33.00	38.10
国营农场	2.80	8.60
总计	100	100

上引苏俄当局的报告，一九三〇年私耘地面积占百分之六十七，和上表百分之六十四点二，出入甚微，证明曹君所记数字，还大致可靠。照百分数换算，集团经营和国营农地总面积，一九三〇年已达到四千六百五十四万黑格特。如照 Ossinsky 君的百分数换算，一九三一年社会主义经营之农地面积，便至少当在一亿零二百七十万黑格特以上（79×130 百万黑格特）。便已超过法意两国农地面积的总和①。

① 法国一九三〇年耕地面积为二千二百五十万零五千公顷，意大利为一千三百零一万公顷。

集团农场这样疾速的发展，就在表示苏俄政府建设社会主义经济的猛进。譬如在一九二七至一九二八年度，苏俄政府对集团农场的投资为七千六百万卢布；一九二九至一九三〇年度，便增至四亿七千三百万卢布；至一九三二年，将增至九亿卢布（见 Ossinsky 同文）。同时苏俄政府，对富农经济实行积极的压迫，对私营小农经济，亦予以消极的压迫。如对小农经济，减轻集团农民的担税，增高私营农民的担税；对富农，除政府一面供给集团农场的新式农具机器外，并没收富农的农具机器给集团农场利用。

因此，在一九三〇年，苏俄国家和集团经营的农地面积已超过五年计划最终年度的预定标准（原定为 20,600,000 黑格特）。所以在农业经济部门，也在两年就完成了五年的计划，并且超过原定的标准。到本年度（第一个五年计划的最终年度，第二个五年计划的开始年度），在苏俄的私营的农业经济，在其全农业经济的构造成份中，已不能发生何种的作用了。因此乃有普遍减低农民担税的消息。据五月九日天津《大公报》载：

“莫斯科七日电：据斯大林与人民委员会主席莫洛托夫颁布命令，本年人民须输纳政府之粮食，数额将较前大减，今年耕种土地面积虽较去年增加，但政府命令将强制缴纳之食粮额减少约二万万普特。私人经营与集团农场之负担均减轻；国家农场之额定，增加至五千万普特。”

这消息是确实的话？也并不是对私营农场让步，而是私营农业经济已不能发生何种的作用。增加国营农场之粮食产额，显系包含着增强社会主义成份的积极作用。

至于资产阶级的宣传机关还在宣传着的苏俄的失业问题，事实则是如此的情形。在一九二八年四月一日的失业数字为一百五十七万六千人；一九二九年四月一日为一百七十四万一千人；一九三〇年四月一日为一百零七万九千人，六月为九十三万六千人，十二月为三十万人；至一九三一年，则“失业问题，已完全肃清。”到现在苏俄反而在感受劳动力的不足；各国的失业工人，纷纷向苏俄要求工作，并已有大量的外国工人在苏俄工作。

于是我们对本节作一个结束：苏俄五年计划实施的结果成绩，就我们引用的统计说，重工业和农业部门，都在五年之前，就能超过五年的原定标准；根据曹谷水君的记录，只有轻工业的纺织部门，或者至须五年才能完成，抑或如人们所说，将留到第二个五年计划中去追加。

写完以后的追加

在本书付印后，又看到北平《世界日报》发表如此的一段记录：

"合众社莫斯科十四日电：据苏俄一九三一年国外贸易第一次完全报告，谓苏俄亦受世界经济恐慌直接之严重压迫，因世界市场价格下落之结果，致苏俄贸易损失约达 150, 000, 000 元美金。国外购买能力仅有部分的增加，出口总额增百分之一五，但较一九三〇年所收入者，约少 112, 000, 000 元美金，或百分之二一点七。在另一方面。五金机器及五年计划所需要之其他用品，其价格亦较往年为低。进口货较一九三〇年约增百分之二十五，其价格比一九三〇年仅高出百分之四点三。"

资产阶级总是拿资本主义经济的眼光去估量苏俄的经济。我们曾再三说过，苏俄的对外交易，并不是以输出商品为目的；而在抵偿生产手段和交通手段等商品的输入。在资本主义经济还支配着世界大部分的今日，资本主义商品市场的价格，当然能够浸透一切商品的；苏俄输出的物品，一到了资本主义的商品市场上，当然也不能不以商品的资格呈现着；由各国输入到苏俄的商品，苏俄也当然以商品的资格相看待。因之，资本主义经济的恐慌，倒不必使苏俄感受"直接的严重压迫"；恰恰相反，苏俄的输出和输入量，在世界资本主义经济极其恐慌的年度，反而在增加，倒是资本主义感受苏俄的压迫。

该电又说：

"若将去年苏俄出口贸易详加分析，可见俄国国内粮食缺乏之原因安在？黄油鸡子，在俄国非用顶高价格不能买得，因大半已被运往外国；出口黄油，去年为 30, 885 吨，一九三〇年为 10, 522 吨，去年较前年约增三倍；出口鸡子，去年约为 189, 876 吨，一九三〇年则为 70, 225 吨。煤油类仍为去年出口大宗，木材次之，小麦又次之，去年出口之煤油类总额共为 5, 224, 000 吨，一九三〇年则为 4, 712, 000 吨，以卢布计之，一九三一年出口煤油价 115, 663, 000 卢布，一九三〇年为 157, 025, 000 卢布。于此可见煤油价格之低落。去年出口小麦共计 2, 499, 000 吨，值 77, 112, 000 卢布，一九三〇年为 2, 531, 000 吨，值

130, 318, 000 卢布。去年出口之黑麦，较前年约增一倍，去年为 1, 109, 000 吨，一九三〇年则为 645, 000；但因价格低落，大受影响，去年淨得为 31, 980, 000 卢布，一九三〇年则为 21, 009, 000 卢布。苏俄去年出口之棉花共为 400, 000, 一九三〇年则为 101, 000, 去年较前年约增四倍。但吾人必须注意，俄国虽有一部分棉花出口，而入口之棉更多，两相比较，仍是进口多而出口少；去年苏俄棉花进口共为 53, 749, 000 吨，共值 40, 568, 000 卢布，出口棉花仅值 18, 000, 000 卢布（确实值得必须注意，著者注）。去年出口各种木材，共值 113, 593, 000 卢布，较一九三〇年 169, 740, 000 卢布，显有极大之退步。去年进口总额共为 3, 564, 000 吨，共值 1, 105, 000 000 卢布，一九三〇年则为 2, 855, 000 吨，共值 1, 058, 800, 000 卢布；故苏俄去年虽多用 46, 000, 000 卢布，而购入外货亦增多 708, 450 吨，或百分之二四点八。”

苏俄黄油和鸡子输出的增加，不过在表示苏俄农产物产额的增加；易言之，就在反映着苏俄农业经济之发展的迅速。资产阶级却硬要说成苏俄的国内食粮缺乏，并拿着苏俄农产输出增加的事实去证明他们的反宣传的理论，企图圆满他们所造出“苏俄的农民和工人群在共产党的铁蹄下忍受着饥饿”的谣言。但是这个证明之没有力量，恰如其理论的脆弱一样；恰恰相反，这事实倒是苏俄农业生产之增加的一个有力证明。

其他一切输出量的增大，也只在证明苏俄生产业的增进。输出品价格受资本主义经济恐慌的影响而减低，那于苏俄的经济上是无何重大影响的；因为输出品价格的低减，而输入品的价格也同样是低减的，恰如所说“苏俄去年虽多用 46, 000, 000 卢布，而输入外货亦增多 708, 450 吨”；实际的价值没有感受何种的损失。苏俄的输出和输入，都是由国家在直接承当；所以无论资本主义的商品市场起怎样重大的变化，于其国内大众的经济生活，是不能有何种影响的。

还有一点，苏俄去年棉花的输入量超过输出量最大的事实，据前面所引的曹谷水君《苏俄视察记》的记载，在前年，苏俄的纺织工厂因原料不足，有停止两个月或两个半月工作的；所以这宗纺织原料输入的增加，正是证明苏俄加大马力在完成其五年计划中之纺织工业部门的原定标准。这在我们也认为是值得注意的。而资产阶级的宣传机关却是采取一个相反的口吻，去提起他们阶级的注意，反认作是苏俄经济的一个不良象征。苏俄已经不是像资产阶级所想象的一个农业国家，而是成了一个在应用新式技术的具有强大之生产力的社会主义的工业国家；所以原料的大量输入，在资本主义经济学理论的解释上，也不能因此去找出经济上的破绽来；在这里，资产阶级的肉眼便只看见输出和输入的差异，真是“只看见树木，而不见森林”。

C. 五年计划和产业合理化实施结果的比较和其前途的展望

我们对施行产业合理化的资本主义经济和实施五年计划的苏俄经济，已分别把握了一个大概。现在开始来作一个比较的考察。

产业合理化提供于人类社会经济上的任务，却与五年计划有其共同的功效处；同样提供了生产技术或生产力的组织和指导的一个较高的统一的科学的范畴。可是产业合理化，仅是一个极其简单的生产技术上的科学化的计划；五年计划则是纯科学化的经济纲领；所以产业合理化，不过是五年计划中的一个技术的部分。资本主义的经济根本是无组织的，他只能窃用科学的一个部分；他和科学的全体系，反而立于相反的地位。因此五年计划只能作成建设社会主义经济的专名词。

产业合理化使资本主义疾速达到一个最高的形式，而完成其历史的发展的任务；同时完成了社会主义社会之产生的一切因素，使社会主义的社会能很快的直接由资本社会的母胎中蜕化出来。因此，他促速资本主义经济大恐慌之普遍的展开。易言之，便是加深资本主义的矛盾，缩短资本社会的历史的时间的过程。五年计划，使苏俄社会主义的经济建设，疾速的达到一个一定的标准；缩短社会主义社会之建设的过渡时间，一直前进于社会主义的社会。因而在这两者之间，便发现了一个最后的统一性的存在。

但是产业合理化与五年计划，虽然有一个科学的共同点和最后的统一性存在；他们却是被实行在世界的两个极端的社会制度各异的国度里，因而又构成一个矛盾的对立性的存在，加深了这两个制度的对立形势。

自然，矛盾的存在，他自身就不能在一个死的静止的不变的局势中存在着的；他反而有其自身的发展过程，而为这死的静止的不变的局势的发展的前进的动力；所谓死的静止的不变的种种形态，是不断的遭受其排弃的。因之，资本主义各国和社会主义的苏俄，在相互矛盾对立的局势中，是不能同时存在的。结局不是后者被前者排弃，便当是前者被后者排弃。产业合理化和五年计划的施行，这又加重了这个互相排弃的矛盾的因素。

不过终究将是后者被前者排弃，抑将是前者被后者排弃呢？这个问题的解答是无何困难的，只要我们肯从他们相异的生产关系着眼。

一种社会的生产关系到了他不能存在的时候，他自身是无权存在的；反之，一种社会的现存的或正在发生的生产关系，当他还为或正为当时的生产力的发展所依附的时候，人类是无权排弃他的存在的。马克思在《政治经济学批判》的“序言”中有如此的几个公式：

“在人类进化的一定阶段中，社会的物质的生产力与现存的生产关系发生冲突，或则——这不过是同一事物的一种法制的表现——和他们从前在其中经营所依附之财产关系发生冲突；由于生产力的发展形态，这些关系便变成了他们的羁绊。于是社会革命的时代到来。”

“因为经济基础的变更，全部无限的上层结构，也必或疾速或缓慢的变更了。在考察这些变更的当中，我们应常常将自然科学的精密所能证明的经济的生产条件的物质的变更，和法律的、政治的、宗教的、美术的或哲学的诸形态——要之，即人类用以认识这种冲突并打破这种冲突的意识形态——区别出来……我们不能本着变革时代的意识来判断这变革时代；反之，这个意识，毋宁从物质生活的矛盾，从社会生产力和生产关系的现存的冲突来解释。”

“当社会秩序中有容纳余地之一切生产力尚未发展时，社会秩序决不消灭；而生产关系的物质的存在条件，未成熟于旧社会胎中时，新的高度生产关系也决不出现。所以人类仅能着手研究那些能够解决的问题。因为过细一看，我们可以常时找出问题的本身，仅发生在解决这问题之物质条件已经存在或至少在形成的过程中的时候。”

“我们得将亚细亚的，古代的，封建的和近代资产阶级的生产方法，定为社会经济的如许多的发展的阶段。资产阶级的生产关系，是社会生产过程的最后矛盾的形式——这矛盾的意思，不是指个人的矛盾，而是从个人的社会的生存条件所发生的矛盾。同时，发生于资产阶级社会胎中的生产力，创立关于那矛盾之解决的物质条件。所以这个社会构成人类社会前史的终段。”

遵从马克思对我们的指示，我们现在的问题，就应该是这样的去把握。资产阶级社会的发展是不是到了完全被排弃的程度？就只看资产阶级社会的秩序中，是否还有容纳生产力发展的余地？他的生产关系是否已成了生产力发展的羁绊；如果在他现存的这个秩序之中，已没有生产力的发展的余地，反而成了他发展的羁绊，那就无疑的，资本社会便不能不遭受排弃；他在人类社会的历史上，不能不从此告一段落。

资本主义的生产力借着产业合理化的推进，疾急达到高度发展的形式；其“社会的生存条件所发生的矛盾”之解决的“物质条件”已完全在其胎中创立起来了；生产力和其生产关系的冲突，已呈现为未曾有的尖锐化的形势。资本主义经济在他的发展到今日的这个终极阶段上所呈现的事实：是大量生产的过剩，商品市场的狭隘，劳动失业范围之无限的扩大与增加，生产机关的废置……这是显明的表示资产阶级社会的生产关系，已无驾驭生产力的能力；生产力自身已经被他羁绊在一个锁链之下，再不能在他的秩序中有发展的前进的可能了。

反之，在苏俄，五年计划的实施，对苏俄经济的发展上，虽然提供了一个最大速度的功效；使苏俄的经济，由落后而“并驾”，由“并驾而前趋”了。但在另一方面，他不仅不同资本主义各国一样，感受生产的过剩……在社会主义的需要上，反而嫌现有生产能率还过于渺小；失业问题不仅已不能在社会主义的国家中存在，他反而在嫌劳动力的不足。

因之，这两者间的中心的差异点，是在于一个建基于资本主义私有制度之上，生产是为商品而生产的生产；所以生产的增大，失业反而随之增大，市场却益形狭隘；一面是大量饥寒交迫的大众，一面是无限堆积着在腐烂的商品。恰恰相反，在苏俄便完全两样。

所以，产业合理化在消极上的作用，促进资本社会的衰老和灭亡；在积极上又创造了社会主义社会成立的一切前提。社会民主主义者认为产业合理化是能由现有资本主义的经济组织，直接引入国家资本主义的形态和实质，这不惟是一种幻想，简直在替垂死的资本主义说法。

D. “第二个五年计划”的展望

在本书付印之后，我才读到联共十七次大会对第二个五年计划的决议案，和苏俄人民委员长莫洛托夫在该次大会的报告。关于苏俄第二个五年计划，我认为在这里有追补一节的必要。

因为苏俄的第一个五年计划，在四年就完成了五年的标准——甚至有些是超过原定的标准——因之第二［个］五年计划就紧接着开始于第一个五年计划的第五年度。第二个五年计划的期间，自一九三三年一月一日起，至一九三七年十二月三十一日止。

紧接着第一个五年计划的第二个五年计划的基本原则，不过是第一个五年计划的前展；恰和第一个五年计划之为新经济政策的基本原则的前展一样。这依旧没有超出列宁的经济计划的原则之外。

不过第一个五年计划，是着重在苏俄冲破物质的困难的斗争；第二个五年计划，则着重在技术的困难的斗争。

第二个五年计划之经济建设的纲领，在使苏俄全土的电汽化，一切生产作业的机械动力化，和运输交通网的完成。履行这个原则的进行，在重要工业方面，则预定出如此之标准。

表 74（原 73 重号）：重要工业的建设标准

年　次	1931	1937
电力（百万启罗马力）	10. 60	100. 00
煤炭（百万吨）	57. 00	250. 00
石油（百万吨）	23. 10	70. 00
铣铁（百万吨）	4. 90	22. 00

交通的设备的较高标准，在第一个五年计划中，是没有加进去的。因此莫洛托夫说；“我们未能实现发展交通的计划，尤其是铁路交通；我们现在每日都受着这种结果的痛苦。”因此在第二个五年计划中就规定，对现有铁道及附属于铁道之重要设备，一律从新改造；并加筑铁道 25, 000 至 30, 000 启罗米突。

农业方面的生产标准，预定谷的生产增至 1, 300, 000 普特（斛），棉花和亚麻的生产增加一倍，葡萄糖的生产增加二倍。

其次，第二个五年计划还有一个重要的意义。在第一个五年计划的实施期中，苏俄政府虽然在极力设法提高工农大众生活消费的标准；但在事实的可能上，并没有达到理想的程度。第二个五年计划的实施，又在与工农大众的生活条件一个改进的更高标准，给他们的二倍或三倍于现在的消费品。谢夫利克

(shevernick)在赤色工人国际中委会说："我们和资本制度根本差异的一点，劳动生产能率的增高而引起之生产品的增加，是在于改善工人生活的条件。"联共十七次的大会的决议案中说："在消灭寄生阶级，和使劳动者管理生产的基础之上，工农的幸福将以最快速率增进。一般劳动者的生活状况，也将要普遍的得到绝大的进步。大会目的在充分供给人民的需要。"

第二个五年计划的主要政治目的，联共十七次大会的决议案中有如此的一个原则的决定：

"本会认为第二个五年计划主要的政治意义，是完全将残存的资本主义的因素和阶级消灭；并彻底毁灭一切凡能造成阶级的区分和剥削榨取的原因。消灭资本主义在经济生活中的残余势力，和其在一切人民的意识中的影响。使全国的劳动大众成为一个建设无产阶级社会的自觉和自动的担当者。"

在第一个五年计划施行的结果，资本主义的经济，在工业上，从大工业方面被驱逐出来，但在小工业方面还占着相当的成份；在农业上，集团化的结果，私营经济的成份虽是减小了，但依然有其成份的存在。这些在工业和农业等方面资本主义残余的存在，便是阶级的区分和榨取因素的存在。因此第二个五年计划，便在根本肃清资本主义的残余的成份。

因此，莫洛托夫说："社会主义的基本任务，就是肃清资本主义；易言之，就是消灭阶级，消灭人与人间的榨取关系。我们确认，肃清资本主义因素，就是消灭榨取阶级；没有榨取阶级，就没有被榨取者。""在第二个五年计划中，肃清资本主义因素的估计，是极其正确的。"因之，"在第二个五年计划之中，党一定而且可能根本肃清资本主义的因素。"

我们根据上面所摘录的苏俄第二个五年计划的原则——照苏俄当局的申述，这原则还要逐年修改的。——则到一九三八年，苏俄在经济上，便要成为世界电力和机械的主人，政治上便要达到初步的无阶级的社会。

事实要胜过雄辩，我们此刻固不必预作理论的推断，资产阶级的嫉忌和怀疑，也是无何重要的。

二

一九二九年开始的世界经济恐慌和资本主义矛盾的展开

1. 构成资本主义临歿期的经济恐慌之特质

A、马克思恐慌论的本质

资本主义通身都是矛盾，他本身的发展，一切他所包含的矛盾也都随之发展。这两者之间，是“相依为命”般的结合着的。

经济恐慌，是矛盾发展过程中的必然结果。因之，资本制社会的存在，便无法避免恐慌之循环的出现。构成经济恐慌的核心问题，是生产和消费的不平衡；在资本主义的经济范畴里；是无权求得生产和消费间平衡之可能的——要是可能的话，除非他不是资本主义。所以恐慌并不是在资本主义的社会里所能驱除的，他反而成了资本主义自身的致命伤。这是在资本主义发展的过程中所明白表演过的事实。

随着资本主义的发展，由自由竞争到独占的形成。资产阶级的经济学者们，好像如鲋鱼得到一点活水似的；以为资本主义到了这个——独占——形势之下，便可以有权去统制生产和市场，而有调节生产和消费的适应的平衡的可能。这就是曾经号称为马克思主义理论家的德国社会民主党领袖考茨基，也不免具有这种同样的幻想，而唱出“超帝国主义”的怪论。但是事实和他们的理论——其实，这所谓理论，也不过是一种江湖游客的俗调——恰恰是“背道而驰”的；在独占的形势之下，反使经济的各部门间的发展，愈为不平衡。

最近由于资本主义产业合理化所引出之绝大的恐慌，资产阶级在这个当中，而有所谓某几种物品暂取公卖制度的一个调协的企图；各国的社会民主主义者，便一致认为这又是直接走入国家资本主义或社会资本主义的前提。这在他们自然是无所顾惜的在背叛马克思的的遗教；同时，科学也未免遭殃。在我们，便有权请他们去了解他们久已抛弃的马克思的恐慌论的必要；慎重的把马克思的恐慌论提出，又是我们的义务。

马克思恐慌论理论的艰深和公式的严密，是《资本论》中最难了解的一个部分；同时篇幅之长，也不是我们轻易能解释清楚的。因此在本节是注重于他的基本公式的解释。

我们从历史上去考察，生产和消费的平衡之搅乱，是商品发现以后的事情；跟着商品自身发展的进程，生产和消费间不平衡的搅乱，范围也随着扩大。资本主义把全世界造成为一个商品世界，全世界便入于一个生产和消费不平衡的搅乱中，便在一个循环发现的经济恐慌的搅乱中。

在原始没有商品的社会中，生产是为满足消费的欲望而生产；所以生产和消费的平衡，是一个自然的形态；经济恐慌的事实，便没有发生的可能性。在资本主义的商品社会中，生产是商品化的生产；生产和消费的结合，是要经过一个极其复杂的商品的媒介作用才能实现的；所以构成生产和消费间的不平衡状态，也是必然的，恐慌是不能避免的。

生产和消费仗着那极其复杂的不自然的媒介作用去结合，那便是构成不平衡的因素。资本家的生产，对于市场的需要，在质量和数量方面，都是一无所知的。所以生产的自身，便陷在一种无政府的状态中，在资本家冒险和投机的冲动中进行着。同时，消费者因为要经过那极其复杂的不自然的媒介作用，才能从生产者方面取得满足自己消费欲望的商品；因此，一方面资本家在感受生产过剩的压迫，他方面无数饥寒交迫的“消费者”，反不能得到必需的消费品。

随着人类社会文明的进步，和人类消费欲望的提高，因此要求社会的分工。在复杂的分工的形式之下，把自足经济的生活，便打得粉碎了，一切个人的生活，都不能不靠着一切他人去满足。举一个例子，如我们所着的衣裳，是靠缝纫店作成的；缝纫店所用的劳动手段的机器是机械厂制造的……所用作劳动对象的布，是纺织厂造出来的……这样联成一个广大的相互依赖的系列。在这个相互依赖的系列中，无论在过去在将来，如果单纯的为直接去满足各个或社会的消费欲望而分工，那是没有什么生产消费不平衡的问题存在的。但在资本主义制度之下，问题就不像这样简单的。仍拿缝衣机器制造业和缝纫业作个例子来考察。缝衣机器制造业者，对一定时间内，市场对他生产物的需求量多少，他是一无所知的；但是他仍是只管埋着头去生产。这而且连他的顾主的缝纫业者自身，对于缝衣机器的需要量的“标准”，也是一无所知的。他在一无所知的状态中，是要依于他所生产的商品（衣物）的被消费——正确的说来，就是市场的购买力——是如何为转移的；但是市场的购买力如何，当商品远在生产过程中的时候，他依旧是一无所知的；而且当消费物以商品的资格呈现时，单个消费者对他自己消费的标准，也是不能预定的。在这简单的例子中，问题——生产和消费的平衡的问题——就已经充满了困难，而成了一个无法解决的定性的东西。

全社会的一切存在的生产部门，在一个更其交互错综的经济关系中；问题的性质便更为复杂，在以商品为联系的制度上，问题的解决，益成为不可能。马克思把全社会一切存在的生产部门，分作生产工具的生产和生产消费资料的生产两个部门，他并假定他们都是行的单纯的再生产；因而作出如此的一个基本公式；这公式给我们去了解他的恐慌论的一个初步知识。

假定生产工具的生产部门每年投放的资本为5,000镑，其中4,000镑投放为不变资本，1,000镑为可变资本；又假定价值增殖的比例为百分之百，每年剩余价值的生产将为1,000镑。则每年的商品生产物便等于6,000镑(4,000C+1,000V+1,000M=6,000Pm)。剩余价值的部分（1,000M）假定每年为资本家所消费，不再转入到生产方面去。同样，生产消费资料的生产部门，每年的资本为2,500镑，其中2,000镑为不变资本，500镑为可变资本；则每年的商品生产物为3,000镑（2,000 c+500 v+500 m=3,000 K）。

这样子，在这两个部门中，第二部门中的500 v+500m的生产物，是该部门中资本家和劳动者每年直接所消费了的。在第一部门中，是该部门中资本家和劳动者每年所消费的部分1,000 V+1,000 M，同以货币的形态向第二部门购买消费资料；因此，2,000镑的资本以货币的形态而转入第二部门资本家的手中，这样第二部门每年生产的任务就完成了。第二部门的资本家，每年又以此2,000镑的货币向第一部门的资本家购买Pm，因此2,000镑的货币又转入第一部门资本家的手中，不过第一部门原先付出购买消费资料的2,000镑，现在才还原回来；所以第一部门的资本家除投放在生产中的5,000镑劳资本以外，还得有1,000镑闲置的资本。其次在第一部门的6,000镑商品生产物，除第二部门买去的2,000镑外，仍余下4,000 C是Pm成立的。这只能在第一部门中利用，作为其中消耗的不变资本的补偿；因此使第一部门中的各个资本家互相交换去完成他们的使命。

其次消费资料的生产部门，大要可分作生活必需的消费资料和奢侈消费资料两个部门。后者不是劳动者所能消费的，而是资本家以每年所得的剩余价值作为交换去消费的。因此，如果后者的可变资本不少于前者的剩余价值，便要后者生产的停滞。

因此，只在单纯再生产的关系中，第二部门中的不变资本必须和第一部门中的可变资本量加剩余价值相等，所谓生产和消费的平衡才有想象的可能——实际上，在资本主义社会中，这自然是不能想象的。若是第一部门中的可变资本加剩余价值小于第二部门中的不变资本，则第二部门的生产便不能照前进行；反之，如果第一部门中的可变资本加剩余价值大于第二部门中的不变资本，则第一部门便有生产过剩的恐慌。

这是我对马克思那个基本公式的简单的解释；根本的理论，我还是请读者去读《资本论》第二卷第二十章。

但是问题并不如这样所想象的简单。马克思的公式，他自己曾经说过，只是作为读者去了解他的恐慌论的张本。公式中是把一切生产工具的诸生产部门，假定着作为一个全一体看的；把一切生产消费资料的诸生产部门，也是假定着作为一个全一体看的。而其实，在一切生产工具的诸部门相互间平衡的问题和在一切生产消费资料的诸部门相互间平衡的问题，我们还没有想象得到的。

在现代资本主义社会，并不是行的单纯再生产；剩余价值的蓄积，不断的加入到生产资本中去，作成新资本的部分。更因为各个资本家为相互间的竞争的必要，资本的积累，便越来越大。这样第一部门与第二部门间之平衡的问题，便更是茫然，连想象都不可能了。

这还是把资本主义的一切生产部门，只当作两个部门看的。而其实，在资本主义的各种生产部门间，如在第一部门的各部门间或第二部门的各部门间，由于经济的自然的内在律的规定，以及地域原料等等的限制关系，在各部门间各国家间的发展，也是不能平衡的。所以列宁说："个别企业、个别工业、个别国家的不平衡和时起时伏性，是资本制下不可避免的。"（见"帝国主义"）

但是上面还在假定资本主义社会只包括资本家和工人，而资本主义在发展的过程中，把农村自足经济摧毁，使农业经济也成了资本主义经济的一个部门；把农民分成为小农和劳动者，以扩大资本主义商品的消费市场，这样使资本主义又入于一个更广大的发展。但是农业的发展是不能如工业一样之发展的迅速和大规模的生产，而是要比较落后的。这又构成资本主义之不能平衡的一个主要因素。

资本主义的生产力之无限制的发展，而购买力却是有限制的；这样便构成经常生产过剩的事实；直至大量过剩生产的堆积起来，市场的价格便不能不低落下去，恐慌便发现了，而且这个不平衡的发展，也只有依仗恐慌去调剂。在每次恐慌的当中，一方面便有许多中小企业者没落下去；资本更得到一次的集中；一方面大资本家为抵御恐慌和市场的价格，则又集中更大的资本向生产工具的生产部门或较落后的生产部门移动，生产力因此又得到一次更高的发展。

同时，不变资本之无限的增大，可变资本之相对的减少，这却是使资本家的利率也相对的减低了。资本家为要得到最高的利率和最多的剩余价值，以及在市场的竞争，拼死命的又改进生产的技术，扩大生产的规模；这样使"资本的有机组成"是加大了，而资本家的利润却在减低。在他方面，不变资本之无限的增大，可变资本之相对的减少；而劳动者的消费能力，是由可变资本部分构成的。不变资本的增大的结果，自然是生产力的增大；而可变资本的减少，却是社会消费力之相对的减小。这又构成不平衡的一个主要因素。

总之，资本主义是建基于不平衡的基址之上的。所以列宁说："不平衡的发展，是资本主义的规律"。在资本主义社会中，生产力只自个别的向前发展，对其他部门其他区域和社会的需要，是他无法顾及的。恐慌是这个事实之必然性的结果。而利己的资本家们，宁肯让商品的堆积或毁灭，却不愿让资本空闲，去限制生产——这虽然有时有限制的事实，也是"不能及时实现的"——不问销路如何，还是要继续扩大生产的。因之，恐慌之循环出现的结果，便不可避免了！恐慌一次，生产力发展一次，也就成了矛盾发展过程中的必然事实了。

但是由竞争而发生的资本集中的发展，是独占的形成。每经过一次恐慌，资本便愈为增大愈为集中，而产业部门的数目，却是减少了。这样递演到帝国主义时代即金融财政资本主义时代，全世界便成了少数资本大王的独占市场；因此，不仅演出资本的集中的形势，而且构成资本的集权的形势。但是这种独占，是存在于资本家与资本家之间、国与国之间的一种剧烈竞争的基础之上的；虽然他们有时在玩弄和平分割的把戏。但是所谓和平分割，却是建筑在强权竞争的基础之上；和平分割的局势为经济的事实所抛弃时，便只有引起市场的再分割，或世界大战。

独占市场价格的第一个结果，是减少市场的购买力，而且在独占价格的剥削之下，使市场的购买力又为迅速的客观的减退。其次独占市场没有竞争的原故，又间接妨碍着生产技术和生产力的发展。

在所谓产业合理化的生产组织之下，资本家尽力提高劳动的强度，甚而延长劳动的时间；所以生产品是有最大的增加，而付出的劳动价值却是减低了；因此使各个的国内市场上之生产和消费的差异，更为未曾有的巨大。

同时因为在帝国主义时代，资本主义世界都在几个资本大王统治的系列中；所以恐慌从一个部门、一个国家发生，马上便普遍到其他一切部门、一切国家。在这个形势之下，一切部门都是生产的过剩，一切国家都是购买力的缺乏。因此资本主义便无法逃脱恐慌，只有趋于灭亡。

对殖民地半殖民地大众之加量的榨取，使殖民地经济益陷于恐慌，殖民地大众更为贫穷化。

其次，金融财政资本主义时代，对于一切殖民地半殖民地之原料的榨取和资本的投放，也是必要的；但是因为殖民地半殖民地民族工业的兴起，不仅代替其商品市场的一部分，而且又妨碍其原料的榨取和资本的投放；这样又加重其恐慌的因素。殖民地半殖民地大众在双重的强烈剥削之下，便愈趋革命化。

资本家每次都是把恐慌的损失，转嫁于劳动大众和殖民地大众，加紧对劳动大众和殖民地大众的榨取。这样更直接反映到政治的恐慌。同时因为在今日，资本主义世界的另一面，已经有一个冲破资本主义锁链的另一种制度的国家存在，这不仅直接加重资本主义的恐慌，而且影响着资本主义各国的政治恐慌，更为加剧。

因之，在这样情势之下的恐慌，并不像前此那样在矛盾发展过程中所发现的周期恐慌一样，而是矛盾发展的最后阶段。这绝不是在资本主义的基址上，可以回复平衡的，恐慌倒将成为资本社会的殉葬品。

B、一九二九年开始的经济恐慌之发展和其特质

资本主义应用产业合理化主义，使生产力的发展和市场的独占，迅速的达到最高的形成。在技术的新组织之下，资本家极力提高劳动的强度，甚而延长劳动的时间；因而生产量呈无限的增大，而雇用劳动者数量反相对的逐渐的减少，这两者之间，恰成一相反的情势。可是生产物所含的劳动量和从前却没有两样；所以不过是劳动价值付出的减少，并不是劳动量的减少，所以资本家的利润率虽是相对的减低了，而利润总量，却是增大的惊人。

其次，资本家在市场独占的商品价格之上，又施行对消费者的强烈的榨取，以提高其利润率。

因之，战后垂死的资本主义，由于劳动大众和殖民地大众膏血的灌注，而得到所谓经济的复兴，把前次大战所引出的恐慌克复了。不过复兴资本主义经济的，同时在所谓复兴的背面，就埋伏着一个大恐慌的基础。

同时在金融财政资本家联立统治着的世界市场，一切组织薄弱或独立经营的企业者，都从市场被排挤出来，或趋倒闭，或变成他们的支部性质。于是他们用市场最高的价格去提高利润；同时在庞大的生产设置和组织的规模下，企图调节生产。但是生产的大规模的设置，除去能防止生产技术的发展外，所谓调节是困难的；要想调节生产，除非将设置中的一部分生产资本空闲，但这与资本家的利润主义是根本违反的；所以他们并不能及时实现生产的调节。

产业合理化的发展，使产业的各部门间和资本主义世界的各区域间的经济发展，益呈不平衡的状态。生产力为无限的扩大，有限的消费力更为逐渐的减低；生产和消费间的差异，益形巨大。在这样极其不平衡的状态中，恐慌的爆发，是必然的。

但是全世界的市场，都在少数托拉斯、辛迪加、卡特尔资本统治的系统之下；一切区域和一切产业组织，都不过是他们的一个支脉，或至少也在他们的支配和指挥之下的。因此，只要恐慌从一个部门或一个区域破裂出来，便马上

普遍到资本主义的全世界一切国家和一切部门；到处都卷入恐慌的怒涛中，再无缓冲的余地。所以资本的集中和集权的发展，以及独占的更高形成，倒成了资本主义自身的死症。

一九二九年开始的经济恐慌——自然，在一九二九年前，就有慢性的不景气存在——从农业部门中发现出来，马上便普遍到其他一切部门；恐慌从美国一开始，便马上发展到德国，次第发现到欧洲资本主义各国，亚洲资本主义各国，以及一切殖民地半殖民地。资本主义全世界都发现生产的过剩，物价的下落，资本发行的滞塞，利率的减低，债券价格的下落，金融市场的混乱，银行的倒闭，产业的缩收，劳动者的失业……的恐慌。这些问题的相因而至，充分反映着全世界商品市场的衰落；而市场之普遍的衰落，一步一步又加深恐慌的程度；恐慌一步一步的加深，往复使市场益陷于凋零。同时由经济的恐慌，又反映到政治的恐慌；政治的恐慌之发展，一方面又加重了经济恐慌的成份。

还有一点，恐慌恰恰从美国开始，继着便是德国，这是有意义的。这两个国家，同是施行产业合理化最典型的国家，资本集中的情势和技术的改革，也比较都是达到更高发展的；同时这两者间之经济的联锁关系，也比较更为密切。

殖民地半殖民地，原是资本主义经济发展的最后尾闾；他们不仅提供为资本主义最后阶段的原料生产市场，商品消纳市场，资本投放市场……而且提供为资本主义经济恐慌的最后缓冲地带。可是无论殖民地半殖民地大众的膏血是有限的，经过资本主义宗主国一再更苛刻的榨取，殖民地半殖民地经济，也陷在一个长期的恐慌状态中；所以市场的衰落，那是一个自然的形态。更因宗主国资产阶级对于殖民地半殖民地之强度的榨取，又加对于其民族资本的压迫，民族资产阶级乃转而又对大众施行强烈的榨取——这是他们在宗主国强大资本压迫之下的微弱资本的一种挣扎——这便驱着殖民地半殖民大众的革命化，直接加重资本主义世界的政治恐慌，同时使资本主义宗主国在殖民地半殖民地的市场地位根本动摇。

可是殖民地半殖民地的情势虽则是如此，而资本主义各国在大恐慌的袭击中，像铁桶似的围困着；他们各自想从死里逃生的惟一企图，还只能集中视点于殖民地半殖民地这块剥削殆尽的枯骨上面，以及和他们仿似在另一世界的苏俄。于是，市场的再分割便成了必然的趋势。因此，国际的风云紧急了，矛盾也深刻了。

但是在他们所注视的殖民地半殖民地当中，最主要的便是中国。因为中国一方面还有未开发的丰富的资源，还能消纳大量的过剩的资本；他方面有占全世界人口总额约四分之一的消费人口，能够消容大量的商品，所以在他们各自的心目中，认为只要把中国再进一步的殖民地化，能作为任何一国独占的市场，那对于他在恐慌中所堆积的商品和资本，是能大量排泄的。但是这假使能让任何一个国家去并吞，便不难把中国立刻殖民地化；然而他们乃是在互相排挤和竞争，都想达到单独并吞的目的的。所以资本主义各国的冲突，便不能避免了。太平洋问题之成为资本主义世界的中心问题，便是建立于这个市场分割的基础之上的；中日问题之所以发生，乃是日本首先揭开单独并吞的企图；国际联盟之不断会议，国联调查团之东来，无非是基于这个市场的争夺上面，英美各国各自想排挤他力，达到单独并吞的企图，从整个资本世界的恐慌中逃脱出来。可怜一些弱小国——殖民地半殖民地国家——的代表们，他们还春梦未醒，在国际联盟的全会上大放厥词，喊出些兔死狐悲的哀声，像这样市场争夺的严重形势，在巴尔干也同样是风云很急迫的。

苏俄是他们所认作共同的敌人，那是不言而喻的；他们又认为如果把苏俄这块肥美的市场夺过去，那对于恐慌的救济上，是再有意义不过的。因之，自恐慌爆发以后，他们就归咎于所谓苏俄的投披（Dumping），鼓动对苏俄的联合战线。这是因为在他们心目中的苏俄这个怪物，不是谁能单独吞得下咽的。因此，他们在太平洋上各个冲突的当中，一转移视线到苏俄，仇敌便成了朋友，转取一个联合的战线。

还有，在金融财政资本的帝国主义时代，不仅是商品生产的过剩，尤其是资本的肥大和过剩。因此国外市场争夺的主要意义，资本的排泄是和商品的推销为同一重要；对产业落后的国家，投资并重于“投货”（借用任曙君的术语）。

因此，帝国主义时代的资本主义，市场的独占虽则是形成了；但是独占并没有消除竞争，反随着独占的发展而加剧。不过前此的竞争，是各种组织规模大小不等的资本家间的竞争；独占期的竞争，则是托拉斯与托拉斯之间的竞争。不过后者比前者的范围更为扩大，内容更为硬化；同时后者应用其工具的国家的力量和前者也并无两样，不过有范围的延长和内容充实的不同。

他们基于这个硬性的竞争的基础上，除去国外市场的争夺之外，又都把关税的壁垒从新建立起来，封锁国内市场，使资本主义各国家个体间，起一新的隔绝。这徒然加重了各自经济的恐慌和相互政治的冲突。他们并不了解帝国主义时代的关税作用并不和从前一样；从前是有保护国内产业的作用，而现在却是转化成了财政上的意义，——除产业还未发达的国家外。

基于上面的提示，不变资本之无限的扩大，可变资本和雇佣工人数量相对的减少。工人阶级所得的价值部分益小，消费能力便相对的减低。这又是构成生产和消费间一个巨大的差异的主要因素，发生严重的不平衡的搅乱。在恐慌的到来以后，资本家想把在恐慌中所受的损失，转嫁于劳动者，于是更减少雇佣工人的数量，想由较少数量的劳动者，用最高的劳动强度和最大的劳动时间，维持原来的生产；劳动价值又是减低了。但是恐慌的发展益来益严重，于是又进一步的缩减生产，停闭生产机关，或减少工作，劳动失业的数量便是无限制的扩大了。这样使市场的消费力益为降下。消费力的降下和劳动的失业，又在相互的向前推进。

又由于城市雇佣劳动者数量相对的减少；从农村中驱逐出来的大量失业农民，来到城市依然遭受排挤。这样子，一方面农村的消费者是减少了，而城市的消费力却不能因而增加；在从前，农村的人民集中到城市，是能增加城市的消费力的。他方面，城市失业的范围，便因此而更加扩大了。

因之，产业需用劳动数量的增加，不仅不和产业预备军数量的增加同其速度；反而劳动需要的减少和失业的增加在相反的方向进行着。加之，生活费的变动的大小不能和实际工资变动的大小相配称，迫着劳动大众生活标准的降下，市场的消费力因而更降下了。这直接反射到阶级斗争的形势和内容，更起一层重大的变化。

前此的恐慌是发现于一个或数个产业部门中，呈现为生产过剩的恐慌；在同时的其他部门中，反而有生产不足的供不应求的情形。因之此一产业部门的资本向其他产业部门的移动，或者移向于技术的更高的设置，还可借以回复暂时的妥定，去迎接下一次的恐慌。此次的恐慌，乃发现于一切产业部门，一切资本主义国家中，同时呈现生产过剩和资本过剩的恐慌，资本在产业各部门间的移动，固然是无补实际；而在独占的形势之下，资本向更高的技术的设置方面去移置，也是不可能的。前此市场上某些商品种类的过剩，现在是大众的普遍贫穷化，对一切商品购买能力的薄弱或缺乏——这自然不是他们消费欲望的满足——反映着一切商品生产的过剩。所以在各种产业部门的发展并没有平衡——这当然在资本制下是不可能的——已同时呈现生产过剩的状态。这自然是辩证法的发展之必然性的结果；同时，私人掠夺社会生产的制度，却又造成其自身的危机。

在殖民地和半殖民地，由于在大战期中所得到的一点产业发展的结果，战后宗主国资本的重来，他们的市场，已被其民族的产业资本占住了一部分。殖民地半殖民地工业的发展，对宗主国生产的生产工具和交通工具的需要是增加了，替宗主国扩大了重工业制品的市场；但是殖民地半殖民地的民族资本虽然在宗主国资本的统制之下，却不能消灭其相互间的矛盾的对立性的存在。这个相互矛盾的对立的形势，随着恐慌的发展，便愈益尖锐化。殖民地半殖民地产业资本的发展和存在，劳动阶级也随着扩大了；殖民地半殖民地的微弱资本，想在市场上和宗主国的强大资本去竞争，便只有加紧对劳动者的更强度的剥削。可是殖民地半殖民地民族资产阶级所榨取的剩余价值，在其被宗主国资本的统制的关系之下，仍是大部的流入宗主国资本家的口袋中去；加之他们——宗主国资本家——直接行使的商品和劳动的榨取……殖民地半殖民地大众愈益贫穷化，直接影响着市场的衰落。因此，反映到殖民地半殖民地革命的内容上，从根本性质上起一个重大的变化，从新跃入世界的历史的舞台；并且随着恐慌的发展，形成殖民地半殖民地和宗主国对立的局势，更为吃紧。

恐慌是这样把资本主义铁桶似的围住着，无论从那方面都冲不开一条血路。各国的资产阶级用尽种种无智的方法，有所谓货物交换制度的提倡（美国布尔乔亚氾在一九三〇年拟议采取货物交换制度，企图开辟世界贸易衰落的销路；德国资产阶级也曾作过这种无聊的主张，本年且有部分试行的计划）①农产品的公卖……以及什么欧洲经济的同盟，债务的停付，和什么经济会议……种种花样，不过在表示资产阶级的充分无智。他们热望着的“景气的时机”，依旧和事实相距十万八千里。

---

① 德柏林十九日电；德国报纸常讨论恢复上古以货易货之交换方法，作为解决德国贸易困难方法之一。现已商妥以德国之煤交换巴西咖啡，此项交易，不列入两国对外贸易计算中，仅在证明此种办法是否可行。（见四日二十一日天津《大公报》）

究竟不免有图穷匕见的。各主要资本主义国家，虽然还故作镇静，各资本主义小国，就不免忍受不住，而发生最后的哀鸣了。据本月十七日(1932, Apr, 17th) 天津《大公报》登载有如此的一段消息：

"日内瓦十五日电：讨论多脑经济问题之四国专家委员会与国联行政院财委会之联席会议，将于四月二十二日在瑞士鲁盖诺召集。本日国联行政院开会时，希腊总理维尼齐诺斯氏请国联注意多瑙河流域与巴尔干各国经济情势之迫切。氏称：'如列强间对于安定世界和平办法不能同意，则吾人不久将同归于尽'。行政院对希腊总理演词颇为感动，但在列强获得决定前，仅能通过一决议案：希望经济窘迫各政府，尽力支挣，以待经济复兴机运到来；并称国联各机关尽力使此种情势趋于和缓。嗣挪威外长卜莱德兰氏陈述财委会所拟之救济四国财政提案大纲，内容劝告四国均衡预算办法；奥、匈、希腊、保加利亚四国代表答称，愿意对此努力。惟各该政府是否有渡过难关能力，颇堪怀疑。结果将上述决议通过，实际无异搁置，俟行政院五月开会时再议。一般希望，下周在此间集会之列强当局，对救济中欧与东南欧之破产，或能获得一种确切之办法。"

实际上，经济情势之迫切，又岂仅"多瑙河流域与巴尔干各国"。他们向列强声诉，自顾不暇的列强，能有什么"救苦救难"的妙术呢！此案不"搁置"，还能怎样呢！所谓"一般希望"，终久也不免是一个希望，各小国自然没有渡过财政难关的能力，各主要资本主义国家的财政能力会是怎样呢？这不仅在暴露资产阶级的充分无智，同时又显示了他们的日暮途穷。他们并不懂的此次的经济恐慌，并不是建基于资本主义矛盾发展的过程的途中，而是矛盾之发展的过程的终点的最后阶段的形式。

2. 世界经济恐慌的总观察

A、从生产方面去考察

生产和消费的不平衡，两者间形成巨大差异。大量的过剩生产便只有堆积起来，让他们去腐烂。这里面的一个显明的矛盾，劳动群众自己生产出来的生产品，让资本家霸占着去堆积起来，他们自己反陷于饥寒的景况中。这就是所谓“社会的生产，为私人所掠夺”。

表 75（原 27 重号）：近四年世界商品的堆积量①　（单位：千吨）

	动力	橡皮	棉	硬煤	丝	小麦	糖	咖啡	铜	锡	锌	未加制炼之石油（包歇尔）
1928 年 6 月	55. 4	231	1. 125	5. 848	5. 3	6. 654	5. 260	1. 044	534	16. 5	41. 6	55. 4
1929 年 6 月	66. 8	245	1. 015	2. 925	5. 2	9. 558	6. 158	847	754	24. 1	34. 4	66. 8
1930 年 6 月	79. 8	386	1. 350	13. 985	11	10. 312	7. 011	1. 608	287	43. 3	109. 8	79. 8
1931 年 6 月	70. 4	526	1. 767	19. 665	10. 8	12. 062	8. 524	1. 490	375. 8	52. 5	146. 7	70. 4

表 76（原 75）：钢铁及钢铁制品的堆积百分数②

（1925—1926 年为基准＝100）

	1929：8`	1930：8	1931：8
原料	123	140. 7	153. 6
完成品	116	120. 5	114. 5
总计	127	132. 3	137. 2

再年资产阶级自己的数字来看：一九三一年“美国棉花过剩约一万四千五百万包，小麦过剩三万一千五百万英斛；加拿大小麦过剩一万六千九百万英斛；澳洲小麦过剩九千五百万英斛；阿根廷小麦过剩约一万三千万英斛；日本生丝过剩十五万六千包③。

这些事实表示，自一九二九年以降，无论原料品及各种产业部门的制品，均呈大量生产的过剩；至一九三〇年后，便愈趋严重。原料的过剩，在反映世界工业生产的衰退；一切商品的过剩，在反映世界市场之凋零。

资本家因为生产的过剩，便不得不为一个减少生产的“苦肉计”或封闭一部分生产机关。如在美国，各种产业部门只利用百分之四四的生产力从事作业；德国纺织业只利用可能生产力的百分之七〇，制鞋业百分之六〇，化学工

---

① 前引 E. Varga：The Economies and Economic policy in the fourth quarter of 1931. p. 239.

② 前引 E. Varga：The Economies and Economic policy in the fourth quarter of 1931. p. 239.

③ 民国二十年前，《中国银行报告书》。

业百分之六一，砂糖工业百分之七五至八〇，麻织业百分之四〇；法国各产业部门之辞退工人和加多停工日数。又如一九三〇十二月美国等国组织国际糖业产额限制会议；在同时，荷属东印度、玻里维亚、尼基利亚、马来等国组织国际锡业产额限制会议；此外国际镍业公司及镍业会社决定缩减镍的产额，智利铜产额缩减百分之六〇等等事情……均在表示资产阶级感受生产过剩的严重，不得不忍痛的缩减生产，希图克复危机，作为达到其所谓景气之回复的桥渡。无奈事实上，生产的缩减和商品的堆积，依旧在相反的方向进行着。

产业的收缩，是要影响利润量的收入的。资产阶级为的不肯减低利润量的收入，所以不能及时实现产业的收缩。而且在生产机关之大规模的设置情形下，生产的收缩的统制，也不是资本家能任意所为的。所以他们虽然一方面在减缩生产，他方面却丝毫无补于生产的过剩，虽然生产的过剩主要在由于市场的穷乏。

现在从生产减低的情形来看：

表77（原74）：世界生产额指数（内包主要十一个国家，苏俄在内）①

（1928年为基准=100）

以月计数	1925	1926	1927	1928	1929	1930	1931
	88.6	89.9	95.7	100.0	107.8	93.9	80.8

表78（原75重号）：各国工业部门生产额指数②

（1928年为基准=100）

	美	德	英(b)	法	日	加拿大	瑞典	波兰	奥	俄	全世界
1925：1	64.6	80.4	100.0	86.9	—	67.7	98.3	79.7	65.8	47.3	—
1926：1	95.6	70.0	99.8	93.2	79.4	76.9	97.4	60.3	84.4	66.4	—
1927：1	95.5	89.2	108.1	92.4	83.7	87.4	102.0	85.6	77.1	81.5	—
1928：1	95.5	100.6	103.1	91.6	86.9	92.8	77.0	95.5	94.6	98.7	—
1929：1	100.3	96.9	105.7	108.2	100.3	120.9	137.3	105.8	93.5	114.8	—

① 前引E. Varga同书1928年至1931年各季数字。

② 据前引E. V同书1928年至1931年各季数字所制。

续表

	美	德	英(b)	法	日	加拿大	瑞典	波兰	奥	俄	全世界
1929 最高点	113.5	108.4	108.3	113.7	122.8	120.9	140.1	105.8	110.6	—	
1930：1	93.7	93.7	100.0	113.7	104.5	108.0	140.1	90.3	83.6	143.4	—
1931：1	74.8	67.8	87.7	105.1	102.4	82.0	104.8	74.0	64.6	155.7	—
：6	75.7	74.4	78.5	99.5	—	77.5	85.3	72.8	64.9	165.2	—
：7	74.8	71.8	—	97.2	—	80.2	108.5	71.8	59.9	—	—
：8	—	68.1	—	—	—	—	99.3	—	—	—	
：11	64.9	63.8	79.5	90.6	—	—	—	68.9(c)	—	—	70.8(a)

(a) 为10月，苏俄除外。(c) 为10月。
(b) 英国1931年前之数字为第一季。

世界主要资本主义各国的生产事业，无论从总生产额或工业生产额去看，在一九三一年一月美国降至一九二六年的水平以下，德国降至一九二八年的水平以下，英国在一九三一年第三季降至一九二五年同季水平以下，法日等国也都在一九三一年一月较前年大为减低。各国生产的减低，并且都显示还在向前进行的趋势；这表示资本主义的经济恐慌，犹方兴未艾；同时表示恐慌在世界资本主义各国，是同时总攻的。

再从各个产业部门的生产来考察，据联邦准备局指数有如下的数字(1923-1925=100)

表79（原76）：

	1929：7	1930：7	1931：7
生产工具的生产			
钢铁部门生产指数	155	109	64
消费资料的生产			
木业生产指数	95	65	44
纺织业生产指数	120	84	102
鞋业生产指数	125	95	117（5月）
食品业生产指数	96	93	91（5月）
烟草业生产指数	139	141	137（5月）

世界煤油生产额，据美国煤油协会统计，则是如此的数字：

表 80（原 77）：

	1929	1930	1931
全世界总计	1, 488, 567, 000（桶）	1, 410, 037, 000（桶）	1, 370, 299, 000（桶）
美国	1, 007, 323, 000	898, 011, 000	856, 275, 000
苏俄	99, 087, 000	124, 555, 009	161, 900, 000
委内瑞拉	—	—	118, 770, 000

上面的数字表示，世界工业生产的减退，无论在生产工具的各生产部门，或消费资料的各生产部门，都同时在减退。这表示一切生产部门的生产都在过剩的恐慌中，也正在反映着世界市场上一切商品种类的过剩。

“表 77”的数字，是有重要意义的。资本主义各国煤油的生产都在逐年的减低，而苏俄则在逐年的突增。这表示生产的过剩，完全是资本主义下私人掠夺的制度上面所造成的独有的现象；并不是社会消费容量的不足。不足的，只是购买能力。

再从世界农业的生产来看。则有如此的统计：

表 81（原 78）：农业生产额（北半球加澳洲，中国苏俄除外）

（单位：百万万磅）

	1924/1928	1929	1930
麦	923	849	895
小麦	241	251	248
大麦	307	307	290
燕麦	529	501	491

这证明农业的生产也同时在过剩的。但在这同一时期，我们看见在中国，在印度，同时在感受着食粮缺乏的严重恐慌。两相对比，这是表示世界商品生产的过剩，还是消费资料的过剩呢？

B、从贸易方面去考察

生产的过剩是随着贸易的不振而发生的，贸易的不振，是由于生产力和消费力的不平衡的发展，同时也便是市场的衰退，反映出一般购买力的贫乏。同时生产的过剩，便很自然的驱着商品价格的下降。这样子把资本主义经济陷在恐慌的深渊里。世界贸易不振的状况，下面的数字可以指出来。

表82（原79）：各国贸易指数①

（1913年为基准=100）

	德（国家统计局）	英（经济杂志）	美（劳动局）
1929最高点	139.9	138.1	140.4
1930：1	132.3	123.7	133.8
1931：1	115.2	95.3	112.3
价格下落百分数	19%	29%	20%

表83（原80）：各国对外贸易指数②

（1924年为基准=100）

	美	德	英	法	意
1930 入口	70	77	86	90	80
出口	73	90	78	85	79
1931 入口	48	50	72	72	54
出口	50	73	53	61	66

再拿资产阶级正式代表机关发表的数字来看。"据英国商务部所制成之数字正式报告，一九三一年世界贸易较一九三〇年减少百分之二十七，较一九二七年减少百分之四十一，是以失业增加，利润减少，［为］重要原因。由于大众购买力之减少，故希望一九三二年发展商业，颇有困难。一九三〇年与一九三一年相较，英国入口减少百分之一六点六，出口减少百分之三二；美国入口减少百分之三二，出口减少百分之三七。一九三一年中，十六个重要国家之贸易详细报告表示：澳洲入口量缩减最大，约百分之五四，出口仅减少百分之二七，此盖由于世界关税壁垒增高及入口比例之限制所致；加拿大入口减少百分之三八，出口减少百分之三二；德国入口减少百分之三五，出口减少百分之二

① 据前引E.V.同书一九三一年第一季。

② Economist 1932, 1, 24th.

〇；意大利入口减少百分之三三，出口减少百分之一七；十六国中，瑞士入口量减少最少，为百分之一二；比利时卢森堡经济同盟出口减少最少，为百分之一一。拿一九三一年的数字和一九二九年比较，澳洲入口量减少最大，为百分之七〇；美国第二，为百分之五二点五；英领马来出口减少最多，为百分之五七；美第二，为百分之五三点九。十六国中，仅美国、德国、捷克斯拉夫及英领印度为三年来贸易出超者；美国和印度，则出超数量日形减少；惟德国则出超日增，德国在一九二九年的出超约达二千万镑，一九三〇年增至八千万镑以上，一九三一年增至一万四千万镑以上；捷克斯拉夫一九三一年出超较一九二九年为少，但较一九三〇年为多。英、法、日、瑞士、丹麦，三年来，贸易平衡，日形不利，入超日增；意大利、荷兰等国，三年来皆入超，但渐减；加拿大、比利时卢森堡经济同盟，三年来皆入超，一九三〇年之入超，较一九二九年为多，但一九三一年之入超，则较以上两年为少；澳洲在一九二九、一九三〇两年中，均系入超，至一九三一年一变而为出超；英领马来及瑞典两国，在一九二九年均系出超，至一九三〇、一九三一两年，反变为入超。”（参照一九三二年四月二日，天津《大公报》及《北平晨报》）

日本贸易的输出，一九三〇年比一九二九减少百分之三一点六，输入减少百分之三〇点二[①]。昭和七年一月较六年一月输出减少日金三千四百八十万元，输入增加日金一千二百二十万元[②]。但据他种统计，则一九三一年第一季与一九三〇年第一季比较，输入（出）由日金四亿元跌至日金二亿九千三百万元；输入由日金五亿二千五百万元跌至日金三亿三千万元。

又据日文《社会政策时报》所载之各国贸易统计，则为如此之数字：

表84（原81）:（1929年为基准=100）

		英	美	德	法	日
1931：7—10	物价	69.7	69.7	81.1	74.4	69.1
	输出贸易	52.6	45.4	75.2	56.9	55.1

另据美国实业会议最近发表之统计数字，世界贸易的趋势，是如此的。

① 据三菱公司一九三一年二月《本邦财界状况》。

② 据日本“财团法人协调会”昭和七年四月号《社会政策时报》一〇七页。

表 85（原 82）：世界贸易统计　　（单位：百万美金）

		1929	1930	1931
全世界二十二国对外贸易总额		48, 319	40, 685	29, 664
债权七国合计	输出	—	10, 478	7, 232
	输入	—	12, 000	10, 170
英国	输出	—	2, 777	1, 894
	输入	—	5, 061	4, 196
法国	输出	—	1, 679	1, 193
	输入	—	2, 085	1, 654
比国	输出	—	730	647
	输入	—	866	668
荷兰	输出	—	691	527
	输入	—	672	761
瑞典	输出	—	416	285
	输入	—	446	364
瑞士	输出	—	342	262
	输入	—	516	437
美国	输出	—	3, 843	2, 424
	输入	—	3, 061	2, 090
债务十五国				
德国	输出	—	2, 864	2, 286
	输入	—	2, 476	1, 602
意大利	输出	—	638	528
	输入	—	912	611
挪威	输出	—	183	117
	输入	—	285	215
丹麦	输出	—	433	333
	输入	—	463	367
捷克斯拉夫	输出	—	518	389
	输入	—	466	349
波兰	输出	—	273	210
波兰	输入	—	252	164
犹哥	输出	—	120	85

续表

		1929	1930	1931
	输入	—	123	85
奥国	输出	—	386	310
	输入	—	265	188
加拿大	输出	—	886	605
	输入	—	1,009	628
阿根廷	输出	—	513	427
	输入	—	617	345
巴西	输出	—	520	225
	输入	—	261	130
智利	输出	—	161	113
	输入	—	170	86
哥伦比亚	输出	—	109	95
	输入	—	61	40
澳洲	输出	—	431	328
	输入	—	519	187
日本	输出	—	726	560
	输入	—	764	604

	1931 较 1930 输出减少百分数	输入减少百分数
债务十五国	-22.8%	-35.2%
债权十五国	-31.0%	-21.8%

世界各国对外贸易，无论在输出和输入方面，在一九三〇年，便都降到一九二四年的水平以下。

“表 82”的数字，表示世界各债权国输入的减少比例，小于输出的减少比例；债务国则输出的减少比例，小于输入的减少比例。这在表示债务国为债额的偿付，而行着强制的输出；同时因国内生产的衰退，多数工业国家在限制制品原料等的输入。债权国输出的减少较大，反映出世界市场的衰落；输入的减少较小，是表示他们为取偿债务，在容纳输入。所以这并不是什么“使国际间贸易平衡的自然趋势”于“物价的恢复”有什么补救？只有使各债务国的市场更为贫乏，金融资本更为枯涸；债权国市场的物价，更为低落。

本年世界对外贸易情形，较之昨年更形衰落；全世界主要资本主义各国，均呈萧条之像。据英国工业联合会发表之统计，一九三二年第一季，英国贸易输入较去年第四季减少百分之二〇，法国减少百分之十七，意大利减少百分之十二；输出方面，英国减少百分之五，德国减少百分之三〇，法国减少百分之二五，意大利减少百分之三六。又据各国官府发表之统计数字，英美德法日五个主要资本主义国家在本年（一九三二）最初四个月之贸易情势，是如此的情形：

表 86（原增表 1）：1923 年最初 4 个月间各国对外贸易

	英	美	法	德	日
输入	193.4 百万镑	398 百万美金	7.358 百万法郎	1.245 百万马克	411 百万日金
输出	108.5	461	2.295	1.607	252
比去年同期输入减少百分数	7.9%	29.9%	37.7%	35.1%	24%
比去年同期输出减少百分数	10.2%	35.1%	37%	33.6%	14.2%

这个数字，我们此刻还无法去证明其是否能十分正确？但是照这个情形看，资本世界已无异呈现为一黑暗之图画。

生产过剩和贸易下降的趋势，在物价下落的趋势中也可以表现出来。同时物价的下落，又可以表示出资本利润的减少。

表 87（原 83）：主要各国批发物价指数

（1913 年为基准=100）

	英	法	德	美	日
1929 最高点	143.6	639.0	139.6	140.4	171.0
1930：1	123.7	563.5	132.3	139.8	152.2
：4	117.2	548.4	126.7	139.8	145.7
：7	111.5	537.6	125.1	123.0	133.5
：9	105.2	523.9	122.8	123.4	129.6
：10	104.0	508.2	120.2	121.7	124.4
1930：11	101.9	493.5	120.1	118.7	—
：12	89.7	487.6	117.8	116.6	—

续表

	英	法	德	美	日
1931 最低点	85.7	408.3	106.6	98.0	111.0
1931：8—11 减低百分数	44%	36%	24%	30%	35%

	意大利	波兰	印度	中国
1930：1	417	104.5	131	169.6
：4	396	100.7	123	174.2
：7	375	99.3	115	190.1
：9	375	94.3	111	187.5
：10	364	92.9	108	182.3
：11	361	93.5	—	177.7

本年（一九三二）一月物价和去年各月平均价格百分比较，伦敦为九八点八，纽约为八六点四，巴黎为四一点三，东京为一二六点〇。

各国物价下落的情势是值得惊异的；甚至像英美两国，在一九三一年就降到一九一三年的水平以下。

现在再分别来看看农产物价格的情形怎样？下面的统计，是能明白的指出来。

表 88（原 84）：世界市场农产物价格：

	1931：9	1930：9	1929：9
小麦（芝加哥每包歇尔折合分金）	52	83	130
裸麦（Minneapolis，每包歇尔折合分金）	39	53	99
玉蜀黍（Braila，每百启罗格兰姆折合 Lei）	188	316	459
棉（New Orleam，每磅折合分金）	6	10.6	18.5
牛酪（Copenhagen，每百启罗格兰姆金折合 Kroner）	212	246	326

农产物价格之惊人的下落，反映着农村的人民和产业落后国的大众更陷于穷困。这往复又减低对工业制品的购买力，而加深资本主义经济的危机。中国

东三省的农家，自一九三〇年来便陷于异常穷困的境况；澳洲、加拿大等地农民之相继破产离开农村，便是一个例子。然而资本主义的农业经营，还在尽量的扩充；拿阿根廷和澳洲两地种麦面积的扩充情形来看，就可以把这个黑幕揭破。

表 89（原 85）：种麦面积　（单位：千黑格特 Hektas）

	1930—1931	1929—1930	1925—1929
阿根廷	8626	8285	8072
澳洲	3349	6042	4841

我们要注意的，这并不是小农在那里扩充耕地；而是资本主义在此两地的大经营，用大现模的生产组织，一面驱逐小农，一面在市场上去作廉价的竞争，并借以抵制苏俄农产物的输出。这证明资本主义并不肯因恐慌而停止生产；前面所说的资本家暂时停止一些生产机关，并不是他甘心让资本去空闲，而是想用缩减生产的方法，去提高商品价格，增高利润的一个经济的隐秘。

再从各种物品分别来看，价格增减的百分率，则如下表所指示：

这表示一切物品价格的跌落，恰和前面一切产业部门生产过剩的事情相适应。

表 90（原 86）：

	咖啡	硬煤	煤油	生铁	粗钢	铜	锌	棉花	羊毛	生丝	人造丝	橡皮	砂糖
1925 1929 增减率	–10%	–1	+1	–6	+5	–31	–31	–18	–23	–20	–48	–70	–30
1929：4 1930：4 增减率	–40%	–9	–33	–1	–13	–30	–33	–20	–42	–13	–43	–31	–04

全世界生产的下降和物价的降落，正在同一的方向猛烈的向前进行着。资产阶级的代表们所叫着的“景气的渐次回复”，那不过是一句空话。他们这种希望和估量，在英美两国资产阶级的政治领袖人物的口中可以代表出来。英国的商务部长鲁西曼说：“商务部最近之调查，得有极佳之结果。英国仍为欧洲最健全之工业国，贸易仍居世界第一……去冬施行非常入口税后，入口量似为

削减，但出口量已增加。英国工业中心点又形活动，许多工业有复兴之象征，并重新获得其国外市场和国内主顾。”（本月十四日，鲁西曼出席下院演词）美总统胡佛说：“已用清偿力量，预料经济财政不久可以恢复。昨日纽约证券价格复原，本日证券价格及物价且略上升。一般相信工商业现时均暂向上，证券价格现超过最低记录上三点至五点。”（四月十六月胡佛谈话）事实能不能和他们的愿望相偿，那自有事实去表白的。不过在同时，这里还有一个不幸的消息。

表91（原87）：纽约棉价的跌势①

	5月	：7	：10	：12	：1	：3	现货
四月15日	6.19	6.37	6.62	6.78	6.87	7.02	6.30
较14日跌	10%	11%	11%	10%	9%	11%	10%
16日	6.12	6.31	6.54	6.72	6.80	6.97	6.20
较15日跌	7%	6%	8%	5%	3%	5%	10%
18日	6.05	6.23	6.47	6.63	6.72	6.88	6.15
较16日跌	7%	8%	7%	9%	8%	9%	5%
19日	6.00	6.18	6.43	6.59	6.68	6.84	6.10
较18日跌	5%	5%	4%	4%	4%	4%	5%
21日	6.10	6.29	5.53	6.58	6.77	6.90	6.20
较20日跌	1%	1%	3%	2%	2%	平	5%
5月4日	5.54	5.64	5.88	6.02	6.10	6.27	5.65
8日较3日跌	6%	11%	12%	12%	13%	11%	10
9日	5.54	5.65	5.90	6.04	6.13	6.29	5.70
9日较7日跌	20%	19%	17%	18%	18%	18%	20%
10日	5.53	5.68	5.88	6.02	6.10	6.22	5.70
较9日跌	1%	跌3%	2%	跌20%	跌3%	跌7%	平
12日	5.54	5.63	5.86	6.02	6.09	6.26	5.70
较11日跌	4%	4%	6%	5%	5%	3%	5%
13日	5.52	5.60	5.85	5.99	6.07	6.23	5.65
较12日跌	2%	3%	1%	3%	2%	3%	5%

① 四月五月各日天津《大公报》经济栏载纽约电，四月二十日以后数，系写完以后加进。

续表

	5月	：7	：10	：12	：1	：3	现货
14日	5. 51	5. 59	5. 84	5. 99	6. 06	6. 22	5. 05
较13日	跌1%	跌1%	跌1%	平	1%	1%	平

这恰和胡佛所说："本日物价上升"，不仅是一个相反的事实，且适足相映成趣吧。因此鲁西曼所谓"工业复兴的象征，并重新获得其国外市场和国内主顾"，也不过是一个意想的"象征""市场"和"主顾"罢了。

物价的下落和贸易的减退，又直接影响资本家利润收入的减少，间接又影响到国家财政的收入，反映着金融资本市场的恐慌。

C、从金融市场去考察

在这里，我们先从划时代意义的纽约债券行市来考察：

表92（原88）：纽约债券价格下落趋势

	美	英	法	德
1929年9月，19th最高率	311. 90	163. 8（2月）	548（2月）	134. 0（1月）
1931年12月，9th暴跌率	74. 91	92. 0（3月）	243（11月）	67. 2（6月）
下降数	79%	44%	56%	52%

表93（原89）：1931年纽约外国债券行市

	战　前	1932：1, 8th价值率	增减百分数
英（金镑）	4. 87	3. 63	-31. 0
西班牙（100pestas）	19. 30	8. 44	-56. 3
丹麦（100kroller）	26. 80	18. 70	-30. 3
瑞典（同上）	26. 80	19. 05	-29. 0
挪威（同上）	26. 80	18. 45	-13. 2
意大利（100 Lire）	5. 26	5. 09	-3. 3
阿根廷（100Pesos）	42. 44	25. 75	-39. 4

续表

	战　前	1932：1, 8th 价值率	增减百分数
Brazil（100Milreis）	11.96	6.39	-46.6
印度（100 卢比）	36.50	25.00	-31.6
日本（100 元）	49.85	35.12	-29.1
澳洲（1 金镑）	4.87	2.50	-48.7

在纽约市场上所表现的各国债券股票价格率的跌落，是值得特别注意的。一方面在表示各国产业的衰颓和资本利润的减低，又必然反映到汇兑率的下降。一方面又能反映各国政府财政的恐慌，和证券公债票的滥发。英国财政在一九三一年至一九三二年度为三千七百万镑岁入的不足，法兰西为二十二亿法郎岁入的不足。日本一九三〇年的决算，有四千八百万元的赤字；一九三一至一九三二年度，财政的枯竭更是一个众知的事情。“繁荣的美国”，也不能从普遍财政的恐慌中逃脱出来；一九三一年五月二十六日的决算，国库的总收入为二十七亿九千二百万金元，较之前年度减少五亿六千万金元，支出反增加至三十七亿九千三百万金元；结局一九三〇至一九三一年间的赤字，突破十亿金元。德国又加有赔款的亏累，财政的困难那更不用说了（据阿部勇：《合众国金融资本和赤字》，见前引《社会政策时报》昭和六年七月号一〇四页）。据 E. Varga 统计，一九三一年各国预算的不敷，美为一九〇百万金镑，德为七五百万金镑，英为三〇百万金镑，加拿大为一〇百万金镑，澳洲为一七五十万金镑。

借贷资本的利息愈高，则股票交易（假定其他一切情形不变）愈低；希望中的红利益高，则股票交易亦（假定其他一切情形不变）愈高。“现在资本主义的国度中借贷资本的利率既然非常之低落，所以股票交易便应该增高；但是我们所看见的，股票交易在那些利息低微的国家，也是恒久地跌落下去”①。

① 前引 E. Varga 同书一九三〇年第四季。

表 94（原 90）：股票交易的指数①

	英	美	法	德
1929：9	238	216	518	132
1930：1	212	143	436	110
1930：9	198	139	425	102
1930：10	185	118	395	96
1930：11	191	109	378	293
1930：12	180	—	—	921

利率的低微和股票交易的跌落是在同一方向进行着。因为银行在恐慌之初用股票去抵押借贷，当时抵押的价格，比现在股票的价值还大的多；银行继续的停顿，抵押的股票便不能收回；同时股票的挤兑又引起金融上的新恐慌。银行的破产，自一九二九年恐慌开始以来，便在继续着。据二十年度中国银行报告，一九三一年美国的银行有二，三四二家停业，存款总数有二十亿〇八百万金元。这不过是一个例子。

银行的倒闭，马上便要影响到其他产业部门的产业机关的倒闭；这是在金融财政资本时代，就更要严重。下面的统计，便给我们一个实际的指示。

表 95（原 91）：主要各国的破产数（11 个月期内。）
（10 万美金为单位）

	英	德	法	美
1929	4. 140	9. 852	8. 712	19. 704
1930（1—11 月）	4. 025	10. 490	8. 181	21. 714
1031（1—11 月）	9. 269	12. 421	9. 692	33. 993
1930—31 增减百分数	+53%	+18. 4%	+18. 5	+10. 5

法英两国一九三〇年比一九二九年银行和产业的破产数有减少，一九三一年便和美德两国同样有剧烈的增加。

一方面银行和产业继续破产，他方面金货的储蓄仍是继续着：

① 前引 E. Varga 同书一九三〇年第四季。

表96（原92）：各国金货储蓄量

	美	德	法	意	阿根廷	日	英	荷	西班牙
1931：3（美金）（百万）	4, 200	520	2, 000	280	430	420	—	—	—
1931：6（金镑）（百万）	—	70	465	55	—	—	165	50	100

法国在昨年六月储藏的金货，比三月约增加三亿美金，美国储藏额在一九二八年为一七，三九二百万马克，也显见有增加的。更堪注意的，法兰西银行掌握的金货，在一九三〇年一月三日为一，六五〇百万美金，至一九三一年一月二日便增至二，〇九〇百万美元，至三月二十日更增至二，一七四百万美元。英兰银行在一九三〇年十二月为四八五十万金镑，一九三一年七月增至一，六五七十万金镑。在金融恐慌的年季，一面中小银行和企业的倒闭，一面金货向大银行集中；在主要各国都有同样的情形。金融市场因受大银行的操纵，乃更为纷乱。同时大银行并不因恐慌而停止其对外国市场的投机，英兰银行，一九二八上半年金币投在外国市场者为三一七十万金镑，一九三〇年同期，反增至三三二十万金磅，一九三一年同期才减至七百九十万金磅。法兰西在一九三一年十月初投入流通者为五九八亿法郎，投入外国债券方面者，竟亦达一二八亿法郎，为其金货总额五分之一强。

随着金融市场的恐慌一般物价更随之下跌；物价的下跌和贸易的不振，往复又使金融市场滞塞。

产业落后各国，因受农产品价格特别的跌落的影响，又直接影响其货币本位的低落。像澳洲的金镑，平常是与英国金镑等价的；到一九三〇年，澳洲的一个台塞乔（Disagio）在世界市场上，便只值英镑百分之十五。中国的货币本位，加之因银的产额过剩而引起之银自身价格跌落的影响，在世界市场上，更低落的不堪——从前金银价格为十五与一之比，现在为八〇与一之比了。自然本位的低落还有其他原因，像西班牙因为阻止金的自由出口而引起本位的低落；日本用金解禁去提高本位——同时被日本资产阶级用为提高物价的一个对策——便是一个例子。

德国赔款，和世界金融市场也有相当关系的，我们留到后面用专篇去讨论。

D、从失业问题去考察

产业合理化所引进的生产技术的改革和资本的更形集中，不变资本之无限的增大和可变资本的相对额益形减少，构成经济自身的危机并包藏着劳动者失业的一个机构，这是在前面曾再三提述过的。随着经济恐慌的发展和其所带来的产业的收缩，劳动者的失业更随着为一个往复相因的激增，这也在前面约略提及过的。现在从世界主要资本主义各国实在失业的数字，作成如此的统计。

表97（原96）：加入劳动组合的失业者百分比①

	英（A）失业	荷失业	丹失业	瑞典失业	德		比失业	美（就业百分数）	加拿大	澳洲
					失业	短工				
1928：1	10.7	16.1	30.3	14.2	11.2	3.5	2.2	87.9	—	—
：11	12.2	6.2	17.7	10.9	9.4	7.1	0.6	91.6	—	—
：12	11.2	11.5	25.0	17.2	16.7	7.0	1.9	91.3	—	—
1929：1	12.3	18.9	27.6	14.9	19.4	8.3	3.5	91.0	6.3	—
：2	12.2	20.9	30.0	14.6	22.3	8.5	4.6	93.0	6.8	—
：4	14.6	—	11.9	11.1	21.3	—	8.0	7.3 失业	8.1 5月	—
1929平均	10.5	—	15.5	10.2	14.5	—	4.3	7.1 失业	—	—
1929底至1930初	21.5	21.4	24.4	22.6	34	18	—	25 失业	13.8	23.4
1930：6	15.8	—	8.8	8.1	21.1	—	7.0	9.6	—	—
1930：10—11	18.9	11.2	13.4	—	36.3	—	—	22.2 失业	12.3	23.4
1031：10—11	21.9	18.4	22.6	—	39.5	—	—	34.0 失业	18.1	28.3

（A）1929年2月以前之数字系保险失业者

日本在昭和五年十一月统计失业人数为三五〇，二六五人，十二月为三六二，〇五〇人；六年八月增至四一八，五九六人，九月增至四二五，五二六

① 前引E. Varga同书一九二九年第一季、一九三〇年第三季、一九三一年第一季第四季。

人。[①] 意大利一九三〇年八月完全失业者为三十八万五千人，十二月为六十四万二千人；一九三一年八月增至六十九万三千人，十二月增至九十八万二千人[②]。实际上，这些数字是未能十分正确的。

表中的数字是有相当可靠的，因为E. Varga平常选择材料都非常审慎。一九三〇年六月各国失业数字比较减少，那或者因为当农忙的季节，由农村中来到城市受雇佣的短工，此时不能不跑回农村；因此原来在城市的劳动者，又被雇佣了一部分所致。一般的看来，从一九二八年到一九三一年四年中，各国失业工人是逐年在疾速的增加，尤其在一九三〇年至一九三一年两年中，更为增加的可惊。

现在再拿资产阶级自己的机关发表的数字来看。

表98（原97）：各国劳动失业人数

	1930[③]	1931[④]
奥国	156, 000	—
比利时	37, 322（完全失业者）	81, 318（完全失业者）
	54, 804（部分失业者）	126, 060（部分失业者）
加拿大	20, 000	—
捷克斯拉夫	37, 000	—
丹麦	25, 000	—
芬兰	4, 000	—
法国	18, 596	123, 981
德国	3, 977, 700	5, 349, 000
英国	2, 299, 000	2, 572, 000
葡萄牙	20, 000	—
意大利	400, 000	982, 000（12月完全失业者）
		32, 900（部分失业者）
荷兰	25, 000	—
挪威	20, 000	—
波兰	245, 000	—

① 前引日文《社会政策时报》昭和七年四月号一七三页一八一页。
② 前引日文《社会政策时报》昭和七年四月号一七三页一八一页。
③ 据国际劳工局一九三〇年末发表之统计数字及一九三一年末发表之统计数字参照所制。
④ 据国际劳工局一九三〇年末发表之统计数字及一九三一年末发表之统计数字参照所制。

续表

	1930	1931
巴勒斯坦	5,000	—
罗马尼亚	25,000	—
苏俄①	1,150,000	—
萨尔海	7,000	—
瑞典	26,000	—
美国	4,000,000	8,000,000—10,000,000②
犹哥	7,000	—
日本	362,050③	425,526④（9月）

国际劳动局统计报告并称一九三一年失业数字和一九三〇年比较，荷兰增加百分之九十二，瑞士增加百分之四十一，加拿大增加百分之八十，丹麦增加百分之五十二，拉脱维亚增加百分之百二十五，纽西兰增加百分之八十四。所有各国，由百分之二十增加至百分之八〇以上。而该局所发表之此项统计，又大半以劳工联盟会所付失业保险金之统计或失业注册者为根据，即使不有意隐蔽问题的真相，也缺乏各国失业的实在数字。然而仅就这些数字看，已够把资本主义各国失业问题的严重化深刻化的情势暴露出来了。

这样大量劳动失业群众的存在，不仅直接对资产阶级一个最大的压迫和威吓，而且往复又加深恐慌的程度。在资产阶级正常的可变资本少付出一部分，他方面便是一部分的饥饿，同时也便是市场上的购买力减少一部分；也就是在这恐慌的年季，劳动者少得一部分他们自己所生产的价值——他方面自然是资本家更多得一部分剩余价值——资本家便多有相当于这部分价值的商品的过剩。因为在资本主义发展到了今日这个独占形成的最高阶级，社会上已经分成了资产和无产的两大阶级（在此处，是把殖民地放在一边的），无产阶级已经被提供为资本主义商品的主要消费阶级（自然，无产阶级才是真正的社会生

① 苏俄官方曾否认该项数字。

② 据本年二月三号《大公报》载华盛顿一月二十九日合众社电，美国国联会主席威廉声明现时美国失业者达八百万人，民国二十年度中国银行报告书则说美国失业数字已达一千万人。

③ 据前引日文《社会政策时报》昭和七年四月号一七九页一八一页。

④ 据前引日文《社会政策时报》昭和七年四月号一七九页一八一页。

产阶级），残存的中间阶级，并不能表演重要的角色。资产阶级自身虽然是一个寄生的消费阶级，然而社会的一切生产工具和生产品却完全被他们霸占了。在这种制度之下，除资产阶级自身以外，假使社会上没有替他们消费商品的阶级存在，或者这种阶级已经没有适应于他们需要的购买力存在，单靠资产阶级自身去完成这个生产和消费平衡的任务，那更是不可能的。资产阶级相互间只能在单纯的形式下，完成其生产工具生产部门的任务。

在业的劳动者又是怎样呢？他们的购买力，无疑的也是随着一般而相对的减低了。拿主要各国生活费指数和工银指数来看，便可以明白的指出来。

下表数字指示，除日本外，生活费指数自一九三〇年随着一股物价的跌落而相当下落了；日本自一九三一年十月后反逐渐增高，那是因为日本金再禁和对中国施行大规模军事侵略所引起的通货膨胀，生活品价格反又上腾的结果。但是各国生活指数虽比较的低下，工资指数也有下降的情势。

表99（原98）：主要各国生活费指数①

（1913—1914年=100）

	德	法	英	美	意	日（大正七年三月=100）
1928	151.7	105.4	166	132.2	161.9	—
1929	153.8	112.8	154	136.7	161.4	—
1930	147.3	118.3	158	133.7	154.3	—
1931：1	140.4	119.7	153	125.7	145.2	161（10月）
1931：9/10	133.1	114.8	145	119.4	136.7	159（11月）
1931：12	130.4	—	148	—	129.0	161
1932：1	—	108（巴黎）	147	—	—	165（1月）

① 一九三一年十月以前数字（除日本外），据E.v.同书一九三一年第四季；关于日本之数字及一九三一年十二月后之各项数字，均依日文《社会政策时报》百三十九号，并除德国为一九一三至一九一四年为基准一〇〇，余均以一九一四年为基准。

表100（原99为空号）：主要各国工资指数

美（1925＝100） a		英（1920＝100） b		日（大正15年＝100） c		德 d		
		名义（月末）	实际	名义	实际	男熟工	女熟工	男半熟工
1931：1	112（1929：9）	165.5	195.0	93.2	92.6	102.1	64.6	82.8
：2	74（1930：12）	165.0	195.5	92.8	93.1	101.2	64.4	81.4
：3	—	165.0	197.5	92.4	94.2	100.3	61.7	80.7
：4	—	165.0	198.0	91.9	91.9	98.4	61.2	79.5
：5	—	164.5	199.5	91.6	91.3	97.3	61.1	79.0
：6	—	164.5	197.0	91.2	91.0	92.2	61.1	78.9
：7	—	164.5	197.0	91.4	90.1	97.0	61.1	78.9
：8	64	164.5	197.0	91.0	89.0	96.8	61.0	78.7
：9	62	164.5	196.0	90.7	88.7	96.8	61.0	78.7
：10	59	164.5	197.0	89.9	88.4	96.2	60.4	78.7
：11	56	164.0	196.0	89.7	88.5	—	—	—
：12	56	164.0	197.0	（93.7）	（95.6）	94.8	60.3	77.9

（a）据E. V. 同书一九三一年第四季二五二页。

（b）Reichsarbeitblatt关于工业交通业者。

（c）昭和七年日本银行劳动统计。

（d）Labour Bulletin，Dec 31

工资指数的下降，甚至比生活费指数的下降还来得严重。生活费指数的下降，只要名义工资能保持原状，实际工资便应该上升的；现在的事实，资本家增高劳动强度以外，还减少劳动者的名义工资；劳动阶级在恐慌期中所感受的加倍的悲惨境况，更令人可想而知；失业者的境况，那就更不用说了。

因此，资产阶级鼓起如簧之舌，劝劳动者提高购买力，替他们挽救经济的危机；无奈劳动者的购买力早已被你们剥削净尽了！他们现在所有的，不过是一副榨尽膏血的枯骨。不然的话，劳动者倒不像资本家那样悭吝，而且他们也不愿“守财奴”似的留着黄金去忍受饥寒。劳动者现下所感受的惨况，在资产阶级的口中，也可以部分的描写出来。下面是英国资产阶级口中的一段记录。

“肉类一点也没有吃过，在日曜日许多家族连一个先令都没有。他们除了在慈善病院以外，几乎看不见新鲜的牛乳。他们一般除用炼乳和马铃薯以外，其他新鲜菜蔬简直没到过他们的口里。我们在这报告上特地指明：如果长吃这些食物，则健康的维持上是很危险的，尤其是幼童和幼童的母亲。”

“我们委员会的委员们，一致又认为比营养不足还要紧的，是衣服和鞋子的缺乏。在各种场所，到处可以看见破残不堪的衣服和鞋子。我们所看过的一些家庭，他们连被褥和裤子都不完全，学童同样是衣鞋不完的情形，大人和幼儿们就更不消说了。”（南威斯及蒙毛司煤田调查报告 Report on Investigation in The Coalfield of South Wales and Monmouth. 《时报》1920, 2, 21）

这还是一九二九年的情形，现在自然更数倍于“畴昔”了。而纽约的资本家们还在那里说：“你们知道吗？只要每个工人每周多买七便士的东西，美国的失业工人就可以减少许多”。试问每个工人“多买”的“七便士”在那里呢？这不仅是无耻，抑且是无智。

失业的农业劳动者，情形也是很悲惨的。他们在农村失业以后，连维持生命的最低物质资料，都是无法得到的；因为他们既没有劳动组合的救助，也没有所谓保险和赈救。关于一九三〇年加拿大农村失业的问题，有如下的一段记事：“在本年仲夏，当所有剩余劳动力被吸收在收获之中，还将近有二十五万的失业者；这副失业的图画，远超过同年的春季。然而关于他们既没有劳动的保险，又没有劳动组合的救助，那只有把他们摒诸所谓仁爱之外了。”① 那么，他们便只有“一群一群的离开农村而走入城市，扩大城市失业者的范围和数量。”② 然而城市生产的收缩，生产机关的倒闭，原有大量失业数字的存在，那里还有他们相当插足的余地呵！这是资本主义各国现下农村劳动者的一般情形，我们不必再一一去例举。

这自然都是和恐慌的发展密切的相互关联着的。而大腹便便的资本家们，反因有更大量产业预备军的存在，借口所谓“市场的不况”对劳动者实行逆的威吓和袭击，减少劳动工资……近两年来，各国劳资斗争的事实，大半发生

① Labouf monthly Vol 12, NO 11.

② 日本《劳动时报》。

于资本家的减少工资和辞退工人及劳动者要求增加工资上面；一半是资本家向劳动者挑衅，一半是劳动者实在无法继续去忍受悲惨的生活。譬如在日本，据日本资产阶级自己发表的数字，一九三一年一月劳资斗争共一百九十五件中，竟有六十八件是发生于劳动者对资本家减少工资的抵抗，三十八件是发生于资本家辞退工人的反抗，二十一件是发生于劳动者要求增加工资的斗争；本年(1932）一月劳资斗争共一百二十二件中，也有十五件是发生于减少工资，三十件发生于辞退工人，二十三件发生于要求增加工资①，这不过是一个例子。其次我们试拿一九三〇年和一九三一年两年日本矿山工人的辞退和雇入的情形来看：一九三〇年七月解雇的工人为一四，三六七人，同月雇入的为九，一三二人；一九三一年六月解雇的工人为八，五三一人，同月雇入的为四，八五六人②。这也不过是一个例子。充分表现资本家利用有更大量的失业人口所形成的广大产业预备军的存在，实行对劳动者威吓要挟的阴谋和事实。关于这些问题，我们到下篇还要详细讨论的。

E、统合的去观察

整个资本主义世界和资本主义全部体系中的各种机能，都陷在滞塞与大恐慌的旋涡中。生产的过剩，贸易的凋落，金融的混乱，劳动者的失业……这些问题都是相互关联着的，有一个不得解决，资本主义便不能从恐慌中逃脱出来；然而事实上，现在还都在向前发展——不仅是潜伏的内在的发展，已呈现为大恐慌的发展。从各种事实的表现，已完全暴露资本主义对付此次恐慌的无力。对待恐慌的主要问题，便是市场繁荣的恢复。然而资本主义到现在是否还有恢复市场繁荣的可能呢？这——市场繁荣的恢复——已经成了资产阶级普遍的口头禅，各国的资产阶级和其豢养的经济学者，也正在这问题上绞尽脑汁；但是事实上，自一九二九年下期到现在，所谓繁荣的恢复，连音讯都还没有。

虽然，资产阶级主观的呼声，那是无足轻重的；但是我们进一步去观察，不从所谓繁荣的恢复上着眼，就只从缩小生产和消费间的巨大差异去着眼，也是要看资产阶级第一有无能力解决失业问题，恢复劳动群众的消费能力？第二

① 日文《社会时报》。

② 日本社会局调查。

能否使破产了的殖民地半殖民地经济的复兴，提高殖民地半殖民地群众的购买力？但是前者是要依随于后者的解决才能解决的，而后者又是资本主义经济自身的一个根本矛盾。如果资本主义容许殖民地半殖民地经济复兴的可能的话，那除非他不是资本主义；如果殖民地半殖民地的经济在第三期资本主义的世界中，还能大步的向前发展，那也除非他不是殖民地或半殖民地。自然，像我这样的解释，究竟还不免太简单；到后面还要详细申述的。

我们现在假定整个世界资本主义的复兴是无望的；那么，在这一群强盗当中，有没有一些从刑场上逃脱出来的可能，而承继其资本主义的宗祧呢？这就是意味着：一些资本主义国家从恐慌中没落下去，一些则从恐慌中逃脱出来。这是不能不从各个资本主义国家去分别考察的。

但是各国的资产阶级虽还在作最后的挣扎，资本世界的灭亡的危机，“讳疾忌医”的资产阶级，到现在也不能强行掩饰了。本年（一九三二）五月二日，北平《世界日报》有如此的一段记录：

据合众社日内瓦一日电：据国际劳工局长杜玛在其本年度之报告书中云：

“全人类每二十八人中，即有一人无法维持生活。依渠估计：去年全世界失业工人数目，约为二千万至二千五百万人。连依靠此等工人为生之工人家属合计，则至少有六千万至七千万人无法维持生活。国联方面估定全世界人口为二十万万人，故依渠之统计，每二百人中便有七人因失业之结果，而忍受悲惨的生活。”

“当杜氏宣读其报告书时，闻者均懊丧若失。因其内容，多关于世界贸易不振之记载。渠从批发物价、生产、工业利润及国民收入之指数研究中，竟将去年之世界，描成一黑暗不堪之图案。英美德批发物价，已降至战前水平以下，若以一九一三年之物价指数为百分之百，则一九二九年春季之数字为百分之一三九，一九三〇年为百分之一二〇，一九三一年底降至百分之九五。”

这种记载，在我们可以认为还有不少重要事实的隐蔽；但在资产阶级，总应该认为是可信的。

经过杜玛一再折扣的全世界失业数字，“闻者”就“均懊丧若失”了；而其实杜玛所估计的失业数字，还只限于主要资本主义各国：一切弱小国家或殖民地半殖民地的失业数，是被屏弃在估计之外的。如在中国就至少有一万万以上的失业者。同时在主要资本主义各国，未被保险的工人和其他失业者，也还不在他的估计之内。

在列宁的当时，他就曾经说过，全世界的统治阶级只有二万万五千万人，被统治阶级则有十二万万五千万人。到现在，又有许多农村的中小资产者和城市力量比较的薄弱的资本家及中小企业者，在资本之更高的集中和市场独占之更高形成之下被排挤出来的数量，我们虽则无从去统计，但是决不在少数。所以统治阶级的数量是更其缩小了，而被统治阶级的数量，则在无限的扩大。在被统治者的群中，除去在劳动者方面被收买了的工人贵族，和其在殖民地半殖民地被豢养着的代理者工具——这里意义着的代理者工具，是包括一个组成统治的阶级的——以外，我们可以说，全是饥寒交迫的在“忍受悲惨的生活”。

资产阶级统治的社会，原是一幅“黑暗不堪的图案”；不过资产阶级直到了他们世界的末夜，才感觉着黑暗；无产阶级和殖民地半殖民地劳动大众，则久已在长夜漫漫的黑暗中挣扎，现在资产阶级所感受的“黑暗”却正是被统治者的光明的前夜。

3. 世界经济恐慌之各别的考察

A、美国经济恐慌的一般情势

a. 生产的过剩和原料的堆积

这个“最繁荣的金元王国”，战后生产的发展和资本的雄厚，也确实有些繁荣的规模；在资本主义世界中所表现的支配力量，也不愧是一个金元专制的王国，然而他不仅无法迴避恐慌袭击，而且恐慌恰恰从他的心窝中首先爆发出来；他所感受的恐慌的严重程度，也正和他的资本势力相适应，仍没有失去他的天字第一号的地位。昔日生产的最高发展，今日恰成了生产的最多过剩；昔日最雄厚的资本，今日恰成了最肥大的膨胀的痛苦……“擒贼先擒王”，我们要分别来考察各国经济恐慌的情势，应该先从这资本主义国家的领袖开始。

在这里也同上章一样，先从他生产过剩的考察着手。

表 101：美国商品堆积量统计①

	1928：12	1929：12	1930：10	：11	：12
堆积总量	142	158	157	162	164
工业完成品堆积总量	122	119	119	119	121
食品	97	110	99	93	95
纺织品	129	131	97	97	104
钢铁	147	135	147	146	146
非铁质金属品	125	165	234	231	228
加工建筑木料	113	116	110	114	117
砖，石等	163	172	150	163	166
皮革	77	74	82	83	83
橡皮	164	144	118	116	113
纸	132	73	127	122	123
化学品	117	127	125	124	124
原料堆积总量	156	186	185	193	195
食料品	163	213	197	200	205
纺织原料	173	203	215	238	242
金属	97	115	134	140	130
化学原料	117	129	133	129	124

表 102②：

	1930：8	1931：8	（1925—1926 为 100）
各种存货	132.3	137.2	
工业完成品	120.5	114.5	
原料品	140.7	153.6	

上二表数字，表示美国一九三〇年的存货量，大于一九二九年，一九三一年的存货量又大于一九三〇年。在一九三〇年度，尤其是钢铁等金属品及原料

① Survey of Current Business 1931. Feb. p. 16.

② E. V 同书一九三一年第三季。

的堆积的增加，这一方面因生产的过剩而反映出原料的堆积；同时原料的堆积，又反映出生产的停滞。美国是重工业发达到了最高度的国家，钢铁制品的大量堆积，一方面表示美国遭受经济恐慌的严重；二方面又表示世界生产的停滞，尤其是依赖美国的生产机器和交通运输工具输入的殖民地半殖民地生产的停滞。一九三一年的工业完成品比一九二九年还比较减少的原因，这并不是市场景气的回复，而是生产机关因生产过剩而停闭的加多，这在前面已经说过，“美国各种产业部门只利用百分之四十四的生产力从事作业”。下面的统计，也可以同样的指明出来。

表 103：企业破产数 （百万金元）

	第三季	第四季	1 月	2 月
1929	5, 080	5, 655	—	—
1930	5, 904	6, 680	2, 759	2, 262
1931	—	—	3, 316	2, 563

一九三〇年的企业破产数字大于一九二九年，一九三一年又大于一九三〇年。这破产的数字中，大抵是包含着中小产业机关和银行的破产。中小产业机关在美国那样生产集中化扩大化的国度里，本来就是“奄奄一息”的；加之大恐慌的袭来，更无力量去抵御，结果自然便只有破产之一途。可是这样一来，在美国群众的阶级关系中，更起了一次最末的分化；资产阶级的队伍中，就只留下一些资本大王等和其御用的附属阶级分子……中小阶级便归于自然的肃清之途而转入贫乏之队伍——即便还留下一点残存的挣扎，也已经到了消灭的最后时机。这是自然的缩小了资产阶级的队伍，扩大无产阶级的队伍，完成阶级敌对的最后形势。

农村的中小资产阶级，也正在被大资本的猛烈的驱逐；和城市的中小资本者同一命运，而转入贫穷的群中。

b. 产业的收缩和生产的减退

美国各种产业部门生产额的下降，是和生产品的堆积在相反的方向进行着的。这表示世界经济危机的深刻；在这个“繁荣的王国”里，可以尽情的表露出来。生产品的堆积，已如上所述；生产额的下降，下面的数字可以明白的指出来。

表 104：美国近四年来的企业指数①

	铁生产	钢	货车	电力	硬煤	自动车	棉消量	毛消量	制鞋	锌生产	混合指数
1928 年第一季各月平均	87.1	96.1	93.2	100.4	91.3	92.9	101.4	93.3	100.6（1、2 月平均）	89.9（糖）	96.2
第二季各月平均	98.3	109.6	95.07	100.5	84.8	93.8	96.5	90.1	100.9	94.4	97.4
第三季各月平均	101.9	111.7	93.8	101.7	87.5	103.8	92.4	98.9	112.0	96.4	98.3
第四季各月平均	103.3	108.3	93.7	102.4（10、11 月平均）	92.9	88.6	100.4	101.3（10、11 月平均）	100.0（10、11 月平均）	90.0	98.8
1929 年第一季各月平均	108.9	107.3	99.2	101.9	94.6	146.3	108.9	101.6	97.3（1、3 月平均）	91.8	102.6
第二季各月平均	116.4	123.0	102.9	104.2（4、5 月平均）	92.5	145.07	109.3	106.7（4、5 月平均）	104.7（4、5 月平均）	99.0	107.7
第三季 9 月	116.7	117.6	101.7	102.9	96.0	123.0	103.6	114.6	111.1	101.3	105.8

① “Annalist”历年发表之统计数字所制。

续表

	铁生产	钢	货车	电力	硬煤	自动车	棉消量	毛消量	制鞋	锌生产	混合指数
1930 年第一季 2 月	96.0	99.3	96.3	96.3	89.9	101.4	86.5	81.0	95.6	94.2	94.2
第二季各月平均	95.6	89.5	90.0	94.6	87.2	98.3	81.4	77.9	96.6	84.1	89.6
第三季各月平均	83.3	79.7	83.5	91.1	77.7	63.6	71.8	80.9（7、8 月平均）	87.9（7、8 月平均）	74.5	81.5
1930 年第四季各月平均	60.6	56.0	81.3	85.6	85.1	65.8	71.4	73.8（10、11 月平均）	75.7（10、11 月平均）	70.7	77.03
1931 年第一季各月平均	57.2	58.0	77.9	89.8	74.9	66.4	75.8	74.0（1、2 月平均）	72.2（1 月）	60.0	77.0
第二季各月平均	56.9	53.2	76.3	83.4	74.1	72.1	80.7	117.2（4、5 月平均）	108.1（4、5 月平均）	51.5	78.5
第三季 9 月	39.4	37.3	67.3	81.7	69.4	40.4	83.9	101.3	94.5	45.3	70.8
第四季各月平均	35.2	36.3	66.5	76.4	72.5	41.9	73.2	78.7（10、11 月平均）	75.07	43.0	65.6

美国各种商品的生产额，均以一九二九年为最高点；一九三〇年后均疾速的下降，至一九三一年第三第四两季，便降低到更小的程度；尤其是重工业部门，更降小的令人可惊。这是可以充分代表全资本世界经济恐慌之深度的。照生产下降的趋势看，美国经济的恐慌，还正在向前发展。至于一九三一年第二第三两季，美国棉花和羊毛的消费量，反突然的增高，这是在去年秋季，一般所认作市场之转向的。实际上，这在表示美国资产阶级的资本向轻工业方面移动的一个企图。然而轻工业制品的市场，也依样是狭小的；所以在同年第四季又急剧的降下，这正在宣告资本移动的企图又碰着绝壁。

农业部门的生产，也有惊人的下降，据美国农业部长汉第 Hyde 的报告，一九二九年美国的农业生产物总额为一一，九〇〇百万金元，一九三〇年降至九，三五〇百万金元，一九三一年更降至七，〇〇〇百万金元①。

C. 贸易的衰落和物价的下降

美国对外贸易的情形又是怎样呢？大量生产的过剩和生产的降下，也正在反映着市场的不况和贸易的不振。美国贸易的实际情况，下面的统计数字，可以明白的指出来。

表 105：美国对外贸易额② （单位：百万美金）

	输　入	输　出	完成品输出
1927 年每月平均	349	397	165
1928 年每月平均	341	419	188
1929 年每月平均	362	430	—
1930 年每月平均	260	315	—
1931 年第一季 3 月	210	231	—
第二季各月平均	148	201.7	—
第三季各月平均	176.3	175.7	—

美国的对外贸易，是以欧洲和美洲（拉丁美洲，加拿大）为主要地带。这些地带经济之极度恐慌，遂使美国的贸易益陷于不振。中国虽然是美国认为

① 前引 E. Varga 同书一九三一年第四季，二五二页。

② 前引 E. Varga 同书一九二九年第一季，一九三一年第一季、第三季的数字所制。

救济恐慌的一个理想的市场，但是事实上，美国对华贸易还只占其总额的八〇分之一。照表中所指示的数字，美国贸易的情形，一九三一年是随着季节而下降的趋势。

生产的过剩和贸易的不振，物价的下落，便是必然的结果之一。

表106：美国商品价格指数（1913年为100）①

	农产品	食料品	纺织品	燃料品	金属品	建筑材料	化学品	杂品	棉	总指数
1928年1月	151.7	—	153.7	159.8	120.7	155.0	134.9	—	—	149.4
1929年1月	144.0	—	155.6	166.3	125.3	153.7	134.6	—	—	147.0
1929年12月	240.5	—	148.2	163.6	128.4	153.1	134.6	—	—	145.3
1930年1月	136.7	142.0	139.1	158.3	121.0	150.6	113.0	120.7	—	139.8
1930年3月	127.6	136.1	131.4	150.7	122.9	150.8	110.3	115.8	—	134.0
1930年12月	108.6	123.9	103.4	142.4	106.3	127.8	105.0	91.8	—	116.6
1931年1月	107.7	118.9	150.2	104.8	105.8	129.4	101.0	89.1	—	114.8
：2月	101.3	115.2	103.1	139.4	105.7	126.3	100.4	88.4	—	112.2
：3月	99.8	115.4	102.3	131.2	105.7	123.2	101.1	87.8	—	109.3
：3月31日	99.0	114.8	101.6	127.6	105.0	123.3	101.1	85.4	—	108.1
：4月28日	94.0	—	98.0	125.0	104.0	—	99.0	—	122.0	105.0
：5月20日	87.0	—	96.0	125.0	102.0	—	100.0	—	119.0	101.0
：6月16日	86.0	—	95.0	119.0	101.0	—	100.0	—	119.0	101.0

表107：油类及青炭价格

	1929年平均	1930年平均	1931年（前11个月平均）
汽油（每加仑折合分金）②	8.44	6.88	4.67
原油（每包歇尔折合金元）③	3.69	2.37	1.79
青炭（每吨折合金元）④	1.79	1.75	1.64（前9个月平均）

---

① Annallst各年发表之数字所制。

② 据Coil，Paint and Drug Report数字换算。

③ 据Coil，Paint and Drug Report数字换算。

④ 据The Coal Age数字换算。

美国各种生产物的价格，均以一九二九年为最高；恰和前面所述的各种生产物产额以一九二九年为最高相适应。一九三一年六月的物价，甚至有降至一九二九年二分之一以下者；并且还正在向前下降。

d. 利润的减低和金融恐慌

物价的低落和贸易的不振，一方面影响关税收入的减退，增加国家财政的困难。因为贸易的输入，是国家关税收入的源泉。他方面又直接是资本家利润的减低，间接又是国家所得税的收入和一切杂税收入的减退。据“拉西拉尔西特”银行调查二百个托拉斯的报告，“各种产业部门的利润，一九三一年第一季的全利润为一亿三千六百万美金，较之昨年同季的二亿七千万美金为二分之一，较前年同季的三亿五千六百万美金，为三分之一。和昨年度比较，利润的减退，石油工业为百分之百，纤维生产品工业为百分之九十一，钢铁工业为百分之八十五，机械工业为百分之六十二，电机工业为百分之六十一，自动车业为百分之四十七，其附属品制造业为百分之五十二，家具类为百分之四十六，化学工业为百分之二十七，此外食料品为百分之四。平均为百分之四九点四的减退。铁道的收入，更有可惊的减退”①。因之，“占一九三〇——一九三一年预算的经常总收入三十八亿三千四百万美金中的二十一亿九千万美金的所得税收入，到五月二十六日出决算仅十五亿二千六百万美金，而有三亿二千万美金的减退”②。杂收为五千二百万美金的减退，消费税的收入也同样是减退了。致一九三一年度财政收入额有百分之三七点二的减退③。形成美国财政赤字的最大恐慌④。

因此美国财政惟一救济的对策——美国资产阶级所认为惟一救济的对策——便只有加税：如所得税的起点，如每年收入在四千元以下者从百分之一点五增至百分之二；并减低免税点的标准，收入四千美金以上至八千美金者课百分之四，八千美金以上者课百分之六；此外还须课以附加税。其他电话、电

① 阿部勇《合众国金融资本和赤字》。

② 阿部勇《合众国金融资本和赤字》。

③ 阿部勇《合众国金融资本和赤字》。

④ 据美总统胡佛送致一九三一年十二月七日美国第七十二次议会的教书说：一九三一年度收入不足数大约会达九万万二百万美金，准此推测，一九三二和一九三三年间的收入不足数合上一九三一年度的将达三十二万万四千七百万美金之多。

报、邮信、汽车、留声机、卷烟和资本的移动等，均一律课税或加税（见上引胡佛教书增税计划）。这个加税的特点，完全是把国家财政的担税，转嫁到中小阶级和劳动大众的身上。但是事实上，这对于美国资产阶级的问题，是不能有何种解决的；所能解决的，只是市场的消费力，将更形减退。

私人方面利润率的下落，股票的价格，也就如水一般的向下流了。这在前章已指述过的。现在再看本年的情形是怎样？

表108：1932年春季股票价格① （百万美金为单位）

	30种工业股票平均价	20种铁道股票平均价	20种公共事业股票平均价
1月底	79.76	39.22	32.07
4月底	72.18	28.53	28.16

据五月二十五日合众电讯：本日股票交易，突降至最低记录，价格之低落，为长期恐慌期内空前未有之现象。各主要工业股票为百分之四九点一，突破一九二四年来之最低记录；破产之库鲁克公司股票，去年售价高至九又八分之一，今日降之三十二分之一（追补）。

又据美国《财政商业记录》（Finanical Commercial and chronicle）的记载，今年（一九三二）一月有三百四十六家银行停业，二月有一百四十三家银行倒闭。美国金融市场的危机，比商品市场还要严重。

我们所引为兴味的，像那样黄金续成的美国（保持有四十二亿美金的现金，有一百五十七亿美金的对外长期投资，十七亿美金的对外短期投资，二百二十一亿美金以上的战债债权），也不免要堕在这样严重的金融恐慌的陷坑中。黄金之神，也并不能替资本家祛除危厄吧。

经济恐慌的袭击愈深刻，各国便愈无能力偿还美国的债务；美国的债权资本，事实上便不能替本国救急或者还不免有赖债的事情。胡佛延付债务的申明书，就是完全站在这个利益上面的。

虽然各国无法偿还美国的债务，而华尔街的资本家们，却还在不断把资本

① 据 Dow Jones averages.

向外投放。一九三〇年八月，美国资本新投放总额二亿零四百四十万美金中，投在本国的仅其中三千九百八十万美金。这便是一个例子。

自然，美国资本的肥大，急在觅取国外的新投资市场；这和其新的商品市场的要求，是同一迫切的。

他眼见欧洲市场的凋落，他原来所支配的南北美洲的市场已不能满足他的需要，尤其不能解救他的危急。因此便贼眼炯炯的看着中国和苏俄，尤其是中国更容易达到他的愿望。中国虽然是一个贫穷的国家，然而还是一块处女地，能消纳大量的资本；中国有四万万到五万万的人口，购买力虽然薄弱，然而还自有不少的咸味。所以他说：只要中国的农民每人每年增高十块钱的购买力，世界经济的恐慌就可和缓过来的。这意是如何的远大而深长呵！

e. 劳动的失业和政治的恐慌

现在再从美国的劳动问题来考察一下，作为本章的结论。

美国劳动失业的数字，在前面已指述过——一九三一年已达到八百万到一千万的人数——约占其全人口十分之一，严重的情形，那是不消说的。现在我们要考察的，是劳动者所处的境况和阶级斗争的情势。

在美国，常常有失业者结队游行示威，捣毁工厂的事情；这事情就可以充分表示出失业群众和资本家已站到生死对立的阵头，并不是资本家所玩弄的慈善救济和保险等玩意所能缓和过来。他方面也可以暴露出拍卖阶级的社会民主主义者所玩弄着的骗术，已图穷匕见。

美国劳动问题的情势，我们不嫌重复的，把下面的一个统计写出来。

表109①：

	劳资斗争件数	参加斗争之人数	工资支付总额	加入组合之就业者百分数 1926=100
1930：8	—	—	90.8	89.8%
1930：10	—	—	74.2	79.7%
1930：12	—	—	67.4	75.1%
1931：1	56	10,147	62.3	73.1%

① 据 Monthly Labour Review.

续表

	劳资斗争件数	参加斗争之人数	工资支付总额	加入组合之就业者百分数 1926=100
1931：2	52	19,984	67.0	74.1
：3	45	26,121	68.5	74.8
：4	60	26,442	67.4	74.5
：5	106	27,588	66.6	74.1
：6	81	18,437	62.5	72.2
：7	67	49,574	59.1	70.4
：8	76	10,977	58.5	70.0
：9	110	35,859	55.4	69.6
：10	70	33,548	53.7	67.3
：11	52	13,679	51.0	65.4
：12	42	15,197	50.9	95.3

拿上表的工资支付数字和前面各国工资指数去比较，是能证明有相当可靠的。我们在这个统计表中第一点要注意的，是第四项就业者百分数的减少，比第三项工资支付百分数的减少要轻微些。这并不是表示失业的数字来得迟缓，而是正在表示资本家减少劳动者的工资，暴露其更露骨的剥削。表中的第一项和第二项，对劳资斗争发生的原因并没有指示出来，这是统计不完全的地方：表中所指出斗争件数和参加人数的加多，在五月和九月的两个季节，更分外表现的厉害；参加斗争的人数是相对的扩大，那是最有意义的。

美国的劳动阶级在资本家的强烈剥削之下，无论其斗争的原因是发生于资本家的减少工资或辞退工人，抑发生于劳动者的要求增加工资……本质上已到了阶级敌对的最后关头，并不是一个单纯的经济斗争，而是一个历史的政治的斗争的最后的敌对。譬如在一九三〇年，美国的工人所加入共产党指导之下的组织员，据日本财团法人协调会发表之统计载，增加一一，〇〇〇人，一九三一年便增加二七，〇〇〇人。这数字是否可靠，还不敢断定。但拿前后两年增加的比例比较，几成三与一之比。这可以证明美国工人的左倾化和革命化的紧急情势。

这个紧急的情势，会逼着“我们主张现在经济制度的正当性”① 将成为不正当；并不是“我们对经济上的恶疾，也持同样——同医学对疾病的态度一样。著者释——的态度”② 可以起死回生的，反恰是一个膏肓的痼疾；也并不是“从基督教的爱的精神上，建立各阶级的万人的利益”，就可以“和缓民众的痛苦和世界普遍的失业”，能够避免“深刻的无限制的竞争”③；更不是像英国的麦克唐纳尔和日本的赤松克磨之流，所能应付这时代的紧急问题的。

写完以后的追补：

劳动失业问题之严重形势的存在与发展，已经使美国资产阶级惊惶的寝食不安了。据路透社五月九日华盛顿电称：“上院委员会顷正考虑拨款五万万元予各州及各市。本日以救济失业之提案征询各方意见；同时却发现若干不安的象征。据工联会代表麦克格拉君的预测，如政府不救济失业，则在失业之八百万人中（实际，失业数字已达一千万，作者注）将发生严重之暴动。麦君称，“革命之门行将洞开，此为政府各领袖所宜熟知。另一人称，在无进款之三百万人中，无一获得充分之救济。”

同日合众社电称：

“上院财委会主席司穆德，本日向上院提一新税法案，计划增收赋税十三万万美金，新税则财委会已通过……因新税法案无定准，本日证券市场颇有投机者，市价未恢复上星期五之记录。”

我们从第一个消息去看，美国革命情势的紧张，在资产阶级口中所说的，已够表现得如何的严重呵！美国资产阶级希图用救济式的小惠去松懈劳动者斗争的情绪，那是十分明显的；而在资产阶级协谋救济的同时，却发生许多不安的象征，这正表示劳动者阶级觉悟的决心，使资产阶级缓和劳动者的阴谋，反而是徒劳。所以“革命之门行将洞开”，倒不算是麦克君的特见；但是如果“政府救济失业”，则“失业之八百万人中”，就可以不“将发生严重之暴动”吧？八百万人的失业的救济是可能的吗？这倒成了“工联会代表”的一个错觉。

---

① 美国紧急失业委员会议长 Colanel Woods 的演词。

② 美总统一九三〇年十月二日对 American Banker's Association 的声述。

③ 罗马教王为失业恐慌所发出之教书。

假使失业的工人的斗争只要得着救济，就能够缓和下去，照这样去推论，则未失业的劳动者，就无何革命的需要与可能了吗？这不过是垂没的美国资产阶级和其工具们的一种幻想。而其实，厂内的劳动者和厂外的劳动者，他们在同一阶级的利益的正确觉悟上，是紧紧在握着手的。而且，劳动者的斗争，是基于一个伟大的历史的意义之上的；并不是单纯的基于面包的要求。所以在美国现下所表现的革命情势的紧张，自然是随着经济恐慌而发展出来的政治恐慌；可是在大恐慌的未爆发以前，革命的要求就已经是存在着的。所以我们在今日，也只能从美国资本主义的矛盾的发展情势中，去了解劳动者斗争的内容；不能单从斗争的表面的事实，去求得内容的了解的。

而且照第二个消息去玩味，所谓救济失业，也不过是一个无智的滑稽。十三万万的新税，叫哪一个阶级去负担呢？如果让资产阶级去负担，那是当然的；但是如果让劳动大众也同时负担，这不是恰恰和救济失业的本问题构成一个矛盾吧？再加上劳动者的一层负担，在资产阶级以在业劳动者的膏血去浸润失业劳动者，也不算是得计，恰恰相反，而在逼着他们提早去“洞开”“革命之门”。

B、英国经济恐慌的一般情势

英国资本主义经济，从前次大战后，就在没落的过程中。随着战后世界资本主义经济的复兴，他虽然在表面上也恢复了相当的繁荣；事实上，并未曾挽回其没落的命运。此次大恐慌的袭来，自然便分外感觉的严重。只拿失业问题或失业救济问题来说，反映到政治上，历次的内阁都表示应付的无力；鲍尔威首先就表示无力，而自告退避了；自认为有应付对策的所谓工党领袖的麦克唐纳尔，依旧是一筹莫展。

原来这个“日不落国”的繁荣，是主要建基于殖民地半殖民地的榨取之上的。只要殖民地半殖民地一摇动，他的繁荣马上就要成为乌有的。

由于殖民地工业化的结果，殖民地要求脱离母国的独立运动，便如“雨后春笋”般的发现；战后日美经济的突飞发展，英国在殖民地的市场，又直接受其侵袭；——如日本代替其在东方市场的一部分，加拿大在事实上，无异成了美国的殖民地——跟着此次经济大恐慌的发展，殖民地半殖民地的群众，愈趋革命化。这样，这个纸糊的老虎，更动颤不得。愈益构成其恐慌的严重性。

本年以来，英国的资产阶级虽然极力宣传恐慌将成过去。“经济复兴的希望前途光明”；财政的困难，也将随张伯伦的预算而完全解决（?），而且不仅是解决了困难，并且还有赢余（?）。可是这还要待事实来证明才能算数，空口说来的空话，是解决不了问题的。

a. 生产减退的趋势

现在从英国经济的实际情势分别来考察一下，便不难把握其前途的趋势。这里先从英国的生产事业研究着手。

英国各工业部门的生产额，在一九三〇年第一季便降到一九二五年同季的水平，一九三一年更为下降（见前节世界经济恐慌的总观察）。农业在英国经济的比重上，是无足轻重的。英国是重工业发展最早的国家，最近三年煤铁钢的生产情形如下：

表110①：

	煤	钢	铁
1929：9	18,100（千吨）	848（千吨）	665（千吨）
：10	—	890	689
：11	—	815	931
：12	—	661	643
1930：9	19,900	581	425
：10	—	513	415
：11	—	434	369
：12	—	337	350
1931：6	18,100	436	329
：7	17,400	436	322
：8	16,400	406	280
：9	17,200	590	252

① 前引E. Varga同书一九三〇年第四季、一九三一年第三季。

英国煤铁钢的生产，自一九二九年开始，便呈现为下降的倾向。钢的生产，在一九三一年仿佛有上升的趋势；实际上，这并不在表示英国经济的转佳，而正在表示资本家不愿让资本去空闲，所以不顾市场的需要如何？依旧想拼命去挣扎。这在下面的统计数字中就可以证明出来的。

表111：英国煤及钢铁制品等输出量（九个月合计）

	1929	1930	1931
煤（百万吨）	44. 1	41. 8	31. 6
钢铁制品（百万吨）	3. 27	2. 52	1. 45
棉织品（百万平方码）	2, 848	1, 996	1, 297
毛织品（百万平方码）	84. 8	62. 7	430

这证明钢铁品市场并没有转佳的影子，反而钢铁制品的输出，正在行着猛烈的锐减趋势。

造船业也是英国的代表产业之一，据本年（一九三二）五月英国政府发表之统计报告，本年第一季英爱合计开始之造船吨数为二万五千七百一十三吨，尚小于一大西洋航船之吨数；下水吨数之少更达空前之记录。拿去和过去年季比较，实为自一八八六年来造船业衰落之最低记录。

纺织业也是英国的主要产业之一。据英国官方发表之统计报告，一九三一年棉丝输出额约值五六, 五九三, ○○○镑，和一九二九年之一三五, 四四九, ○○○镑比较，已减少一半以上。这虽然半由于英国纺纱业工厂的设置和技术的陈腐，工厂生产资本之没有集中，小工厂数目太多；可是这正是英国资本主义没落的主要原因之一。

现在再拿经济杂志“Economist”的企业指数来看，对于英国目前的经济情势，就能更明白的指出来。

表112：英国企业状态指数

（1924年为基准=100）

	完成品输出	输入		消费					
		原料	有色金属	钢铁	棉花	橡皮	煤	电汽	铁道运输
1929：3	109	124	118	70	116	290	119	128	92
：6	106	105	135	106	103	265	98	108	—
：9	111	96	117	118	76	354	96	102	95
1930：3	100	117	119	126	98	356	117	130	95
：6	87	97	129	118	71	350	100	104	87
：9	82	84	108	85	53	370	102	96	—
：12	79	106	110	91	81	381	111	120	85
1931：3	66	98	102	84	64	355	112	126	—
：6	63	93	126	83	68	323	96	101	—
：9	66	78	109	77	75	365	99	98	—
：12	94	95	94	98	96	266	107	128	—

上表的数字，我们从钢铁棉花等原料和电汽的消费量看，都在表示一九三一年末季和一九三〇年末季比较，还有点增加；并且由六月至十二月，也大抵像表示在逐季增加中。这很容易引起我们错觉的，或甚至就不免认作是英国经济的恐慌快要过去，生产业正在恢复；而其实，这也正在证明英国资本家不顾市场需要的情形如何？拼命在恢复生产。这对于恐慌的内容矛盾，不仅没有减轻，反更加是深刻了。我们从第末项完成品输出的数量去看，英国资本家捉襟见肘的原形，便完全表现出来了。

因之，我们从上表的数字中去了解英国经济恐慌的情势，是要从其第末项完成品输出的递减情形去了解，才能了解其真相的。

英国产业之合理化的企图，自美德诸国相继施行合理化后的结果，即引起英国资本家的注意。但是事实上，英国的产业，除去枝枝节节的受过合理化的一些洗礼外，至今还没有完全成为事实。这是因为英国陈腐的产业组织和技术等物质条件的障碍，为英国产业合理化之不能实施的主要原因。因此，工业先进的国家，不能不反而落后了。最近由于生产的益行衰退，又引起英国资本家重温旧梦的兴趣，急急作集中生产力，排除生产浪费的合理化的施行的进行；

但是劳动者已十分清楚资本家的这种企图，完全在加紧对他们的压迫——如裁减工人数目，提高劳动强度——所以纺织部门的工人，已经在公开的反对，直接给资本家一个严重的打击，拒绝资本家以提高工资为交换条件。

b. 对外贸易的衰退和物价的下落

从英国对外贸易的情形来看，也可以得着一个同样的结果。贸易的输入总额，一九三〇年比一九二九年减少百分之八点五，输出总额减少百分之一十八①；一九三一年前九个月比一九三〇年同期输入总额减少百分之二〇点八，输出总额减少百分之三三点四②。详细的统计，有如下各表所指示：

表 113：对外贸易③ （单位：百万镑）

	输　入	总输出	输出完成品总额	贸易差额	差额百分数
1929	1, 220. 8	839. 1	—	381. 7	31%
1930	1, 044	657. 6	440	386. 4	37%
1931	862. 2	433. 2	290. 6	409	48%

表 114：各种商品输出入的数字④ （单位：千磅）

	1930：9	：10	：11	1931：9	：10	：11
输入						
食粮及嗜好品	34, 759	42, 010	38, 444	32, 319	38, 942	36, 774
原料及未完成品	14, 805	15, 030	13, 681	10, 173	10, 048	13, 651
半制品及完成品	22, 759	25, 759	19, 794	21, 246	25, 720	27, 304
合计	72, 363	82, 789	71, 919	63, 738	74, 711	77, 229
输出						
食料及嗜好品	4, 247	4, 381	4, 762	2, 744	3, 371	3, 429
原料及未完成品	4, 979	5, 346	4, 683	3, 733	4, 306	4, 051
半制品及完成品	32, 052	35, 916	32, 748	22, 223	23, 958	23, 886

① 前引 E. Varga 同书一九三一年第一季。
② 前引 E. Varga 同书一九三一年第三季。
③ 前引 E. Varga 同书一九三一年第四季。
④ 前引日文《社会政策时报》昭和七年三月号一二页，平尾著：《世界关税战的再激化和劳动阶级》。

续表

	1930：9	：10	：11	1931：9	：10	：11
合计	41，278	45，643	42，193	28，700	31，635	30，366
贸易差入超额	31，058	37，146	29，725	35，038	43，076	47，363

上列的事实，把英国贸易衰落的情形，已赤裸裸的暴露出来了。这自然由于一般经济的恐慌所致，而英国在世界市场上受日美资本的排挤，也是一个严重的事实。如一九二九年八个月内外国输入到印度的灰色织物，五，八三三十万码总额中英货占三，一九三十万码，日货竟亦占二，五六一十万码，加色织物三二五一十万码中，英货占一，九二一十万码，日货亦占九八一十万码；一九三〇年八个月内，灰色织物二，七三一十万码总额中，英货占一，九九二十万码，日货亦占一，四二六十万码；加色织物一，八九二十万码总额中，英货占一，二二〇十万码，日货亦占四八三十万码①。在加拿大，一九二九年的贸易入口总额中，从英国输入的仅占百分之一五，从美国输入的则达百分之六十八。一九三〇年七月以前，美国在加拿大的投资总额中占百分之七五，英国仅占百分之二九；照一九二九年的估量，美国在加拿大的投资额有四十一亿二千万美金，英国则减至二十三亿美金②。加拿大的钢铁市场，自大战以来为美国所独占，英国仅占百分之三（五月十七日天津《大公报》载），在中国以及在其他各处的市场上，也有同样的情形。这一方面虽然在表示资本主义各国相互间矛盾的深刻化，市场再分割的形势已十分急迫而严重；他方面也正在表示英国资本主义的没落。英国资产阶级惟一的对策，便在拼命的一再提高关税③。同时又以推进其本国和各殖民地贸易及经济的联合，并采用特惠关税比例的方法，企图挽回其在殖民地的市场④。然而这不过徒然更加紧帝国主义各国的冲突，对于英国资产阶级想像中的问题，根本上是不能有何种解决的。拿英国资

① 引 E. Varga，同书一九三〇年第四季。

② A. Morgan. Tbe Empire and Canada.

③ 天津《大公报》本年四月二十四日载：自四月二十五日起，一切制品入英境时，概增税百分之二〇，至某某种奢侈品及半奢侈品则增纳关税百分之二十五至百分之三〇。

④ 四月十五日合众社电讯“加拿大现正集中注意点于七月十九日在加京举行之英帝国经济会议，加总理贝勒特（Bennett）领袖之内阁委员会现正在筹备开会，推进英国各部之贸易及经济联合，将采用特惠关税比例。”

产阶级自己发表的一九三一年贸易的地理分配情形来看（单位千镑）①。

表 115：英国对外贸易地理分配比

	输往各国	从各国输入
印度	32, 304	36, 743
爱尔兰	30, 414	36, 653
法国	22, 537	40, 883
南非	21, 849	—
加拿大	20, 560	32, 816
德国	19, 413	64, 150
美国	17, 101	104, 171
阿根廷	14, 789	52, 764
澳洲	14, 554	45, 674
荷兰	13, 685	35, 209
纽西兰	11, 196	37, 832
比国	10, 017	33, 231

上表的数字，表示英本国对其各殖民地的贸易也是入超的，这自然同时在表示英本国对澳洲和印度原料生产的依存关系。他方面，英本国反而又好似成了美国的商品市场，英国资产阶级所筑起的关税壁垒的作用在那里呢？加拿大的银行老板怀德（A. F. White）说的好："施行关税保护政策去抵制美货，对美国那样大规模生产方法的国家，是并不能挽回利益的"②。

因之，物价的下落，那便是自然的结果了。英国批发物价指数，以一九一三年的指数为基准，一九三一年十二月便降至九八点七（见前各国批发物价指数）；以一九二七年为基准，则一九三一年十二月便降至六五点八，本年（一九三二）一月更降至六五点四（据 Economist）。自非常关税法实施后，原料品消费品完成品的输入的减少，市场价格的腾贵，那是一个必然的状态。加

① 四月十七日北平《晨报》及天津《大公报》载英国官方发表之一九三一年贸易数字所制。

② 四月十五日合众社电讯"加拿大现正集中注意点于七月十九日在加京举行之英帝国经济会议，加总理贝勒特（Bennett）领袖之内阁委员会现正在筹备开会，推进英国各部之贸易及经济联合，将采用特惠关税比例。"

之金本位制的停止，货币价值的下落，也必反映出物价的腾贵。下面的事实，便可以明白的指出来。

表 116：1931 年英国物价①

（1927 年为基准=100）

	8 月末	9 月 18 日	9 月 30 日	10 月 14 日	10 月 28 日	11 月 11 日	11 月 25 日	12 月 9 日	对上 9 月 15 日的腾贵百分数
货币价值	4.86	1.459	3.91	3.89	3.89	3.87	3.62	3.30	−32.0%
综合物价	62.3	60.4	65.1	65.4	65.5	66.4	65.9	66.6	+0.3
谷物肉类	69.7	64.5	68.0	70.1	70.2	71.9	70.5	70.2	+8.8
其他食料	63.5	62.2	68.1	67.4	66.9	66.6	65.4	66.3	+6.5
纤维原料	44.1	43.7	49.5	51.0	52.5	54.0	53.7	55.0	+25.8
矿产物	70.0	67.4	72.9	74.1	73.7	75.4	74.5	75.4	+11.8
其他	66.2	65.8	68.9	66.3	65.8	66.4	66.6	67.0	+1.8

一九三一年十二月的物价，有上升的情事。可是这并不是英国贸易的转向景况的象征，而是英国资产阶级用关税在造成的国内市场的独占价格。这不过使千百万贫乏的无产者，益陷于悲惨的境况。纤维原料和矿产物价格的腾贵，正在表示英国资本家还不管市场需要的如何，在拼命的生产；总合物价和“其他物价”的上升甚是低微，这在表示英国市场凋零的实质；谷物肉类等食料品价格突飞的上腾，这一方面又在表示英国财政税收的负担，通过关税税收的作用而转嫁于贫乏的无产大众。

英国资产阶级在国内市场独占的基础上，同时在玩弄他们所惯用的把戏。他们在国内市场上规定一个独占的较高价格，在国外市场上，则规定一个较低的价格，去和其他各国的资本家竞争——虽然是他们一个共同的规定，还是免不了竞争的。一九三〇年英国在世界市场上作为投披（Dumping）的钢铁货物便有三,一五七,九〇〇吨之多。这便是一个例证。

c. 财政的恐慌和金融市场

英国财政的恐慌，也是很严重的，关税税率及一般税率的提高，无奈由于

① 前引平尾：《世界关税战的再激化和劳动阶级》。

一般的经济的收入的减少，无论英国政府用怎样的方法去绞取，也是无补实际的。下面是英国十年来财政收支的总数目。

表 117：战后英国岁出和岁入统计①　　（单位：百万镑）

	1913—1914	1923—1924	1924—1925	1925—1926	1926—1927
岁入	198, 234	137, 169	799, 435	12, 062	805, 701
岁出	197, 493	788, 840	795, 777	826, 100	842, 395
岁入超过	+750	+48, 329	+3, 659	—	—
岁出不足	—	—	—	-14, 038	-36, 694
	1927/28	1928/29	1929/30	1930/31	1931/32
岁入	842, 824	836, 435	814, 970	957, 76	—
岁出	883, 585	818, 041	829, 494	881, 037	—
岁入超过	+4, 239	+18, 394	—	—	—
岁出不足	—	—	-14, 524	23, 276	-37, 000②

一九三二至一九三三年度的财政预算，据英国财长张伯伦自己报告，“统计至一九三三年三月三十一日止，支出总数为七亿六千六百万镑，以现有来源之收入总数为七亿六千四百三十万镑，两者相抵，使预算上有一百七十万镑之亏空。但以余所拟之各种新提议计算之，在会计年度终止时有七十九万六千镑之盈余”（本年四月十九日英财长张伯伦在下院之报告）。如果将来的决算真能和这个榨取能手的预算相符合，则确能“证明联立政府用妥定国内外信用和均衡预算的方法，奠定将来繁荣之健全基础，顷已完全成功。”被榨取的“英国纳税者”也确实值得“赞美和感谢”。但是“顷已完全成功”了，为什么还要“请彼等继续作必须之牺牲”，才能使国家财政于可能中迅速建于健全的基础之上”呢？在我们看来，这种本末倒置的办法，不过表示资产阶级的狠毒和无智。他们无论在怎样财政恐慌的情势下，作为残杀人类的军费项下的开支，依旧要照常增加的；预算的不足，除去加重大众的负担，便无其他的对策。拿下面的统计数字来看。

① 美浓部亮吉：《在世界恐慌下的英国财政减俸问题》，载《社会政策时报》百三十号。

② 据前引阿部勇同文《合众国金融资本和赤字》。

表118（原无号）：英国国防费及劳动部支出费① （单位：百万镑）

	1924/25	1927/28	1928/29	1929/30	1930/31
国防费	114,7	117,4	113,5	113,0	110,5
劳动部支出费	14,1	11,1	11,8	19,5	37,1

支出在所谓国防费的海陆空军费开支上的数目，每年都在一亿一千镑以上，这是一个如何可惊的数目。劳动部的支出费，大体是用在失业工人之救济上的；一九三〇至一九三一年度，劳动部支出费之突增，这又在表示英国失业群众的数量之突增。这对于英国资产阶级增加税收的意义上，不免是一个重大的打击；张伯伦纵然是一个尽其巧妙的榨取能手，然而劳动大众的膏血已经是枯竭了，看你还凭什么去榨取呢？拿近三年来英国间接税收入的情形来看，也可以表示出劳动阶级负担之无力了②。

表119（原118）：最近三年英国税收统计

	直接税		间接税	
	收入实数	对租税收入百分数（百万镑）	收入实数	对租税收入百分数（百万镑）
1928/1929	402	58.7	283	41.3
1929/1930	404	59.7	273	40.3
1930/1931	438	62.2	266	37.8

间接税收入的数量，是一年一年的下降了，这并不是资产阶级的政府对贫穷大众的减税——反而在增加——而是贫穷大众消费担税能力的更为下降。不过间接税所占的税收百分数，仍然是可惊的；直接税所占税收的百分数，仅大于间接税百分之二四点四，这可见一般拥有国家财富总额的资本家们，反逍遥在担税以外。而资本家们反意犹不足，还在发作不顾事实的主张：“资本家团体的全国雇主联合会发表声明：谓英国产业不振的原因在工资的不均衡，公费的过多，和法律上对于产业的限制。为恢复繁荣，失业保险金应减少三分之

① 前引美浓氏同文。
② 前引美浓氏同文。

一，……节减社会设施等费，减轻产业的负担”①，这不仅是充分的无耻，而且适表示资本家的愚昧无智。

英国资本主义经济在这样恐慌没落的过程中，新资本的放出，也不能不“每下愈况”了。

表 120（原 119）②：新资本的放出　（单位：百万镑）

	第一季	第二季	第三季	第四季	总计
1930 年	87.7	81.9	22.9	75.3	267.8
1931 年	45.2	44.5	9.0	3.9	102.1

d. 劳动的失业和政治恐慌

现在再从英国劳动问题来考察，我们在前面所指出的一九三一年末英国失业的数目为二百五十七万二千人，这是资本主义的国际机关自己发表的。现在再拿他种数字来看：

表 121（原 120）③：

失业者	男工	童年男工	女工	童年女工	统计
1931 年 12 月 21 日	2,075,077	58,369	402,846	40,729	2,576,719
1930 年 12 月 22 日	1,733,050	60,461	565,375	49,485	2,308,371

两相比较，证明这个巨大的失业数字，是完全正确的。英国在业工人，据一九三〇年十二月的统计为九百四十七万五千人，一九三一年十二月为九百五十九万三千人④。两相对比，在英国平均四个工人中，就有一人失业，这是值得惊异的。这种大量的失业工人，所处的悲凄生活，像炭坑工人的情况，在前面已约略指摘过。这样，他们除去和资产阶级作生存的决绝斗争外，还有什么出路？

① 前引美浓氏同文。
② 前引 E. Varga 同书一九三一年第四季。
③ 前引 E. Varga 同书一九三一年第四季。
④ 前引 E. Varga 同书一九三一年第四季。

在业工人因工资的下降（工资指数和生活费指数，在前面已经指述过），和劳动强度的增高，生活境状的悲惨，在前面也约略提述过。

产业预备军数量的存在愈大，资本家对在业人工的剥削便愈厉害，劳动者的肉体便愈受其摧残，生活便愈为下降，这是资本主义制度下的必然结果。而劳动者对资产阶级间敌对和仇视的心理，便愈益深刻；阶级对立的形势，随着阶级意识的成熟便立即严重起来。在这种情形之下，资本家对付劳动者所采的手段是减少工资，辞退工人，停闭工厂……劳动者对付资本家的武器是同盟罢工，武装暴动……

英国资产阶级加紧剥削劳动阶级，劳动阶级反抗资产阶级的斗争形势，在这次经济恐慌到来以后，便更严重的展开了。从英国近两年来劳资斗争的事实考察一下，便不难寻着问题的核心。

表122（原121）：1930年劳资斗争件数参加劳动者数及损失作业日数①

产业别	斗争件数	参加劳动者人数	损失作业日数
炭坑业	150	148, 600	663, 000
矿业及石材业	8	600	8, 000
炼瓦，陶器，瓦斯等业	7	600	5, 000
钢铁业	5	700	9, 000
机械工业	11	800	8, 000
造船业	23	4, 200	15, 000
其他金属业	31	4, 200	6, 000
绵织工业	17	2, 600	36, 000
毛织工业	7	122, 200	3, 279, 000
其他纤维工业	20	4, 000	77, 000
衣服业	21	1, 400	10, 000
食料，饮料，烟草业	5	900	3, 000
木工，家具，其他	23	3, 300	88, 000
制纸，印刷，其他	6	800	7, 000
建筑，土木，其他	47	3, 800	46, 000

① 日文《社会政策时报》昭和六年八月号一六四、一六五页。

续表

产业别	斗争件数	参加劳动者人数	损失作业日数
运输业	21	5, 200	25, 000
商业，配给，金融业	5	3, 500	51, 000
其他	14	1, 300	9, 000
总计	422	308, 700	4, 399, 000

表 123（原 122）：1931 年各月劳资斗争件数及参加斗争之人数①

	1931：1	：2	：3	：4	：5	：6	：7	：8	：9	：10	：11	：12	总计
斗争件数	50	34	42	57	53	41	51	50	40	36	36	26	516
参加人数	281, 800	127, 000	28, 200	24, 300	17, 300	18, 400	36, 800	63, 900	13, 300	13, 600	9, 200	6, 100	639, 900

表 124（原 123）：1930 年各业中劳动斗争发生的原因及关系
劳动者数直接参加争议之劳动者数②

	直接参加争议之劳动者数	各种原因百分比					
		工资	劳动时间	特殊人物的雇佣	作业规章	劳动组合问题	其他
矿业及石材业	138, 600	16. 3%	68. 9%	7. 5%	4. 3%	2. 8%	0. 2%
金属，机械，造船业	5, 900	43. 2	20. 0	20. 8	13. 2	2. 8	—
纤维工业	121, 500	96. 9	0. 0	1. 7	1. 1	0. 3	—
衣服工业	1, 300	58. 8	—	37. 0	4. 2	—	—
建筑，土木，其他	3, 500	75. 8	0. 9	19. 7	0. 5	3. 1	—
运输业	5, 200	10. 5	0. 6	31. 3	56. 2	1. 4	—
其他	10, 100	79. 2	—	9. 1	7. 0	4. 7	—
计	286, 100	54. 1	33. 8	6. 1	4. 1	1. 8	0. 1

① Labour Gazette.

② 日文《社会政策时报》昭和六年八月号一六四、一六五页。

英国劳资斗争的形势，一九三一年比一九三〇年更为扩大。斗争的原因，大多发生于“工资”和“劳动时间”的争议上。英国的资本家在恐慌的袭击中，对劳动者加紧剥削的手段，不仅加高劳动的强度，还要延长劳动的时间；不仅相对的减少工资，而且减少工资的原来数额。这对于劳动者是再不能忍受的。

而且，在英国，阶级敌对的形势，早就到了最后的阶段。要不是社会民主主义者的拍卖阶级和工人贵族的被收买，阶级对立的矛盾的斗争形势，便应该早已在事实上展开了。然而社会民主主义者所玩弄的欺骗无产阶级的惯技，在资本主义的矛盾发展到了今日这个阶段，就是资产阶级自己也再无法掩饰；社会民主主义者更何所施其骗术呢？除去那班甘心作资本家走狗的工人贵族以外，他们再无法阻止工人阶级的革命化了。曾经在劳工党领导过的无产者，现在都相继退出，去另寻他们斗争的路线。

因此，在英国近年的劳资斗争，随着历史事实的开展，无论其发生于任何的原因上面，本质上已经绝不是一个单纯的经济的斗争，而是正式进入了一个历史的政治斗争的最后阶段。

C、德国经济恐慌的一般情势

a. 赔款的负担和德国经济

德国和美国一样，是战后施行产业合理化最典型的国家，生产也同样到了最高度的发展；所以大恐慌的袭击，便分外来得严重。德国资产阶级应付恐慌的对策也更加困难——实际上，也是无法应付的。不过德国是负有最大的战债赔偿额，所以无论经济是怎样的恐慌？国内经济是怎样的枯竭？还不得不尽量输出商品；那么输出的意义，当然是为赔偿而输出的。大恐慌到来以后，这个在战债压迫下面的国家，确实便成了一个“负荷过重的骆驼”了。

因此，我们在这里首先从赔款问题来把握。在杨格欧计划和战债协定之前，德国已付的赔款数和赔偿的能力是这样的：

表 125（原 124）：德国赔款偿还数①　　（单位：百万马克）

	1925	1926	1927	1928	1929	1930	总计
已付赔款	1, 000	1, 200	1, 600	2, 000	2, 500	1, 700	10, 000
赔款加利息	1, 063	1, 464	1, 929	2, 562	3, 374	2, 843	13, 235
贸易差额上的短缺	−2, 444	+793	−2, 960	−1, 825	+47	+1, 642	−4, 292
支付差额上的支付超过的短缺——资本输入	3, 611	709	4, 410	4, 233	2, 445	735	16, 143

“表 124”的数字，据 E. V 声明是不甚精确的。但我们在这里可以看出，德国贸易的输出，大量在作为赔偿的支付。同时新债务的额量又随着增大了。截至一九三〇年止，德国的负债额，长期有担保债额为九, 〇〇〇百万马克，短期无担保债额为六, 〇〇〇亿马克，短期借款为一一, 〇〇〇至一二, 〇〇〇百万马克，合计为二六, 〇〇〇至二七, 〇〇〇百万马克。同时德国对外投资额，长期为四, 〇〇〇至五, 〇〇〇百万马克，短期为五, 〇〇〇至六, 〇〇〇百万马克，合计为九, 〇〇〇至一一, 〇〇〇百万马克。两抵德国尚负债一六, 〇〇〇至一七, 〇〇〇百万马克②。

据国家统计局最近发表之数字，则称德国长期债务为八，四四五百万马克，其中德政府在杨案及道威斯计划中之债务为二，一八九百万马克，其他机关欠一，三一五百万马克，市债达二〇八百万马克，外人领有之德国抵押公债为五九七百万马克，私人商业公司债务总额为三，五八六百万马克。一九三二年度应偿还之公私长期债务需要八一九百万马克，德国声称已无力偿付此额债款。

又德国已付之赔款数，自停战至一九二二年，协约国承认之正式数字，约付八, 〇〇〇, 〇〇〇百万马克，德政府谓已付之数字为五六, 〇〇〇, 〇〇〇百万马克，美国经济学会之估计谓已付二六, 〇〇〇, 〇〇〇百万马克；法国承认在占领鲁尔期内已接受赔款一, 七五〇百万马克，而德国估计之数字则不止此数。至胡佛实行缓债，已付赔款总数，国际银行专家建议长期缓付之结果，其

① E. V.《世界经济年报》一九三一年第二季日译本八至九页。

② E. V.《世界经济年报》一九三一年第二季日译本八至九页。

数字如下：德国估计四一二，〇八九百万法郎，美国估计二三一，三八五百万法郎，协约估计一二四，一五〇百万法郎（据六月一号《大公报》载）。

到现在德国所负的战债，事实上已是无力偿还的。但是德国当赔偿的战债，无论表面上的债权者是那一国，事实上的债权者便不外是纽约的一班大腹贾们。如果德国无力偿还战债，结果受损失的是美国的大腹贾们；这是美国的资本家们绝难坐视的。因此便有所谓杨格欧计划案和战债协定的出现。依照杨格欧计划和战债协定，德国自一九三〇年至一九八八年五十八年间，逐年对英法比意诸国当支付的总额为二百七十六亿四千一百九十四万二千八百二〇美金元，英法比意诸国展转对美国的支付总额为二百一十三亿零八百零一万四千二百六〇美金元；所以实际上，英国所得的尚不足九亿美金元，法国所得的也不足四十亿美金元，意大利所得的不过三亿美金元左右，其他各国所得的不足十四亿美金元①。

可是在恐慌的严重袭击之下，德国的财政已濒于破产，照杨氏计划案的规定德国逐年应付的数目，而德国仍无力付出。这又是美国的资产阶级不能坐视的。于是胡佛的债款延付一年的提案出现了。这并不是美国资产阶级有何私厚于德国资产阶级，也不是有意在顾全资本主义世界经济恐慌的危局；而是完全基于其自身的利益上的。照胡佛提议中各国缓付的债款额，是如次的数字：

表126（原125）：胡佛提议缓付债额②

	德	英	意	比	法	美
应付	75（百万金镑）	15.45（百万金镑）	7.4	1.6	21	—
应收	—	18.1（同上）	9.55	5.15	42	50

只有法国，收付相抵还可赢入二千一百万金镑所以不免为自己的利益而坚持异议；但是问题本身的利害，在法美资产阶级间原无不同，不过有所轻重罢了，假使德国的经济真是要破产，法国的资产阶级也势难坐视的。

德国在这样大量的债务压迫下面，财政的困难，那是不言自明的；而况加

① 《新创造》杂志创刊号《美国危机的展开》。

② E. V.《世界经济年报》一九三一年第二季日译本八至九页。

上一般的经济的恐慌。据德国财长第特里希报告，截至本年初止。德国财政的亏累，除赔款外，已达十二亿马克之巨（见合众社柏林九日电）。

自然，无论杨格欧计划案的实行程度如何？胡佛缓付债款提议的实行，甚至各国资产阶级取消对德的赔款债权——这自然没有完全可能的——依旧是无补于德国经济之危机的。这是资本主义本身衰落的问题，不是资产阶级自身有权去起死回生的。我们在下面试从德国经济的实际情势来考察一下，便不难寻着问题的真像。——

b. 德国的生产事业和对外贸易及其他

表127（原126）：八年来德国一般经济情势①

	1924	1925	1926	1927	1928	1929	1930	1931c
国家收入（10亿马克）	—	59.9	62.6	70.7	75.4	76.1a	68/70b	50/60
工业生产（1928=100）	69	81	78	98	100	100	86	70
建筑业（10亿马克）	—	5.82	5.79	7.81	8.91	8.90	7.10	4.50
每月平均失业数（1千单）	907	680	2025	1312	1391	1916	3140	4600
国民经济的流通价值（10亿马克）	10.0	105.6	109.6	125.0	134.3	134.1	119.2	105.0
对外贸易（10亿马克）								
入口	9.6	11.7	9.7	13.8	13.6	13.4	10.4	6.4
出口	7.8	9.4	10.6	11.0	12.4	13.5	12.0	9.6
差额	-1.8	-2.3	+0.9	-2.8	-1.2	+0.1	+1.6	+2.9
破产数	—	14,805	15,829	7,870	10,595	13,180	15,486	17,000

(a) 暂时设定 (b) 大概 (c) 估计

在一九三一年的德国经济情势，国家的收入，工业的生产和对外的贸额等，都降至一九二五年或一九二四年的水平以下；失业的数字达到一九二四年

① 前引E.V.同书一九三一年第四季。

的五倍；破产数的增大，充分表示德国市场的危机。一九三〇年和一九三一年两年贸易的出超，是在表示德国为支付赔款而输出商品的作用；同时因一般生产事业的不振，而原料输入的减少。

重工业是德国生产的一个重要部门。德国重工业的生产，在战后的恐慌过去以后，便急激超过战前的水平；现在的情形，便一落千丈了。先拿各种重要生产部门的指数来看。

表128（原127）：主要生产部门生产指数①

（1928年为基准=100）

	1929 每月平均	1930 每月平均	1931：7	：8	：9	：10a
生产工具的生产	105.9	81.9	66.3	61.7	59.0	56.2
消费资料的生产	93.5	86.4	81.1	75.1	80.7	81.2
总计	101.4	83.6	71.7	66.6	66.9	65.3

a. 暂时设定数

上表的数字就能代表德国经济的一般情势。各种重要生产部门的生产额，在一九三〇年便已降至一九二八年的水平以下，一九三一年更降减的厉害，这并且表示正在向前降减的趋势。

重工业部门的生产实况，照德国资产阶级经济学者自己的供状，是如次的情形："一九三一年较一九三〇年石煤的生产减少百分之十六，褐煤减少百分之七，焦炭减少百分之三〇；一九三〇年比一九二九年，石煤减少百分之二六点五，褐煤减少百分之二二，焦炭减少百分之四二。钢的生产，一九三一年为八点三'百万'吨，一九三〇年为一一点五'百万'吨，一九二九年为一六点二'百万'吨；铁的生产，一九三一年为六点一'百万'吨，一九三〇年为九点七'百万'吨，一九二九年为一三点四'百万'吨。"这就是说一九三一年铁的生产额仅等于一九二九年的百分之四十五，钢的生产额仅等于一九二九年的百分之五十一。并且，石煤和褐煤"因销路的迟滞，存额的减低，毫无可能"，"价格的收入，极其低落"；一九三一年"铁的出口情形，尚能保持

① 前引E.V.同书一九三一年第四季。

与去岁出口额大略相等的形势”，“这自然归功于去年秋间俄国所订购的大批铁货与机器，致有此大量铁的出口，其余钢铁输出的收入情形异常恶劣，一部分甚且低于生产所费之成本。”（据霍尼斯布里斯特博士（Dr Hons Priestr）：几个描写一九三一年德国经济状况的统计图表）

“经济恐慌的加剧，在日趋减少的工业生产品当中也可以看得出来。这些工业生产品，现在已低到一九二八年的百分之三四。工业生产的纯价值，一九三一年约合一九,〇〇〇‘百万’马克；而一九三〇年则为二,六,〇〇〇‘百万’马克；一九二九年为三二,〇〇〇‘百万’马克。每个劳动日所费电力，也同样比一九二八年降低甚巨。全国铁路每个劳动日所输送的货物——这可说是测验商情起落的可靠的水准器——比一九三〇年十足地减少三分之一：较诸一九二七年的货物运输则更低过百分之四十了。”（上引霍尼斯博士同文）

“因为生产事业的锐减，与国内购买能力的退缩，致入口货物低于一九二九年的三分之二。从前入口货物每月约值一二〇〇‘百万’马克，一九三一年每月则仅值四〇〇‘百万’马克。反之则以钱贵物绝的影响，出口货物之部分虽然价格狂颠，然而总值尚能比较的保持原有地位，无巨大的降落。完成品出口的价值，每月平均约共七〇〇‘百万’马克，与一九二九及一九三〇年内每月八〇〇‘百万’马克的平均数相比较，仅差一〇〇‘百万’马克左右。又以每年入口与出口相对照，则其实数如下：一九三一年十一个月内之出超全额为二六〇〇‘百万’马克，反之，一九三〇年之出超为一,四〇〇‘百万’马克，而一九二七年则为入超三,三〇〇‘百万’马克。”（上引同文）

照霍尼斯博士的数字，一九三一年输出货物尚能差不多保持原有的地位，这不是别的，除去苏俄吸收大量的机械外，而是在作为赔款的抵偿去倾销商品所引出的结果，与德国的经济上并不是什么景况。一九三一年贸易出超数目的超过一九三〇和一九二九两年，那也是因为生产的减低和原料输入的减少等等事实所引起的结果，我在前面已指摘过了。这是资产阶级经济学者的霍尼斯博士所不能说明的。

从物价的情形来把握，也可以看出德国贸易情形的险恶。照霍尼斯博士的统计图表看，一九三一年后半期批发物价指数表现强烈下降的趋势；到十二月初旬低落至一〇六点六，而在一九三〇年同期为一二〇点一，一九二七年同期为一四〇点一。“工业制品方面，消费品价格低落的速率，远过于生产工具品（但后者的价格，久已降低）……至于原料半制品方面，则由于国外决定之价格，低于国内决定之价格者，至一九三一年秋季，几达一倍。其原因由于后者多经卡特尔之组织，以强制管理法不使其低落也。”（同上）原料及半制品国外和国内市场的独占价格的规定，在一九二九年前的情形是这样的。

表129（原128）：国内价格和国外价格①

（1925年为基准=100）

	1926：1	1927：1	1928：1	1929：1
国内规定	97.4	97.2	99.1	101.2
国外规定	91.3	81.7	90.2	86.1

在恐慌到来以后，国内市场的独占价格更为提高；国外市场的价格则愈益减低，甚至于相差“一倍”。这是资本家对待恐慌的对策，只有对于贫穷的劳动大众的榨取；除去直接的克扣工资和提高劳动强度以外，还要间接的用提高市场的独占价格去榨取。然而这只有使劳动者承当双重的牺牲，益降下其购买力，使国内市场更为缩小，此外对资本家也无何良好结果的。

因此，物价的低落，生产的降下和含有强制性的商品的输出，资本利率的减低。那便是自然的结果之一。

表130（原129）：全年中各重要工业的收益——对全产业的百分比②

（以1928年价格计算）

	1913	1926	1927	1928	1929	1930	1931
生产工具生产部门	55.3	55.5	53.9	55.0	58.5	52.6	45.2
消费资料生产部门	44.7	44.5	46.1	45.0	41.5	47.4	54.8

生产工具生产部门的收益，在一九三〇年便降至一九一三年的水平以下；

① 前引平尾氏同文同书一〇五页。

② 前引平尾氏同文同书一〇五页。

而消费资料生产部门的收益，一九三一年还高过最繁荣的一九二九年，并且自一九二九至一九三一年三年间，还在逐年增高。这一方面在表示世界市场的凋落和德国对外贸易的险恶情势；一方面表示国内市场独占价格的规定，提高千百万大众所必需的生活资料品至最高的价格所引出的结果；后者完全是一个暂时的现象，因为贫穷大众的购买力终是有一定限度的。

因之，铁路运输营业的收入也减低了。一九二九年全德铁路的收入为五，三五四百万马克，一九三〇年为四，五七〇百万马克，一九三一年更减至三，八六〇百万马克，致成营业上入不敷出的现象。德国资产阶级无聊的对策，便只有裁员和减薪，故在一九三〇年即裁减铁路人员百分之四点六。但是事实上，这笔节损的开支，恐还不能抵销收入上的减退数目。

我恰写到这里，本日（一九三二年五月二日）的报纸上又发表如下的一个消息，现在把它写上来，作为德国贸易和产业危机的一点补充。

"合众社柏林四月三十日电：德国冶金工业状况，现时颇有改变，一方面国内市场已有相当进步，而他方面之输出地位则大不如昔。供建筑用之钢铁，现时需要甚多；停闭已久之各钢铁工厂，现已半数开工；脚踏车之产量大有进步；但一般机器制造家，则颇觉此项工业之不振。此种衰落原因，初本由于外国订户之减少；今年一月及二月，国内订户约占百分之十五，较去年同季数字为低，外国订户约减百分之六十，亦较去年同季为低。各机器工厂开工者约百分之二十九，工人每周作业约三十七小时；去年同季各机器厂开工者约百分之四十三，工人每周作业约四十二小时。去年德国机器最大之主顾为苏俄，其自德国输入之机器约为百分之七十二；较之前年德国之输出总额，约少百分之二十。因苏俄现时已成为德国机器最重要之主顾，故此间各制造家，均特别注意于输出事业之发展；但德国政府颇愿机器业之发展，能超脱现时情况以外，以防苏俄工商业之发展。"（见本日北平《世界日报》）

假设这个消息是可靠的话，"则德国的资产阶级正是为苏俄的需要机器所刺激，所以'停闭已久之各钢铁工厂'，又'半数开工了'，而且资本家原是不愿让资本去空闲的。所谓国内市场的相当进步，也是由于这一'吗啡针'的刺激，在生产工具的各生产部门间，又相当的呈现活动，那是必然的道理，但是这完全是经济上的一个不良象征，对于德国经济的本身，只会发生一个更坏的影响。我们从这个消息的全盘观察，德国今日经济的恐慌情势比去年又更为深刻，正在扩大的向前发展。到底'一般机器制家'心理明白，一方面还在颇感此项工业之不振。"

德国的金融市场，本来自战后到现在，便没有恢复一个较巩固的基础。去年（一九三一）五六月间，由于奥国证券交易所的倒闭，而致德国国家银行发生挤兑的结果，因之国家银行所存的现金和期票便大为减退。去年末该行所存现金及代用品少至一，一六〇百万马克。较之一九三〇年同期少一，五九二百万马克。所以到目前，纸币流通额的保证准备金，不过百分之一的现金或期票。

但是去年年底货币流通的实数，竟比一九三〇年同期超过四四六百万马克。因之，在金融疲乏的当中，汇票和流通，反有极大的增加。这是由于去年五六月的恐慌之后，所施行的限制外汇和强制存储所引出的结果①。

国库的收入，在一九二九至一九三〇年度，为九十二亿五千万马克，一九三〇至一九三一年度便降为七十二亿五千万马克，比较有二十亿马克的减少。

c. 劳动的失业和政治恐慌

德国失业的数目，据前面所引国际劳工局的统计，一九三一年末为五百三十四万九千人；但他种统计数字则谓去年年底已达五百六十万人；至今年一月底，则已突过六百万而达六百一十三万余人；和德国全人口作比例，失业者已占全人口总数百分之一十；全国二千一百万的产业工人，目下有工作者，不到一千五百万人②。

长期失业者之有增无已，原来在失业救济费之下维持生命的，现在便又被拼挤于这个救济范围之外，或者去到资产阶级所谓慈善救济之下过生活，或者甚至只有忍受饥寒去迎候死神。

---

① 去年七月恐慌以后，德国政府极力限制外汇。凡由外汇进之款，无论大小，只能领取相当数之德币，并且此项汇款若超过一定数目时，无论由何种银行汇入，均强制转存于国家银行。

② 据上引霍尼斯博士同文。

表131（原130）：失业劳动者的境况① （单位：1000人）

	受保险救济或主要失业救济者	受紧急救济者	受慈善救济者	无救济者	求工作者
1930年6月	1,469	365	—	—	2,636
：12月	2,165	667	877	674	4,383
1931年6月	1,412	941	1,098	503	3,954
：9月	1,344	1,140	1,299	572	4,355
：10月	1,185	1,350	1,408	412	4,623
：11月	1,366	1,406	1,528	787	5,059
1931年12月31日	1,642	1,506	1,650	—	5,666
1932年1月15日	1,778	1,547	2,200(a)	—	5,966

到今年一月，在六百多万的失业者中，受保险救济者，或主要失业救济者，不到一百八十万人；受紧急救济者竟达一百五十多万，此项受紧急救济者，事实上，马上便要被排挤到救济以外②；而且受慈善救济或无救济者，则达二百万人以上。

这种失业者的生活境况，已经不是饥寒交迫的人间奴隶的生活，而是地狱的生活。资本主义社会，到今日已成了人间的活地狱了。

德国劳动者的工资指数和生活费指数，我们在前面“从失业问题去考察”的一节中，已经指述的。一九三一年七月的生活费指数较一九三〇年同期减低百分之八，八月减低百分之七，九月减低百分之九③，十二月约减百分之八。从一九三一年各月去比较，三月比一月减低百分之二，六月比三月反约增高百分之零点二，九月比六月约减百分之二，十二月比九月约减低百分之四。现在将昨年各月生活费指数不怕重复的写出来④。

① 据前引E.V.同书一九三一年第四季，二四四页。(a)非E.V.原表中数字，为上引霍尼斯博士同文中数字，系指一九三一年十一月末无救济或领取慈善救济费的失业者。

② 德国劳动失业救济，向分三种程序，即主要失业救济，紧急失业救济，慈善救济。凡曾经过一定工作时间之男女工人失业时，按工资大小可领取一定时间之主要失业救济费；过此一定时间而仍无工作者，则领取一定时间之为数较少的紧急救济费；过此一定时间，则被排于法律保险救济以外，可领为数甚少的慈善救济费，但此种救济，俟求得工作后，甚须按月偿还。

③ 前引E.V.，同书一九三一年第三季。

④ Wirtschaft u Statistik.

表 132（原 131）：（1913/1914 年为基准=100）

1931：1	：2	：3	：4	：5	：6	：7	：8	：9	：10	：11	：12
140.4	133.8	137.7	137.2	137.9	137.9	137.4	134.9	134.0	133.1	131.9	130.4

同时工资的减低是这样的：如男熟工一九三一年三月比一月约减低百分之二，六月比三月约减低百分之三，九月比六月约减低百分之一，十二月比九月约减低百分之三（照前节各国工资指数的数字推算）。依这种生活费和工资减低百分数之比例看：去年六月的生活指数比三月还高点，而工资则是逐渐降减下来的；所以工资的减低比生活费的减低要大些，即是工资在一九三一年十二月比同年一月约减少百分之九，而生活费的减低仅约百分之七。因此劳动者的生活，较从前更要下降，愈加无法维持。这一方面是由于国内市场的独占价格所构成的生活资料价格的昂贵，一方面是由于工资额的减少，劳动者在间接直接更感受资本家的压迫和剥削。而德国的资本家对于劳动者除去这种直接间接的露骨剥削以外，也和各国资本家一样，还要延长劳动作业的时间和加高劳动的强度。如现在对每个工人付出的工资额是相对地减少了，而每个工人的劳动生产量反比从前增高；譬如以一九一三年的德国炭坑劳动者劳动能率为百分之一百，一九二七年便提高至百分之百三十二点四了，现在便又比一九二七年提高许多了①。制钢工业，在一九一三年每个劳动者的生产额为三六三·三吨，一九二四年为二九七·七吨，一九二七年便增至五五九·四吨；炭坑业每个劳动者的生产额，一九二七年为二八三·四吨，一九二九年便增至三一五·九吨②。

劳动斗争的情势，是跟着劳动者意识的发达和生活的恶劣，而益加发展得快的。德国自一九二四至一九二七年三年间，劳资斗争的总数共四千四百五十八件，参加斗争的劳动者共二百九十四万六千人③。在一九三一年三月一个月内的斗争数便达一百七十一次之多，参加的劳动者达一十三万一千一百九十六人；六月一个月内的斗争数达一百四十三件之多，参加的劳动者亦有五万七千

① 改造社《经济学丛书》第四十三卷有泽广己、阿部勇合著《产业合理化》一三八页。

② 前引《社会政策时报》昭和六年八月号，六〇页、六八页；矶崎后次郎：《德意志产业合理化的发展》。

③ 同注①，三二九页。

八百三十二人①。而且前此的斗争，还多少是趋重于经济斗争的意识，现在已完全转变为一个正确的历史的政治斗争的本质。在这个历史的政治斗争的意义之下，劳动者正在养精蓄锐，准备作一次最后的伟大的斗争；这些零碎的斗争事实的发现，不过在暗示这伟大的斗争快要到来的一个信号。这是从德国无产阶级参加左倾的政治运动的趋势可以看出来。在一九三〇年德国共产党指导下的工会组织数增加一〇六，〇〇〇人，至一九三一年便增加二九〇，〇〇〇人②，才前后相距一年间，便差不多增加的速率的变更，为三与一之比。这完全在证明德国工人的革命化和左倾化的趋势。

德国在这样恐慌的威迫之下，尤其是失业问题是具有决定德国资产阶级的命运的。

我写到这里结束本节的时候，又看到报纸上载着如此的一个消息：

“柏林三十日电：此间财政两界注意点，集中政府发行内债救济失业计划，此项计划包括开发土地与进行公共建设。详细计划，仍在考虑中，其性质颇富弹性。工作之规模，将俟募集成绩而定。”

“柏林一日路透电：总理卜鲁宁自日内瓦返国，政府顷正谋解决失业问题。本日劳工部长提出募集内债二亿二千万马克计划，俾增加工人就业数额。”（见五月一日天津《大公报》）

即使德国资产阶级这种企图是可能的话，对于德国的失业问题能有何种解决吗？资本社会经济的恐慌是发生于生产和消费的不平衡；生产和消费的不能平衡，是建基于资本主义制度的根本之上的；易言之，资本制度不消灭，这问题便无法解决的。

所谓“开发土地与进行公共建设”能够在资本制的原则之外施行吗？在资本主义的范畴里去“开发土地”还能够减少生产和消费间的巨大差异吗？所谓“公共建设”，如果不是在群众公共意识着的利益之下，那和现在私人企业的建设有什么不同呢？要想他对于失业问题有所补救，那除非在群众公共意识着的利益之下去“开发土地与进行公共建设”；然而那又不是资本主义制度下所可能的。在资产阶级还在支配着的社会，这种和平改革的理想是可能的

① Reichsarbeitblatt.

②《社会政策时报》昭和七年四月号一六四页，砚崎俊次郎：《德意志产业合理化的发展》。

吗？但这不是说德国的资产阶级政府有这个和平改革的理想，只要有这个和平改革的理想，那他也就不是纯粹资产阶级的政府了；不过他的工具的社会民主主义者，或不免要作为这样的解释和希望，认为这又是国家资本主义的一个端倪。

D、法国经济恐慌的一般情势

a. 生产减退的趋势

法国在战后通货的安定，是比较英德各国迟一点。此次世界大恐慌的到来，也比较迟一点才发展到法国。在美德各国已经遭受恐慌的袭击之后，无智的法国资产阶级，还自以为是一个能逃脱此次恐慌的幸运儿。发展到了今日的资本主义，世界市场已经完全在几个国际资本大王的独占势力的联立支配之下，恐慌的发生已经更不是某一部门或某一区域的问题。构成世界资本主义经济主要之一环的法国，能够例外吗？当然是不能够例外，而且是同一严重的。

当恐慌在美德各国发生之初，法国资本主义的生产，依旧在向前增加；失业的人数，在一九三〇年末，还在“讳疾忌医”的说只有一千人（见一九三〇年十二月六日《大公报》载国际劳工局估计的数字，实际并不止此数），但是欢喜马上便成了苦恼，法国的资产阶级也同样陷入绝路了。

先从法国的一般生产情形来考察。

表133（原132）：工业生产指数①

（1913年为基准=100）

	总指数	机械工业	金属业	纺织业	矿业	建筑业	皮革业	造纸业	橡皮业	自动车
1928	127	138	125	99	117	97	130	87	587	610
1929	139	157	129	92	123	122	119	109	861	657
1930：5 最高点	144	161	—	86	132	143	—	—	—	—
1930：8	139	157	125	85	—	—	—	—	—	—
：9	137	156	120	80	120	137	106	121	856	600

① 前引E. Varga同书1930年第四季156页，1931年第二季及第四季247页。

续表

	总指数	机械工业	金属业	纺织业	矿业	建筑业	皮革业	造纸业	橡皮业	自动车
：10	136	152	120	83	120	134	104	114	884	582
：11	135	149	119	85	121	132	104	111	891	584
1931：1	133	—	—	—	—	—	—	—	—	—
：2	133	—	—	—	—	—	—	—	—	—
：3	133	—	—	—	—	—	—	—	—	—
：4	133	—	—	—	—	—	—	—	—	—
：5	129	159	125	80	—	—	—	—	—	—
：6	126	142	111	78	—	—	—	—	—	—
：7	123	140	103	71	—	—	—	—	—	—
：8	—	138	101	64	—	—	—	—	—	—
：10	117	129	—	63	96	121	—	—	—	—

他种统计数字则为：

表134（原133）：农业生产指数①

（1913年为基准=100）

1929	1931：1	：2	：3	：4	：5
109.4	104.7	104.7	103.9	103.1	101.6

1931：6	：7	：8	：9	：10	：11	：12	1932：1
99.2	96.9	95.3	93.7	92.1	90.6	—	87.4

"表133"的数字，或系包括农业生产的指数在内；但《社会政策时报》的编者引出该项数字，并未加释明。不然，和前表数字出入甚大；而前者是比较精确的。可惜此刻手下没有关于法国近两年农业生产的统计材料为之对证；此刻只能拿法国耕地面积的一点数字出来。

① Statisique Generale 转引自日文《社会政策时报》一百三十九号七十九页。

表 135（原 134）：法国耕地面积①　（单位：1,000 黑格特）

1909/1914	1927/1930	1931	1927/1930 的减少数		减少百分数
小麦	6,787	5,317	5,057	1,470	22
裸麦	1,253	762	718	491	78
大麦	804	737	793	67	8
燕麦	3,978	3,468	3,496	510	13
马岑薯	1,646	1,448	—	198	12
葡萄	1,686	1,582	—	104	6

这证明法国的农业，自一九二七至一九三〇年是有减少的。

设以“表 133”的数字为准，法国近四年一般工业的生产，以一九三〇年五月为最高点；自一九二八年至一九三〇年五月为上升的趋势；自一九三〇年五月到现在，则转为递减的趋势。这指明法国的经济恐慌，从生产方面说，是一九三〇年五月以后的事情。

农耕地面积自一九二七至一九三〇年便趋减少，这是因为战后法国资本主义工商业经济之突飞的发展，农村中小农经济又再度受其摧残的一个象征。资本主义工商业经济的发展，农村的中小农经济必被摧残；把农民排出农村，而代以资本主义的农业经营；在两者的过渡期，农业生产便形减退。这是资本主义经济的一个内在法则。

现在接着来考察法国的重工业生产部门的情形。重工业在战后的法国，因为她夺得亚尔萨斯罗伦的矿源，不仅成了一个主要的产业部门，而且确曾有相当发展的。

表 136（原 135）：法国煤铁钢生产②　（单位：千吨）

	硬　煤	生　铁	粗　钢
1929 年每月平均	4,577	871	805
1930 年 2 月	4,481	815	772

① 据 1913—1931《国际农业统计年鉴》。

② 前引 E. Varga 同书 1930 年第三、第四季及 1931 第一、第二、第三各季数字所制。

续表

	硬　煤	生　铁	粗　钢
1930：4	4, 560	854	787
：6	4, 212	849	770
：8	4, 356	845	775
：9	4, 603	801	767
：12	4, 372	800	756
1931：2	4, 225	815	772
：3	4, 632	775	722
：6	4, 106	691	650
：8	3, 987	682	645

法国钢铁的生产，自一九二九年后，便呈降低之势；煤的生产，一九三〇年九月的产额，还超过一九二九年每月平均的产额；一九三一年三月为最高点，又超过一九三〇年九月的产额。至是年第二季以后才呈突减之势。

上面这些事实，指明法国虽然感受恐慌迟一点；而自一九三〇年下半期以后，直至现在，生产的减低，不仅不比英美德各国轻微得多少，反而表现一个同样严重的情势。

b. 贸易的衰退和物价的降落

资本主义的商品生产，是决定于市场的需求上面的；法国是资本主义的主要之一环，而谓能从整个世界商品市场的不景气中逃脱出来，只有无智的资产阶级，才肯作这样的幻想。

所以法国主要生产品自一九二九年以后便在下降，这正表示世界经济的恐慌和市场的情况，已直接反映到了法国。

现在再从法国的对外贸易来考察，情形便更要表现的明白。

表 137（原 136）：法国对外贸易指数

年　次	1929	1930	1931
输入	100	96	72
输出	100	85	61

表 138（原 137）：各年最初九个月的贸易指数
（以 1913 年为基准=100）

年　次	1928	1929	1930	1931
输入	116	133	143	141
输出	148	147	131	112

对外贸易，在一九三〇年就激急的降下了；这表示世界经济恐慌，已发展到了法国。出口货物在一九二九年各季便呈低降的趋势，这表示恐慌在是年度就在慢性的发展着，同时也就已暗示了大恐慌的一个信号。下面的数字，可以明白的指出来。

表 139（原 138）：法国近三年各季对外贸易①（单位：百万法郎）

		第一季各月平均	第二季各月平均	第三季各月平均	第四季 10、11 两月平均
输入	1929	5, 217. 5（一二两月平均）	——	4, 096	4, 633. 5
	1930	4, 668. 6	4, 306. 5（四五两月平均）	3, 332. 5	4, 391. 5
	1931	3, 937	3, 797	2, 390. 3	3, 007
输出	1929	3, 910（一二两月平均）	4, 022（最初五个月平均）	4, 418	4, 327. 5
	1930	3, 895. 3	3, 782（四五两月平均）	4, 131	3, 412
	1931	2, 802. 3	2, 608. 3	3, 390. 3	2, 460

据法国官方最近发表之数字，本年最初四个月的对外贸易情形和去年同期比较，有如次的统计（单位：千法郎）。

① 据前引 E. V. 同书一九二九年一二各季及一九三〇年及一九三一两年各季数字换算所制。

表 140（原无号）：

	1931 年最初四个月	1932 年最初四个月	1932 年比上年同期增减数
输入总额	13, 791, 000	8, 454, 000	–5, 337, 000
输出总额	8, 562, 000	4, 995, 000	–3, 567, 000
输往日本	44, 000	51, 000	+7, 000
由日输入	85, 000	54, 000	–31, 000
输往中国	56, 000	34, 000	–22, 000
由华输入	223, 000	50, 000	–173, 000
输往属地	2, 698, 000	2, 040, 000	–658, 000
由属地输入	1, 919, 000	1, 732, 000	–187, 000

照上表的数字看，法国本年最初四个月对外贸易情形，较之上年同期，输出几减少二分之一，输入减少三分之一以上。输往日本之数比上年同期有增加，这完全由于一种特殊商品的军用品的输出凑成的。

因此，我们不仅看见法国资本主义恐慌的深度，自今年入春以来，愈益尖锐；而且于此可以看见世界的商品市场，今年比去年凋零的程度。

贸易的不振，商品的价格也自必随之下降。商品价格的下降，同时又在表示着生产的过剩和市场的凋落。现在从物价来考察：

表 141（原 138 重号）：法国批发物价指数①

（以 1913 年为基准 = 100）

1929 年平均	1930 年 12 月	1931 年 1 月末	2 月末	3 月末
611. 4	487. 6	483. 7	481. 7	481. 7

4 月末	5 月末	6 月末	7 月末	8 月末	9 月末
483. 7	470. 1	467. 1	456. 3	445. 6	427. 9

10 月末	11 月末	12 月末	1932 年 1 月
414. 2	408. 3	404. 4	405. 4

① 据日文《社会政策时报》百三十九号一七九页载法国官府发表之数字。

表 142（原 139）：法国一般物价指数①

（以 1914 年为基准=100）

年　次	总指数	国　货	外货国	工业品	巴黎食品零售价格
1930：4	560	—	—	—	586
：5	553	590	485	579	593
：6	544	585	470	597	547
：7	549	598	461	556	—
：8	549	599	446	546	—
：9	535	595	428	534	637
：10	519	580	409	—	637
：11	504	505	395	—	647
：12	498	565	372	475	649
1931：1	494	567	364	462	649
：2	492	558	375	461	650
：3	492	560	370	453	647
：4	494	—	—	—	641
：5	480	—	—	—	631

表 143（原 140）：农产品食品价格指数②

（以 1913 年为基准=100）

1930：4	：7	：10	：12
548	540	562	570
1931：4	：3	：2	：1
580	575	581	592

据“表 138”的数字，法国批发物价指数，自一九二九年以后，便在递降的进行中；这也同样在表示法国在一九二九年就感受世界经济恐慌和生产过剩的影响。至一九三一年第三季以后，较一九二九年的平均价格，已降减三分之

① 前引 E. Varga 同书 1930 年第三、第四各季及 1931 年第一、第二各季数字所制。

② 前引 E. Varga 同书 1931 年第二季。

一以上；这表示法国的经济恐慌，和各国已同其深度了。

据“表139”的数字，食品零售的价格，不仅无何低减，反而呈上升的趋势，这表示法国的资产阶级，以市场独占价格的作用，向亿万贫穷的消费大众施行猛烈的榨取；以其所受经济恐慌的损失，企图转嫁于大众。“表140”的数字，也同样可以证明这个情形的确切。

但是苏俄的廉价农产品的输出，法国市场的独占价格不免要直接间接受其影响的；所以法国资产阶级反苏俄的号召，不能不因此而更加急进了。这点在这里不过附带的说及，后面还要详加讨论的。

不过法国的资产阶级，究竟还不如德国资产阶级的巧妙。德国资产阶级不肯让农产品价格的提高，以便减低劳动者的生活水准；他们从另一方面去多得剩余价值。以此较彼，法国资产阶级，究不免要相形见绌的。

贸易的不振和物价的下落，便又不能不再去减低生产；希图提升物价，增高利润。去年年终数月，石灰每月的消费量，约减百分之一〇至一二。同时还因为有大量堆积的存在，于是便不能不为一周五日的工作制，借以限制生产。钢铁等重工业，也有同样的情形，减少工作日，停闭工厂借以限减生产。农业的生产，也同时在限制之列。这在表示法国经济恐慌的情势，已经是如何的严重了。

但是我们曾再三说过，现下生产的过剩，不仅是生产的主观的过剩，而是客观的整个世界商品市场的凋落和大众的贫穷化。所以无论资本家的限减，“不能及时实现”已属是无意义的；而现在的缩减，也无权去调剂没落了的市场，反而使市场的购买力更加萎缩。这是资产阶级自己和其御用的经济学者们所同是不能了解的。

法国的市场，主要是在中欧各国，战后用借款和条约的关系——法国对各国有六百兆法郎以上的借款，同时和各国都订有有利的特惠商约——中欧各国无异成了法国的殖民地。但是中欧各国财政和经济的濒于破产；市场的衰落为未曾有的现象。这是法国对外贸易上所直接感受之严重压迫的。

c. 财政和金融

法国的资产阶级也和英国及其他各国一样，提高关税。限制外货的输入——如限制石灰、砂糖、家畜等的输入，禁止窒素的输入——这不仅基于其国内市场独占价格的意义上，同时还带有一点对他国报复的意义。可是到了第三期的资本主义经济，关税的作用对于本国产业的防卫上，已经成了过去；留下来的作用，除去财政的意义外——而且财政的作用，也还含有一个反的作用——就只有加紧资本主义国际间的冲突。

关税对于财政的作用，表面上似乎可增加国库的收入。但这完全是一个暂时的现象。而其实，在目前资本主义各国经济的情势中，关税壁垒的加高，输入便要随之减少的；因之影响关税的收入，倒反而要激减，因为输入是关税收入的源泉。

同时物价的低落和输出的减少，直接影响私人企业利润和收入的减低，间接便又是国家所得税及一切杂收收入的减少。恐慌愈深刻，一切的收入愈随之减少。这是构成国家财政困难的根本因素。

财政恐慌的因素的存在，仅靠着增税去偿补，那是无关根本的。

在过去数年间法国的财政，法国资产阶级自已虽还在说是有赢余（但照前面的数字说过，在去年也是亏累的），甚至到本年度的预算还是赢余的。据法国财部的公表，一九三二年度预算的总收入为四一,一〇〇,八八三,四九四法郎，总支出为四一,〇九七,五〇一,七五二法郎。但从税收减少的趋向去展望，法国财政的前途，绝不容那样乐观的。

在企业的倒闭、生产的减低、贸易的衰落、物价利率的降减的情势下，公债股票的价格，也在下降。因此又反映出金融资本市场的恐慌和阻滞，而发现一个矛盾的现象：一方面是资本发行额的减少，使大量的资本无处投放；一方面许多银行因金融的枯涸和资本准备金的薄弱，而趋于倒闭，构成金融市场的混乱状态。

因此，法国的金融市场上，表面上似乎还保存有大量的金货，铜臭咄咄的逼人；实质上，却未曾减低法国金融市场的恐慌。

大银行的金融资本，借其雄厚的力量，在大恐慌的当中，更加紧对中小银行的压迫，使中小银行趋于破产，他们则更得集中资本的财力和权力。结果金融资本的力量是集中了，而大银行的资本家们，也同样无法挽救危局。资本的呼吁不灵，黄金终究也不过是一个死神。

d. 劳动的失业和政治恐慌

法国劳动失业的数量，我们在前面所引用的国际劳工局的统计，在一九三一年末为十二万三千九百八十一人，实际上这是完全缺乏失业数字之真实性的。据日文《社会政策时报》所发表之法国失业统计，一九三一年十二月仅就已登记的失业者说已达十四万七千〇〇九人；共统计如下：

表 144（原 141）：法国劳动失业统计

1931：1	：2	：3	：4	：5	：6
44, 711	59, 915	71, 736	69, 205	57, 305	51, 354
：7	：8	：9	：10	：11	：12
50, 946	54, 569	56, 431	89, 365	123, 891	147, 009
1930：9	：10	：11	：12		
10, 168	11, 949	18, 394	22, 879		

实际此项数字还不免缺乏真实性。据法国官方发表之一九三一年第一季各月之数字，计一月末为二八，五三六人；二月末为四〇，七六六人；三月末为五〇，八一五人。瓦尔加（E. V.）说此项数字，尚不及实际数字百分之一〇，资产阶级好玩弄玄虚，讳言自己的痼疾，是他们共同的特性，法国资产阶级当然不能例外。

其次，因为法国各重要工业都行的每周五日工作制，其中隐蔽了一个很大的失业数字；所以法国表面的失业数量要少些，这也是一个重要的原因。这从法国政府限制外国劳动者的移入的问题去把握，便不难概见法国失业问题的严重。

同时因为每周五日工作制的施行，劳动者的劳动潜蓄力便比较要大些，资本家便更得尽量去提高劳动的强度；又因为工作日的减少，工资的付出也随着更减少了。

法国资本家对于劳动者的工资极力在减少，而对于劳动者生活所必需的食粮等消费品的价格，又以国内市场的独占价格的作用，极力在提高。生活费指数在一九二九年比一九二八年增高百分之七；一九三〇年比一九二九年约增百分之四；一九三一年一月较一九三〇年约增百分之一点三；一九三一年九月至十月，尚比一九二九年增高百分之一点七（据前章各国生活指数表推算）。

法国经济的恐慌，直接构成劳动者生活的恐慌，那是当然的；劳动者生活的恐慌，又使政治的恐慌更加尖锐化。劳动斗争的内容，比从前更加广泛而强大了；法国的劳动者已经认识了他们的时代和任务，像前此那样偏重经济的斗争，和安那其那样虚拟式的方法，社会民主主义者那样欺骗式的勾当，已经不能解决他们所要解决的问题，对他们是无异成为过去的玩意了。

从此依（一九三二年）法国的大选去看，所谓社会党能得到多数的选票，这一方面虽然在表示法国一部份的劳动群众，还没有看清所谓社会党的欺骗勾当，还以为社会党能代表他们的利益；他方面正在表示资产阶级已完全为工人阶级所仇恨厌弃。在目前的将来，所谓社会党的原形在工人阶级的面前显现以后，法国工人阶级必将得着一个更深的觉悟，而直接去负荷其历史的任务。

据报纸所载，在本年五月八日所举行的法国第二届大选，结果所谓左派已获得绝大之胜利，反政府党多得八十八个议席；详细的议席分配的情形是如次的：

表 145（原 142）：法国第二届大选各党得票结果

政府党	政府党合计	261 票
	极右派	5 票
	右派	131 票
	左派共和党	63 票
	中央党	62 票
反政府党	反政府党合计	349 票
	激烈法（派）	149 票
	共和社会党	50 票
	社会党	129 票
	共产党	21 票

在举行选举之前，法国资产阶级政府党的领袖杜穆和达迪们，极力向群众煽动：指陈左派如当选多数，对法国国运前途是有怎样的危害的。但是事实的结果，竟和他们所宣传的愿望相反，所谓左派竟携得多数的议席。不过所谓左派的内容，他们大抵和杜穆达迪所领导的政府党并没有什么不同。所不同的，不过在表面上戴上一副左的金字招牌罢了。所以照我们的观察：法国此次大选所得的结果，只表现了大众对现有政治的反感，在表露他们开始排除资产阶级政治的动机；此外就连什么意义都没有的，所有的仍是原封原样的资产阶级政

治的暂时继续。

E、日本经济恐慌的一般情势

日本资本主义经济，多年以来，就在慢性的恐慌中。贸易上自一九一九年到现在，总是入超的；像日本那样的国家的经济的本质，贸易的入超是更为不利的。所以日本的资产阶级特别为这个问题苦闷着，企图用种种的方法去冲破难关。如由现金出口的禁止不几而至于金解禁，由金解禁又不几而至于金再禁。日本资产阶级这样“二三其德”的政策，于他们自己的问题并无何种解决；而千百万的劳农群众，却因此而蒙受最大之牺牲。

“愈到东方，资产阶级便愈是卑鄙”，日本资产阶级种种卑鄙的政策行为，而且又常表现是充分的无智。

a. 农业恐慌的情势

农业在日本整个国民经济的比重上，所占的地位虽然不那样重要；但是像日本那样食粮和原料极其缺乏的国家，农业的恐慌情势也能直接构成政治的恐慌，或加深政治恐慌的程度，而使之扩大化，白热化。

在日本，食粮是极度的缺乏和不足的，但是日本的资产阶级站在其营利的立场上，却仿佛毫无感觉似的。一面是食粮在大量的输入，一面却又在大量的输出。据日本农林省的调查：在去年（昭和六年）度，日本大米等农产物的输入额，为日金五亿〇七千三十九万八千元，而输出额竟亦达日金四亿四千五百四十五万八千元。这是一种什么意义呢？我们把下面的一点数字介绍出来，便不难明白。

表146（原143）：昭和5年度日本水深村农产品生产费及贩卖价格①

农产种类	贩卖价格	生产费	农民损失额
米（一石）	18.00	21.00	损3.00
麦（一石）	10.00	7.00	3.00
茧（一贯）	2.00	3.50	1.50

① 片山哲：《农村穷乏的事情》。

农民在生产费价格以下出卖他们的农产品，但是以这样的价格去出卖农产品的，大抵是小农或贫农；因为他们受担税和负债的压迫，不得不被强制的用贱价去出卖他们的生产品之一途；富农和地主，是没有这个必要的。同时贫农们自己一年所需要的食粮，仍是不足的；因此又不得不用昂贵的价格再去买进。资本家在这个买进卖出的投机勾当中，渔取厚利，农民便更陷入苦痛的深渊了。

拿上述水深村的所谓信用组合的贷付额来看：在昭和四年度贷付总额达日金一四四,六九一元；五年度达日金一五三,三九〇元；六年四月十日止，就达到日金一六五,一三三元。这里的债权主，名义上是所谓信用组合，实际上便无疑的是一个高利贷者的剥削机关。这些事实，在日本，不过是一个例子。

其次，日本农民的租税负担，更是很奇重的。据日本大藏省昭和六年度所调查的农工商的租税公课负担比较的数字，是如次样的：

表 147（原 144）：农工商业担税比例

	百元当负担 元　钱	负担百分比
农业	21.65	100
商业	12.48	57
工业	8.46	39
平均	14.32	66

该调查表并说及：土地所有面积愈大的，负担便愈轻；长此下去，自耕农民，便将永久陷于饥饿之深渊，这要算日本资产阶级的一句“良心”话。

上表数字给我们看出日本的资产阶级对付农民是如何的残酷呵！拥有其全国财富的工商业资本家，担税反比较更轻；而其实，便是无异把他们的负担，直接移放到农民身上，尤其是加重自耕贫农的负担。而且日本原是一个小农的国家，封建的残余在农村中还特别表现得重要；所以资本家和地主对于农民又兼行一种封建关系的剥削。这样农民便不得不陷于贫乏之深渊，而至于失去其生产工具，流入城市。下面是日本农林省发表的“长野县农会”农家经济调查的一点数字，我们把他介绍出来。

表 148（原 145）：农民的收支统计

	昭和 4 年度	昭和 5 年度	昭和 6 年度
自耕农：			
收入	1, 178. 33	726. 31	681, 80
支出	1, 190. 19	757. 83	732. 75
不足	11. 86	31. 52	50. 95
自耕兼小作农			
收入	910. 82	481. 19	477. 92
支出	939. 92	645. 51	531. 30
不足	25. 10	164. 32	53. 40
小作农			
收入	1, 466. 97	709. 20	608. 99
支出	1, 467. 63	831. 36	762. 09
不足	66	122. 16	51. 09

该调查并说明，这是能代表日本全国农村的一般情况的。

又据报知新闻载：日本去年（一九三一）因遭荒旱，全国各地收获大减；米谷产额减少二千万石。加以经济恐慌，失业增加，濒于饥饿者日有所闻。兹据岩手县卫生报告，农民之死亡率，单就二户、九户、山岩手、和贺等四郡而言，自去年十月至十二月三个月之间，因饥饿而死者，达一千四百五十四名之多；每月平均约四百八十五名。其病死者之最大原因，亦为贫血、乞食、消化不良、营养不足等所致。

农民在这样人间地狱中生活着的，在日本全国，是很平常而普遍的事实。

照“表 145”的统计数字，农民收支不敷的差异是表示得很明白的。在这样收支不敷的情形下，自更无能力去改进生产，致引起农产的衰退，那是必然的结果。同时饥寒迫着他们的意识革命化，不断的去排演暴动。近两年来，日本农民的抗租抗税运动，甚至武装斗争，在日本全国都成了司空见惯的事情；在去年一年，农村的暴动，竟达三千余次之多。这种暴动终竟要随着他们的城市的同胞，去排演其最艺术的一幕。

但是不知死活的日本资产阶级，在经济的严重恐慌的当中，除所加于农民的其他一切剥削外，反而更加以国内市场的独占价格，极力提高消费资料品的价格；企图把他们在经济恐慌中所受着的损失，从农民和劳动大众的身上去取得补偿。国内生活必需品价格，自去冬以来，直到现在还在上升的进行中，恰和其他生产品价格的低落，为一相反之比例。这到下面还要申述的。

其次，日本政府对于农民的救济，也不过是一曲滑稽的剧目。他们所推行的贷金制度等……实际不过是资本家统制农村的一个变相，使农民都变成他们的债户，他们得渐次去集中农民的所有。他们反而把农村的穷困，归咎于所谓人口的过剩和农地的不足；实际这完全是资本主义制度下面的一种现象。

农村的破产，使日本全国的食粮，便发生一个严重的恐慌。

日本去年农业生产的减少，单就谷一项说，其本邦较前年减收千二百万石，殖民地朝鲜在昨年度实收为千五百八十七万三千石，较前年减收三百三十万七千六百八十石；台湾在昨年实收为三百八十五万一千四百石，较前年减少三万七千四百七十八石。据日本农林省调查，截至本年三月一日止，日本全国米的蓄积量共仅有四千二百三十四万六千五百七十三石。其储蓄的配合情形如次。

表 149（原 146）：日本米的储蓄量及其种类

	农民及米商的存量	政府存量
内地米	36, 685, 593 石	4, 185, 254 石
朝鲜米	1, 151, 239	—
台湾米	278, 145	—
外国米	46, 342	—
合计	38, 161, 319	4, 185, 254

据该省估计，本年度米的需供，约不足二十九万八千石。因此，目前日本各地，已开始米粮的饥荒，全国已表现混乱的形势；四月三日青森县发生救济食粮问题，群众大起骚动，便是一个例子。

这便是日本目前农村恐慌的大概情形。

b. 生产减退和生产过剩的情势

现在开始再来检查日本工商业的恐慌程度。日本生产事业，除许多中小企业因恐慌而倒闭的外，大企业也都在限制生产。如在一九三〇年，钢铁工业部门，减低百分之三十三以上，西门土工业百分之五〇，制纸业百分之三十五，但是生产额只管去限制，生产的过剩还是过剩。一九二八年货物的存库额为三亿八千四百四十万日金，一九二九年为三亿八千五百三十万日金元，一九三〇年为三亿九千零三十万日金元，一九三一年上期为三亿四千一百三十万日金元（据《中东半月刊》三卷三号二一页），存货有堆积至三年之久而不曾出库的。一九三一年上期存货比较的减少，那不是因为市场的畅旺，而是因为生产的减少。自去年第四季至本年第一季，货物的堆积，仍是在逐渐增加的。据东京“日本仓库联合会”的调查，日本全国十六仓库的货物保存量是如次的情形：

表150（原147）：

	昭和6年：10月	：11月	：12月	7年：1月	：2月	：3月
金额（日金千元）	418, 299	394, 552	410, 988	451, 395	482, 327	514, 007
件数	20, 001, 563	21, 886, 045	24, 134, 669	26, 259, 007	27, 551, 379	29, 159, 839

贸易不振和生产过剩的趋势，从上列的事实看，就不难了解的。

关于日本的实际生产情形，我们先把下面的两种统计数字介绍出来：

表151（原148）：1930——1931年上半期各产业部门的生产限制率①

	1930上半年	1930下半年	1931上半年
纺织	27.2%	34.4%	30.8%
生丝	20.0	20.0	20.0
人造丝	20.0	20.0	10.0
丝织	30.0	35.0	35.0
麻纱	30.0	30.0	30.0
制纸	35.0	35.0	35.0
纸板	—	40.0	45.0
制粉	45.0	45.0	55.0
过燐酸	30.0	45.0	55.0
石炭窒素	—	40.0	40.0

① 据《中东半月刊》三卷三号一六页。

续表

	1930 上半年	1930 下半年	1931 上半年
洋炭	53.2	53.2	55.0
钢材	50.0	50.0	50.0
铜	—	8.8	8.8
煤	10.0	22.0	27.0

表152（原149）：生产统计①

	生产总指数（a）（大正2年为100）	棉丝（b）（大正10/14=100）（178.8捆）	棉布（b）大正10/14=100）（79,689千码）	生丝（b）（大正10/14=100）（48,761捆）	石炭（b）（大正10/14=100）（21,954吨）
昭和6年：1	313.3	112	138	156	103
：2	313.2	111	139	154	96
：3	292.3	111	136	145	105
：4	300.3	115	145	121	99
：5	320.4	118	149	164	96
：6	317.0	120	150	147	95
：7	342.3	122	148	249	97
：8	345.9	124	149	257	86
：9	335.7	126	149	221	94
：10	337.6	125	152	225	101
：11	339.3	127	155	211	97
：12	335.1	127	154	211	103
昭和7年：1	—	128	152	92	100

但据村山重中在《现下的恐慌和带（劳）动争议》（《新社会政策时报》百三十五号）一文中说，一九三一年上半期日本的生产总额较一九三〇年同期减少百分之一二点三。因证明“表148”的数字是未能十分正确的，多少还不免有点隐蔽。但是我们拿上面的两种统计数字和日本过去的生产数字比较，

① （a）据《东洋经济新报》，（b）据《本邦财界情势》。

日本生产业的萎缩和生产的锐减，是能充分证明的。更据村山氏同文中说："本年（一九三一年），上半期的新设和扩张事业计划资本的总额为四亿六千八百二十二万三千元，较昨年同期增加一亿六千七百十九万七千元，较昭和四年上半期减少一亿五百九十五万七千元。而资本金实数二亿八千五百余万元中的新设事业为一亿三千四百一万元，较昨年同期激减九百二十一万四千元，较前年间期激减一亿三千五百九十二万六千元。"又据三井银行调查，在一九三〇年及一九三一上半年，日本全国因产业萎颓，或减少资本，或改组合并，或自行解散之公司数及实在资本数如次：

表 153（原 150）：

	减少资本		解散	
	公司数	资本金（单位日金千）	公司额	资本金（单位日金千）
1930	311	252, 323	823	217, 624
1931 上半年	160	156, 709	334	124, 374

日本产业界的颓唐，于此可以想见一斑了。

c. 贸易的锐减和物价的低落

上节所述的事实，都是日本贸易不振的反映。而日本贸易的降减状况，则更有出于人们的想象之外的。

表 154（原 151）：日本对外贸额（单位日金千）①

	输出	输入	合计	入超
1929	2, 148, 609	2, 216, 240	4, 364, 859	67, 621
1930	1, 469, 852	1, 546, 051	3, 015, 903	76, 199
1931②	1, 146, 500	1, 234, 600	2, 381, 100	88, 100
1930 第一季	400, 848	525, 816	926, 664	124, 968
1931 第一季	290, 400	324, 183	614, 583	33, 783
1932 第一季	249, 972	406, 035	656, 008	156, 062

① 据日本大藏省历年发表之统计数字推算所制。

② 据《东洋经济新报》发表之数字推算，万以下实数数字被损略。

续表

	输出	输入	合计	入超
1930较1929减少	-678,757	-670,189	-1,348,956	增8,578
1931较1930减少	-323,350	-311,451	-634,803	增11,901
1932第一季较1931同期减少	-46,428	81,842	增41,325	增12,279

日本的对外贸易，在输出方面，自一九二九年到现在，都是锐减的情势，尤其在今年第一季，更为未曾有的情势；输入方面自一九二九年到一九三一年也都是锐减的；钢铁煤的输入，是特别减少的厉害；这往复又在反映日本生产的衰落。入超则一年年的增加。本年第一季的输入量反较过去数年度同期为绝大的增加的事实，这并不是日本市场购买力的转旺，也不是日本生产业的恢复而输入原料的增加；乃是日本在对华施行军事侵略所需军用制品及其原料的增加，和在预备进攻苏联以及对美作战上必需要的军用品原料的输入。日本资产阶级虽然自己说在本期输入的商品主要为棉花、羊毛、铁类、小麦等。可是我们曾记得：在本年二三月间，日本在纽约的市场上提高棉花价格［后］，尽量收买，主要用途则在投于军事用品的制造上；当时美国的资产阶级亦曾有拒绝售卖的主张。这是一个众知的事情，当时的报纸亦曾透露过这个消息。在同期间，日本在法国、波兰等国家，订购大批军器，这些国家当时曾加工军器的制造，以应日本之需求。这也是一个众知的事情，而且是报纸上也曾透露过的消息。所以日本资产阶级自己的掩饰，不过欲盖弥彰罢了。因此形成日本本年第一季的贸易入超额，为前此未曾有的巨大数字。这自然于日本资产阶级的经济上，是一个最大的危机的暴露。

日本贸易输出的锐减，这也不是一个偶然的事实。日本商品的主要输出地为中美英及印度南洋各国，尤其是美国占其最大的数量。可是美国因自身经济恐慌的加剧，而且正在减低生产；所以对于日本人造丝的需求量也不免随着其恐慌的加深而愈加减低了。所以这完全是世界人造丝市场缩小的问题，倒不是“美国因为日本的侵华而激动义愤去抵制日货”的结果。在英国，因为关税壁垒的加高，和英国市场的凋敝，对于日货的需求的购买力便大为减少，所以日本输往英国的商品，不能不受其阻挠而下降了。在法国，也和在英国有同样的情形。在印度南洋各地，同样是受世界市场衰落的影响和他国商品的乘机代替所造成的结果（在印度更因为其自国纺织业的发达）。在中国，在去年“九一八”以前的情形，一方面因为中国农村经济的愈趋没落，和大众的贫穷化，又加以奇重的灾祸，致市场购买力为未曾有的降落；一方面又因日本输入中国的商品，主要为棉纱纺织等物；而中国的民族资产阶级纺织业的抬头，又逐渐代替其在华市场的一部分。自“九一八”以后到现在，因为中国民众实行杯葛政策（Boycott）和日本自己军事的阻挠，那不仅“最近六个月（自去年十月至今年三月）对华的输出，华南减少百分之九十九，华中减少百分之七十五，华北减少百分之四十三”，而且连日本在华设立的工厂，也大半停闭了。这不过是一个特殊的情形。自然，这个特殊的情形，对于日本资本主义经济的恐慌，也确实增加了不少的成份。在日本原来是因为被恐慌围攻的四出无路，才采取对华市场的武力侵占的手段，想借此杀开一条血路。事实上，或不惟实益还没有到手，反而增加了自身恐慌的成份。资产阶级最得意的作品，每每是如此的。

日本对外贸易的衰落，从铁道和海运运输量的减少上，也可表现出来。铁道的运输量，在一九二九年每月平均约在五六百万吨之间，一九三〇年减落至四五百万吨之间，一九三一年则落至四百万吨；铁道的收入，一九三一年每月平均为日金三四，六二九千元，一九三二年一月则为日金三三，五一六千元。航海业，日本原有航海轮船五十余艘，现勉强开行的仅十余艘，停航总吨数，已达一百五十万吨以上。因之造船厂和车辆制造厂，也不得不归于停顿了。最近日本的资产阶级，以为满蒙政策，业已完满成功，反在计划着极力的增加船只，扩充航数，图补偿已往的损失。但是结果，依然恐不免要使日本资产阶级失望的。

所有日本目前贸易危机的情势，最好再拿日本资产阶级自己的口吻来补足几句：“从日本对华贸易锐减的境地所生出来的意义，殊堪值得注目。日本的糖、化学药品、纸、棉纱等商品，实际上已无交易，日本输入中国之机械与器具，已完全停顿；美英欧洲的出品，立起而代之；印度煤代日本输入广东；瑞典纸代日本纸输入上海；日本丝织品在上海深受排挤，欧美出品得以畅销。因此，日本棉业之大衰落，正与英货之激增相对照”。“正遇对华贸易锐减之际，又遇英政府采行关税保护政策。”“日本对英贸易额，在一九三一年为日金一六,〇〇〇,〇〇〇元；如此大数量之货物，不仅直接受英国关税之影响，即在中国、印度、非洲等处的商场，恐将均为据有优越地位之英货所占据。”“美国的人造丝市场对日本人造丝的需要，已有惊人的锐减”。“一切这些情形，都在表示我帝国产业界正值多难之秋。”（据三月份财政与商业大阪特约通信及《东京每日新闻》）真的！日本资产阶级在和平的经济的侵略上，真是被恐慌围攻的走投无路了。

贸易的衰落。他方面便在反映着物价的低廉和世界市场的恐慌的程度；物价的低廉，同时又在反映着生产的过剩和世界市场的凋零。日本物价低落的情形，如以一九一四年七月为一〇〇，则一九二九年六月为一七六，一九三〇年一月降至一六〇，十二月降至一二八，一九三一年六月更降至一二〇。两周年间约低降三分之一之价格。现在把昨今两年的情形，来详细介绍一下。

表 155（原 152）：物价指数①

	批发物价（大正 10 年 12 月 = 100）	零售物价（昭和 4 年 12 月 = 100）	食品零售物价（同左）	重要贸易输出批发物价（昭和 4 年 12 月 = 100）	重要贸易输入批发物价（同左）
昭和 6：1	61.8	82.7	83.7	75.8	76.2
：2	61.9	82.7	84.3	76.6	76.3
：3	62.2	82.0	83.2	76.3	76.7
：4	61.5	82.8	84.4	73.6	76.4
：5	59.9	81.1	82.7	70.2	75.1
：6	59.2	78.3	78.9	70.3	71.4
：7	59.3	78.4	79.5	71.8	73.1
：8	58.0	78.9	81.0	68.7	73.2
：9	56.5	77.9	79.7	66.3	69.4
：10	55.0	76.7	79.0	63.4	68.0
：11	55.1	75.6	77.4	63.5	68.1
：12	58.1	77.1	79.1	66.5	73.0
昭和 7：	162.2	76.9	82.1	71.5	79.1

上表数字表示自去年一月至十一月，一般物价都呈下降之势；第四项价格

① 据日本商工省调查统计所制。

的下降，是反映国外世界市场恐慌的深刻化；第五项价格的下降，是反映着国内市场恐慌的深刻化；第二项第三项价格比较特别的高，是在表示国内市场的独占价格的规定比国外市场价格的规定要高些，同时也就是以独占价格的规定，加紧向消费的劳农大众的剥削。同时从去年十二月以后，物价指数的上升，是由于对华施行大规模的军事侵略而引起食粮等生活必需品价格的腾贵，又加以金再禁的激动，致引起一般物价指数的上升，这是我们曾提及过的。现在再拿日本资产阶级自己对于物价腾贵的解释来看。据日本银行调查称述：

东京批发物价，自金再禁以来，由于汇兑暴跌之影响，逐日上升；自去年十一月至本年二月底止，东京批发物价的腾贵率为九分九厘。自入三月后，因美国市况不佳，汇兑略趋妥定，加之国内商人因物价昂贵影响购买力大为薄弱，零售商店非减价发售不能出脱，故物价渐转缓和，较前月微落一分八厘。该调查报告所调查之五十六种商品价格的结果是如次的：

（一）腾贵十八品：米，小麦，甜酱，酱油，日本酒，鸡卵，油，纺绵，麻，蓝，洋铁，西门土，玻璃，洋纸，苛性曹达，皮革，石油等。

（二）低落二十七品：大麦，裸麦，大豆，小豆，小麦粉，硫酸，阿母尼亚，鱼肥，砂糖，鲣节，牛肉，生丝，纺绸，绢手巾，红毛绸，绢里地，绵丝，白木棉，金巾，毛织丝，毛斯纶，木材，铅，石材，草席子，石炭，薪炭。

（三）坚稳十一品：油粕，制茶，盐，西洋纸烟，真绵，罗纱，洋钉，炼瓦，瓦，日本纸，燐寸。

我们在这些商品中可以察出，腾贵品中有十分之九为生活必需品；低落品中，不是奢侈品，便是工业原料和建筑等业材料；其他的几种农产品，对于生活的必需上，是不十分重要的。坚稳不变的几种，有几种如纸烟等，是资产阶级必需消费的奢侈品，有几种是建筑上的材料，如日本纸，则主要是文化上的必需品。因此，这一个调查，愈是把日本经济恐慌的严重性暴露出来了。

d. 财政的枯涸和金融的恐慌

日本金融市场的恐慌，也尖锐化了。企业收益的减少，国际汇兑的暴跌，又反响着国债价格的暴跌：证券股票价格的猛落，银行准备金的减少，又引起存款的减少；贸易的入超，又引起大量现金的流出。这等等事实的结果，致金融市场益陷于混乱。

表156（原153）：股票价格的升降指数①

（大正10年即1921年1月为基准=100）

1928：6	1929：6	：7	：8	：9	：10	：11	：12				
124.3	90.5	83.1	76.9	76.5	76.7	74.3	71.8				
1930：1	：2	：3	：4	：5	：6	：7	：8	：9	：10	：11	：12
71.1	71.7	66.7	60.0	59.3	52.1	51.1	51.6	47.4	44.6	50.0	52.7
1931：1	：2	：3	：4	：5	：6	：7	：8	：9	：10	：11	：12
53.0	55.9	59.4	58.5	57.3	59.7	64.2	60.6	58.8	50.7	52.3	58.8
1932：1											
72.7											

目前的情形，北平《晨报》于本年四月二十二日发表如次的一段记录，我这里如实的把他介绍出来：

“据四月四日（一九三二）东京《时事新报》经济栏所载：各种股票市价与金再禁后最高行市比较，平均约跌三分之一；而尤以东株、新东、日鲁渔业等股票跌落最厉。东株现在（四日）行市为一百五十三元二角，较之金再禁后最高之一百八十八元，约跌三十四元八角；新东股票现在行市为一百五十五元，较之一月份最高价一百七十九元，约跌二十四元；日鲁渔业股票现在行市为三十七元八角，较一月中最高价六十七元约跌二十九元七角”。

又载本年四月四日各种股票市价与金再禁后之最高行市比较如“表154”。

表157（原154）：（单位：日金元）

股票名称	金再禁后最高价值	4月4日行市	腾落比较
东株	188.0	153.2	–34.8
新东	179.0	155.0	–24.0
钟纺	220.0	197.7	–22.3
新钟	105.0	88.7	–16.3
明糖	55.5	63.1	+7.9

① 据东京株式取引所（证券交易所）调查数字所制。

续表

股票名称	金再禁后最高价值	4月4日行市	腾落比较
富士纸	47.3	39.2	-8.1
王子纸	91.0	76.0	-15.0
麦酒	90.5	81.0	-9.5
清粉新	55.0	54.0	-1.0
日鲁渔业	67.5	37.8	-29.7
东电灯	24.7	18.8	-5.9
日本产	49.0	32.6	-16.4
人造肥	37.3	17.6	-19.5
日本石	54.5	40.4	-14.1
南满铁	66.0	53.3	-12.7
邮船	53.3	34.7	-18.6

“又据四月十六日东京《时事新报》载：东京股票交易所调查，四月一日全国有价证券时价总额，计股票百二十亿六千九百万元，债券百二十亿五千二百万元，合计二百三十三亿二千百万元；与前月比较，约总共跌下四亿九千一百万元。”

这段事实的记载，对日本的经济恐慌，是能提供一个重要意义的。我们不必再加什么解释，让读者自己去领会罢了。

因为金解禁的关系，现货不断的流出；在一九三〇年，现金流出为三亿一千万日金，流入者仅二千二百万日金；两抵实流出日金二亿八千七百万。一九三一年上期现金流出约四千万日金，减去流入，实流出一千四百余万日金。因之银行准备金额，大为减少，直接减低银行的信用，又加以银行对储金利率之减低；于是民间存款，纷纷取出，多转存于邮政储金处；如在一九三〇年六月末，“日银”民间存放之款，已减少一亿三四千万元之多。银行准备金额既已大为削减；兑换券又为无限制的发行，致金融市场益呈混乱。至一九三〇年底，大小银行不能付现而停闭者达二十家以上。在这种险象下面，于是日本政府秉承财阀意旨，在所谓产业合理化关系者间之妥协互助，融资联盟的原则之下，组织所谓产业调查委员会。然犹为不足，又下令减少邮政储金处利率，逼使民间储款移存于银行。但是银行的准备金额，依旧是不能增高，恰恰相反，而是降减的。据日本银行调查，自一九三一年一月到本年一月，有如次的一个统计：

表158（原155）：日本金融市场统计

（单位：日金百万，百万以下之数字略去）

	正货准备额月末	兑换券发行额月平均	货出额月平均
1931：1	832	1,216	709
：2	836	1,076	626
：3	833	1,052	662
：4	840	1,056	660
：5	847	1,004	650
：6	851	1,019	637
：7	826	1,023	635
：8	814	994	659
：9	818	962	649
：10	686	1,033	663
：11	542	993	756
：12	469	1,125	868
1932：1	430	1,114	862

日本银行正货准备金额，自去年一月至今年一月一年之间，减少几达二分之一；而换兑券的发行数目，自去年九月至本年一月，反在增加中；银行贷出额亦同样在增加中。这在表示日本自“九一八”以来，因财政困难，在滥发纸币。

这种种事实又都反映到国家的财政上：国家所赖以挹注之重要收入，因贸易不振，直接便是海关收入和铁道收入等大为减少；因私人收益的减少，营业所得各项税收均大为减少；因大众的贫穷化，间接税及一切杂税等收入，亦无不大为减少，遂致中央与地方财政均陷于穷困。计一九三〇年度日本财政的不敷，竟达一亿四千万元之巨（据《研究》第一期二二二页）；昨年度(1931——1932）财政预算有四千八百万元的赤字（据《社会政策时报》百三十号一〇四页）；本年度有六千八百五十四万元的赤字（岁入十三亿九千六百万元，岁出十四亿五千四百万元：见本年四月三日《大公报》载）。实际上，昨年度加上对华侵略军费支出之一亿五千八百万零八千元，又加上其他亏累，至本年一月底止，已共亏空二亿一千五百零八万二千元；故预算不敷，至少在二亿二千万元以上。本年度（一九三二至一九三三）之二亿零九万元之军费及救济失业经费和其他各部临时紧急要求之经费和对实业界之津贴，尚不在上述数字之内。

日本历年财政在这种枯竭的情形之下，便只得借国外借债和国内公债以资挹注。在一九二九和一九三〇两年，日本所负外债合政府、公司、私人企业合计，总数达二十一亿八千五百五十九万二千元之巨（据上引《研究》同页）——这自然包括产业的振兴和企业设施的借贷在内——而此种外债利率之高竟达一分左右；但也不得不忍痛借入。到今年三月底止，就日本所负之国债，除已偿者外，据大藏省发表，外国公债达一十四亿七千二百五十七万九千元，债额及外债名称如次。

表159（原156）：日本所负外债统计 （单位：日金千元）

债 名	金 额
一回四分英货债	91, 337
五分利英货债	222, 672
四分利英货债	169, 997
第三四分英货债	105, 428
六分半利英货债	226, 395
六分利英货债	236, 127
五分半利英货债	122, 037
五分利美货债	142, 426
满铁英贷债	27, 156
总 计	1, 472, 579

政府所负的内债额更是很巨大的，至本年三月底止，铁道债券不在内亦达四十七亿一千五百零七万八千元。债额及债名如次表：

表 160（原 157）：日本内债统计　　（单位：日金千元）

债　名	金　额
五分利公债	1, 604, 727
特别五分利公债	120, 817
甲别五分利公债	396, 710
第一回四分利公债	166, 298
第二回四分利公债	94, 569
五分利国库券	2, 331, 954
铁道债券	—
总　计	4, 715, 075

内外债合计已达日金六十一亿八千七百六十五万七千元，和日本全人口数六千五百九十万七千人（日农林省最近统计）对比，平均每人所负国债额达九十三元八角九分日金；较之一九二七年平均每人负国债额之六十元五角九分，一九二八年之六十元四角一分比，已增加三分之一以上；本年三月后预备发行之债款，尚不在内。

又因为日本经济事业一天一天的不振，外债的招募，已发生相当的困难；而且已负外债的本利，又追着急需要偿还。本年三月间，美国的债权者还群起向日本索债（见《经济时报》），便是一个例子。据日本大藏省发表，自本年三月至明年二月止，日本各月应偿还之外债本利总计为三亿三百零四万五千元。下表的数字可以明白的指出来。

表 161（原 158）：1932/1933 年度日本应付之外债统计（单位：1000）

月　别	镑	法　郎	元
1932：3	758	1, 955	1, 719
：4	124		539
：5	52	8, 734	2, 814
：6	728		2, 881
：7	7, 570		13, 354
：8	20		5, 256
：9	728	1, 955	1, 719

续表

月　别	镑	法　郎	元
1932：10			719
：11	52	8, 734	2, 814
：12	3, 131		728
1933：1	1, 380		1, 561
：2	92		6, 376
总计	12, 232	11, 378	45, 883
折合日金	303, 045, 000 元		

因此，日本财政便愈陷于困境，结果便只有再事广发内债之一途。本年度已规定之内债发行总额及名称如次表。

表 162（原 159）：日本已规定之本年内债发行额①

一般会计	（日金千元）
满洲事件费公债	59, 519
道路公债	6, 027
电话事业公债	14, 790
电信事业公债	879
震灾善后公债	7, 670
实行预算填补公债	68, 548
追加填补预算亏空公债	85, 000
约　计	242, 433
特别会计	
桦太失业公债	1, 000
朝鲜事业公债	14, 940
同追加	2, 000
台湾事业公债	3, 000
关东事业公债	600
铁道公债	49, 000

① 据四月十一日《东京时事新报》。

续表

一般会计	（日金千元）
约计	70, 540
一般会计特别会计两部合计	312, 972
上年6月以后之满洲事件费公债	150, 000
约合计	463, 000

本年度将发行之公债，实际并不能以此数为止的；据日本政府向贵族院宣称，本年公债发行总额将达日金十亿元。不过日本资产阶级和一般民众，在大恐慌的袭击之下，负担能力殊成问题。据日本大藏省调查估计，日本国民现下负担公债之能力，约计如此：（A）存款部约二亿二千元万；（B）日本银行约二亿元；（C）简易保险公积金约二万元；（D）铁道员工共济组合约五百万元。合计尚有半数无力负担。此不足之半数，欲转向他国募集，则“美国误解我国（日本）之立场，深可忧虑……而美国银行界谓中日两国在东洋战争，势必向纽约伦敦金融界募债，美国已表示拒绝；将来国内外资金之需要供给，恐发生阻碍。”① 所以日本财政，诚然是“到目前已罗掘俱穷；极为枯涸。”（日财相高桥语）“六年度预算编制，本已拮据；七年度实行预算编定之方针……罗掘俱空，不得不在公债方面筹画。但国民对于国债，咸感无力负担；故未来之难关，实不可思议矣。”②

e. 劳动失业和政治恐慌

日本的失业问题，也随着其经济恐慌程度的深刻化而益为深刻化了。我们在前面所指出的去年九月以前日本社会调查的失业数字为四二五，五二六人，我们在前面就说过，这数字是未能十分正确的；他调查的内容，是分为“给料生活者”，“日佣劳动者”和“其他劳侵者”三项，把最重要的产业工人并没有详细的类别出来，这不仅是有意在隐蔽，而且是十分不健全的；加之日本也和中国一样，东方式的家族制度，还有强力的存在着；所以工人失业后，就有不少回到其家族中去生活；在这个情形之下，又隐蔽了很大的数目。据

① 三月三十日《东京报知新闻》。

② 三月三十日《东京报知新闻》。

《研究》第一期二一八页，说一九三〇年日本失业劳动人数的实数，已达一百七十万之多；一九三一年“九一八”前，已达三百万人；此后更因缩减生产和大企业的停闭，失业劳动人数又增加百万以上。所以到目前，失业总数已达四百万左右；若更加上失业的农民和城市雇员，则失业总数约达七百万左右①。无论这个数字是否十分可靠，总之，日本的失业，问题是极其严重了。一个最小的国家而有这样大量失业数字的存在，政治的恐慌情势，可想而知了。而日本向来对于工人，是完全没有较完善之社会保险的。这大量失业的群众他们在饥寒威迫之下，除去和统治阶级血战外，还能往哪里去呢？

我们在前面说过，在业工人因为资本家的减少工资，提高劳动强度，延长劳动时间，还不时以解雇去恫吓工人；所以他们的生活，也是陷于很悲惨的。

劳动者就业的时间，据日本资产阶级自己的统计，则为如次的数字：

表 163（原 160）：日本劳动时间统计②

	1931：1	：2	：3	：4	：5	：6	：7	：8	：9	：10	：11
纤维业及染色	9.46 时间	9.48	9.51	9.51	9.51	9.50	9.51	9.51	9.49	9.47	9.45
机械及器具	9.03 时间	9.10	9.18	9.17	9.18	9.16	9.14	9.15	9.16	9.16	9.18
化学	9.30 时间	9.32	9.34	9.36	9.37	9.36	9.35	9.34	9.38	9.37	9.35
饭食物	9.11 时间	9.17	9.19	9.22	9.16	9.20	9.23	9.22	9.24	9.20	9.19
杂	9.08 时间	9.18	9.26	9.28	9.25	9.23	9.20	9.17	9.20	9.22	9.26
平均	9.26 时间	9.31	9.34	9.36	9.36	9.34	9.34	9.34	9.34	9.33	9.33

照这个数字看，在日本，所谓“八小时工作，八小时教育，八小时休息”的三八制，日本的工人阶级，是未能享受的。而且上表的数字，还是不十分正确的。据日本资产阶级自己的报纸载，工作时间有长至十一二小时的。

劳动者工资的收入是相对的减少，最低生活费的付出，随着物价上腾反而增高了。关于过去两年的情形，前面已经说过；今年的情形，在最近数月内，

① 据日本社会局本月（五月）发表之调查统计，则谓失业人数为四十七万至四十八万人，较去年九月增加六万人。

② 据日本银行劳动统计。

食粮及其他生活必需品物价的飞涨，劳动者的生活便更陷于悲惨了。过去数年劳动者生活费支出的状况，据日本资产阶级的统计，是如此的：

表164（原161）：东京地方专卖局直辖工场自昭和3年至5年三年劳动者每月平均支出①

（单位：厘，左指数，右实数）

	第一生活费（食料，住居衣服等）		第二生活费（教育，保险，交际等）		第三生活费（交通杂费等）		合　计	
：2	62.9	55,934	18.3	16,285	18.8	16,829	100	89,067
：3	60.9	64,510	20.2	21,468	18.9	20,022	100	106,000
：4	60.1	62,610	18.5	19,237	21.4	22,278	100	104,125
：5	61.0	64,637	17.3	18,306	21.7	22,978	100	105,921
：6	57.6	67,106	15.7	18,324	26.7	31,217	100	116,647
：7	60.3	61,562	22.4	22,832	17.3	17,525	100	101,919
：8	64.0	61,965	15.2	14,641	20.8	20,198	100	96,802
：9	60.7	60,910	16.0	15,987	23.3	23,237	100	100,132
：10	64.5	61,882	15.6	14,980	19.9	19,225	100	96,087
：11	68.7	68,607	15.0	15,002	16.3	16,155	100	99,764
：12	71.1	113,470	15.4	26,076	13.5	21,424	100	160,970
：1	58.5	57,098	24.9	24,360	16.6	16,165	100	97,623
平均	62.7	66,692	17.8	18,845	19.5	22,668	100	106,205

照上表的数字，第二生活费所占的百分比，是极其微小的。这表示劳动者工资所得，除勉强维持其饥饿的生活以外，便没有余力去从事教育保险交际娱乐等事了。昨今两年的情形，就比较还要恶劣，此刻手下虽然没有此项统计材料来证明，但从前面叙述过的其他情形去把握，是可以正确的推断的。劳动生活状况，一年一年的比较恶劣，下面的统计也可以替我们指出来。

① 神田孝一：《关于勤劳相互和金融设施的实验》，见《社会政策时报》百三十八号，六三页。

表165（原162）：东京地方专卖局直辖工场各年度资金贷付额①

（单位：元）

	大正12年	13年	14年	15年	昭和2年	3年	4年	5年
男人数	206	75	277	332	301	354	364	706
金额	22, 856	5, 025	18, 437	24, 326	22, 919	37, 402	35, 102	35, 802
女人数	13	7	28	67	77	84	116	149
金额	1, 130	445	1, 610	3, 923	4, 640	6, 360	7, 893	7, 005
总计人数	219	28	305	399	378	438	480	855
金额	23, 996	5, 470	20, 047	28, 249	27, 359	43, 752	42, 995	42, 825

此项贷金，是例须每年按期收回的，所以劳动者不致万分无法时，是多不愿借贷的。自昭和三年后，资本家更限制贷借；然而贷借的人数还在一年一年的加多，而平均各人贷借的金额，则是大为减少了，这是由于限制的结果。

在这样情形之下，劳动者所行着的阶级斗争的形势，便随着剧烈化了。他们已经和城市失业工人及农村群众的斗争，手握手的在向前进行着。今就日本资产阶级自己发表的十年来劳动阶级斗争的件数和参加的人数来看，则为如次的一个情势。

表166（原163）：10年来日本之罢工统计②

	斗争件数	参加人数
大正10年	896	170, 889
11年	584	85, 909
12年	647	68, 814
13年	933	94, 047
14年	816	89, 387
昭和元年	1, 260	127, 267
2年	1, 202	103, 350
3年	1, 022	101, 893

① 神田孝一：《关于勤劳相互和金融设施的实验》，见《社会政策时报》百三十八号，六七—六八页。

② 大正十年至昭和五年之数字据前引村山重忠同文同书四三页，昭和六年数字据《日本劳动时报》发表的一九三一年各月的数字换算。

续表

	斗争件数	参加人数
4年	1,420	172,144
5年	2,289	191,805
6年	2,146	141,653

这些数字是不十分可靠的，昭和六年度的数字更和实际情形相差很远；据前引《研究》二二三页上说，昨年日本罢工案件有四千余件之多，参加人数在二十五万（？）以上。日本劳动阶级斗争的件数和参加的人数，随着恐慌的发展在一年一年的加多和扩大；尤其自一九二九至一九三一年四年中逐年斗争案件更为增加的猛烈，参加的人数也是很猛烈的扩张。

在这里，我们不惮烦琐的再考察一下日本劳动者阶级斗争发生的原因和内容。据日本社会局劳动部发行之《劳动时报》载：

表167（原164）：历年在各工业部门中所发生之劳动斗争件数

	昭和2年	3年	4年	5年	6年（9月止）
机械器具制造业	198	153	276	621	346
化学工业	178	107	197	373	255
染织工业	182	131	173	317	241
饮食物制造业	33	28	34	46	48
杂工业	182	139	242	357	240
矿业	27	15	23	41	40
瓦斯电汽业	3	3	7	5	8
运输业	126	84	147	258	158
土木建筑业	41	31	60	97	90
通信业	5	10	9	8	1

表168（原165）：斗争发生的原因别件数

要求增加工资	209	184	191	128	218
反对减少工资	133	86	193	614	305
反对支付工资方法的变更	77	26	67	60	82

续表

要求缩短劳动时间	20	12	23	15	26
要求休息日的设定	3	3	4	1	3
反对作业方法规则的变更	16	4	27	22	17
要求确认劳动组合的自由	8	10	7	11	12
劳动委员会的设施和组织权限的变更	2	1	0	0	0
要求工场设备和增进福利的设施	14	11	7	4	4
反对辞退工人	217	120	192	445	214
排斥监督者	46	27	34	27	27
其他	277	269	510	962	735
资本家停闭工场	20	25	28	90	—

表 169（原 166）：同盟罢工怠业封锁工场斗争件数和参加人数

	昭和元年	2 年	3 年	4 年	5 年
斗争件数	495	383	393	579	906
参加人数	67, 234	46, 672	43, 337	77, 444	81, 329

这些数字，当然还有不少隐蔽；但是已经够了，我们再不须引用他种数字，即此对日本劳动斗争的情势，就能十分明白了。

照“表 164”的数字看，斗争发生在机械制造工业、化学工业、染织工业、运输业等各主要产业部门中的次数为最多；这在表示阶级斗争的前哨，已深入到了资本主义大本营的司令塔。照“表 165”的数字看，斗争原因发生于资本家辞退工人、减少工资，和劳动者要求增加工资的次数为最多。这一方面在表示资本家对劳动者的加紧剥削，他方面又在表示劳动者生活的悲惨，几致再无法“照旧生活下去”。在五年度和六年度，这个情势的进展更是厉害。第末项的数字，更在表示日本资本主义的经济，已在行着剧烈的崩坏。“表 166”的数字，在表示阶级斗争的意义，已由渐次的发展而到了最后的形势；资本家已无力去防卫生产机关，反之，劳动者已充分有处置生产机关的能力。

在这种情形之下，劳动者和失业劳动者，联合进行暴动和进行示威，并不断的和凶残的警察肉搏；这种事实，最近一年以来，在日本几乎是“无日无之”的事情。他们并且和乡村农民的暴动，已经形成了一个内部的联系。

因此，日本共产主义的势力，便在一日千里的发展着，其蔓延的情势，已普遍了日本全国。如赤色工会组合员的增加率，在一九三一年比一九三〇年便增高了五倍（据《社会政策时报》百三十九号、一六四号），迫着日本的资产阶级几无法“照旧统治”下去。最近的福国事件、帝大事件、东京共党骚动事件，派往中国各地军队之不断哗变，和其内部反战争的酝酿和宣传等等……都在表示日本资产阶级统治权的崩溃，已到了最严重的情势。日前鲜人伊奉吉在上海炸击白川重光等的事件，又适表示日本在其殖民地的统治权也同时在动摇。

F、意大利经济恐慌的一般情势

意大利不仅是国土的狭小，人口的过剩，又加一般原料的缺乏，所以工业化始终没达到相当发展的程度。战后法西斯党的政府，虽然运用着资产阶级的武装精神，并运用最强烈的保护关税政策，去保护工业；但也始终还未能如愿以偿。所以在资本主义经济的发展过程上，他是不能不次于英美德法等各头号资本主义国家；反之，在此次经济恐慌袭击的深度，却和他们比肩并进的。一般生产事业的衰退，贸易的不振，失业的增加和国家财政的赤字，都一齐涌现上来。

一般工业的生产，到最近数年间，便都是气息奄奄的。自动车工业，人造丝等纤维工业，都受着最激烈的打击。工业的操业度，一九二九年九个月平均较一九二六年减低百分之一三；自动车工业减低百分之二六点一；铁道材料工业减低百分之二三点七，纺织业减低百分之二四点八。近年各工业部门生产的情况，下面的数字可以指出来：

表 170（原 167）：意大利生产统计①

	1929：4（a）	1930：1	：2	：4（a）	：11	：12	1931：1	：2
铁（1,000 吨）	60.5	38.5	46.6	44,7	44.6	41.0	40.0	36.6
钢（1,000 吨）	200.1	143.0	179.0	143.0	137.0	113.0	121.0	111
铅（吨）	—	2,225	2,399	—	197.9	2,336	1,973	2,150
锌（吨）	—	1,465	2,053	—	1,773	4,806	1,715	1,662
铝（吨）	—	375	903	—	635	487	305	291
西门土（百万 D-C）	—	2.06	3.31	—	2.67	2.17	1.71	—
过燐酸块（M. D-C）	—	1.82	1.17	—	0.97	0.98	0.92	—
人造丝（百万罗格兰姆）	—	2.93	2.67	—	2.53	2.59	2.72	—
造纸（1,000D-C）	—	293	301	—	282	275	268	—

意大利一般工业生产额，都在疾速的减退；意大利的人造丝业在战后是有最大发展的，并且是意大利的主要输出品，现在也大为减退，这是最有代表意义的。

对外贸易，一九三〇年最初五个月和一九二九年最初五个月比较，输入由九十六亿三千二百万里拉减至五十一亿八千二百万里拉；输出由七十四亿四千五百万里拉减至五十一亿八千二百万里拉。一九三一年最初两个月和一九三〇年最初两个月比较，输入由三十亿零一百万里拉减至二十亿六千万里拉；输出由二十亿五千二百万里拉，减至一十五亿四千八百万里拉。总计如此：

表 171（原 168）：意大利对外贸易②

	输　入	输　出	入　超
1929（最初五个月每月平均）	1,926.4	1,489	437.4
1930（同上）	1,191.2	1,036.4	154.8

① 前引 E. Varga 同书一九三一年第一季，（a）项据吉田蕿著：《意大利官吏减俸和一般势动者工资低下问题》，见《社会政策时报》百三十号一〇一页。

② 前引 E. Varga 同书一九三一年第一季。

续表

	输 入	输 出	入 超
1929：12月	2,069	1,397	672
1930：12月	1,636	1,046	590
1930（一二两个月平均）	1,500.5	1,030	470.5
1931（一二两个月平均）	1,030	774	256

铁道货物运送量，也在继续的减少。一九二九年四月为四百九十五万六千吨，一九三〇年同月为四百四十九万七千吨；一九三一年二月为三百二十六万吨。统计如此：

表172（原169）：意大利铁道运输量统计 （单位：百万吨）

1929：4	1930：1	：2	：4	：10	：11	：12	1931：1	：2
4.96	4.40	4.19	4.50	5.07	4.13	3.51	3.49	3.26

这在铁道收入的减少上看，也可以反映出来。一九三〇年最初四个月铁道运货费的收入，共九亿二千七百万里拉，乘客票费共四亿六千八百万里拉：一九三一年最初四个月，运货费收入减至九亿一千四百万里拉，乘客票费减至四亿〇五百万里拉。

因此，便又反映着商品价格的下落。在一九二九年四月至一九三〇年四月一年之间，批发物价格的下落，食料品减低百分之一点九五，工业原料矿产品等减少百分之一（据吉田氏同文一〇一页）；如以一九一三年为一百，则一九三〇年十二月为三六九，一九三一年同月便降至三二六；一九三一年一月为三六二，三月为三五六，六月为三三九，十二月为三二六（据Monthly Bulletin of Statistics），这而且表示正在向前减低的趋势。

意大利的财政恐慌，也是很严重的。本来意大利的财政，在战后一九一九至一九二二年三年间，岁出超过百七十亿乃至二百三十亿，自一九二三年以后，不足额便渐为减少，至一九二五年后反而赢余；一九二九年度（自一九二九年七月至一九三〇年六月）赢余达一亿五千一百万里拉，合美金七百九十万元。但至一九三〇年，由于一般经济的恐慌所引起之结果，国家财政的预算上便随着露出破绽；在会计年度的最初一月，岁入不足达一亿二千四百万里拉，去年第二季三个月间，岁入不足便达九亿里拉之巨，形成意大利财政上最困难的“赤字问题”（据前引吉田同文九五页）。

莫索里尼政府弥补财政上“赤字问题”的对策，便喊出所谓“提高收入，减少支出”的原则，在所谓提高收入的原则之下，不外是增税和新税设定，如营业税法由百分之五增高至百分之一五。由于关税新税则的制定和施行，关税的收入，由从前二亿二千五百万里拉的岁入，增至五十亿里拉。直接税在战前一九一三年的岁入为五亿五千万里拉，到现在达到五十一亿九千二百万里拉。但是这种增税和新税的税则，已远超过了意大利人民负担的能力。直接税之无限的增加，尤其是意大利的无产者和农民大众，怎能挡得住法西斯蒂铁蹄的这样践踏呢?

在所谓减少支出的原则之下，第一便是官吏的减俸。官吏减俸的数量，比战前约减百分之三六点七；但是物价却还约等于战前的四倍。这样子，月入较多的官吏，当然不感受什么，而月入甚微的雇员们，便不能不立即感受生活的恐慌了。最无聊赖的，是官吏的减俸，还要延长到工人的减资上去，意大利的工资，本来就是很低廉的；据国际劳动局调查，以英国七大都市的工资指数为百分之一百，则意大利七大都市的工资指数还不及百分之四三。法西斯党却还不肯忘记减低工资的“买卖”。然而正因为是这样，他才算是法西斯党，才算是无产阶级的死敌。

意大利的财政虽然到了这样恐慌的程度，然而法西斯党政府对军费支出的增加和军事的扩充，却还在不遗余力的猛烈的进行着；每年付出在军费和军需工业上的数量，达五十亿里拉之巨。莫索里尼在一九二七年五月对意大利议会的声明说：“改良吾人的战斗力，是吾人的第一义务。吾人要有随时动员五百万战斗员的可能，便当武装五百万人起来；同时要极力增大吾人的舰队；更要增大吾人的空军，要他达到能隐蔽意大利全土的太阳的程度”。总之，世界各国都在武装着，绝对没有理由叫我们意大利解除武装的。”莫索里尼的这个声明，完全可以代表法西斯蒂的军国主义的倾向；这到现在，法西斯党还死守在这个方针下面进行着，他们并不管意大利财政有怎样的困难。

最后我们将考察一下意大利的失业问题。在前面的统计中所举出的意大利失业的数字，仅是一九三一年十二月的数字；现在不惮重复的，把意大利三年来的失业统计写出来，借以明了意大利失业增加的趋势。

表173（原170）：意大利各月失业人数统计①

（单位：1,000人，千以下数字被割弃）

1929：（最低点）	：2（最高点）	：6	1930：1	：6			
193	489	193	466	322			
1930：7	：8	：9	：10	：11	：12		
342	385	394	446	534	642		
1931：1	：2	：3	：4	：5	：6	：7	：8
722	765	707	670	635	573	637	693
1931：9	：10	：11	：12				
947	799	878	982				

实际上，这并不能表现出意大利失业的真正数字，因为意大利也在减少工作时间，有些工人，甚至每周只能得三日工作，这里面实在隐蔽了一个很大的失业数字；再加上所谓部分的失业工人，意大利现下实质上失业的人数，至少在一百二十万左右。

意大利工人每周只作四十八小时劳动，这并不是资本家的恩惠，在允许实行劳动"三八制"；恰恰相反，乃在减少付出的工资和提高劳动的强度。

劳动者的名义工资，在战后虽然比战前为高，但实际工资，却还比战前为低；在最近两年更是低下了。因此，劳动者的革命化，乃是必然的趋势。

因之无产阶级革命势力的发展，恰和法西斯党的反动势力在相反的方面进行着、发展着。法西斯党是无产阶级的死敌，这是事实所公认的；法西斯党正在依附其资本主义的国际性，在进行着国际反动的大团结；无产阶级在本质上就是一个超国家民族的，而是一个天然的国际的革命阶级。这两者正在准备着最后的决斗，意大利的无产阶级正在准备向法西斯蒂的策源地进攻；这是事实的驱使，不是莫索里尼所假借的强力可以制止得住的。我们看，在法西斯蒂那

① 据前引E. V. 同书一九三〇年第三季，一九三一年第一季、第三季及Monthly Bulletin of Statistics数字所制。

样严密的反动的组织和凶残的侦探监视之下，意大利赤色工人的数量，仍在疾速的发展；一九三一年赤色工会组合中的人数增加率，和一九三〇年比较，恰成五和三之比①。这便是一个例子。

G、其他各国

除去各主要资本主义国家以外，在欧洲各资本主义小国如波兰、巴尔干各国以及其他各国，殖民地如印度、加拿大、朝鲜、澳洲，以及阿非利加各国，半殖民地如中国、埃及，以及拉丁美洲各国……无不同样在恐慌的普遍袭击中。

a. 中国，印度

在中国，由于农村经济的破坏和连年的灾患，国民经济本来就在长期的恐慌中；又加上世界恐慌的袭击，一切经济事业便益为不振。自世界恐慌到来后之一九二九年，受世界市场的影响，中国输出的大豆、生丝、茶叶、棉花等生产品的价格的低落，便直接影响中国大众——尤其是农民——购买力的低减。更由于银价惨落，金贵银贱的影响，一般生活必需品的价格，反而腾贵，中国的大众，便益陷于最悲惨的境况中；往复使市场的购买力益为低下。据美国资产阶级的推算，“一九二九年中国国民的购买力减少百分之二十五，外债却增高了三分之一。”（据一九三〇年一月十日 F. B. S.）这个情形一直发展到一九三一年，又与中国空前的水灾相汇合，更加上日本帝国主义军事的破坏，又从新产生出六七千万的灾民来（据朱庆澜电述）。因此，中国市场缩小的问题，便愈益尖锐化。虽然，美国资本家借着救灾的美名，反因此得以倾销了其堆积着的大量的小麦；但是实质上，这对于资本主义经济恐慌的救济，不仅是无所补益，倒恰是一个相反的结果。

中国的民族工业，本来就在先进国资本的压迫下，并没有什么向前发展的大希望，而是在不断的被并吞着。又加上大恐慌的影响，各种生产企业更是相继的停顿或被并于外国资本；一九三〇年就有数十家工厂的倒闭，其中并有三数大工厂也随着在倒闭之列（据《中东半月刊》八卷二号八七页）。在一九三一年度，虽然由于新的关税协定的较高税则施行的缘故，中国民族工业的产业

① 日文《社会政策时报》百三十九号一六四页。

数量反有点增加；据中国银行二十年度报告书说，以“十九年度各种营业总值为基数（一〇〇）则二十年度增加之百分数如左：面粉业一二〇，机器业一二五，染织业一二五，洋伞业六〇，油墨业三五〇，棉织业一二八，造纸业一二五，丝织业一六〇，橡胶业二〇〇，针织业一〇〇，调味业一一二，火柴业一二〇，搪磁业一五八，卷烟业一一五，造漆业一二八，化妆品业一二〇，榨油业一〇九，毛织业八九，砖瓦业一四三。是以除一二业稍逊外，余均进步，营业总值约增加四千万元”。原来像中国这样半殖民地的国家，在国民经济的领域中，原就不是生产过剩，而是生产不足的。所以产业比较的一点增进，并不是中国市场情况的转佳；恰恰相反，从民族资本和先进国资本的对立性说，倒加深了资本主义经济的矛盾——自然从其统一性说，又增加了资本主义统治中国的成份。

中国的财政，原来就没有一定的标准和计划的。可是在全世界贸易减低的关系中，中国却因关税税则比较的提高，关税收入在最近两年中反而比从前有点增加。可是因为军费、党费、政费等等的浪费和国民收入的减少以及一般的贫穷化，反而构成财政上之非常的枯涸和困难。以致所谓中央和地方财政的基础完全建筑到公债上面。内债的滥发和银价的狂跌，致金融市场陷于非常的混乱和恐慌；外债之无限制的举行和浪掷，益促进中国殖民地化的成份。

中国失业的人数，自始就没有统计过；但是据我们的估量，至少当在一万万以上，农村人民平均十人中至少有一人无职业，以三万万农民人口约计失业者至少当为三千万人；加上灾民六七千万，再加上城市失业者，约计至少在一万万以上。

在这里，我们对中国的经济恐慌的情势，只在从经济恐慌中的资本主义商品市场的观点上来附带述及的；所以对其他问题，没有叙述的必要；只得留到他处去说。

在印度，也和其他亚洲的殖民地半殖民地一样，农业经济早就在长期恐慌的氛围中；至一九二八年，因为印度输出的棉花、黄麻和茶叶，在世界市场上，遇着美国和埃及等国棉花等物品的压迫，遂致价格低落，农业经济的恐慌便更趋尖锐化了。因之，印度农民的购买力便益为降低，以致市场愈形衰落。

在大恐慌到来以后，印度经济的恐慌当然要更加严重；印度幼稚的工业又再受一层打击，不得不呈相当的衰退情势。贸易的输出输入，是同时减少的：一九三〇年八月比一九二九年同月输入减少百分之四十，输出减少百分之三十六，一九三一年比一九三〇年更在向前的减少。因之，印度的制造品价格和原料品价格便同时下降。

由于印度民族革命运动的扩大和进展，市场的商品销售力，便益为衰退；排货和暴动，同样使宗主国对殖民地市场的统治，开始摇动。随着恐慌的发展，这情势便益加紧迫了。

这里还该补足一点的，在印度的市场上，原料品价格的低落，并不比完成品价格的低落迟一点；那完全表现是殖民地的应有现象，也就是他和自由领殖民地不同的地方。

b. 加拿大，澳洲

在加拿大，因为农村资本主义的成份，一天一天在加大，中小农民已踏进到灭亡的途上；所以加拿大农民的购买力，也在猛烈的下降。

在大恐慌到来以后，加拿大资本主义的经济便更陷于危殆了。农产品和原料是加拿大的主要输出品。因为世界农产市场的堆积不通，加拿大农产品的输出便随着减少了；如小麦的输出总额，在一九二八年还达美金四亿二千八百万，一九二九年便减至二亿一千五百万，一九三〇年和一九三一年两年的情形，就还要恶劣。又因为世界生产的过剩而引出生产事业的停滞，致原料和半制品的输出，便不能不受着打击；所以加拿大的纤维木料和人造丝的输出，也不能不减退了。因之加拿大的对外贸易，自一九二八年以后，出超额便日趋减少。

在澳洲，也和加拿大有同一情形的；农业经济的情况和农民的遭遇，和加拿大几乎完全没有两样，他的主要输出品是小麦和羊毛。小麦输出的减少，也是和加拿大的情形是同一因果的。羊毛的输出，因为世界毛织工业的衰落，尤其是英国毛织工业的衰落，便不能不减少了；在这市场上需求减退的情形之下，羊毛价格的低落，便是极自然的趋势。

澳洲工业的衰退，在其劳动业失业的数字上就可以表现出来；一九二九年六月，劳动组会员失业的百分率为百分之一〇，一九三〇年同月增至百分之一八，一九三一年同月，更增至百分之二〇以上。

对外的贸易总额，一九三〇年比一九二九年减少百分之四〇；一九三一年比一九三〇年更减少百分之四五至五〇。

c. 波兰及其他各国

在波兰是以农业生产部门中的裸麦及工业部门中的纤维工业和炭矿等为其

主要生产的，也就是以这些部门中的生产品为其主要输出品。但是因为世界农产市场的萧条，裸麦的价格和输出的数量都大为低减。所以农业经济的恐慌便更为加深；农民的购买力，因而更猛烈的降下，反映到工业品市场的萎缩。于是波兰的资产阶级便实行限制裸麦的耕地，去减低生产，在一九三〇年裸麦的生产为六亿九千六百万米突磅，小麦的生产为二亿二千四百万米突磅；到一九三一年，裸麦减至五亿一千六百万米突磅，小麦减至一亿九千八百万米突磅。

同样因世界恐慌的内部作用和支配，纤维工业和炭矿工业也同样是衰颓了。工业生产指数，假设以一九二五——一九二七年为一〇〇，则一九二九年八月为一二二，一九三〇年同月减至一〇六，一九三一年三月更减至九〇点九，六月减至九四，七月减至九二点四，八月减至九二点八。以各年的八月为准，则前后两周年间比较，减少百分之二九点二。生产工业的生产指数，一九三〇年七月为一〇二点五，一九三一年六月减至九二点七，七月减至八一点九。因之，又反映到失业数目的增大和农民的破产，往复使波兰资本主义的经济沦陷于恐慌。

在其他一切国家，贸易上无不是输入和输出均形减少。生产上，农业部门中，如非洲的棉花、咖啡、椰子等，矿业中如非洲的铜、铅、金钢钻等，无不因价格的低落和世界市场消容力的减少而减低生产；财政上如巴尔干各国，已同陷于绝境。

一切殖民地半殖民地原料输出的减少，反映了全世界经济的恐慌，尤其是生产事业的衰落。输入的减少，反映出殖民地半殖地大众的贫穷化和市场的凋零。

殖民地半殖民地民众的革命化，便是此次恐慌所直接促进的结果。

4. 恐慌的发展和矛盾的展开

A、我们对此次恐慌的估量

上面已经把世界资本主义经济恐慌的实际情况，作了一个相当的叙述。

但是世界资产阶级和其御用的学者们，都在希望着恐慌的过去和景气的回复；而且他们不仅在作这个希望，事实上，也在行着克服恐慌的进行和努力的宣传。但是在无产阶级的观点上——实际是从新兴科学的观点上——去把握，就已经肯定此次资本主义经济的恐慌，是难于有和缓的可能的，而且还正在向前发展，或者要直待资本主义的灭亡，恐慌才能过去。

但是空口说出的空话，于事实上是并无何种补益的。此次经济恐慌能否还要过去，资本主义经济是否还有复兴的可能？这是一个事实的问题。如果资本主义还有依旧继续统治世界的可能？全世界被统治的群众，还能在资本主义的制度下面照旧生活下去？那么我们的“咒骂”——借用资产阶级的口吻——和“仇恨”，也是无损于资本主义毫毛的。但是无奈事实并不能和资产阶级的主观愿望相符合，恰恰相反，倒是符合了我们所“咒骂”的一切。

我们在前面叙述中所得出的结果是什么呢？我们只看见：全世界的市场都在向缩小和衰落的方面进行，贸易的减退都还在前进的趋势中；一切生产事业的缩减和衰退都仍在进行着，一切商品的价格，还一天一天的在跌落；金融的恐慌，还一天一天的在加紧；失业群众的数量，还一天一天的在增大……此外关于所谓景气的情况，我们便一点也没有看见，并且连影信都没有。

但是资本主义前途情势的暗淡，资产阶级自己也相当的如实感觉到的。目前国际劳动局长杜玛的报告，也说出资本主义世界经济的普遍暗淡的情势，前途不能预测。当杜玛报告之后，全场都表现惨淡的景象。这一段事实的记录，简直是犯人们在临刑前听候裁决的一副活现的图画。

在资产阶级强作一些不顾事实的景气的宣传的阴谋，完全在企图和缓无产阶级的斗争；希图蒙蔽他们，使他们相信资本主义世界的命运还没有终了，无产者统治世界的时机还没有到来，然而这也不过是资产阶级一种徒劳的企图，无产阶级自有他们的真理的信仰，到现在已经不是资产阶级蒙蔽得住了。

资产阶级一面作出种种无聊的宣传，一面又在行着种种徒劳而无益的进行计划，白里安的欧联计划，美国的货物变换制度……不过作成理论上的一个名词。到现在，又有所谓“国际货币合作”① “裁减军备，解决赔款，恢

① 本月（五月十二日）天津《大公报》载英财次伊里奥特在下院声言“英政府有意从事国际货币合作”并谓“吾人四周灾祸环集，即西方文明崩溃之灾祸亦迄未能避免，吾人前途荆棘丛生未能逆料，惟有上前尝试，群策群力而已。”

复银价”[①] 等等的企图。即使这种新企图有解决问题的可能（?），然而所谓“国际货币合作”是可能的吗？而且即使作到所谓国际货币的合作（?），对于资产阶级所希图要解决的问题能有什么影响吗？资产阶级总是把货币视为神秘一般的。在资本主义各国正在市场再分割的严重形势之下，所谓“裁减军备”是可能的吗？资产阶级一面想重新分割市场，企图各自从恐慌中逃脱出来；一面又喊着裁减军备去缓和财政的恐慌，这不是资产阶级的浅薄无聊，便是他们自己理论的矛盾——自然，资产阶级的理论，全盘都是矛盾的。赔款的问题能够彻底解决吗？用金的偿付是没有能力[②]了，难道用银的偿付[③]，就能够从狗嘴里搞出象牙来了吗？而且即使赔款问题是解决了，那对于全世界凋零的市场有什么普遍的救济呢？所谓恢复银价的问题，这是目前资本主义各国都在研究着的一个课题。但是我们只须拿常识去判断，无论是金价也好，银价也好，总是不能离开商品的场合；用金价去购买不能使消费力适应生产力，难道用银价就能够使他们适合了吗？世界市场的购买力用金价既是到了某种限度上，用银价依旧也不能超过一定限度的；总之银价并不能替贫穷大众制造出购买力来。

资产阶级并不懂的，恐慌的基因，是世界生产和消费的不平衡；大众的贫穷和资产阶级的富是同时在相反的方面进行着的；也就是大众的购买力在向前减少，而资本主义的生产力却在向前发达，形成生产和消费间之绝大的差异。不平衡的核心所在，是大众的消费能力完全被资产阶级所侵夺；要恢复大众的消费能力，除非向资产阶级夺回“所侵夺”。因此，所谓“生产关系一成了生产力发展的桎梏”，“剥夺者就要被剥夺”，旧制度就要灭亡；这便成了铁一般的科学的定律。

因此，我们一方面看见资产阶级对付恐慌的充分无智；他方面，也正因为今日的经济问题，已经不是资产阶级的经济学所能解释了。

---

① 五月七日天津《大公报》载（华盛五日路透电）上议员波拉在上院陈述恢复全世界经济方案，内容包括裁减军备解决赔款问题与恢复银价三点，俾全世界经济能返至一九二五年的状况，波氏表示非此不足令世界繁荣恢复……倘令美国运用其势力赞助恢复银价运动，定可令其成功。

② 四月二十六日《大公报》载德财长狄特律克宣言，谓本年七月一日胡佛缓债计划一年期满后，德国仍无偿付赔款能力。

③ 波拉谓“用金货偿付战债在势为不可能”，“胡佛总统准备向有关系各部提一计划，将允许各国用银偿付战债”。见五月七日、十二日《大公报》。

B、矛盾的展开和资产阶级的对策

资本主义世界所包含的矛盾是和资本主义的经济制度相依随的。矛盾的局势随着经济恐慌的发展而益益深刻的展开了。

在资产阶级企图克服恐慌最末的失望之后，于是资本主义各国便都用死力去挣扎，希图各自能从恐慌中逃脱出来。资本主义国际间相互冲突的严重形势，便愈益尖锐的展开了。

这个严重的局势，一方面建基于世界殖民地半殖民地市场的再分割上面，一方面建基于各自高筑的关税壁垒之上。前者直接构成资本主义国际第二次大战的内容，像他们所表演的裁军会议的喜剧，到现在更将露骨的宣告无结果了；后者又在增加了前者的深刻性。

在这里，我们要记着的：他们在市场再分割的原则之下，对于殖民地半殖民地，是都想单独去取得市场的支配的，甚至于领土管理权，以和缓其自身经济的恐慌。所以相互间的冲突战争是无法避免的。对苏俄，一方面是他们政治上共同的死敌，二方面又是他们垂涎着的一块广大肥美的市场：但是这一块肥美的市场，谁也没有单独占取的能力；因此他们又转而采取一个共同的联合战线。这是我们在前面曾经说过的。

因之，此次的中日问题，便是他们对殖民地半殖民地市场再分割的一个事实。在日本单独侵占的反响之下，应该早就要爆发世界战争的；但是美英两帝国主义者，一方面实已是箭在弦上，忍无可忍了；他方面又终于因为他们共同敌人——苏俄——的存在，不得不投鼠忌器。所以他们对于此次中日问题，完全基于这两种矛盾的观点之上，而迟疑莫决。

到第三期的资本主义经济，是依随于殖民地半殖民地为其主要的市场，本国的市场已经是次要的了。所以关税壁垒的增高，对于其本国的经济，是不能有所提供的；所能提供的，第一只是加深资本主义各国相互间的仇恨和冲突，第二只是以国内市场的独占价格，加紧对劳动大众的剥削，使阶级对立的形势，愈益尖锐化。但是资本主义各国，终于不顾利害，重新把关税的壁垒筑起来了。自去年到今年一月，全世界改变关税制度者，便有如次多的国家：

表174（原171）：1931—1932一年内各国关税变更统计

1931年1月	印度一部份输入税增高	亚铅镀铁板等增征输入税
2月	美国和加拿大一部分输入品禁止	苏俄的农业和木材等
同	埃及输入税增高	204种物品输入税增高
同	菲律宾输入税增高	西门土每格兰姆征税由32%增至65%
3月	印度关税再改正	酒，砂糖等税率的增加，西门土，石油，棉制品人造丝，绢交织品等新设立附加税
同	西班牙一部分输入品禁止	禁止苏俄农产木材的输入
同	印度关税再改正	1932年3月起新设盐输入的临时附加税
同	瑞士一部输入品增税	绵布
同	澳洲关税改正	62种物品税率的增高，36种物品税率的减低
同	智利关税增高	米，砂糖，矿油，铁材，铁板，铁制品，机械，自动车汽关车等
同	南阿非利加联邦关税增高	
同	荷领印度新设附加税	一般输入品增加10%的附加税
4月	美国全部关税改正	羊毛等价税率的增高，制丝用铁条税率的减低
4月	埃及一部税率增高	烟草等物品
同	法国一部税率增高	木棉靴税的增征
同	德国一部税率的增高	摸造真珠等输入税的增高
同	苏俄输入禁止	禁止加拿大商品输入
5月	澳洲输入税增加	
同	南阿非利加联邦税率增加	食料品，衣类等
同	德国税率增高	农产品，食料品等
同	法国税率增高	鱼类等
同	美国税率增高	干鸡卵，麻网绳具，自转车等
同	加拿大关税改正	中间及一般税率的增高
同	马来联邦税率的增高	酒，砂糖，石油，火柴等
同	澳洲税率增高	烟草，盐，钢板，等
同	法领印度支那税率的增高	绢织，纸类增高100%

续表

7月	法国输入制度改正	窒素肥料输入管理制和石炭输入许可制
同	犹哥斯拉夫贸易独占	谷物及小麦贸易独占的实施
同	德国关税改正	对窒素肥料课税
8月	加拿大附加税创设	人绢制品的中间税率从价的40%外附加7%的从量税
同	德国输入许可制	对于窒素肥料
同	荷兰输入禁止	禁止主要肥料的输入
同	比利时输入许可制	对智利硝
9月	印度临时附加税实施	实施棉花，染料，机械之类10%，砂糖，人绢丝布，电球等25%
同	加拿大关税增高	人造绢丝，天然绢丝
同	英国一部分物品关税增高	烟草
同	法领印度支那关税增高	砂糖税增高20%至25%
10月	哥伦比亚禁止输入	禁止奢侈品输入
同	南阿非利加联邦关税增高	一切商品增征5%从价税
同	奥地利	实施对所有输入品征20%至100%的税则
同	特马古	对主要完成品实施10%的附加税
11月	法国关税增高	对金本位停止国商品加征15%
同	马来新税实施	西门土，绵布，人绢布，毛布，绢织物等新设10%至25%的税率
同	英国非常关税实施	对家庭用陶器等23种物品课从价税50%
同	日本限制输入	对外国硫安
同	英国非常关税扩张	追加瓦斯瓶等11种物品
12月	德国关税制改正	付与政府以关税伸缩权
同	英国非常关税扩张	追加19种物品
同	德国创设卖上税	
同	西班牙输入制限制实施	
1932年1月	荷领印度	增加输入品附加税10%至20%

续表

同	采用输入禁止制	对多数商品
同	德国屈伸税法实施	对金本位停止国商品课屈伸输入税

上表实际还有几个国家未列入。照上表事实看，各资本主义国家都在继续不断的提高自国的关税；并且令其殖民地或单独支配着的半殖民地国家，也不断的提高关税，以防止他国商品的输入，冀能为自国商品完全独占的市场。所以这不仅是基于一种关税的报复政策上面，而且是基于财政的增税和市场的独占上面；这样他们相互间的矛盾便愈益尖刻了。

其次，各国的资产阶级为企图克复恐慌，在国内对劳动者加紧为强度的剥削，提高劳动的强度，减少劳动的工资，延长劳动的时间；又因国内市场的独占，极力提高生活必需品的价格，对工人和农民又加上一层强烈的间接的榨取。一方面愈扩大了失业的范围，一方面使广大群众的生活愈陷于悲惨的绝境。这样子，不仅群众的消费能力益为低下，使国内市场益形衰落，对资本主义经济的恐慌，不惟无所救助，反因而加深了。这对于资产阶级是一无所得的；资产阶级所得着的，只是群众革命的斗争和意识，愈形白热化；使工厂内的劳动者和厂外的失业劳动者以及农村的劳动者贫农，他们紧紧的手握手的联合向资产阶级进攻。这就是资产阶级所得着的惟一的报酬。

再次，资本主义各国，为企图恢复恐慌，更加紧对殖民地半殖民地大众的剥削和榨取。原来殖民地半殖民地的资源，并不像宗主国一样，已经开挖殆尽；而是还可以为他们排泄肥大资本的场所。殖民地半殖民地自己的生产是不够的，无论大众是怎样的穷困，总还可以替他们消纳大量的商品；殖民地半殖民地的劳动力是非常低贱的，他们把这种低贱的劳动力去编成产业军，是能得到最多的剩余价值的。他们基于这个利益之上，便尽量加紧对殖民地半殖民地的侵略或殖民地半殖民大众的剥削。可是资本主义对殖民地半殖民地大众的剥削加深一分，大众的贫穷也随着增加一分；因之，大众的购买力便随着降低，殖民地半殖民地的市场也随着衰落，并不像从前那样“黄金之窖”了。

但是殖民地半殖民地的大众，也同样是人类，他们并没有什么和资本主义国家内劳动者不同的地方！不同的只是他们的生活更为悲惨，他们被剥削的更厉害！因此，殖民地半殖民地的大众在极度强烈剥削之下而愈益不能忍受的结果，他们反抗的革命的意识也愈益强烈。这样便汇成了殖民地半殖民地革命运动之普遍的发展和紧张的情势。而且前此殖民地半殖民地的革命，是民族资产阶级为其阶级的自私的反抗运动，那是容易被宗主国的强力所消灭的；到现在，适应于资本主义没落期的历史阶级，已转化为大众所支持的历史的革命行为，这并不是炮舰和飞机，可以镇压得住的。这于他们“宗主国”对殖民地半殖民地市场再分割的企图上，不能不有些小顾忌的——自然，在他方面，反更因此而加紧对殖民地半殖民地革命势力的摧残。

总之，随着此次恐慌的发展，资本主义世界矛盾的展开，而是在各方面同时展开着的：（一）资本主义国际相互间矛盾的深刻化；（二）资产阶级和无产阶级间阶级敌对形势的尖锐化；（三）宗主国和殖民地半殖民地大众对立局势的严重化；（四）资本主义国家和社会主义国家对立形势的严重化……这些矛盾局势的同时展开与集结，构成资本主义灭亡的象征。

资本社会的灭亡，已成为资产阶级所认为公开的可能了！这不仅是我们的“咒骂”和“造谣”吧？资产阶级的代理人，德总理布鲁宁如实的是这样在“咒骂”着了。他说：“顷间或有发生危机可能，其发生之迅速程度，数星期之耽延，即将演成不可救药之局”。他还恐他的同僚们疑惑他也在造谣，因此又加重其语气的说：“余所晤谈之政治家，对此言并不感新奇；所可视作新奇者，即有数国以前希望不致感受危机者，今已失望。关于现时情形之严重，余敢坦率直言，现时各国政府与人民，均须认识危险之程度。”（五月十一日德总理布鲁宁在下院演说）布鲁宁在这里所说的“危机”，其意义并不是寻常所谓“经济危机”的“危机”，而是资本世界灭亡的“危机”。

（上卷终）

一九三二，五，一一，脱稿于北平。

封扉题字:魏恒斌
责任编辑:陈鹏鸣
封面设计:肖　辉

图书在版编目(CIP)数据

吕振羽全集/吕振羽 著. -北京:人民出版社,2014.3
ISBN 978-7-01-012872-6

Ⅰ.①吕…　Ⅱ.①吕…　Ⅲ.①吕振羽(1900~1980)-全集　Ⅳ.①C52

中国版本图书馆 CIP 数据核字(2013)第 279518 号

吕振羽全集

LÜ ZHENYU QUANJI

吕振羽　著

人民出版社 出版发行
(100706　北京市东城区隆福寺街 99 号)

北京汇林印务有限公司印刷　新华书店经销

2014 年 3 月第 1 版　2014 年 3 月北京第 1 次印刷
开本:700 毫米×1000 毫米 1/16　印张:366.75
字数:6162 千字　插页:42

ISBN 978-7-01-012872-6　定价:1500.00 元(全 10 册)

邮购地址 100706　北京市东城区隆福寺街 99 号
人民东方图书销售中心　电话 (010)65250042　65289539